JN221082

本当に1億円的中した！双馬式

【馬場・コース】ガイド

双馬 毅

KKベストセラーズ

本当に1億円的中した! 双馬式【馬場・コース】ガイド

CONTENTS

本文取材構成◎本書編集部
装丁◎so what.橋元浩明
本文DTP◎西郷久礼デザイン事ム所
撮影◎武田明彦
馬柱◎優馬

名称・所属は一部を除いて2015年9月末日現在のものです。
成績、配当は必ず主催者発行のものと照合してください。
馬券は自己責任において、購入お願いいたします。

はじめに～双馬のお断り9カ条

ここに掲載したのは、プロ馬券師、双馬毅が1レースで1000万円以上を払い戻した際の馬券（的中証明、PAT画像）である。

また、1レースで100万円以上勝利するのは、双馬毅にとっては月に何度も起こる日常的な出来事だ。

双馬は100万円、そして1000万円以上を「運」だけで当てているわけではない。一貫した「法則」「理論」によって馬券を「買い続ける」過程の中で100万、そしてここにあるような2000万円を超える的中馬券に遭遇している。

「法則で買い続ける」といっても、双馬は昨今話題になった、競馬ソフトを運用して自動的に馬券を購入しているわけもない。

前走のレース、レースで受けた不利を記録する「前走不利メモ」と各競馬場の特徴、主に馬場の特徴を記した「競馬場メモ」を参考に買い目を決断する。「双馬メモ」と「コースメモ」によって、1レースで2500万円以上の払い戻しが実現できたわけだ。

本書では、双馬が「実際に」高額馬券を払い戻した例を基に、「コースメモ」と「前走不利メモ」の使い方を説明する。

それでは早速、解説を始めたいところだが、競馬、そして読者に対して実直な双馬の強い要請により「**本書を買ってほしくない人**」について書く。

本書編集部としては非常につらいことだが、双馬から「これを書いてくれないなら、本を出さないでもいい」とまで、いわれていること。そして何より双馬の真摯な姿勢が伝わる断り書きなので、あえて掲載する。

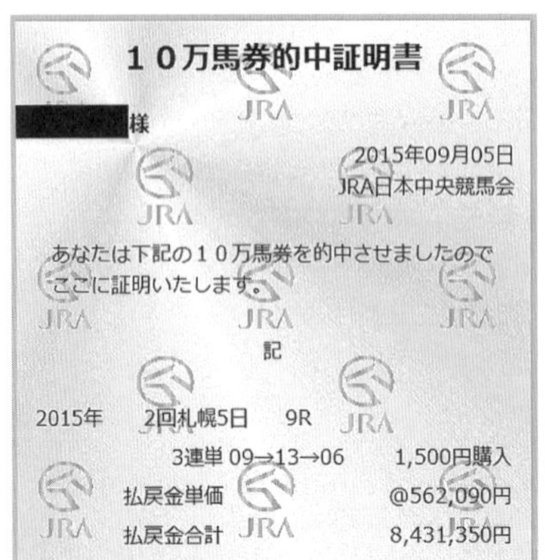

１０万馬券的中証明書

様

2015年09月05日
JRA日本中央競馬会

あなたは下記の１０万馬券を的中させましたので
ここに証明いたします。

記

2015年　2回札幌5日　9R
3連単 09→13→06　1,500円購入
払戻金単価　@562,090円
払戻金合計　8,431,350円

15年9月5日・札幌9R（ダ1700m）

3連単5620.9倍×1500円&
単勝22.3倍×10万円的中

1066万1350円

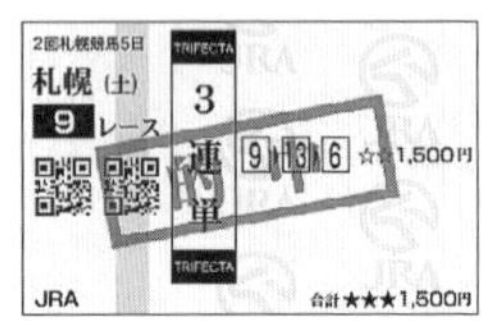

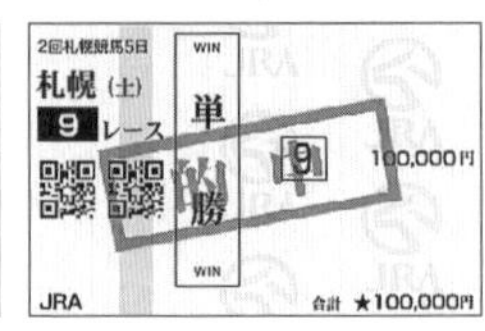

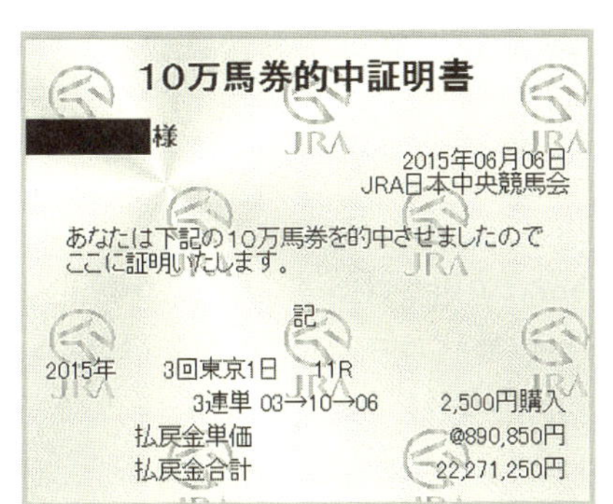
10万馬券的中証明書

様

2015年06月06日
JRA日本中央競馬会

あなたは下記の10万馬券を的中させましたので
ここに証明いたします。

記

2015年　3回東京1日　11R
3連単 03→10→06　2,500円購入
払戻金単価　@890,850円
払戻金合計　22,271,250円

15年6月6日・東京11R（ダ1600m）

3連単8908.5倍×2500円&
単勝31.7倍×10万円的中

2544万1250円

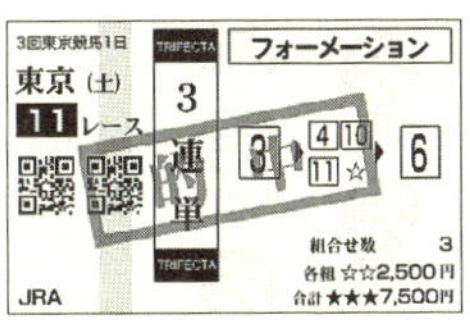
3回東京競馬1日
東京（土）
11レース
TRIFECTA 3連単 TRIFECTA
フォーメーション
3 → 4 10 11 ☆ → 6
的中
組合せ数 3
各組 ☆☆2,500円
合計 ★★★7,500円
JRA

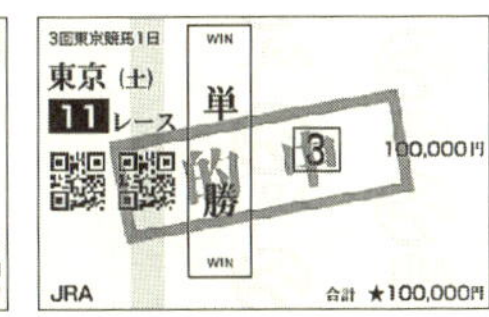
3回東京競馬1日
東京（土）
11レース
WIN 単勝 WIN
3　100,000円
的中
合計 ★100,000円
JRA

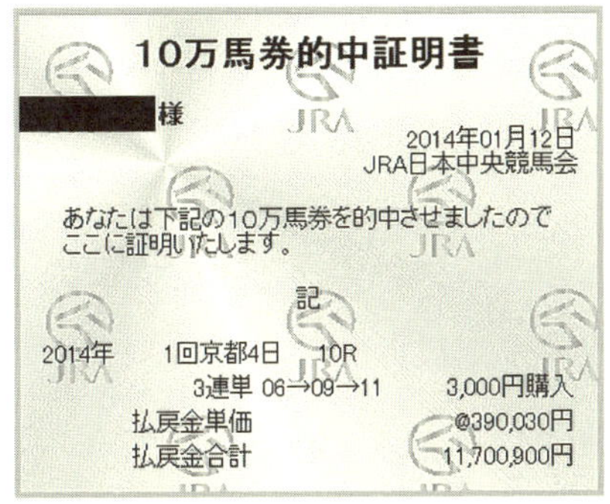
10万馬券的中証明書

様

2014年01月12日
JRA日本中央競馬会

あなたは下記の10万馬券を的中させましたので
ここに証明いたします。

記

2014年　1回京都4日　10R
3連単 06→09→11　3,000円購入
払戻金単価　@390,030円
払戻金合計　11,700,900円

14年1月12日・京都10R（ダ1400m）

3連単3900.3倍×3000円的中

1170万900円

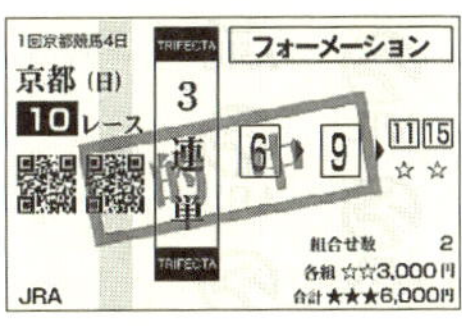
1回京都競馬4日
京都（日）
10レース
TRIFECTA 3連単 TRIFECTA
フォーメーション
6 → 9 → 11 15 ☆ ☆
的中
組合せ数 2
各組 ☆☆3,000円
合計 ★★★6,000円
JRA

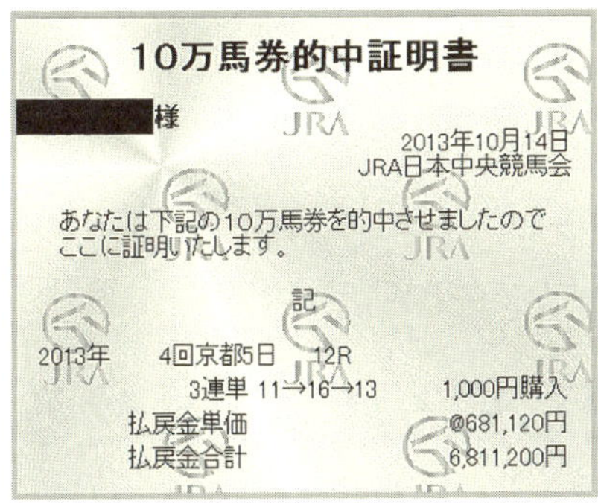
10万馬券的中証明書

様

2013年10月14日
JRA日本中央競馬会

あなたは下記の10万馬券を的中させましたので
ここに証明いたします。

記

2013年　4回京都5日　12R
3連単 11→16→13　1,000円購入
払戻金単価　@681,120円
払戻金合計　6,811,200円

13年10月14日・京都12R（ダ1400m）

3連単6811.2倍×1000円&
単勝11.5倍×30万円的中

1026万1200円

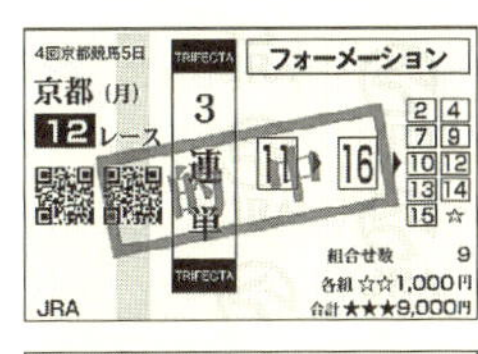
4回京都競馬5日
京都（月）
12レース
TRIFECTA 3連単 TRIFECTA
フォーメーション
11 → 16 → 2 4 7 9 10 12 13 14 15 ☆
的中
組合せ数 9
各組 ☆☆1,000円
合計 ★★★9,000円
JRA

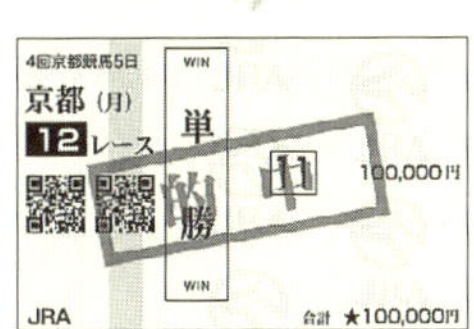
4回京都競馬5日
京都（月）
12レース
WIN 単勝 WIN
11　100,000円
的中
合計 ★100,000円
JRA

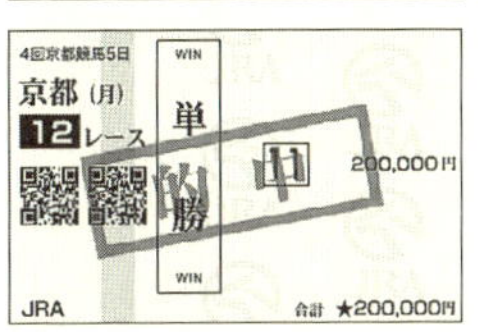
4回京都競馬5日
京都（月）
12レース
WIN 単勝 WIN
11　200,000円
的中
合計 ★200,000円
JRA

その1「本書がフィクションだと思っている人」

当然の話だが、本書はノンクション。ドキュメントである。掲載されている馬券もすべて本物だ。

実は、双馬がネットに掲載している馬券は、偽造（金額や買い目の変更）が最も難しい種類のものを使用している。ネット画像の解析に精通している者なら、偽造していないとわかるものだ（ある対策のため、万馬券証明書の名前は伏せているが）。

また、払い戻し資金も非常に高額のため、オッズ解析などで投票解析ができる人にとっては「双馬がいつ馬券を購入したのか」もわかるだろう。

数十万、百万の配当の馬券を1000円単位で購入する者、高配当の単勝馬券を10万円一気に購入する人は、そうそういないからだ。

ここまで説明しても疑っている人がいるならば、ぜひとも疑惑の理由を教えていただきたい。

疑惑に答えることで、本物であることを証明しよう。

それでも、双馬の払い戻し、的中が信用できない人は、残念ながらこの本を読むことには適していない。

その2「本書を読むだけで絶対に馬券が儲かると思っている人」

馬券本は夢を売るものでもある。だから、これを書くのは心苦しい面もあるが、編集部は双馬の意思を尊重したい。

あえて書こう。

本書の読者すべてが、必ず馬券で勝てる保証はない。

本書を読めば、必ず馬券が儲かると思っている人は、読まないほうがいい。

その3「本書が『誰でも同じ買い目を出せる本』だと思っている人」

本書は、双馬が馬券を買うにあたり、実際に使用している「コースメモ」を初めて書籍化したものである。

だが、この「コースメモ」は具体的に買い目を出すものではない。

「コースメモ」を利用することで、双馬が1レースで2500万円を獲得し、100万円単位の払い戻しを数え切れないほど当て続けているのは事実だ。よって「コースメモ」は、高額払い戻しを目指す、すべての人の参考になることは保証する。

しかし「具体的に買い目が出る」ものではないことも、先に断っておこう。

「それが気に入らない読者は、買わないでもらいたい」

双馬の強い要請である。

その4 「双馬の馬券は、金持ち馬券だと思う人」

双馬は1レースに20万円以上もの馬券を買うときもある。

払い戻し金額が2000万円を超えることもある。

確かに常人離れした馬券ではあるが、どんなに資金の乏しい人でも、双馬くらいの馬券を買える可能性はある。なぜなら、双馬の馬券資金は、元々キャッシュカードで5万円の借金が原資なのだ（双馬の過去の著作を参照してほしい）。

その原資を10年近くの歳月をかけ、着実に増やしていった結果、現在の購入金額に至る（『2万円を競馬で1000万円にできる人・できない人』に登場した小坂も、原資は小遣いの2万円。これを積み上げ、1000万円以上のプラス収支を実現させた）。

馬券において「金がないから大金を稼げない」というのは、負け犬の遠吠えに過ぎない。

「いつか双馬のような高額馬券を当てられるようになろう！」

そこまで強い気持ちで、始めから挑んでほしいとまではいわない。しかし。

「そんなの無理だよ」

と悲観的な気持ちしか持てないような方には、本書は眩しすぎるかもしれない。

その5 「本書が自慢話にしか思えない人。嫉妬しか覚えない人」

その1と近いことだが、妬みしかない人間は成功を勝ち取れない。

双馬が2500万円を的中したレース、100万円を次々と的中させたレースを的中できなかった読者にとっては、悔しい思い出かもしれない。

そのかわり、双馬の実践例は今後、資金を100倍、1000倍に増やすことを「本気で」志す読者には、大変貴重な話にはなる。

ただ単に成功を妬むだけの人には、自慢話にしか聞こえないのかもしれない。

だが多くの読者にとって、双馬の「コースメモ」は、馬券との真剣勝負に勝ち続けた積み重ねによってつくり上げたものであり、その的中馬券こそが本書の信憑性につながっていると理解できるはずだ。

それが理解できない方、成功への努力は惜しむが嫉妬深い人に本書は向かない。

その6「本書が双馬の有料情報の宣伝だと思っている人」

双馬は本書をフォローするためにも、ホームページを開設している。

無料公開されている「前走不利メモ」や「馬場情報」を参考にすれば、本書をさらに活用できることだろう。

ただし、双馬は会員を限定して有料で提供している情報もある。双馬が本書で取り上げているレースも、会員に公開したものだ。

これは双馬の理論、馬券の証明にもなる（ただ、オッズも大きく下がってしまうので無料では公開していない）。

先にも書いたように、本書を読めば、誰もが必ず勝てるわけではない。だが、有料会員にならずとも、本気で「勝ちたい」と思っている人には、本書は貴重なヒントになることは保証する。

もっというならば「勝つためのヒントを本気で得たい」という思いがあれば、本書だけを読めばいい。もちろん会員向けの「有料情報を見る必要は一切ない」。

それでも、本書が「有料情報の宣伝」だと思うのならば、本書はお勧めできない。

その7「毎週、コツコツと利益を積み重ねられると思っている人」

詳しくは、過去の双馬の著書に詳しいが（『2万円を競馬で1000万円にできる人・できない人』には、通帳なども掲載されている）、双馬の理論は毎週的中を積み重ねて、資金を増やすものではない。

年に数度、大きな的中のイベントがあり、それを除けば収支はトントン。大きく負ける週もある（トントンが大事なのは、過去の著書に詳しく書かれている）。

つまり、毎週数万円ずつコツコツと通帳残高が増えていくことはありえない。

配当金や利息のように、元金が着実に増やすことを期待する人には、競馬は向かない。もちろん、本書も合わない。

その8「本書を読めば すぐに儲かると思っている人」

本書、そして「双馬の方式」は、「破壊力」のある馬券術だが「即効性」はない

本書は、馬券で儲けたい人にとって重要なヒントにはなるが、必ずしもすぐに大儲けできるとは限らない。本書を読んだその週から、大儲けをできると夢見ている人にとって、本書は期待を裏切ることになるだろう。

その9「儲かる話は本にしない と思っている人」

双馬が初の単行本『双馬の方式 完全版』を刊行したのは2008年。今から7年前の話だ。その当初からの読者の方はご存知のことだろう。

それから双馬が毎年のように、馬券の利益額を増やしていることを。

実は、双馬は本を出すことを、ある馬券師にアドバイスされたのだという。

「馬券師は、馬券の利益だけで、普通の生活は送ることはできない。税務署にマークされる」と。

「我々のような馬券で勝つことしか能のない人間こそ本を出すべき。確定申告をすることが重要だ」と説かれたそうなのだ。

この話は、昨今、話題になった馬券裁判のずっと前のこと。

また、こうもいわれていたという。

「当たり前だが、確定申告で申告した額以上の買い物はするな。買い物とは株や債券の購入も含めてだ」

これは、馬券で実際に勝っている人には、深く考えてみてほしい重要なヒントでもある。

そんな下世話な話はともかく、双馬は本を出すたびに、自身の馬券力が確実に上がっていることを強く感じている。

「人に本を読んでもらうことは、それまでの自分の考えを整理する必要があります。また、言動に責任を持つことにもなります。この効果は、少々馬券のオッズが下がる効果よりも遥かに大きいからこそ、私の馬券利益は年々増えているのでしょう」

ここまでの断り書きがありながらも、今、こうして読み進められている読者の皆様は、馬券で勝てる資格を十分に持ち合わせている。

期待して、本書を読み進めていただきたい。

本書の使用手順と解説

双馬式
コースメモ＆前走不利馬

COURSE MEMO & ZENSOU FURIBA

それでは、1レースで2500万円以上払い戻す双馬毅が、実際に使用している「コースメモ」と「前走不利メモ」について解説しよう。

コースメモ

まずは本書に掲載された「コースメモ」の使い方を解説する。

「双馬の法則」は基本的に穴を狙うための馬券術だ。穴馬券を獲るためには、穴が出るコースの「クセ」と「傾向」を知ることが重要である。

「コースの傾向」といっても、一般的な競馬データソフトなどで単純に回収率100%以上のパターンをピックアップするわけではない。

双馬毅が「馬券の真剣勝負」で100万円、1000万円の獲得を積み重ねる過程で「経験的に」体感したコースの特徴を記した「メモ」といっていい。

穴が出やすいコースのポイントだけでなく、そのコースで有利なローテーション・不利なローテーションを紹介している。

また、このメモを見たからといって、すぐに儲かるほど甘くもない。

ただし、1レースで100万円以上馬券を獲るためには、知っておいて損のないメモでもある。

本書のコースメモを参考に、読者の皆さんが10万円、100万円と獲得するその瞬間に双馬毅が伝えたかった「コースの本質」を理解することになるだろう。

なお、本書のコースデータの取得期間は2013年1月1日～15年6月30日（前走不利馬のデータは2014年2月～15年6月30日）まで。また、「内枠」とは枠番1～4番の馬。「外枠」は5～8枠の馬としてデータ集計をしている。

前走不利馬

「コースメモ」でわかるように、双馬の理論では、コースや馬場、ローテーションによって「有利な馬」がいる。

その一方で「不利な馬」も当然出てくるわけだ。

有利な馬を買うことはもちろん有効だが、「不利を受けた馬」も次走ではお宝に化けることも多い。

そこで、双馬の定義する「不利」の種類について解説する。

●ローテーションによる不利

短縮が得意な馬が、延長ローテで出走した。あるいは延長が得意な馬が短縮で出走した……など、馬に合わないローテーションで出走した場合。

または「コースメモ」「馬場のクセ」で不利となるローテで出走した場合。

●枠順による不利

内を通った馬が上位を独占したレースで外を通った場合。

逆に外を通った馬が独占したレースで内を通った馬。

●馬場（トラック適性）による不利

ダート向きの馬が芝を使っていた場合。逆に芝向きの馬がダートに出た場合。

●展開による不利

差し馬が上位を独占したレースでの先行馬。先行馬が上位を独占した場合の差し馬。

最終的には、本書や双馬のコラムなどを参考に、読者それぞれが馬の有利、不利を理解、判定できるになってほしい。

しかし、それができない読者は双馬のホームページを参照してもらいたい（現状は無料で）ホームページにて「前走不利を受けた馬」を掲載している。

馬券購入の手順

それでは、「コースメモ」と「前走不利馬」をどのように馬券購入に用いるかを、手順を追って解説しよう。

「双馬の方式」の予想の本質（大まかな予想手順）は2008年に発表した著書『双馬の方式 完全版』から一貫している。

ここでは、前著までに記した手順を基本に、本書で掲載する「コースメモ」「前走不利馬」を交え、実際の的中レースで解説する。

「双馬の方式」予想の手順

手順1

前走の馬柱から、
各馬を「短縮」「延長」「同距離」「馬場（芝・ダ）替わり」に分類する。

▼

手順2

「コースメモ」（P23～）からコースの「馬場のクセ」を予測。
今回のコース、馬場で有利な馬を選出。

▼

手順3

前走、馬場が不利に働いて敗れた馬、また不利なローテーションで力を出せなかった「前走不利馬」を探す（前走不利馬は双馬のホームページで無料掲載されている）。

手順4

【手順２】で選ばれた、今回のコース馬場が有利になりそうな馬の中でも、特に【手順３】で 前走不利と判定された馬（「前走不利」に該当する馬）が馬券の中心。
「前走不利馬」ではなくとも【手順２】の「コースメモ」を参照して、今回コース、馬場に恵まれそうな馬は買い。【手順３】の前走不利と判定された馬も、今回のコース、馬場が特に不利にならない場合は買い。

「内枠決着・外枠決着」などの見方

それでは、2015年4月11日福島12Ｒ飯盛山特別（福島芝1800m、4歳上500万下）の的中例から、本書の使い方ならびに表（P155からの引用）の見方を説明していこう。

まずは**コースのポイント、有利な馬・ローテ、不利な馬・ローテ、枠順のポイント**を把握する。

データ表の要点をまとめたものが、コースのポイント。

これを参照すると、福島芝1800mでは「内枠決着の確率、馬券破壊力が非常に高いコース」とある。

「枠の内訳」を見ればわかるように、実際に内枠決着は23％（R発生割合、Rはレースの略）と多く、単勝回収率・複勝回収率ともに100％を超えている。

では、「内枠決着・外枠決着」とはどういったレースか。双馬式では、2013年1月～15年6月末（以下のデータも同じ）のデータから、次のように区分している。

●内枠決着

枠番1 ～ 4枠の馬＋3コーナー先頭もしくは2番手の馬が、3着以内に人気以上で2頭以上好走、しかもそれに該当しない1頭が人気よりも着順を下げている場合（1番人気3着や2番人気3着など）に限定している。この定義によると、期間内の全レースの21％が内枠決着となっている。

ここで注意したいのが、外枠の馬でも、3コーナー 2番手までの馬はコースの内側を通るため、内枠決着にカウントしている点だ。

コース: **福島芝1800m**

決着率と破壊力ランキング

展開	決着確率	馬券破壊力
前残り決着	C	B
差し決着	C	B

枠	決着確率	馬券破壊力
内枠決着	B	A
外枠決着	C	B

展開の内訳

展開	R発生割合	レース数	単回率	複回率
前残り決着	17%	17	57%	70%
差し決着	19%	13	81%	75%

枠の内訳

枠	R発生割合	レース数	単回率	複回率
内枠決着	23%	17	124%	113%
外枠決着	14%	14	83%	84%

コースのポイント

★内枠決着の確率、馬券破壊力が非常に高いコース。

★内枠の同距離馬、延長馬。特に前走で不利を受けていた馬を狙うだけで良い。

有利な馬・ローテ

★内枠の同距離馬、延長馬。
特に前走に不利を受けていた馬。

不利な馬・ローテ

★外枠の差し馬。

枠順のポイント

スタート時の有利不利は特になし。

枠とローテ

枠	ローテ	1着	2着	3着	3着内数	総数	勝率	連対率	複勝率	単回率	複回率
内枠	同距離	20	15	10	45	173	11.6%	20.2%	26.0%	88%	112%
	延長	14	14	18	46	212	6.6%	13.2%	21.7%	130%	92%
	短縮	4	5	10	19	94	4.3%	9.6%	20.2%	25%	65%
外枠	同距離	13	9	15	37	197	6.6%	11.2%	18.8%	148%	87%
	延長	13	14	9	36	209	6.2%	12.9%	17.2%	77%	61%
	短縮	6	11	6	23	125	4.8%	13.6%	18.4%	79%	90%

枠とローテ(前走不利馬の場合)

枠	ローテ	1着	2着	3着	3着内数	総数	勝率	連対率	複勝率	単回率	複回率
内枠	同距離	7	3	0	10	34	20.6%	29.4%	29.4%	265%	101%
	延長	2	4	3	9	34	5.9%	17.6%	26.5%	474%	172%
	短縮	2	0	1	3	23	8.7%	8.7%	13.0%	36%	26%
外枠	同距離	2	2	4	8	36	5.6%	11.1%	22.2%	81%	73%
	延長	2	2	1	5	24	8.3%	16.7%	20.8%	222%	78%
	短縮	3	2	1	6	25	12.0%	20.0%	24.0%	114%	117%

●外枠決着
枠番5～8枠の馬が、3着以内に人気以上で2頭以上好走しており、それに該当しない1頭が人気よりも着順を下げている場合に限定している。期間内の全レースの18％が外枠決着となっている。

このような厳格な基準で、**決着確率30％以上のコースをA、20～29％までをB、20％未満をC**と判定している。

また、**馬券破壊力は複勝回収率85％以上をA、70～84％までをB、70％未満をC**としている。これにより、福島芝1800mは内枠決着の確率、馬券破壊力が高いコース（A判定）と判断できるわけだ。なお、馬券破壊力Aは特殊な罫で囲んでいる。

また、展開面の「前残り決着・差し決着」についても説明しよう。

●前残り決着
3コーナー5番手以内の馬が人気以上で3着以内に2頭以上好走、しかもそれに該当しない1頭が人気よりも着順を下げている場合に限定している。期間内の全レースの23％が前残り決着となっている。

●差し決着
3コーナー5番手以下の馬が人気以上で3着以内に2頭以上好走、しかもそれに該当しない1頭が人気よりも着順を下げている場合に限定している。期間内の全レースの16％が差し決着となっている。

福島芝1800mの場合は、前残り・差しといった展開による馬場の傾向は、特に見られなかった（「展開の内訳」の決着確率でいずれもC判定）。

ここで「コースのポイント」に戻ると、「内枠の同距離馬、延長馬。特に前走で不利を受けていた馬を狙うだけで良い」と記してある。

ここで見てほしいのが、下2つの表（枠とローテ）だ。

その上の表からは、実際に内枠に入った、前走と同距離または延長の馬の成績が良いことがおわかりいただけるだろう（バックにアミがかかっている部分）。

そして下の「前走不利馬の場合」の内枠の、同距離または延長馬にも注目してもらいたい。勝率・連対率・複勝率のみならず、単勝回収率・複勝回収率も非常に高いことがおわかりいただけるだろう。

しかし外枠に入った短縮馬も、単勝回収率・複勝回収率ともに100％を超えており、狙えるのではないかと思われた読者もいるのではないか。

だが、福島芝1800mの「外枠短縮」は今後もプラスになる保証はない。よって推奨しない。これは、双馬が100万円、1000万年単位の馬券を獲得する過程において得た「経験則」によるものと考えてもらってもいい（もちろん、ソフトで出せるデータしか納得できない読者に「双馬の経験則」を無理強いはしないが……）。

双馬が外枠の短縮馬の成績が落ちると考えているのは、福島芝1800mは、内枠の同距離、延長ローテの馬が有利になりやすく、今後、特に穴を狙ううえでは有効だと考えているから。

「外枠の短縮ローテ」は、「内枠の同距離、延長ローテ」とは正反対の性質のものだ。

つまり、今後、馬券的に有効であろうローテーション、枠順とは正反対の性質のデータは使えない可能性が高いと判断しているのだ。

双馬が100万円、そして2000万円レベルの払い戻しを得られるのは、「体系的」に理論を確立しているからである。

いくら過去データが優れていようとも「体系的」に見ておかしなデータは推奨しない。また、今現在のデータは優れていなくても、経験から今後良くなると推測できるデータは積極的に推奨している。データの濃いアミがけの部分がそれで、現時点での数値はあくまで参考程度としてとらえていただきたい。それが双馬流のデータ分析手法だ。

同じ理由で、「不利な馬・ローテ」では外枠の差し馬を挙げている。これは内枠の先行馬が有利になりやすいから、それと真逆の枠、脚質の馬は不利になりやすい、という「体系に基づいた」理論によるもの。

そして、双馬は実際にこの理論でご覧のような馬券（P22）を獲得しているのだ。

払い戻し227万円の的中例から手順を学ぶ

前置きが長くなった。いよいよ実践例解説に入る。飯盛山特別の出馬表を見ながら、双馬式の狙いを見ていこう。

福島芝1800mは内枠決着の確率が高いレースで、1～4枠に入った馬。特に前走と同距離、延長のローテ馬で、しかも前走で不利を受けている馬が狙いとなる。

狙いとなる内枠では⑧シンボリジャズのみ前走からの短縮馬（前走2000m）で、①～⑦の馬はすべて前走と同距離か延長馬となった。

そこで前走で不利を受けた馬を挙げると、①ダイワブレイディは展開による不利、③サトノスティングは馬場による不利、⑥ダークファンタジーは馬場による不利と、3頭に絞られる。これが先の手順で示した【手順3】のプロセスだ。

この3頭の人気を見ると、**①ダイワブレイディ（2番人気）、③サトノスティング（9番人気）、⑥ダークファンタジー（5番人気）**だった。

2015年4月11日 福島12R 飯盛山特別（芝1800m稍重、4歳上500万下）

←外枠→ ←

枠	桃8	桃8	橙7	橙7	緑6	緑6	黄5	黄5	青4	青4	赤3	赤3
馬番	16	15	14	13	12	11	10	9	8	7	6	5
父	キングカメハメハ	ジャングルポケット	チチカステナンゴ㊥	ディープインパクト	ネオユニヴァース㊥	マイネルラヴ	マイネルラヴ	ゼンノロブロイ	タイキシャトル(マ)	サクラプレジデント㊥	ゼンノロブロイ	ゼンノロブロイ
馬名	ダブルコーク	レジーナ	ポーラメソッド	トーセンターキー	ジェイケイネオ	コスモイノセント	(地)レインボーラヴラヴ	マイネルゼーラフ	シンボリジャズ	ヤマホトトギス	ダークファンタジー	マイネルピクトル
母	ホリデイオンアイス㊥	ソリッドプラチナム	タイキポーラ	チェリーラブ	ジェイケイクリス㊥	フジノプログレス	レインボーマグナム(マ)	エンジェルインザモーニング(マ)	スイートケンメア㊥	ホクトガーランド	マジカルファンタジー㊥	アートプライアン㊥
毛色	黒鹿	栗毛	芦毛	黒鹿	青鹿	青鹿	青鹿	青鹿	鹿毛	鹿毛	栗毛	鹿毛
斤量・性齢	57 牡4	55 牝5	57 牡4	57 牡5	57 牡5	57 牡4	55 牝4	57 牡4	57 牡5	55 牝4	57 牡4	57 牡4
騎手	替木幡初	替西村	替西田	替小崎	替伊藤工	替嘉藤	津村	黛	吉田隼	替横山和	替杉原	替丹内
調教師	(北)鹿戸雄	(関)田中章	(北)金成	(北)加藤征	(南)中川	(北)高橋祥	(南)武市	(北)清水英	(南)牧	(北)竹内	(北)藤沢和	(南)菅原
賞金	○ 400	○ 200	○ 400	○ 450	○ 200	○ 400	○ 410	○ 400	○ 450	○ 400	○ 400	○ 400
総賞金	1071	795	500	2405	1938	1042	1582	610	2990	644	790	820
馬主	G1レーシング	ヒダカBU	(有)シルクR	島川隆哉	小谷野次郎	鈴木芳夫	飯田総一郎	ラフィアン	シンボリ牧場	江川伸夫	山本英俊	ラフィアン
生産者	千 社台F	ひ 橋本牧場	安 ノーザンF	ひ 岡田S	ひ 藤川F	ひ 友田牧場	旧 千葉飯田牧場	ひ 上村清志	日 シンボリ牧場	新 川上牧場	千 社台F	ひ 大典牧場
予想印	○ ○ 注 △ △ △	… … … … … 西	△ … △ ◎ … △	◎ ◎ ○ 注 ○ ○	… … … … … …	… △ △ △ △ △	注 ▲ ▲ ○ ▲ △	… … … … … …	▲ … △ △ ◎ ▲	… … … … … …	△ △ … … 注 注	… △ … ▲ … …
持ち時計	芝1239 5 東 1349 ② 東 1472 ⑭	三 2135 ⑦ 京 1367 ⑧ 新 1481 8 小 2002 ⑥	中 1349 ⑦ 中 1481 ①	東 1354 ② 新 1457 ① 新 1590 ②	二 2295 ⑭ 函 1500 ⑦ 福 1590 ②	東 1221 ⑪ 東 1346 ⑥ 福 1490 ②	中 1348 ⑧ 福 1472 ⑥	新 1370 ⑥ 小 1482 10 小 2052 ❽	三 2153 ③ 二 2256 ④ 二 2408 ③ 福 1598 ①	芝 1234 ⑫ 千 56.0 4 三 1093 ⑯	東 1339 ② 東 1485 10	東 1369 ⑮ 小 1477 ② 福 2004 ⑮
上がり	天 34.7 ③	二 34.5 ⑧ 天ダ 39.1 ⑫	天 34.8 ① 七ダ 37.9 ⑧	天 33.5 ④ 三ダ 42.8 ⑨	二 34.7 ③ 天ダ 39.5 ⑫	二 34.0 ⑪ 二ダ 37.2 ⑩	天 33.0 2	天 35.1 ⑥ 天ダ 41.2 7	二 34.2 ② 三ダ 39.1 ④	千 33.5 4 七ダ 38.7 ⑧	天 33.7 1 二ダ 38.6 ⑪	天 35.1 ②
ダート時計		六ダ 1570 ⑫	七ダ 1468 10 三ダ 2140 8	三ダ 2191 ⑨	天ダ 2051 ⑬ 六ダ 1575 ⑫	二ダ 1268 ⑩ 新ダ 1567 ⑮	大ダ 1449 ⑪ 二ダ 1306 1	大ダ 1584 7	三ダ 2190 ⑦	二ダ 1314 10 七ダ 1541 ⑯	二ダ 1268 ⑪ 中ダ 1593 ⑥	
騎手成績	0 0 0 0	0 0 0 1	0 0 0 0	0 0 0 0	0 0 0 0	1 0 0 0	0 0 0 0	0 0 0 3	0 0 0 0	0 0 0 0	0 0 0 0	0 0 0 0
母父	ダンスインザダーク	ステイゴールド	トウカイテイオー	サクラユタカオー	シンボリクリスエス	ブライアンズタイム	マンハッタンカフェ	マウントリヴァーモ	ケンマーレ	リンドシェーバー	ダイイシス	サニーブライアン
兄弟	エイトエンダー	初仔	ネオポラリス	マイネルレーニア	初仔	メイショウゲンブ	マグナムアウトロー	オリエンタルロック	シンボリエスケープ	コンサートレディ	初仔	アートガウディ
二千 千八 千六 短	0 0 1 0 0 0 1 0 0 0 1 0 0 2 1 1	0 0 0 0 0 0 0 0 1 0 0 0 5 2 2 0	0 1 0 0 0 0 0 0 0 0 0 0 0 3 1 0	0 2 0 0 1 0 1 0 1 0 0 0 1 2 0 0	1 0 0 0 1 2 0 0 1 0 0 0 10 4 0 0	0 1 0 0 0 1 0 0 0 0 0 0 0 2 6 2	0 0 0 0 0 3 0 0 0 0 1 0 0 3 4 0	0 1 0 0 0 0 0 0 0 0 0 0 1 7 2 0	2 0 0 0 1 0 0 0 2 0 0 0 3 0 0 0	0 0 0 1 0 0 0 0 0 0 0 0 0 1 0 10	0 0 1 0 0 0 1 0 0 0 0 0 0 4 0 1	1 0 0 0 0 1 0 0 0 0 0 0 5 2 1 0
前走3	4東 10月11日 ① 三才上 14 500万 14ト18頭 天 1472 55 蛯名 S ⑪⑬⑪ 476 人気10 中位一杯 7身 366 外 349 アディインザラ 1460 1.2	4中京 12月7日 ② 三才上 12 500万 13ト18頭 三 2159 55 酒井 S ②②② 428 人気10 先行一杯 5身 361 中 361 アンプラグド 2150 0.9	3福 11月2日 ⑥ 三才上 8 500万 9ト15頭 七ダ 1475 55 勝浦 M ⑪⑬⑨ 510 人気8 外々回る 8 3/4 386 外 379 ロードフォワー 1461 1.4	2新 13年8月 ⑧ 新馬 1 500万 5ト16頭 天外 1457 54 横山典 H ⑤⑤③ 490 人気1 好位抜出 1 1/4 352 中 351 コスモミレネー 1459 0.2	4福 11月15日 ③ 磐梯 15 500万 16ト16頭 二 2037 57 松若 S ⑪⑪⑩ 488 人気13 後方まま 9 3/4 372 外 361 テスタメント 2020 1.7	4福 11月9日 ② 三才上 2 500万 5ト14頭 天 1490 52 原田和 S ⑧⑨⑦ 452 人気12 中位伸 クビ 371 中 350 マイネルシェル 1490 0.0	1中 1月10日 ③ 四才上 8 500万 2ト16頭 天外 1348 54 大野 M ④③③ 454 人気10 好位一杯 3身 359 内 355 マリーズケイ 1343 0.5	1小 2月7日 1 四才上 10 500万 4ト16頭 天 1482 56 黛 M ⑩⑫⑬ 502 人気12 内々回る 6身 365 内 355 ゴースルー 1472 1.0	4東 10月12日 ② 三才上 6 500万 5ト16頭 二 2256 57 吉田隼 M ③②② 484 人気3 一旦先頭 2 3/4 359 中 358 ジャングルクル 2252 0.4	3福 10月25日 ③ 三才上 14 500万 2ト16頭 三 1094 50 原田和 S 9⑧⑥ 458 人気11 出遅る 5身 347 中 347 ボブキャット 1086 0.8	4東 11月1日 8 三才上 10 500万 6ト14頭 天 1485 55 柴田善 S ②②② 550 人気1 先行一杯 4身 362 中 348 デルフィーノ 1478 0.7	1小 2月7日 1 四才上 7 500万 7ト16頭 天 1480 56 柴田未 M ⑥⑦⑧ 498 人気11 もまれる 5身 361 中 357 ゴースルー 1472 0.8
前走2	1中京 1月17日 1 寿 5 500万 6ト17頭 二 1239 56 浜中 S 17⑰⑰ 474 人気4 後方伸 2身 373 中 348 エイシンソルテ 1236 0.3	4中京 12月20日 ❺ 三才上 12 牝500 1ト16頭 天ダ 1570 55 酒井 S ⑥⑧⑨ 430 人気6 中位一杯 7身 391 内 391 ショウリノウタ 1559 1.1	1東 2月7日 3 四才上 8 500万 1ト16頭 三ダ 2140 56 大野 S ③④④ 516 人気9 好位一杯 8身 389 内 384 グラスプリマ 2127 1.3	1東 2月1日 ② 四才上 2 500万 16ト16頭 天 1354 57 C.デムーロ S ⑦⑦⑥ 504 人気2 中位伸 クビ 368 外 348 トーキングドラ 1354 0.0	4中京 12月14日 ④ 三才上 13 500万 13ト14頭 天ダ 2051 57 松田 M ⑩⑦⑨ 490 人気7 中位一杯 大差 390 中 414 エルズミーア 2013 3.8	4中京 12月6日 ① 三才上 6 500万 11ト16頭 天 1353 56 蛯名 S ⑨⑨⑨ 462 人気5 中位まま 4 3/4 368 外 353 カレンケカリー 1346 0.7	1小 2月21日 ⑤ 四才上 2 牝500 1ト16頭 天 1482 54 津村 S ④③③ 448 人気4 先行伸 1身 371 内 354 フェイトカラー 1480 0.2	1小 2月22日 ❻ 四才上 10 500万 4ト16頭 天 1516 56 柴田大 M 9⑩⑩ 498 人気13 出遅る 11 1/4 373 中 380 ナインテイルズ 1497 1.9	4福 11月9日 ② 檜原 7 500万 10ト16頭 二 2012 57 吉田隼 H ③③② 486 人気1 先行一杯 1 3/4 353 中 364 コスモチョコレ 2009 0.3	浦和 12月10日 3 Mウイン 10 交流B2 9ト12頭 七ダ 1314 55 江田照 H ③②⑥ 457 人気4 先行一杯 14 1/2 366 内 421 トーセンブリッ 1286 2.8	4中京 12月7日 ② 三才上 11 500万 14ト16頭 二ダ 1268 56 デザーモ M ⑤⑤⑤ 548 人気2 好位一杯 7身 360 中 386 ダイワスパンキ 1257 1.1	1小 2月15日 ④ 脊振 2 500万 2ト12頭 天 1477 56 津村 S ①①① 498 人気9 逃粘る クビ 369 内 351 カレンバッドボ 1477 0.0
前走	1東 2月1日 ② 四才上 3 500万 15ト16頭 天 1356 56 蛯名 S ⑨⑩9 480 人気7 中位伸 1 1/2 371 外 347 トーキングドラ 1354 0.2	3ヵ月半 放牧 乗込み4週間 仕上り○ 連対体重 422キロ 3ヵ月以上休 ①②③外 0 0 1 3	1小 2月22日 ❻ 四才上 10 500万 10ト13頭 七ダ 1468 56 吉田隼 H ⑩⑨⑧ 506 人気3 後方まま 8 1/4 377 外 390 メジャーシップ 1455 1.3	1東 2月21日 ⑦ 四才上 5 500万 9ト16頭 天 1486 57 戸崎圭 M ④④④ 502 人気1 G前伸欠 3身 368 外 345 シングンジョー 1481 0.5	1中京 1月24日 ❸ 四才上 12 500万 4ト14頭 天ダ 1575 57 勝浦 S ⑩⑩⑩ 490 B 人気12 中位一杯 大差 410 中 395 サトノアビリチ 1544 3.1	1中京 1月25日 ④ 麗 7 500万 5ト16頭 天 1374 56 木幡初 M ②②② 468 人気12 先行一杯 2 3/4 360 中 371 ダンツクロノス 1369 0.5	2中京 3月14日 ① 四才上 3 牝500 14ト16頭 天 1374 55 津村 S ②②② 450 人気5 先行粘る 1 1/2 369 中 353 スズカシャーマ 1372 0.2	1小 3月1日 ❽ 四才上 8 500万 5ト14頭 二 2052 56 黛 H ⑩⑨⑦ 496 人気13 中位まま 11 1/2 363 中 382 ザトゥルーエア 2033 1.9	5ヵ月休 放牧 乗込み5週間 仕上り◎ 連対体重 476～482 3ヵ月以上休 ①②③外 0 0 1 2	1小 2月14日 ③ 奉 16 500万 11ト18頭 三 1093 55 川島 S ⑰⑰⑰ 464 人気18 後方まま 5身 353 内 340 コウエイタケル 1084 0.9	4ヵ月休 放牧 乗込み4週間 仕上り○ 連対体重 544キロ 3ヵ月以上休 ①②③外 1 0 0 1	1小 2月28日 ⑦ 四才上 11 500万 4ト16頭 天 1485 56 津村 M 8⑧⑫ 500 人気7 出遅る 4身 366 外 366 マイネルコラン 1479 0.6

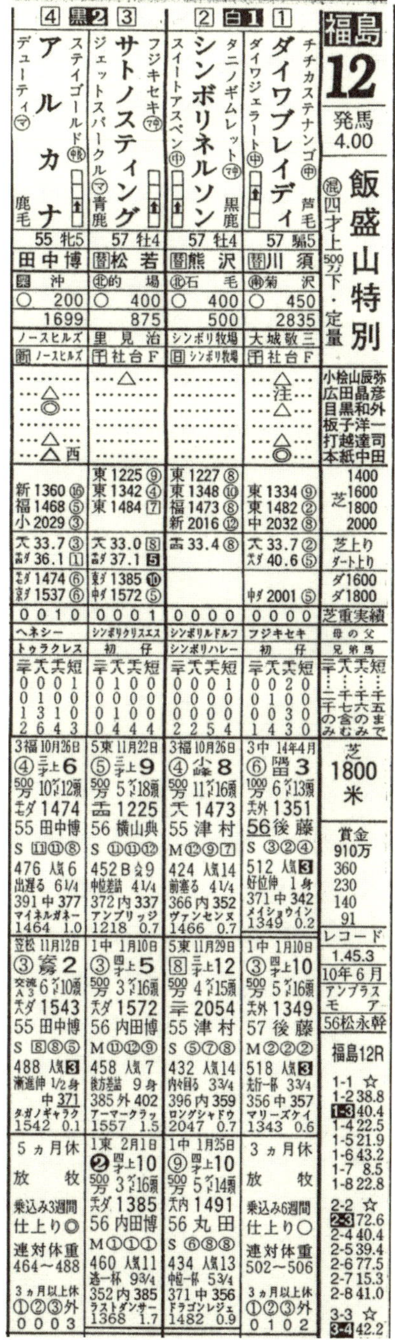

福島12　発馬4.00　飯盛山特別　混 四才上 500万下・定量

	①	②	③	④
枠	白1	白1	黒2	黒2
父	チチカステナンゴ	タニノギムレット	フジキセキ	ステイゴールド
馬名	ダイワブレイディ	シンボリネルソン	サトノスティング	アルカナ
母	ダイワジェラート	スイートアスペン	ジェットスパークル	デューティ
毛色	芦毛	黒鹿	青鹿	鹿毛
斤量	57 騸5	57 牡4	57 牡4	55 牝5
騎手	川須	熊沢	松若	田中博
厩舎	美菊沢	北石毛	北的場	栗沖
賞金	○ 450	○ 400	○ 400	○ 200
総賞金	2835	500	875	1699
馬主	大城敬三	シンボリ牧場	里見治	ノースヒルズ
生産	社台F	シンボリ牧場	社台F	ノースヒルズ
小桧山辰弥			△	
広田晶彦	注			△
目黒和外	△			◎
板子洋一				
打越達司	△			△
本紙中田	◎			△西
芝1400・1600・1800・2000	東1334⑨ 東1482② 中2032⑧	東1227⑧ 東1348⑩ 福1473⑧ 新2016⑫	東1225⑨ 東1342④ 東1484⑦	新1360⑯ 福1468⑤ 小2029③
芝上り・ダート上り	天33.7② 天ダ40.6⑤	云33.4⑧	天33.0⑧ 三ダ37.1⑤	天33.7③ 三ダ36.1①
ダ1600・ダ1800	中ダ2001⑤		東ダ1385⑩ 中ダ1572⑤	新ダ1474⑥ 京ダ1537⑥
芝重実績	0000	0000	0001	0010
母の父	フジキセキ	シンボリルドルフ	シンボリクリスエス	ヘネシー
兄弟馬	初仔	シンボリハレー	初仔	トゥラクレス
距離別成績	0020 0100 0030 1430	0001 0000 0000 2254	0100 0000 0100 0444	0001 0100 1310 2643
3走前	3中 14年4月 ⑥ 3着 1000万 6ト13頭 天外1351 56後藤 S③②④ 512 人気3 好位伸 1身 371中342 メイショウウイン 1349 0.2	3福 10月26日 ④ 8着 500万 11ト16頭 天1473 55津村 M⑫⑨⑦ 424 人気14 前塞る 4 1/4 366内352 ヴァンセンヌ 1466 0.7	5東 11月22日 ⑤ 三上9着 500万 5ト18頭 云1225 56横山典 S⑪⑪⑫ 452B 人気9 中位差詰 4 1/4 372内337 アンブリッジ 1218 0.7	3福 10月26日 ④ 三上6着 500万 10ト12頭 三ダ1474 55田中博 S⑪⑪⑧ 476 人気6 出遅る 6 1/4 391中377 マイネルガネー 1464 1.0
2走前	1中 1月10日 ③ 四上10着 500万 5ト16頭 天外1349 57後藤 M②②② 518 人気3 先行一杯 3 3/4 356中357 マリーズケイ 1343 0.6	5東 11月29日 ⑧ 三上12着 500万 4ト15頭 三2054 55津村 S⑤⑦⑧ 432 人気14 内付回る 3 3/4 396内359 ロングシャドウ 2047 0.7	1中 1月10日 ③ 四上5着 500万 3ト16頭 天ダ1572 56内田博 M⑪⑫⑨ 458 人気7 後方差詰 9身 385外402 アーマークラッ 1557 1.5	笠松 11月12日 ③ 交流 2着 交流A3 6ト10頭 天ダ1543 55田中博 S⑧⑧⑤ 488 人気3 漸進伸 1/2身 中371 タガノギャラク 1542 0.1
前走	3ヵ月休 放牧 乗込み6週間 仕上り○ 連対体重 502～506 3ヵ月以上休 ①②③外 0102	1中 1月25日 ⑨ 四上10着 500万 5ト14頭 天内1491 56丸田 S⑥⑧⑧ 434 人気13 中位一杯 5 3/4 371中356 ドラゴンレジェ 1482 0.9	1東 2月1日 ❷ 四上10着 500万 3ト16頭 天ダ1385 56内田博 M①①① 460 人気11 逃一杯 9 3/4 352内385 ラストダンサー 1368 1.7	5ヵ月休 放牧 乗込み3週間 仕上り◎ 連対体重 464～488 3ヵ月以上休 ①②③外 0003

芝1800米　賞金 910万 360 230 140 91　レコード 1.45.3 10年6月 アンプラスモア 56松永幹

福島12R　1-1 ☆　1-2 38.8　1-3 40.4　1-4 22.5　1-5 21.9　1-6 43.2　1-7 8.5　1-8 22.8　2-2 ☆　2-3 72.6　2-4 40.4　2-5 39.4　2-6 77.5　2-7 15.3　2-8 41.0　3-3 ☆　3-4 42.2

続いては【手順4】の「前走は不利で力を出せなかった馬の中から、今回楽なローテとなる馬」を探す。ここで非常に重要なことは、**「前走で不利を受けた馬が今回どれだけ楽に走れるか」**を精査することだ。

競走馬は今回がどういう条件で、どのくらいの距離を走るかを知らない。前走の条件を記憶しており、それによって支配されているといっても過言ではない。

前走で不利を受けていたなら、今回はどれだけそこから解放されるか。パフォーマンスを大きく上げる可能性がある馬を狙うのが双馬式なのである。

では、この3頭からどの馬を本命に選んだか。双馬は迷わず、9番人気と最も人気がなかったサトノスティングを本命にした。

サトノスティングの過去2走は、前々走に中山ダート1800m、前走東京のダート1600mを使われていた。今回はダートから芝の馬場替わりで、なおかつ内枠の延長ローテに該当。

さらにこの馬の過去を見ると、芝の延長ローテで勝利を挙げていた。つまり、芝実績があるにもかかわらず、前走で不利なダートを使われていたわけだ。

対抗のダイワブレイディは、前走中山芝1600m戦で展開による不利を受けていた。以前は格上の1000万下条件でも好走しており、今回は内枠の延長ローテで狙い目の1頭となる。

もう1頭のダークファンタジーは前走馬場による不利があったが、初勝利を挙げたときがダート1800m→芝1600mの短縮ローテだった。馬場替わりになる点は良いが、延長ローテでパフォーマンスを挙げられるかは未知数だった。

このように3頭の中での順位付けをして、実際に馬券を組み立てていくのが「予想力」であり、この予想力と経験値をつけていくのが、双馬式では非常に重要になる。

実は「経験値」をつけることを、このような馬券本の類で推奨するのはタブーである。多くの読者は「すぐに役立つ言葉」を求めているからだ。しかし、本書では双馬の強い希望もあり、実直に本書は「経験値」を積み重ねることが重要だと書かせていただく。

もちろん本書なしに、漫然と馬券を買い続けている競馬ファンに比べ、本書を参考に経験を積む読者が圧倒的に有利なことも保証する。

さて「馬券の経験値が重要」とはいうものの、もちろん、いいっ放しでは終わらない。

本書では、有意義な馬券経験を重ねるためのコツを惜しげなく伝授する。

初めて双馬式に出会った方の中には、コースの特徴や馬場のクセ、有利（不利）なローテで数頭に絞り込んだはいいものの、そこからどう順位付けをすればいいのかわからない方も多いに違いない。そこでヒントを書き加えよう。

飯盛山特別の場合は、比較的すんなりと順位付けができたが、最終的に同程度の馬が数頭並んだとする。そうしたときはどうするか？

結論は極めてシンプルだ。**最も人気がない馬を軸に据えて、馬券を組み立てる**べきだ。

これが穴馬券を獲る鉄則なのだ。こういったときに人気上位の馬から馬券を組み立てるのは一番やってはいけない。

双馬の理論は、人気薄を獲るための破壊力を重視するために体系立てて確立された理論だ。ならば、穴を積極的に狙うべき。人気はあくまで指標であって、実際の強さを表してはいない。見かけの安心感を買おうとせずに、「人気薄から攻める」姿勢を忘れないでほしい。

馬券の組み立ての秘訣とは…

馬券の組み立て方についても解説しよう。

予想力も資金力もそれほどない状態においては、前著の『2万円を競馬で～』の中でも記したように、3連複のフォーメーションを推奨している。

双馬は3連単を中心に購入しているが、これは上級ステージ。双馬も資金のない頃は3連複から始めている（当時はまだ3連単は導入されていなかったが、3連単発売開始当初は、資金の都合もあり3連複中心で買っていた）。

★双馬の3連複推奨フォーメーション

1列目　本命馬

2列目　コースメモ有利馬or前走不利該当馬で、なるべく実績がある（実力上位の）3頭

3列目　コースメモ有利馬or前走不利該当馬を手広く（12頭程度買っていい）

買い目点数は30点前後。各100円。

※3連複の買い目が24点以内に絞れた場合、ボーナスの意味合いで3連単を購入。

双馬は資金が少ないとき（予想能力が低いとき）に、３連単を中心に馬券を組み立てることは良くないと考えている。ただし「３連単をまったく買わない」ことも双馬は推奨しない。

リスクの少ない範囲（極論すれば1年間外れ続けても許容できる資金の範囲）で、3連単を少点数買い続けることは有効だ。

理論通りに穴馬券を的中した際の破壊力は、3連単が最も優れた馬券だからだ。

★ボーナス3連単フォーメーション（1、2着が裏表）

（1列目⇔2列目→3列目）

1列目　本命馬

2列目　コースメモ有利馬or前走不利該当馬で、なるべく実績がある（実力上位の）1頭

3列目　コースメモ有利馬or前走不利該当馬で、なるべく実績がある（実力上位の）3頭

買い目点数は6点。各100円。

1日2万円程度使える人であれば、1レース3000円で5レース前後（勝負レースを絞って）参加するのがポイントだ。

なお資金がさらに少ない人は、1日の勝負レース数をもっと絞ってほしい。

この目安の買い方、金額を超えた賭け方をしてしまうと、外れたときの資金の減り方が速くなる。仮に予想のプラスになる理論、買い方であっても、不運などが重なると資金が尽きてしまう危険性が高い（詳細は、前著『2万円を競馬で～』を参照）。

さて、買い方を理解していただいたうえで、先の飯盛山特別を例に、3連複の買い方を解説する。

本命馬サトノスティングは3連複の1列目。2列目にダイワブレイディとダークファンタジー、3列目に内枠の同距離もしくは延長馬の4頭に絞られるが、外枠でも前に行けそうな馬（内枠決着に含まれる場合がある）は、3列目に加えても構わない。

実際の飯盛山特別では、上位に推奨した2頭が1着、2着にズバリと決まり、馬連5560円、3連複5万6940円の的中となった。双馬の場合はここに挙げているように、3連単45万5370円を500円的中。227万円を超える払い戻しをゲットした。

今回の的中例は福島芝1800mで、「コースのクセ」が比較的安定しているコースだから問題はなかったが、コースによっては「馬場のクセ」によって傾向が大きく変わってしまう場合も多い。

そんなときは「コースのクセ」よりも「馬場のクセ」を優先して馬券を購入してほしい。

無責任かもしれないが、本書を制作した段階と今後の「コースのクセ」が変わらない保証は一切ない。

むしろ、馬場は生き物だ。傾向が変わる可能性のほうが高い。競馬とは、その変化にいち早く気がつき対応できた者だけが勝つことができるのだ。

常に「馬場のクセ」を意識し、予想に取り込むことが何より重要となる。ただ、正確な馬場のクセを見抜くには、それなりの技術力が必要でとても難しい作業だ。慣れないうちは個人で判断せず、双馬のホームページで無料公開している「馬場のクセ」情報を参考にしてほしい。

それでは、次から始まるコースメモを、各人、馬券の参考にしていただきたい。

なお、ダートは良馬場・重～稍重の2種類に分類、芝と合わせて115のコースメモとなっている。ダートの不良、また京都芝3000m（菊花賞）、3200m（天皇賞春）、中山芝3600m（ステイヤーズS）、東京芝3600m（ダイヤモンドS）などのコースは母数が少ないので除外しているのをお断りしておく。

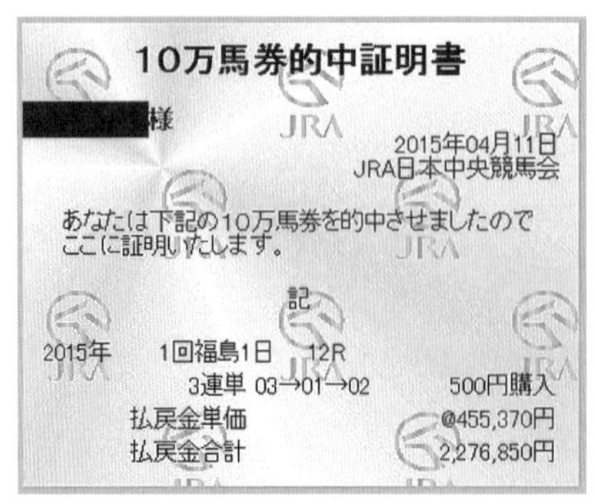

10万馬券的中証明書

様

2015年04月11日
JRA日本中央競馬会

あなたは下記の10万馬券を的中させましたのでここに証明いたします。

記

2015年　1回福島1日　12R
3連単 03→01→02　500円購入
払戻金単価　@455,370円
払戻金合計　2,276,850円

2015年4月11日福島12R
飯盛山特別（芝1800m稍重、4歳上500万下）

1着③サトノスティング（9番人気）
2着①ダイワブレイディ（2番人気）
3着②シンボリネルソン（15番人気）
3連単③→①→②455370円×500円的中

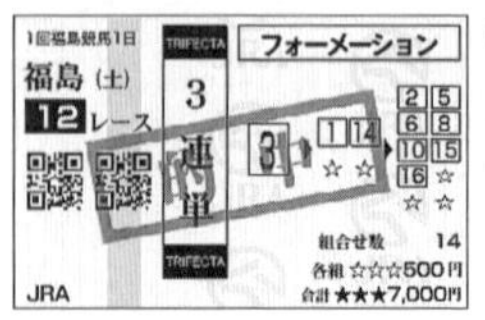

＝払い戻し
227万6850円

双馬のコースメモ

東京競馬場

TOKYO RACE COURSE

- ・ダート1300m 良
- ・ダート1300m 重～稍重
- ・ダート1400m 良
- ・ダート1400m 重～稍重
- ・ダート1600m 良
- ・ダート1600m 重～稍重
- ・ダート2100m 良
- ・ダート2100m 重～稍重

- ・芝1400m
- ・芝1600m
- ・芝1800m
- ・芝2000m
- ・芝2400m
- ・芝2500m

コース: **東京ダート1300m**　　馬場状態: **良**

決着率と破壊力ランキング

展開	決着確率	馬券破壊力
前残り決着	B	C
差し決着	C	C

枠	決着確率	馬券破壊力
内枠決着	C	A
外枠決着	C	C

展開の内訳　※Rはレースの略

展開	R発生割合	レース数	単回率	複回率
前残り決着	24%	14	54%	67%
差し決着	19%	10	49%	50%

枠の内訳

枠	R発生割合	レース数	単回率	複回率
内枠決着	15%	8	42%	97%
外枠決着	15%	9	38%	47%

コースのポイント

★内枠決着の馬券破壊力が高い。
ただし、最内の1枠の成績は極端に悪いので注意が必要。

★ローテ問わず、2~4枠の馬の成績が良い。
その中でも前走1400~1600mを使っている短縮馬の成績が優秀。

有利な馬・ローテ

★2~4枠の馬。特に前走1400mや1600mを使っている短縮馬。

不利な馬・ローテ

★1枠の馬。外枠の差し馬。

枠順のポイント

★外枠のスタート不利は大きい。

★最内も、ややスタート不利。

枠とローテ

枠	ローテ	1着	2着	3着	3着内数	総数	勝率	連対率	複勝率	単回率	複回率
内枠	同距離	5	3	7	15	45	11.1%	17.8%	33.3%	87%	78%
	延長	12	15	9	36	223	5.4%	12.1%	16.1%	29%	71%
	短縮	5	15	8	28	137	3.6%	14.6%	20.4%	70%	85%
外枠	同距離	4	4	5	13	45	8.9%	17.8%	28.9%	33%	48%
	延長	20	11	14	45	238	8.4%	13.0%	18.9%	79%	51%
	短縮	8	6	11	25	138	5.8%	10.1%	18.1%	31%	54%

枠とローテ(前走不利馬の場合)

枠	ローテ	1着	2着	3着	3着内数	総数	勝率	連対率	複勝率	単回率	複回率
内枠	同距離	1	1	1	3	11	9.1%	18.2%	27.3%	33%	50%
	延長	1	1	3	5	34	2.9%	5.9%	14.7%	10%	45%
	短縮	1	4	2	7	32	3.1%	15.6%	21.9%	8%	36%
外枠	同距離	1	3	1	5	13	7.7%	30.8%	38.5%	20%	68%
	延長	5	2	5	12	45	11.1%	15.6%	26.7%	107%	86%
	短縮	0	3	5	8	31	0.0%	9.7%	25.8%	0%	72%

※データ中でバックに濃いアミがかかっている部分が、双馬が強調、推奨したい項目。手順解説でも触れているが、数値が低いのに該当しているケースがある。これは双馬の今後の期待値が加味されているため。逆に今後の期待値が低いと、数値が高くてもアミがけしていないケースもある。「今現在の数値は参考程度まで」と双馬。

コース: **東京ダート1300m**　　馬場状態: **重〜稍重**

決着率と破壊力ランキング

展開	決着確率	馬券破壊力
前残り決着	C	C
差し決着	B	B

枠	決着確率	馬券破壊力
内枠決着	C	C
外枠決着	A	C

展開の内訳

展開	R発生割合	レース数	単回率	複回率
前残り決着	11%	2	62%	42%
差し決着	28%	5	182%	77%

枠の内訳

枠	R発生割合	レース数	単回率	複回率
内枠決着	17%	3	75%	45%
外枠決着	33%	6	119%	55%

コースのポイント

★馬場が渋ると差し決着、外枠決着の割合が増える。

★外目の枠の短縮馬の成績が優秀。
ただし、最外の8枠の成績は悪いので注意が必要。

有利な馬・ローテ

★外枠の短縮馬（ただし8枠の馬は除く）

不利な馬・ローテ

★1枠の馬、8枠の馬。

枠順のポイント

★外枠（8枠）のスタート不利は大きい。

★最内も、ややスタート不利。

枠とローテ

枠	ローテ	1着	2着	3着	3着内数	総数	勝率	連対率	複勝率	単回率	複回率
内枠	同距離	1	2	1	4	27	3.7%	11.1%	14.8%	186%	51%
	延長	5	4	5	14	64	7.8%	14.1%	21.9%	71%	67%
	短縮	2	1	3	6	46	4.3%	6.5%	13.0%	37%	30%
外枠	同距離	3	1	4	8	28	10.7%	14.3%	28.6%	90%	69%
	延長	4	2	2	8	53	7.5%	11.3%	15.1%	242%	66%
	短縮	3	8	3	14	53	5.7%	20.8%	26.4%	24%	89%

枠とローテ（前走不利馬の場合）

枠	ローテ	1着	2着	3着	3着内数	総数	勝率	連対率	複勝率	単回率	複回率
内枠	同距離	0	1	0	1	5	0.0%	20.0%	20.0%	0%	36%
	延長	2	0	0	2	7	28.6%	28.6%	28.6%	144%	50%
	短縮	2	0	0	2	11	18.2%	18.2%	18.2%	157%	50%
外枠	同距離	0	0	1	1	5	0.0%	0.0%	20.0%	0%	36%
	延長	1	0	0	1	8	12.5%	12.5%	12.5%	980%	205%
	短縮	0	0	2	2	15	0.0%	0.0%	13.3%	0%	52%

※数値が高くても強調できないデータ、例えば回収率については、「回収率なんて一発の穴で、大きく数字が変わるので意味がありません。再現性こそ大切です」と双馬はコメントしている。

コース: # 東京ダート1400m

馬場状態: 良

決着率と破壊力ランキング

展開	決着確率	馬券破壊力
前残り決着	B	B
差し決着	C	A

枠	決着確率	馬券破壊力
内枠決着	B	B
外枠決着	C	C

展開の内訳

展開	R発生割合	レース数	単回率	複回率
前残り決着	25%	45	61%	73%
差し決着	16%	25	54%	88%

枠の内訳

枠	R発生割合	レース数	単回率	複回率
内枠決着	24%	41	66%	78%
外枠決着	16%	25	58%	65%

コースのポイント

★人気馬の好走が多く、馬券破壊力は低い条件といえる。
★唯一、馬券破壊力が高いのは差し決着。
★短縮ローテの差し馬を狙うのが良い。

有利な馬・ローテ

★短縮馬。特に差し馬(ただし8枠は成績が悪いので注意が必要)。

不利な馬・ローテ

特になし。

枠順のポイント

★大外枠(8枠)の差し馬は不利。

枠とローテ

枠	ローテ	1着	2着	3着	3着内数	総数	勝率	連対率	複勝率	単回率	複回率
内枠	同距離	38	42	33	113	426	8.9%	18.8%	26.5%	46%	71%
	延長	23	29	22	74	462	5.0%	11.3%	16.0%	62%	61%
	短縮	11	14	26	51	291	3.8%	8.6%	17.5%	112%	76%
外枠	同距離	36	31	30	97	424	8.5%	15.8%	22.9%	68%	86%
	延長	21	27	26	74	476	4.4%	10.1%	15.5%	51%	54%
	短縮	27	15	20	62	323	8.4%	13.0%	19.2%	89%	83%

枠とローテ(前走不利馬の場合)

枠	ローテ	1着	2着	3着	3着内数	総数	勝率	連対率	複勝率	単回率	複回率
内枠	同距離	9	6	8	23	77	11.7%	19.5%	29.9%	56%	90%
	延長	5	4	3	12	70	7.1%	12.9%	17.1%	135%	61%
	短縮	3	5	8	16	78	3.8%	10.3%	20.5%	26%	60%
外枠	同距離	9	4	5	18	70	12.9%	18.6%	25.7%	167%	111%
	延長	1	5	5	11	74	1.4%	8.1%	14.9%	47%	74%
	短縮	7	5	1	13	71	9.9%	16.9%	18.3%	111%	67%

コース: **東京ダート1400m** 馬場状態: **重~稍重**

決着率と破壊力ランキング

展開	決着確率	馬券破壊力	枠	決着確率	馬券破壊力
前残り決着	C	C	内枠決着	C	A
差し決着	B	C	外枠決着	B	A

展開の内訳

展開	R発生割合	レース数	単回率	複回率
前残り決着	6%	3	163%	62%
差し決着	22%	12	60%	69%

枠の内訳

枠	R発生割合	レース数	単回率	複回率
内枠決着	14%	9	121%	104%
外枠決着	24%	14	51%	99%

コースのポイント

★馬場が渋ると前残り決着の割合が減り、差し決着の割合が増える。
★内枠決着よりも、外枠決着が増える点に注意。
★外枠の短縮馬や前走不利を受けている同距離馬を狙うのが良い。

有利な馬・ローテ

★外枠の短縮馬や前走で不利を受けている同距離馬。

不利な馬・ローテ

特になし。

枠順のポイント

スタート時の有利不利は特になし。

枠とローテ

枠	ローテ	1着	2着	3着	3着内数	総数	勝率	連対率	複勝率	単回率	複回率
内枠	同距離	4	16	10	30	163	2.5%	12.3%	18.4%	27%	39%
	延長	9	3	6	18	117	7.7%	10.3%	15.4%	113%	88%
	短縮	5	3	9	17	104	4.8%	7.7%	16.3%	21%	52%
外枠	同距離	18	11	10	39	142	12.7%	20.4%	27.5%	96%	74%
	延長	5	7	9	21	135	3.7%	8.9%	15.6%	21%	84%
	短縮	9	10	5	24	109	8.3%	17.4%	22.0%	71%	142%

枠とローテ(前走不利馬の場合)

枠	ローテ	1着	2着	3着	3着内数	総数	勝率	連対率	複勝率	単回率	複回率
内枠	同距離	0	2	1	3	27	0.0%	7.4%	11.1%	0%	22%
	延長	4	0	2	6	21	19.0%	19.0%	28.6%	200%	132%
	短縮	1	0	1	2	26	3.8%	3.8%	7.7%	13%	11%
外枠	同距離	5	3	1	9	21	23.8%	38.1%	42.9%	410%	173%
	延長	1	1	0	2	20	5.0%	10.0%	10.0%	13%	160%
	短縮	1	4	1	6	34	2.9%	14.7%	17.6%	28%	63%

東京
中山
京都
阪神
中京
小倉
福島
新潟
札幌
函館

コース: 東京ダート1600m

馬場状態: 良

決着率と破壊力ランキング

展開	決着確率	馬券破壊力
前残り決着	C	B
差し決着	C	C

枠	決着確率	馬券破壊力
内枠決着	C	C
外枠決着	C	B

展開の内訳

展開	R発生割合	レース数	単回率	複回率
前残り決着	17%	33	95%	71%
差し決着	18%	32	53%	50%

枠の内訳

枠	R発生割合	レース数	単回率	複回率
内枠決着	15%	27	56%	65%
外枠決着	19%	41	139%	84%

コースのポイント

★前残り、差し決着、内枠、外枠決着は、ほぼ互角。
ただし、馬券破壊力では前残り決着、外枠決着が高い。

★外枠の同距離馬や短縮馬で先行力のある馬が良い。

有利な馬・ローテ

★外枠の同距離馬、短縮馬。特に先行力のある馬。

不利な馬・ローテ

★内枠の延長馬。特に差し馬。

枠順のポイント

★最内はスタート不利。

枠とローテ

枠	ローテ	1着	2着	3着	3着内数	総数	勝率	連対率	複勝率	単回率	複回率
内枠	同距離	27	24	33	84	355	7.6%	14.4%	23.7%	37%	89%
	延長	10	13	11	34	309	3.2%	7.4%	11.0%	17%	37%
	短縮	37	33	41	111	619	6.0%	11.3%	17.9%	48%	53%
外枠	同距離	41	39	37	117	394	10.4%	20.3%	29.7%	70%	86%
	延長	17	18	10	45	362	4.7%	9.7%	12.4%	59%	50%
	短縮	49	52	46	147	641	7.6%	15.8%	22.9%	141%	94%

枠とローテ(前走不利馬の場合)

枠	ローテ	1着	2着	3着	3着内数	総数	勝率	連対率	複勝率	単回率	複回率
内枠	同距離	3	4	4	11	42	7.1%	16.7%	26.2%	16%	70%
	延長	0	5	2	7	38	0.0%	13.2%	18.4%	0%	85%
	短縮	5	6	4	15	97	5.2%	11.3%	15.5%	24%	33%
外枠	同距離	9	3	8	20	61	14.8%	19.7%	32.8%	68%	72%
	延長	2	5	3	10	60	3.3%	11.7%	16.7%	59%	82%
	短縮	11	11	8	30	114	9.6%	19.3%	26.3%	109%	78%

コース: # 東京ダート1600m

馬場状態: **重～稍重**

決着率と破壊力ランキング

展開	決着確率	馬券破壊力
前残り決着	C	A
差し決着	C	A

枠	決着確率	馬券破壊力
内枠決着	C	C
外枠決着	B	C

展開の内訳

展開	R発生割合	レース数	単回率	複回率
前残り決着	11%	8	216%	172%
差し決着	16%	10	60%	86%

枠の内訳

枠	R発生割合	レース数	単回率	複回率
内枠決着	13%	8	56%	59%
外枠決着	22%	15	25%	66%

コースのポイント

★馬券破壊力が圧倒的に高いのが前残り決着。

★外枠の同距離馬、短縮馬で、先行力がある馬を狙うのが良い。

有利な馬·ローテ

★外枠の同距離馬、短縮馬。特に先行できる馬。

不利な馬·ローテ

特になし。

枠順のポイント

★最内はスタート不利。

枠とローテ

枠	ローテ	1着	2着	3着	3着内数	総数	勝率	連対率	複勝率	単回率	複回率
内枠	同距離	14	10	14	38	170	8.2%	14.1%	22.4%	51%	52%
	延長	3	3	4	10	103	2.9%	5.8%	9.7%	11%	147%
	短縮	12	11	8	31	182	6.6%	12.6%	17.0%	69%	50%
外枠	同距離	24	14	18	56	187	12.8%	20.3%	29.9%	70%	124%
	延長	2	7	5	14	119	1.7%	7.6%	11.8%	28%	56%
	短縮	9	19	16	44	191	4.7%	14.7%	23.0%	111%	100%

枠とローテ（前走不利馬の場合）

枠	ローテ	1着	2着	3着	3着内数	総数	勝率	連対率	複勝率	単回率	複回率
内枠	同距離	6	1	2	9	36	16.7%	19.4%	25.0%	166%	53%
	延長	0	0	1	1	21	0.0%	0.0%	4.8%	0%	7%
	短縮	3	1	1	5	46	6.5%	8.7%	10.9%	42%	35%
外枠	同距離	6	2	5	13	37	16.2%	21.6%	35.1%	141%	85%
	延長	0	1	0	1	12	0.0%	8.3%	8.3%	0%	10%
	短縮	0	3	2	5	41	0.0%	7.3%	12.2%	0%	53%

東京
中山
京都
阪神
中京
小倉
福島
新潟
札幌
函館

コース: # 東京ダート2100m

馬場状態: **良**

決着率と破壊力ランキング

展開	決着確率	馬券破壊力
前残り決着	C	C
差し決着	C	A

枠	決着確率	馬券破壊力
内枠決着	C	B
外枠決着	B	B

展開の内訳

展開	R発生割合	レース数	単回率	複回率
前残り決着	19%	14	79%	60%
差し決着	12%	9	164%	101%

枠の内訳

枠	R発生割合	レース数	単回率	複回率
内枠決着	18%	13	161%	72%
外枠決着	21%	15	48%	81%

コースのポイント

★差し決着の馬券破壊力が高い。
★短縮ローテの差し馬を狙うのが良い。

有利な馬・ローテ

★短縮ローテの差し馬。

不利な馬・ローテ

特になし。

枠順のポイント

スタート時の有利不利は特になし。

枠とローテ

枠	ローテ	1着	2着	3着	3着内数	総数	勝率	連対率	複勝率	単回率	複回率
内枠	同距離	6	9	7	22	106	5.7%	14.2%	20.8%	27%	44%
	延長	20	19	18	57	311	6.4%	12.5%	18.3%	54%	61%
	短縮	7	5	10	22	72	9.7%	16.7%	30.6%	347%	154%
外枠	同距離	12	11	11	34	132	9.1%	17.4%	25.8%	72%	77%
	延長	22	25	23	70	351	6.3%	13.4%	19.9%	66%	86%
	短縮	6	3	5	14	73	8.2%	12.3%	19.2%	46%	86%

枠とローテ（前走不利馬の場合）

枠	ローテ	1着	2着	3着	3着内数	総数	勝率	連対率	複勝率	単回率	複回率
内枠	同距離	1	1	1	3	11	9.1%	18.2%	27.3%	15%	33%
	延長	4	4	2	10	47	8.5%	17.0%	21.3%	119%	77%
	短縮	1	2	2	5	14	7.1%	21.4%	35.7%	33%	93%
外枠	同距離	1	1	2	4	17	5.9%	11.8%	23.5%	36%	67%
	延長	2	5	4	11	50	4.0%	14.0%	22.0%	20%	103%
	短縮	1	0	2	3	7	14.3%	14.3%	42.9%	68%	110%

コース: **東京ダート2100m** 馬場状態: **重～稍重**

決着率と破壊力ランキング

展開	決着確率	馬券破壊力	枠	決着確率	馬券破壊力
前残り決着	C	C	内枠決着	C	C
差し決着	C	C	外枠決着	C	B

展開の内訳

展開	R発生割合	レース数	単回率	複回率
前残り決着	18%	3	39%	57%
差し決着	6%	1	14%	30%

枠の内訳

枠	R発生割合	レース数	単回率	複回率
内枠決着	12%	2	55%	51%
外枠決着	6%	1	203%	80%

コースのポイント

★馬場が渋ると人気馬が好走しやすくなり、馬券破壊力は著しく低下する。

★勝負レースには向かず、狙えるローテもない。

有利な馬・ローテ

特になし。

不利な馬・ローテ

特になし。

枠順のポイント

スタート時の有利不利は特になし。

枠とローテ

枠	ローテ	1着	2着	3着	3着内数	総数	勝率	連対率	複勝率	単回率	複回率
内枠	同距離	3	6	3	12	44	6.8%	20.5%	27.3%	39%	63%
	延長	2	3	1	6	56	3.6%	8.9%	10.7%	37%	39%
	短縮	1	1	1	3	16	6.3%	12.5%	18.8%	87%	38%
外枠	同距離	2	3	4	9	36	5.6%	13.9%	25.0%	16%	47%
	延長	7	0	5	12	66	10.6%	10.6%	18.2%	79%	81%
	短縮	2	2	2	6	22	9.1%	18.2%	27.3%	67%	75%

枠とローテ(前走不利馬の場合)

枠	ローテ	1着	2着	3着	3着内数	総数	勝率	連対率	複勝率	単回率	複回率
内枠	同距離	0	0	1	1	8	0.0%	0.0%	12.5%	0%	82%
	延長	1	1	0	2	17	5.9%	11.8%	11.8%	97%	37%
	短縮	–	–	–	–	–	–	–	–	–	–
外枠	同距離	1	0	1	2	6	16.7%	16.7%	33.3%	63%	45%
	延長	1	0	2	3	12	8.3%	8.3%	25.0%	30%	52%
	短縮	0	1	0	1	2	0.0%	50.0%	50.0%	0%	70%

※ –は期間内に該当データなし

コース:東京芝1400m

決着率と破壊力ランキング

展開	決着確率	馬券破壊力
前残り決着	B	C
差し決着	C	C

枠	決着確率	馬券破壊力
内枠決着	A	C
外枠決着	C	B

展開の内訳

展開	R発生割合	レース数	単回率	複回率
前残り決着	21%	35	75%	65%
差し決着	18%	25	57%	62%

枠の内訳

枠	R発生割合	レース数	単回率	複回率
内枠決着	30%	41	56%	55%
外枠決着	11%	17	72%	72%

コースのポイント

★馬場のクセが出やすいコースといえる。

★開催前半は内枠決着や前残り決着が多く、
開催後半は外枠決着や差し決着になることが多い。

★内枠、前残り決着の場合は、
先行できる馬で前走に不利を受けている延長馬や短縮馬が狙い。

★外枠、差し決着の場合は、短縮ローテの差し馬の成績が良い。

有利な馬・ローテ

★内枠、前残り決着の場合は、先行できる馬で前走に不利を受けている延長馬、短縮馬。

★外枠、差し決着の場合は、外枠の短縮ローテの差し馬。

不利な馬・ローテ

★馬場のクセと真逆の枠順、ローテだった馬。

枠順のポイント

★大外のスタート不利は大きい。

枠とローテ

枠	ローテ	1着	2着	3着	3着内数	総数	勝率	連対率	複勝率	単回率	複回率
内枠	同距離	25	29	23	77	285	8.8%	18.9%	27.0%	75%	76%
	延長	8	15	9	32	239	3.3%	9.6%	13.4%	55%	93%
	短縮	26	27	29	82	322	8.1%	16.5%	25.5%	52%	74%
外枠	同距離	29	21	30	80	384	7.6%	13.0%	20.8%	59%	66%
	延長	7	7	8	22	268	2.6%	5.2%	8.2%	120%	55%
	短縮	24	21	22	67	383	6.3%	11.7%	17.5%	64%	75%

枠とローテ(前走不利馬の場合)

枠	ローテ	1着	2着	3着	3着内数	総数	勝率	連対率	複勝率	単回率	複回率
内枠	同距離	3	6	2	11	55	5.5%	16.4%	20.0%	62%	66%
	延長	2	3	0	5	29	6.9%	17.2%	17.2%	56%	91%
	短縮	5	1	7	13	80	6.3%	7.5%	16.3%	45%	42%
外枠	同距離	5	2	5	12	54	9.3%	13.0%	22.2%	95%	66%
	延長	3	2	2	7	41	7.3%	12.2%	17.1%	584%	141%
	短縮	8	7	7	22	94	8.5%	16.0%	23.4%	124%	107%

コース: 東京芝1600m

決着率と破壊力ランキング

展開	決着確率	馬券破壊力
前残り決着	C	A
差し決着	B	C

枠	決着確率	馬券破壊力
内枠決着	B	A
外枠決着	C	B

展開の内訳

展開	R発生割合	レース数	単回率	複回率
前残り決着	18%	32	93%	102%
差し決着	26%	43	75%	68%

枠の内訳

枠	R発生割合	レース数	単回率	複回率
内枠決着	22%	39	64%	87%
外枠決着	16%	35	81%	76%

コースのポイント

★決着確率は低いが、前残り決着の馬券破壊力が高い。

★外枠から先行できる短縮馬の成績が優秀。

有利な馬・ローテ

★外枠で先行できる短縮馬。

不利な馬・ローテ

特になし。

枠順のポイント

★最内は、ややスタート不利。

枠とローテ

枠	ローテ	1着	2着	3着	3着内数	総数	勝率	連対率	複勝率	単回率	複回率
内枠	同距離	29	32	38	99	439	6.6%	13.9%	22.6%	52%	62%
	延長	8	13	14	35	244	3.3%	8.6%	14.3%	24%	62%
	短縮	18	24	20	62	299	6.0%	14.0%	20.7%	71%	76%
外枠	同距離	44	38	35	117	523	8.4%	15.7%	22.4%	71%	66%
	延長	17	15	12	44	296	5.7%	10.8%	14.9%	79%	56%
	短縮	32	25	29	86	399	8.0%	14.3%	21.6%	70%	115%

枠とローテ（前走不利馬の場合）

枠	ローテ	1着	2着	3着	3着内数	総数	勝率	連対率	複勝率	単回率	複回率
内枠	同距離	5	3	5	13	63	7.9%	12.7%	20.6%	52%	63%
	延長	3	1	5	9	40	7.5%	10.0%	22.5%	66%	79%
	短縮	4	3	3	10	65	6.2%	10.8%	15.4%	54%	53%
外枠	同距離	9	5	5	19	85	10.6%	16.5%	22.4%	41%	59%
	延長	0	1	1	2	34	0.0%	2.9%	5.9%	0%	49%
	短縮	11	6	9	26	87	12.6%	19.5%	29.9%	128%	128%

コース:東京芝1800m

決着率と破壊力ランキング

展開	決着確率	馬券破壊力
前残り決着	C	B
差し決着	C	C

枠	決着確率	馬券破壊力
内枠決着	B	B
外枠決着	C	C

展開の内訳

展開	R発生割合	レース数	単回率	複回率
前残り決着	18%	26	105%	74%
差し決着	14%	21	43%	58%

枠の内訳

枠	R発生割合	レース数	単回率	複回率
内枠決着	21%	29	53%	79%
外枠決着	10%	16	38%	55%

コースのポイント

★内枠決着が多い。
★内枠の前走不利馬を狙うだけで良い。

有利な馬・ローテ

★内枠の前走不利馬。

不利な馬・ローテ

★外枠の差し馬。

枠順のポイント

★最内の逃げ馬は、それほど有利ではない(好位から競馬できる馬なら問題ない)。

枠とローテ

枠	ローテ	1着	2着	3着	3着内数	総数	勝率	連対率	複勝率	単回率	複回率
内枠	同距離	32	26	19	77	288	11.1%	20.1%	26.7%	68%	73%
	延長	18	11	15	44	236	7.6%	12.3%	18.6%	56%	57%
	短縮	23	18	20	61	230	10.0%	17.8%	26.5%	152%	94%
外枠	同距離	21	23	30	74	319	6.6%	13.8%	23.2%	34%	75%
	延長	13	20	11	44	305	4.3%	10.8%	14.4%	51%	48%
	短縮	12	20	24	56	311	3.9%	10.3%	18.0%	25%	65%

枠とローテ(前走不利馬の場合)

枠	ローテ	1着	2着	3着	3着内数	総数	勝率	連対率	複勝率	単回率	複回率
内枠	同距離	6	4	1	11	37	16.2%	27.0%	29.7%	56%	97%
	延長	4	0	4	8	38	10.5%	10.5%	21.1%	95%	101%
	短縮	2	4	5	11	49	4.1%	12.2%	22.4%	19%	94%
外枠	同距離	0	5	7	12	53	0.0%	9.4%	22.6%	0%	124%
	延長	2	1	0	3	45	4.4%	6.7%	6.7%	160%	40%
	短縮	2	4	2	8	61	3.3%	9.8%	13.1%	37%	31%

コース: 東京芝2000m

決着率と破壊力ランキング

展開	決着確率	馬券破壊力
前残り決着	C	A
差し決着	B	B

枠	決着確率	馬券破壊力
内枠決着	C	B
外枠決着	C	B

展開の内訳

展開	R発生割合	レース数	単回率	複回率
前残り決着	14%	17	110%	118%
差し決着	20%	19	68%	78%

枠の内訳

枠	R発生割合	レース数	単回率	複回率
内枠決着	12%	12	48%	77%
外枠決着	15%	14	90%	76%

コースのポイント

★外枠決着の割合が高くなっているのは、少頭数のレースが多いため。
★馬番13番から外の成績は極端に悪く、基本的には内枠有利。
★内枠の馬を中心に素直に狙うのが良い。

有利な馬・ローテ

★内枠の馬。特に前走不利を受けている延長馬の成績が良い。

不利な馬・ローテ

★外枠の差し馬。特に馬番13番から外の馬。

枠順のポイント

★大外はスタート不利が大きい。
★最内もスタート有利とはいえない(好位で競馬できる馬なら問題なし)。

枠とローテ

枠	ローテ	1着	2着	3着	3着内数	総数	勝率	連対率	複勝率	単回率	複回率
内枠	同距離	16	17	20	53	188	8.5%	17.6%	28.2%	72%	99%
	延長	21	14	14	49	236	8.9%	14.8%	20.8%	106%	81%
	短縮	7	8	7	22	86	8.1%	17.4%	25.6%	41%	174%
外枠	同距離	24	24	19	67	251	9.6%	19.1%	26.7%	77%	66%
	延長	14	17	17	48	305	4.6%	10.2%	15.7%	72%	75%
	短縮	7	10	13	30	132	5.3%	12.9%	22.7%	59%	80%

枠とローテ(前走不利馬の場合)

枠	ローテ	1着	2着	3着	3着内数	総数	勝率	連対率	複勝率	単回率	複回率
内枠	同距離	1	4	3	8	30	3.3%	16.7%	26.7%	4%	79%
	延長	3	6	2	11	42	7.1%	21.4%	26.2%	157%	105%
	短縮	2	0	2	4	18	11.1%	11.1%	22.2%	51%	40%
外枠	同距離	4	4	3	11	47	8.5%	17.0%	23.4%	39%	62%
	延長	1	0	3	4	54	1.9%	1.9%	7.4%	8%	58%
	短縮	2	1	5	8	34	5.9%	8.8%	23.5%	18%	77%

コース: 東京芝2400m

決着率と破壊力ランキング

展開	決着確率	馬券破壊力
前残り決着	C	B
差し決着	B	B

枠	決着確率	馬券破壊力
内枠決着	B	C
外枠決着	C	C

展開の内訳

展開	R発生割合	レース数	単回率	複回率
前残り決着	13%	10	58%	82%
差し決着	28%	20	64%	74%

枠の内訳

枠	R発生割合	レース数	単回率	複回率
内枠決着	21%	15	53%	64%
外枠決着	18%	13	69%	68%

コースのポイント

★このコースも外枠決着の割合が高くなっているのは、少頭数のレースが多いため。
★馬番14番から外の成績は極端に悪く、基本的には内枠有利。
★内枠の馬を中心に素直に狙うのが良い。

有利な馬・ローテ

★内枠の馬。特に前走に不利を受けている同距離馬の成績が良い。

不利な馬・ローテ

★外枠の差し馬。特に14番から外の馬。

枠順のポイント

★外枠のスタートは不利。

枠とローテ

枠	ローテ	1着	2着	3着	3着内数	総数	勝率	連対率	複勝率	単回率	複回率
内枠	同距離	6	4	7	17	84	7.1%	11.9%	20.2%	52%	70%
	延長	30	21	23	74	304	9.9%	16.8%	24.3%	103%	88%
	短縮	6	3	6	15	49	12.2%	18.4%	30.6%	178%	123%
外枠	同距離	9	8	6	23	120	7.5%	14.2%	19.2%	49%	47%
	延長	18	29	22	69	374	4.8%	12.6%	18.4%	38%	56%
	短縮	2	6	7	15	73	2.7%	11.0%	20.5%	23%	76%

枠とローテ(前走不利馬の場合)

枠	ローテ	1着	2着	3着	3着内数	総数	勝率	連対率	複勝率	単回率	複回率
内枠	同距離	1	0	3	4	11	9.1%	9.1%	36.4%	37%	187%
	延長	3	3	3	9	45	6.7%	13.3%	20.0%	31%	54%
	短縮	1	0	1	2	8	12.5%	12.5%	25.0%	92%	85%
外枠	同距離	0	0	0	0	11	0.0%	0.0%	0.0%	0%	0%
	延長	2	5	6	13	62	3.2%	11.3%	21.0%	14%	44%
	短縮	0	1	0	1	12	0.0%	8.3%	8.3%	0%	59%

コース: # 東京芝2500m

決着率と破壊力ランキング

展開	決着確率	馬券破壊力
前残り決着	-	-
差し決着	A	C

枠	決着確率	馬券破壊力
内枠決着	B	C
外枠決着	-	-

展開の内訳

展開	R発生割合	レース数	単回率	複回率
前残り決着	–	–	–	–
差し決着	60%	3	96%	61%

枠の内訳

枠	R発生割合	レース数	単回率	複回率
内枠決着	20%	1	140%	54%
外枠決着	–	–	–	–

コースのポイント

★目黒記念、アルゼンチン共和国杯と、近年は重賞のみ施行されるコース。
★差し決着の割合が高く、先行馬には厳しい条件。
★内枠の差し馬を中心に狙うのが良い。

有利な馬・ローテ

★差し馬。特に内枠の馬。

不利な馬・ローテ

★先行馬。

枠順のポイント

スタート時の有利不利は特になし。

枠とローテ

枠	ローテ	1着	2着	3着	3着内数	総数	勝率	連対率	複勝率	単回率	複回率
内枠	同距離	0	0	0	0	2	0.0%	0.0%	0.0%	0%	0%
	延長	2	1	2	5	28	7.1%	10.7%	17.9%	107%	52%
	短縮	1	0	1	2	10	10.0%	10.0%	20.0%	88%	46%
外枠	同距離	0	0	0	0	4	0.0%	0.0%	0.0%	0%	0%
	延長	2	4	2	8	35	5.7%	17.1%	22.9%	82%	77%
	短縮	0	0	0	0	9	0.0%	0.0%	0.0%	0%	0%

枠とローテ（前走不利馬の場合）

枠	ローテ	1着	2着	3着	3着内数	総数	勝率	連対率	複勝率	単回率	複回率
内枠	同距離	–	–	–	–	–	–	–	–	–	–
	延長	1	0	0	1	6	16.7%	16.7%	16.7%	81%	30%
	短縮	–	–	–	–	–	–	–	–	–	–
外枠	同距離	–	–	–	–	–	–	–	–	–	–
	延長	0	1	0	1	5	0.0%	20.0%	20.0%	0%	136%
	短縮	0	0	0	0	2	0.0%	0.0%	0.0%	0%	0%

※ – は期間内に該当データなし

的中例解説　東京ダート1600m重〜稍重

前走不利のあった8番人気馬を軸に2544万円ゲット!

東京ダート1600mは、短縮馬に有利で延長馬は不利。短縮馬を機械的に買い続けるだけでも、大きな効果が得られるわかりやすいコース。

ただし、都合よくすべてのレースで勝負できる短縮馬が出走はしない。「前走不利馬」を狙うことも重要だ。

払い戻しで2500万円以上を獲得した、2015年6月6日東京11R。ヴィクトリアレーシングクラブ賞（ダート1600m、3歳上1600万下）も、「短縮馬」に加え「前走不利馬」を狙ったからこそ儲けられたレースだった。

このレースの「短縮馬」は、①イントレピッド（10番人気）、⑥ハギノタイクーン（6番人気）、⑦ベルウッドテラス（2番人気）、⑩オメガブレイン（9番人気）、⑪スノーモンキー（1番人気）、⑫クロスボウ（4番人気）と6頭出走していた。

ただし、このレースの「短縮馬」には、双馬によれば「本命に選ぶにはマイナス要素を抱えている馬」が多数いた。順番に解説しよう。

イントレピッドは長期休み明けで、ダートにも実績がない。ベルウッドテラス、スノーモンキー、クロスボウは人気馬。絶対的な能力も低いため信用できず。

一方、マイナス要素が少なく、馬券的妙味の面からもハギノタイクーン、オメガブレインは悪くない。データ通りに短縮馬のハギノタイクーンやオメガブレインを狙っても、高配当を的中できるレースだ。

だが、双馬が本命に選んだのは「前走不利馬」の③シンゼンレンジャー（8番人気）だった。

同馬は前走も東京ダート1600mで、前々走は1400m。よって前走は、延長ローテでの出走。先に書いたように東京ダート1600mは短縮ローテが有利なコースなので、延長ローテは不利になる。

つまり、前走のシンゼンレンジャーは能力を発揮しづらかった「前走不利馬」なのだが、今回は、前走よりも能力を発揮しやすい同距

12	桃8 11
ゴールドアリュール㊥ 黒鹿 クロスボウ マンティスハント㋮	ファスリエフ㋮ スノーモンキー スカラシップ㊥ 鹿毛
54 -3 牡5	56 -1 牡5
蛯名	戸崎圭
北 国枝	南 相沢
1550	1350
4675	8812
サンデーR	石瀬浩三
追分F	藤原牧場
△ △ 注 △ △ ▲	○ ◎ ▲ ○ △ ◎
大 1478 ⑨ 中 1360 ⑩	函 1113 ⑨
芝 34.4 ④ ダ 35.7 ①	芝 35.6 ⑨ ダ 36.0 ❸
三ダ 2123 ⑩ 東ダ 1381 ⑧ 中ダ 1521 3	新ダ 1118 8 東ダ 1243 1 東ダ 1363 ❶ 阪ダ 1496 2
○0010	◎2220
デピュティミニスタ	トニービン
ゴーハンティング	メンデル
2200 0000 1000 1600	2110 4201 3011 6013
1中 1月25日 9 [illegible] 1 1000万 9ダ15頭 ダ 1542 57 吉田豊 S ⑫⑬11 518 人気3 大外一気 クビ 391 外 376 キングブレイク 1542 0.0	2中 3月21日 7 韓国馬事 16 1600万 12ダ16頭 ダ 1542 57 柴田善 M ⑤⑤⑤ 448 人気2 好位一杯 9 1/2 380 中 394 ダノンバトゥー 1526 1.6
1東 2月22日 ⑧ [illegible] 10 1600万 8ダ16頭 三ダ 2123 57 吉田豊 H ⑩⑩⑩ 516 人気5 出遅る 9 1/2 383 外 393 ナリタポセイドン 2107 1.6	2阪 4月12日 ❻ [illegible] 3 1600万 6ダ16頭 ダ 1510 57 戸崎圭 S ⑦⑧⑧ 440 人気3 中位伸 2 1/4 380 中 360 トウザレジェンド 1507 0.3
3ヵ月余 転厩放牧 乗込み3週間 仕上り○ 連対体重 510〜534 3ヵ月以上休 ①②③外 1002	3京 5月10日 ⑥ 桃山 6 1600万 4ダ11頭 ダ 1592 57 松山 M ⑥⑦⑧ 448 人気2 中位まま 4 1/4 379 内 372 ナリタハリケーン 1585 0.7

【東京ダート1600m重〜稍重】的中例
2015年6月6日 東京11R ヴィクトリアRC賞（3歳上1600万下）

東京 11R（メインレース） 発馬 3.45

ヴィクトリアレーシングクラブ賞 (混)サラ三才上 1600万下・ハンデ

項目	白1 1	黒2 2	赤3 3	青4 4	黄5 5
父	リンカーン(中長)	クロフネ(マ中)	ケイムホーム(マ)	マンハッタンカフェ(長)	シニスターミニスター(欧中)
馬名	イントレピッド	プラントハンター	シンゼンレンジャー	ワンダーロード	エリモフェザー
母	ロッソペーガソ(短)	モスフロックス(マ)	キョウエイフルハム(短)	シルキーステラ(中)	リトルマーメード(短)
毛色	鹿毛	黒鹿	黒鹿	青鹿	栗毛
斤量	54 -3 牡5	55 -2 牡5	54 -3 牡6	55 -2 牡5	51 -4 牝5
騎手	(替)松岡	(替)大野	田中勝	吉田豊	黛
厩舎	(美)高橋忠	(北)水野	(栗)飯田祐	(北)尾形充	(北)中野栄
賞金	1550	1350	1300	1550	1550
総賞金	4225	4802	5526	4338	4203
馬主名	会田満雄	吉田照哉	原司郎	伊東純一	山本慎一
牧場名	(日)森永牧場	(千)社台F	(日)インター牧場	(新)隆栄牧場	(え)エクセルM
佐藤直		注		▲	
小野智		△	△	△	
久光	△	△	△		
西田		△		◎	
上田		▲		注	
本紙武井	西	△	△ 西	△	
芝 持ち時計	小1112⑨ 千八1491②		千八1481⑩ 京1341④	二千2037⑪ 東1348⑤	中1098⑯ 千六1335⑩
芝上り ダート上り	千八33.8② 千八ダ38.1⑭	千八ダ35.7①	千六33.2④ 千四ダ34.7⑧	千六34.3⑤ 千四ダ36.8④	千二33.4⑬ 千二ダ35.3①
ダ1200/ダ1400/ダ1600/ダ1800	ダ2024⑯ 阪ダ1536⑭	東ダ1247⑧ 東ダ1372① 新ダ1527①	千六ダ1580① 阪ダ1239⑧ 東ダ1372③ 千八ダ1508❽	東ダ1252④ 東ダ1380④ 中ダ1533④	新ダ1112① 千ダ58.6① 千二1088⑥
ダート重①②③外	○0000	○0000	○0002	○0000	○0020
母の父	ブライアンズタイム	サンデーサイレンス	ジェリ	ブライアンズタイム	トワイニング
兄弟馬	パンテーラネロ	ドリームガードナー	ホオポノポノ	初仔	初仔
距離別勝利度数（千八 千六 千四 千二）	1 0 0 0 1 0 0 0 0 0 0 0 3 0 0 1	2 2 0 0 2 1 0 0 0 0 0 0 6 3 1 0	2 0 0 0 4 0 0 0 0 2 0 0 10 4 2 0	4 0 0 0 0 0 0 0 0 0 0 0 2 2 2 0	0 0 0 1 0 0 0 0 0 0 0 1 0 0 0 9
前走3	2函 7月19日 ⑤横津岳 1 500万 10ゲ13頭 二千六 2414 57 藤岡康 M③⑤⑤ 462 人気4 好位抜出 1身 370 中 370 スマッシュスマ 2416 0.2	1東 2月8日 ④四才上 1 1000万 2ゲ16頭 千六ダ 1372 57 C.デムーロ S①②② 466 人気4 先行抜出 1 1/4 363 中 357 ムードティアラ 1374 0.2	1東 2月7日 ③白嶺 3 1600万 13ゲ16頭 千六ダ 1372 54 田中勝 S⑧⑧⑦ 498 人気11 中位伸 1 1/4 366 中 357 サウンドトゥル 1370 0.2	2中 3月14日 ⑤四才上 1 500万 5ゲ15頭 千八ダ 1545 57 吉田豊 S③④③ 486 人気1 楽抜出 3身 372 中 378 メガオパールカ 1550 0.5	2中 2月28日 ①アクアマ 16 1600万 11ゲ16頭 千二外 1098 52 木幡広 M⑧⑦⑩ 430 人気14 中位バテ 11 3/4 341 中 357 カハラビスティ 1078 2.0
前走2	1札 8月9日 ⑤藻岩山 1 1000万 5ゲ14頭 二千六 2402 54 藤岡康 H⑤②② 454 人気7 好位抜出 1 1/4 361 中 364 ディープストー 2404 0.2	3中 4月18日 ⑦下総 9 1600万 11ゲ13頭 千八ダ 1537 57 吉田豊 M③⑤⑪ 452 人気9 ジリ下り 7 1/2 366 中 393 パンズーム 1525 1.2	2東 4月25日 ①鎌倉 10 1600万 15ゲ16頭 千四ダ 1252 57 大庭 M⑤④② 496 人気11 好位一杯 4 1/4 359 中 373 カーディスパロ 1245 0.7	3中 4月18日 ⑦利根 1 1000万 8ゲ16頭 千八ダ 1540 57 吉田豊 S③④④ 474 人気1 好位抜出 クビ 373 内 375 シンボリハミル 1540 0.0	3中 3月28日 ①[illegible] 13 1600万 6ゲ16頭 千二ダ 1119 55 村田 H⑩⑩⑩ 418 人気15 体細化 9 1/4 347 内 372 ペイシャモンシ 1105 1.4
前走	10ヵ月休 屈腱炎放牧 乗込み4週間 仕上り△ 連対体重 426〜462 3ヵ月以上休 ①②③外 0 0 0 2	2東 5月30日 ⑪薫風 8 1600万 8ゲ16頭 千四ダ 1247 57 蛯名 M⑦⑦⑧ 454 人気14 中位差詰 1 1/4 360 外 367 シンキングマシ 1245 0.2	2東 5月17日 ⑧BSイレ 10 1600万 10ゲ16頭 千六ダ 1375 54 田中勝 M⑭⑭⑪ 496 人気10 後方まま 6 3/4 369 外 367 メイケイペガス 1363 1.2	2東 5月30日 ⑪薫風 14 1600万 1ゲ16頭 千四ダ 1252 57 吉田豊 M⑧⑧⑦ 478 人気1 中位一杯 3 3/4 361 中 373 シンキングマシ 1245 0.7	1新 5月2日 ①[illegible] 13 1600万 3ゲ13頭 千直 56.7 55 黛 H ⑪⑬ 424 人気13 S後接触 12 3/4 233—334 ネロ 546 2.1

項目	黄5 6	緑6 7	緑6 8	橙7 9	橙7 10
父	キングカメハメハ(欧中)	ステイゴールド(中長)	ブライアンズタイム(万)	キングカメハメハ(欧中)	キングカメハメハ(欧中)
馬名	ハギノタイクーン	ベルウッドテラス	バーディーイーグル	メイショウゾンビ	オメガブレイン
母	リアルナンバー(マ)	リリーボンド(マ)	ホームスイートホーム(マ)	デヴィルインフライト(マ)	オメガグレイス(マ)
毛色	鹿毛	鹿毛	鹿毛	鹿毛	鹿毛
斤量	54 -3 牡6	55 -2 牡5	55 -2 牡5	54 -3 牡6	52 -5 牡7
騎手	(替)内田博	柴山雄	(替)北村宏	(替)吉田隼	(替)江田照
厩舎	(栗)松田国	(北)二ノ宮	(北)国枝	(栗)荒川	(南)古賀慎
賞金	1550	1550	1550	1550	1550
総賞金	3625	5483	6266	3614	5859
馬主名	日隈良江	鈴木照雄	里見美惠子	松本好雄	原禮子
牧場名	(安)ノーザンF	(日)オリオンF	(ひ)千代田牧場	(浦)太陽牧場	(千)社台F
佐藤直	△	△	◎		△
小野智	▲	○	注		
久光		○	◎	△	
西田	△	▲	注	△	
上田		◎	○	△	
本紙武井	△ 西	○	注	西	B
芝 持ち時計	京1383❿	千八1492② 二千2025⑤		函1234⑯	函1213⑤ 東1328⑦
芝上り ダート上り	千六35.8❿ 千八ダ36.6❾	千八34.0② 千七ダ36.7④	千八ダ35.6③	函35.9⑯ 千二ダ35.4⑧	千八33.5④ 千八ダ36.4⑥
ダ1200/ダ1400/ダ1600/ダ1800	京ダ2004④ 二千ダ2051⑧ 函ダ2419⑫ 阪ダ1514❾	千七ダ1455④ 二千一ダ2114③ 中ダ1536⑩	東ダ1246⑤ 東ダ1362❷ 新ダ1531①	京ダ1110❾ 京ダ1241⑨ 千七ダ1489⑯	東ダ1364❻ 中ダ1584⑮
ダート重①②③外	○0002	○0000	○0110	○1004	○0001
母の父	レインボウコーナー	グランドスラム	シーキングザゴールド	デヴィルズバッグ	サンデーサイレンス
兄弟馬	トパンガ	ピエナリリー	パーディパーディ	メイショウカルド	オメガエンブレム
距離別勝利度数（千八 千六 千四 千二）	4 0 0 0 2 0 0 0 0 0 0 0 5 1 0 0	3 0 0 0 1 0 0 0 4 0 0 0 6 0 0 0	2 1 1 0 0 2 0 0 1 3 3 0 4 0 5 0	0 0 0 4 0 0 0 2 0 0 0 0 1 0 7 11	0 2 1 0 0 0 0 0 0 0 2 0 6 17 1 0
前走3	1阪 2月28日 ①四才上 1 1000万 3ゲ16頭 千八ダ 1515 57 福永 M②②② 534 人気7 G前差す ハナ 367 中 374 マノワール 1515 0.0	1中 1月10日 ③招福 3 1600万 10ゲ15頭 千八ダ 1543 54 柴山雄 S⑬⑭⑬ 514 人気5 後方追上 3/4身 399 中 373 ストロングサウ 1542 0.1	1東 2月14日 ⑤銀蹄 11 1600万 12ゲ16頭 千四ダ 1257 57 北村宏 M⑤⑧⑦ 498 人気2 中位一杯 5身 365 中 373 アンズチャン 1248 0.9	2阪 4月19日 ⑧陽春 12 1600万 11ゲ16頭 千二ダ 1121 57 武幸 H⑫⑩⑫ 500 人気14 後方まま 8 1/4 355 中 366 アメージングタ 1108 1.3	4中 12月14日 ④美浦 7 1600万 3ゲ14頭 千八内 1482 53 後藤 H④④③ 470 人気10 好位一杯 5 1/2 368 内 360 マイネルミラノ 1473 0.9
前走2	2阪 3月28日 ①[illegible] 8 1600万 8ゲ16頭 二千ダ 2051 57 内田博 S⑤⑥⑥ 536 人気6 中位まま 5 1/4 363 中 375 ダイヤノゲンセ 2043 0.8	1小 2月15日 ④門司 4 1600万 12ゲ16頭 千七ダ 1455 54 津村 S⑪⑪⑪ 512 人気5 後方伸 2 3/4 374 中 367 サンパビーン 1451 0.4	2東 4月25日 ①鎌倉 5 1600万 12ゲ16頭 千四ダ 1246 57 柴山雄 M⑩⑩⑩ 486 人気10 中位伸 1身 365 外 360 カーディスパロ 1245 0.1	2東 4月25日 ①鎌倉 6 1600万 13ゲ16頭 千四ダ 1246 57 岩部 M③③④ 494 人気16 脚余す 1身 357 内 365 カーディスパロ 1245 0.1	1中 1月18日 ⑦初富士 12 1600万 1ゲ13頭 千八内 1488 57 ブノワ H⑤⑤⑤ 474 人気13 好位一杯 12 3/4 356 内 369 ラングレー 1467 2.1
前走	2阪 4月12日 ⑥梅田 9 1600万 1ゲ16頭 千八ダ 1514 57 菱田 S④③⑥ 532 人気8 好位一杯 4 1/4 375 内 366 トゥザレジェン 1507 0.7	2東 5月24日 ⑩丹沢 3 1600万 16ゲ16頭 二千一ダ 2114 54 柴山雄 M②②② 510 人気7 先行粘る 3身 377 中 380 キャニオンバレ 2109 0.5	2東 5月30日 ⑪薫風 5 1600万 5ゲ16頭 千四ダ 1246 57 田中勝 M⑬⑬⑬ 500 人気6 内つき伸 3/4身 368 内 360 シンキングマシ 1245 0.1	3京 5月23日 ⑨シドニー 8 1600万 3ゲ16頭 千二ダ 1114 57 武幸 S⑨⑨⑨ 498 人気7 中位まま 3 3/4 360 中 354 ルベーゼドラン 1108 0.6	3中 3月29日 ②常総 10 1600万 7ゲ13頭 二千内 2005 52 田中勝 M④②② 476 B 人気12 好位一杯 3 1/4 355 中 358 ファントムライ 2000 0.5

ダート 1600メートル（左回り）
芝スタート・直線502メートル

賞金	レコード
1820万	1.34.1
730	26年6月
460	トロワボヌール
270	
182	55田中勝

東京11R 枠番連勝

組	オッズ
1-1	—
1-2	☆
1-3	☆
1-4	☆
1-5	☆
1-6	52.9
1-7	☆
1-8	55.9
2-2	—
2-3	☆
2-4	77.6
2-5	90.5
2-6	16.6
2-7	☆
2-8	17.6
3-3	—
3-4	☆
3-5	☆

離ローテ。能力の上積みが期待できる。

また、シンゼンレンジャーは、2月7日、白嶺S（東京ダート1600m）で3着に好走。このレースを勝ったサウンドトゥルーは重賞で3着になったことのある実績馬。その他、ピンポンなど、レベルの高い関西馬が多数出走していた一戦だった。そこで3着に好走したように、能力の裏付けがあった馬である。

そんな強い馬が、前走不利を受けていて、今回は不利のないローテで出走。好走する確率が高いと判断できる。

レースは、本命に選んだシンゼンレンジャー（8番人気）が直線で伸びて快勝。対抗の短縮馬オメガブレイン（9番人気）が2番手から粘って2着。5番手評価の短縮馬ハギノタイクーンがシンゼンと一緒に伸びてきて3着となり、単勝3170円、3連単89万850円が◎○×と本線で的中。払い戻しはご覧のように2540万円を超えた。

なお双馬は、シンゼンレンジャーを「前走不利馬」としてホームページ（無料）で公開していた。それを見れば、誰しもが「前走不利馬」とわかったのだ。

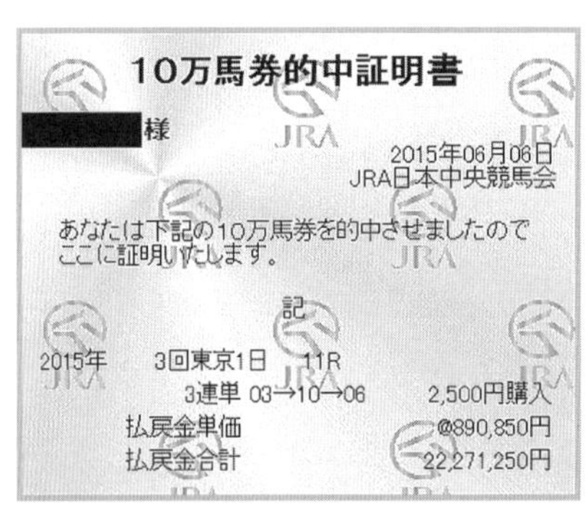
10万馬券的中証明書

■■■■様

2015年06月06日
JRA日本中央競馬会

あなたは下記の10万馬券を的中させましたので
ここに証明いたします。

記

2015年　3回東京1日　11R
3連単 03→10→06　2,500円購入
払戻金単価　@890,850円
払戻金合計　22,271,250円

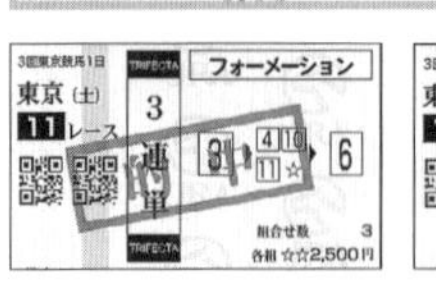

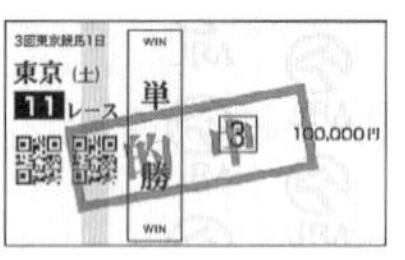

2015年6月6日東京11R
ヴィクトリアRC賞
（ダート1600m重、3歳上1600万下）

1着③シンゼンレンジャー（8番人気）
2着⑩オメガブレイン（9番人気）
3着⑥ハギノタイクーン（6番人気）

単勝③3170円×10万円的中=317万円
3連単③→⑩→⑥890850円×2500円的中
=2227万1250円
総払い戻し
2544万1250円

的中例解説｜東京ダート2100m良

良馬場なら短縮馬!ワンツースリーでガッポリ

双馬のコースメモによれば、良馬場の東京ダート2100mは差し決着の馬券破壊力が高くなるコース。特に短縮ローテの差し馬を狙いたい。

2015年5月3日東京12R（ダート2100m、4歳上1000万下）。

このレースは短縮ローテの差し馬に該当した、⑥トーセンハルカゼ（2番人気）が中団から伸びて2着に5馬身差の圧勝。その2着には、さらに後方から追い込んだ人気薄⑩ゲルマンシチー（12番人気）。そして3着に④ヤマカツポセイドン（1番人気）と、該当馬が1～3着を独占。双馬は3連単7万2870円を本線（3000円）で的中。払い戻しは218万6100円。

2015年5月3日東京12R
（ダート2100m良、4歳上1000万下）

1着⑥トーセンハルカゼ　（2番人気）
2着⑩ゲルマンシチー　　（10番人気）
3着④ヤマカツポセイドン（1番人気）

3連単⑥→⑩→④72870円×3000円的中
=218万6100円

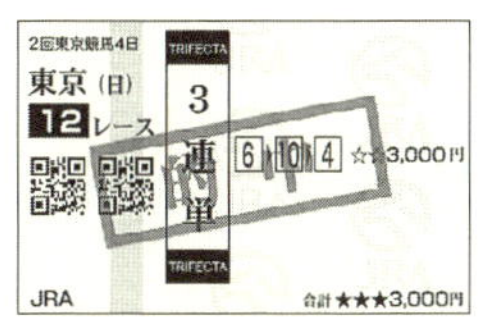
2回東京競馬4日
東京（日）
12レース
TRIFECTA
3連単
6 10 4 ☆☆3,000円
的中
JRA
合計★★★3,000円

的中例解説｜東京芝1400m

積極的に10番人気レッドスパーダを狙った理由

東京芝1400mは馬場のクセが強く出やすいコース。特に開催前半は、内枠の馬や先行馬に有利な馬場のクセが強く出やすい。

2014年5月17日東京11Ｒ京王杯スプリングカップ（芝1400m、GⅡ）。公開した予想で、本命にしたのは⑨レッドスパーダ（10番人気）だった。

レッドスパーダは、前々走に有利な短縮ローテーションで激走。双馬の理論では、有利なレースで激走した直後のレースは、反動で凡走する確率が上がる。よって、凡走した次のレースが買いだ。

前走･高松宮記念のレッドスパーダは反動に加え、苦手な重馬場。今回は反動も癒え、苦手な重い馬場から得意の高速馬場。さらにさらに、先行馬に有利な馬場とコースが待っていた。

この京王杯ＳＣに出走したレッドスパーダのように、前走で不利な条件が重なり、今回は有利な条件が重なる馬は積極的に馬券を買うべきだ。

対抗も内枠の⑤エールブリーズ（7番人気）。3番手には先行馬の⑩クラレント（2番人気）と予想。

レースは、積極的に先行したレッドスパーダが直線でも勢いが衰えず1着。2着以下も先行してなだれ込む形になったクラレント→エールブリーズの順で決着。双馬は単勝3840円、3連単16万2220円を◎▲○と本線で的中した。

馬場が有利な馬、そして「前走不利」があった馬を積極的に狙い、払い戻し789万5500円をゲットした。

2014年5月17日東京11R
京王杯スプリングC
（芝1400m良、GⅡ）

1着⑨レッドスパーダ（10番人気）
2着⑩クラレント　　（2番人気）
3着⑤エールブリーズ（7番人気）

単勝⑨3840円×10万円的中=384万円
3連単⑨→⑩→⑤162220円×2500円的中
=405万5500円
総払い戻し
789万5500円

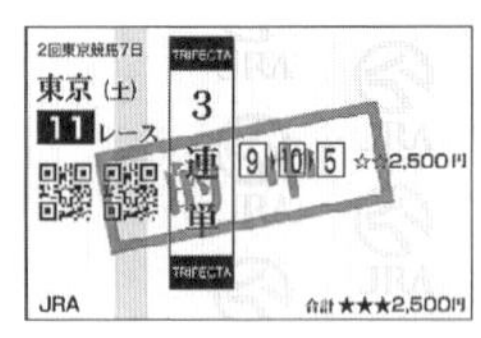

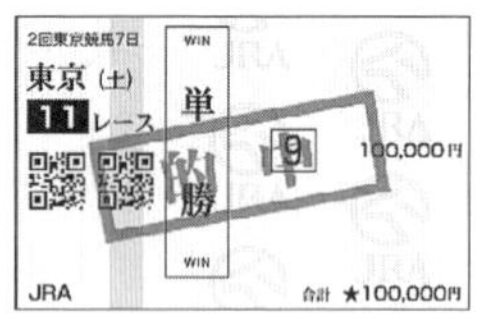

15（桃8）	14（桃8）	13（橙7）	12（橙7）	11（緑6）
ストームホイッスル㊥青毛 メイケイペガスター フジキセキ㋣㊥	ナイスレイズ㋮ メイショウヤタロウ アグネスタキオン㊥鹿毛	プリンセスカメリア㊕ アルフレード シンボリクリスエス㊥鹿毛	ヒシアスカ㋮鹿毛 クラウンロゼ ロサード㊥	ジェニーソング㋮ サンディエゴシチー マンハッタンカフェ㊟黒鹿
56 牡4	56 牡6	56 牡5	54 牝4	56 牡7
替横山典	藤田	替ウィリアムズ	替柴田大	替松岡
栗木原	栗白井	北手塚	北天間	栗作田
○ 2250	○ 2200	△ 3125	○ 3050	○ 1950
5410	9595	12,400	6000	10,310
名古屋競馬	松本好雄	キャロットF	矢野恭裕	友駿HC
白白老F	浦日の出牧場	安ノーザンF	新カミイスタット	浦アイオイF
……… …△… …◎… …△… ……… …△西	……… ……… ……… ……… ……… ……西	……… ……… …△… ……… …△… …△…	……… ……… …△… ……… ……… B……	……… ……… ……… ……… ……… ……西
芼1589⑨ 芸2249⑪ 東1333③ 東1460①	阪1088⑤ 阪1203① 東1325② 京1463⑪	芸2251⑬ 中1334① 中1528⑫	芼1598⑥ 芸2286⑱ 京1337⑩ 福1478⑪	札1105① 新1199② 東1325⑥ 函1468⑦
芺32.3⑩ 芸ダ35.9⑨	芺33.2②	芺32.5① 芸ダ37.9⑯	芺34.3①	芸33.0⑧ 芺ダ39.8⑬
京ダ1227⑨		京ダ1251⑯		芺ダ1535⑬
0 0 0 0	0 1 0 4	0 0 0 1	0 0 0 0	0 0 0 0
ブライアンズタイム	ストームキャット	サンデーサイレンス	ヒシアケボノ	ラーイ
リリカルホイッスル	メイショウボーラー	プリンセスフローラ	ヒシサマウマ	ミンディ
1 1 0 0 0 0 0 0 0 1 0 0 0 3 1 0	1 2 1 0 2 5 0 0 1 5 0 0 4 7 3 1	0 3 0 0 0 1 0 0 0 0 0 0 1 1 1 0	0 3 0 0 0 0 0 0 0 0 0 0 2 2 0 0	1 1 0 1 0 0 1 0 1 0 1 0 4 3 2 0
1京 1月5日 ①京都金杯15 GⅢ 9ゲ16頭 芺外1348 56藤田 S⑤③⑤ 506 人気2 引掛る 14 1/2 355外364 エキストラエン 1325 2.3	1阪 3月8日 ③[illegible]5 1600万 6ゲ9頭 芺外1350 57藤田 S⑧⑧⑨ 488 人気5 後方差詰 2身 379中336 マウントシャス 1347 0.3	2東 12年5月 ⑫ダービー13 GⅠ 18ゲ18頭 芸2251 57武豊 H⑭⑬⑫ 520 人気8 後方まま 8身 376外347 ディープブリラ 2238 1.3	1京 1月25日 ⑧京都牝馬10 牝GⅢ 4ゲ16頭 芺外1337 53和田 S②③③ 474 人気13 先行一杯 4 3/4 354内345 ウリウリ 1330 0.7	2新 7月27日 ①BSN賞13 オープン 2ゲ15頭 芺ダ1535 56戸崎圭 H⑤⑥⑥ 512 人気5 好位一杯 13 1/2 365中398 トウショウフリ 1513 2.2
2京 2月8日 ③すばるS9 オープン 14ゲ15頭 芼ダ1227 56藤田 M⑧⑥⑦ 504 人気3 中位一杯 5 3/4 352外359 ベストウォーリ 1217R1.0	2阪 4月12日 ⑤[illegible]5 1600万 12ゲ16頭 芼内1088 57浜中 M⑩⑪⑪ 486 人気6 中位差詰 3 1/4 346外342 ルナフォンター 1083 0.5	1京 1月11日 ③[illegible]16 オープン 2ゲ16頭 芼ダ1251 56松岡 M⑤⑤⑤ 550 人気8 好位バテ 13 1/4 353内379 マルカフリート 1228 2.3	2中 3月16日 ⑥中山牝馬6 牝GⅢ 1ゲ16頭 芺内1491 53蛯名 M③④③ 472 人気8 好位一息 4身 363中363 フーラブライド 1485 0.6	2新 8月24日 ⑨朱鷺S7 オープン 9ゲ13頭 芼内1213 55吉田豊 S⑧⑩⑩ 508 人気4 後方差詰 1 3/4 359中337 インプレスウィ 1210 0.3
1新 5月4日 ②谷川10 オープン 3ゲ16頭 芺外1359 56藤岡佑 S⑯⑯⑯ 504 人気4 出遅る 4身 391中323 サンレイレーザ 1352 0.7	3京 4月26日 ①錦1 1600万 12ゲ14頭 芺外1326 55藤田 S②②② 486 人気7 先行抜出 1/2身 353中337 シェルビー 1327 0.1	2中 3月16日 ⑥東風6 オープン 13ゲ16頭 芺外1353 56松岡 S③⑤⑥ 538 人気6 好位一息 2 1/4 366中353 シャイニーブリ 1349 0.4	1福 4月26日 ⑤福島牝馬11 牝GⅢ 3ゲ16頭 芺1478 54丸田 S⑤⑧⑧ 468 人気12 中位まま 4 1/2 361内354 ケイアイエレガ 1470 0.8	2中 3月16日 ⑥東風14 オープン 8ゲ16頭 芺外1363 55田中勝 S⑪⑨⑨ 516 人気14 中位バテ 7 3/4 371中359 シャイニーブリ 1349 1.4

【東京芝1400m】的中例
2014年5月17日 東京11R 京王杯スプリングC（GⅡ）

東京 11R（メインレース）　発馬 3.45

第59回 **京王杯スプリングカップ**（GⅡ）
㊗指 国際・サラ四才上 オープン・別定

	白1 1	黒2 2	黒2 3	赤3 4	赤3 5	青4 6	青4 7	黄5 8	黄5 9	6 10
父	キングヘイロー(中短)	サクラバクシンオー(短)	ダイワメジャー(マ中)	ダイワメジャー(マ中)	フジキセキ(マ中)	クロフネ(マ中)	ウォーエンブレム(中)	フサイチコンコルド(中)	タイキシャトル(マ)	ダンスインザダーク(長)
馬名	シャイニープリンス	アフォード	アミカブルナンバー	コパノリチャード	エールブリーズ	インパルスヒーロー	インプロヴァイズ	インプレスウィナー	レッドスパーダ	クラレント
母	ダイタクピア(短)	プリティメイズ(短)	ヒシシルバーメイド(短)	ヒガシリンクス(中)	アイリッシュカーリ(マ)	クラシカルテースト(マ)	カデンツァ(中)	ケリーズビューティ(マ)	バービキャット(中)	エリモピクシー(中)
毛色	青鹿	鹿毛	鹿毛	黒鹿	青鹿	鹿毛	青毛	青毛	鹿毛	栗毛
斤量	56 牡4	56 牡6	54 牝5	58 牡4	56 牡4	56 牡4	56 牡4	56 牡7	56 牡8	56 牡5
騎手	圏蛯名	中舘	替内田博	圏浜中	替三浦	田中勝	替戸崎圭	丸田	替北村宏	川田
厩舎	北栗田博	關北出	北鈴木康	關宮	關鮫島	北国枝	北堀	北宗像	北藤沢和	關橋口
賞金	○ 2900	○ 4200	◎ 2250	○12,250	○ 2400	○ 4600	○ 2400	○ 5175	○ 7825	○ 5050
総賞金	7350	13,910	10,034	26,230	8400	8880	6640	16,578	27,770	23,420
馬主名	小林昌志	前田幸治	池谷誠一	小林祥晃	社台RH	佐々木政充	(有)シルク	西城公雄	東京HR	前田晋二
牧場名	コアレスS	新 ノースヒルズM	追 社台F	日 ヤナガワ牧場	白 白老F	追 社台F	新 白老F	日 坂戸節子	日 下河辺牧場	新 ノースヒルズM
佐藤直		△	注	○	◎	△	△		△	▲
小野智	◎			注	△	△	△		▲	○
久光	注			○	△	△	△			▲
西田	▲	△		◎	注	△	△		△	○
上田	○		△	▲	△	△	◎	△		注
本紙武井	△	西		○ 西	注 西	B △	△		B ▲	◎ 西
芝1200		小1077⑥		崇1122❶	新1087⑧		壬1596⑨	小1079③	中1079③	壬2047⑫
芝1400	京1213①	千54.4①	東1201②	阪1207①	東1204①	崇1222①	新1217⑦	東1202③	東1201①	阪1213⑤
芝1600	京1329⑤		中1336③	京1330④	京1327⑪	東1327②	東1342⑦	東1344⑮	東1321①	東1323④
芝1800	福1482⑤			壬1595⑬			東1465③	千55.8⑮	阪1469⑤	東1457①
芝上り	千六33.6③	千32.0①	千四32.7⑥	千四34.0①	千四33.1①	千六33.4⑨	千六33.2③	千32.8⑮	千六33.3④	千六33.0①
ダート上り	ダ37.8①							ダ35.5❼	ダ39.0⑫	
ダ1200	中ダ1130①							阪ダ1112❼		
ダ1400	東ダ1258①								ダ1384⑫	
芝コース重の実績	0 0 0 0	1 0 0 0	1 1 1 0	1 0 0 0	0 0 0 1	0 0 0 0	0 0 0 0	1 0 0 1	0 0 0 2	0 0 1 1
母の父	リンドシェーバー	ゼネラリスト	シルヴァーデピュティ	トニービン	カーリアン	サンデーサイレンス	サンデーサイレンス	ブライアンズタイム	ストームキャット	ダンシングブレーヴ
兄弟馬	ブライティアピア	初仔	ニードルポイント	サイモンロード	ソルジャーズソング	レッドグルック	ネオザタイタン	初仔	ブレイブファイト	リディル
距離別勝利度数 千八 千六 千四 千二	0 1 2 1 0 0 0 0 0 1 0 0 1 4 1 1	0 0 0 6 0 0 0 1 0 0 0 1 0 0 0 12	0 1 4 0 0 1 3 0 0 2 1 0 0 1 5 0	0 2 3 1 0 1 0 0 0 0 0 0 0 3 1 0	0 0 4 0 0 0 4 0 0 0 2 0 0 5 1 2	0 0 3 0 0 2 0 0 0 0 0 0 0 4 0 0	2 2 0 0 0 1 0 0 2 1 0 0 2 1 1 0	0 0 6 1 0 0 0 1 0 0 1 2 0 3 10 11	0 5 1 0 1 1 1 0 0 0 0 2 2 7 1 3	1 3 1 0 0 0 0 0 1 2 1 0 1 5 1 0
前々々走	1京 1月5日 ① 京都金杯 5 GⅢ 7/16頭 千六外 1329 55 和田 S ③⑤③ 504 人気8 好位一息 2½ 353 内 345 エキストラエン 1325 0.4	2京 2月2日 ② シルクロード 8 GⅢ 12/16頭 千二内 1085 56 中舘 S ③②⑤ 468 人気7 好位一杯 7身 343 外 342 ストレイトガー 1074 1.1	5中 12月1日 ② ターコイ 10 牝ヒ・オープン 12/12頭 千六外 1343 54 松岡 M ④⑥⑥ 458 人気5 好位一杯 4¼ 357 外 353 レイカーラ 1336 0.7	5阪 12月23日 ⑨ 阪神カップ 10 GⅡ 16/18頭 千四内 1220 56 浜中 S ⑥③③ 482 人気❷ 好位一息 4身 353 外 351 リアルインパク 1214 0.6	1東 2月17日 ❹ 東京新聞 8 GⅢ 14/14頭 千六 1337 56 戸崎圭 M ⑥⑥⑤ 516 人気11 中位まま 2¾ 351 外 351 ホエールキャプ 1332 0.5	4東 10月19日 ⑥ 富士S 9 GⅢ 2/15頭 千六 1339 55 田中勝 S ⑩⑪⑪ 492 B 人気❸ 出遅る 2½ 367 中 334 ダノンシャーク 1335 0.4	1中 1月19日 ⑦ 初富士 10 1600万 9/14頭 千八内 1483 55 ギュイヨン S ⑨⑧⑥ 470 人気4 中位一杯 5¾ 378 中 362 フェスティヴタ 1475 0.8	5中 12月21日 ⑦ ラピスラ 5 オープン 6/16頭 千二外 1095 58 丸田 H ⑭⑭⑭ 456 人気11 後方追上 1身 350 中 345 アフォード 1094 0.1	1東 2月17日 ❹ 東京新聞 13 GⅢ 8/14頭 千六 1347 58 ブノワ M ①②② 530 B 人気7 先行一杯 8¾ 344 中 364 ホエールキャプ 1332 1.5	5阪 12月23日 ⑨ 阪神カップ 3 GⅡ 7/18頭 千四内 1215 57 川田 S ③⑤⑤ 496 人気7 好位伸 1身 354 中 345 リアルインパク 1214 0.1
前々走	2京 2月23日 ⑧ 洛陽 4 オープン 9/16頭 千六外 1341 55 和田 S ②④④ 496 人気❷ 伸一息 2身 356 内 350 ノーブルジュエ 1338 0.3	2中 3月8日 ③ オーシャ 5 GⅢ 9/16頭 千二外 1093 56 中舘 M ⑬⑭⑩ 462 人気6 後方伸 2¾ 350 外 343 スマートオリオ 1089 0.4	1東 2月24日 ⑥ 春菜 1 1600万 6/14頭 千四 1216 55 内田博 S ⑤⑤⑤ 470 人気❶ 好位抜出 ¾身 363 中 337 タマモマーブル 1217 0.1	1阪 3月2日 ② 阪急 1 GⅢ 1/16頭 千四内 1207 57 浜中 M ①①① 488 人気❷ 逃切る 4身 338 内 358 サンカルロ 1214 0.7	3中 4月6日 ④ ダービー卿 4 GⅢ 15/16頭 千六外 1347 55 戸崎圭 M ⑥⑥④ 514 人気12 好位伸 ¾身 354 外 363 カレンブラック 1346 0.1	5東 11月23日 ⑦ キャピタ 16 オープン 13/18頭 千六 1340 56 後藤 S ⑧⑧⑦ 496 B 人気6 中位一杯 4½ 356 中 345 サトノギャラン 1332 0.8	2中 3月23日 ⑧ 韓国馬事 1 1600万 5/16頭 千六外 1343 57 戸崎圭 M ⑫⑨⑨ 466 人気❷ 中位抜出 ½身 359 内 351 サトノネプチュ 1344 0.1	2中 3月8日 ③ オーシャ 4 GⅢ 3/16頭 千二外 1093 56 丸田 M ⑧⑦⑥ 456 人気10 内つき伸 2½ 344 内 349 スマートオリオ 1089 0.4	2中 3月8日 ③ オーシャ 3 GⅢ 16/16頭 千二外 1093 56 北村宏 M ④③③ 536 B 人気9 好位伸 2½ 342 中 351 スマートオリオ 1089 0.4	1東 2月17日 ❹ 東京新聞 3 GⅢ 12/14頭 千六 1334 57 川田 M ⑤④③ 500 人気5 好位伸 1身 348 中 350 ホエールキャプ 1332 0.2
前走	2中 3月16日 ⑥ 東風 1 オープン 2/16頭 千六外 1349 55 後藤 S ⑭⑭⑬ 494 人気❸ 直線一気 1½ 376 外 338 コスモソーンパ 1351 0.2	3中 4月13日 ⑥ 春雷 1 オープン 10/15頭 千二外 1079 56 中舘 M ⑪⑫⑫ 462 人気❷ 直線一気 アタマ 345 外 334 スギノエンデバ 1079 0.0	2阪 4月12日 ⑤ 阪神牝馬 5 牝ヒ GⅡ 13/13頭 千四内 1205 54 四位 S ⑫⑪⑪ 452 人気8 後方追上 1¼ 351 中 337 スマートレイア 1203 0.2	2中京 3月30日 ❻ 高松宮 1 GⅠ 5/18頭 千二 1122 57 M.デムーロ H ③②② 484 人気❸ 好位抜出 3身 350 中 372 スノードラゴン 1127 0.5	3京 4月27日 ② マイラー 11 GⅡ 8/16頭 千六外 1327 56 酒井 M ⑬⑬⑫ 514 人気8 後方直丈 8¼ 368 中 333 ワールドエース 1314R1.3	3中 4月6日 ④ ダービー卿 6 GⅢ 8/16頭 千六外 1348 56 田中勝 M ⑮⑯⑬ 496 B 人気13 後方差詰 1身 363 内 355 カレンブラック 1346 0.2	3中 4月6日 ④ ダービー卿 3 GⅢ 9/16頭 千六外 1347 55 津村 M ⑪⑫⑧ 460 人気8 中位伸 ¾身 358 中 360 カレンブラック 1346 0.1	2中京 3月30日 ❻ 高松宮 16 GⅠ 11/18頭 千二 1144 57 丸田 H ⑰⑰⑰ 450 人気12 後方まま 12¾ 373 中 371 コパノリチャー 1122 2.2	2中京 3月30日 ❻ 高松宮 17 GⅠ 7/18頭 千二 1147 57 四位 H ⑧⑨⑨ 534 B 人気18 中位一杯 14¾ 362 中 385 コパノリチャー 1122 2.5	3ヵ月休 放牧 乗込み4週間 仕上り○ 連対体重 470～490 休み明け ①②③外 1 0 1 1

芝 1400メートル　左回り　直線526メートル

賞金	レコード
5700万	1.19.6
2300	24年5月
1400	ミトラ
860	
570	55 松岡

東京11R 枠番連勝

組	倍率
1-1	—
1-2	70.0
1-3	12.0
1-4	16.7
1-5	43.5
1-6	13.3
1-7	57.6
1-8	42.9
2-2	☆
2-3	32.1
2-4	44.5
2-5	☆
2-6	35.7
2-7	☆
2-8	☆
3-3	20.0
3-4	7.6
3-5	19.9
3-6	6.1

その他の的中例

2014年6月22日東京11R
ユニコーンS
（ダート1600m稍重、GⅢ）

1着⑪レッドアルヴィス（3番人気）

単勝⑪1310円×10万円的中=131万円

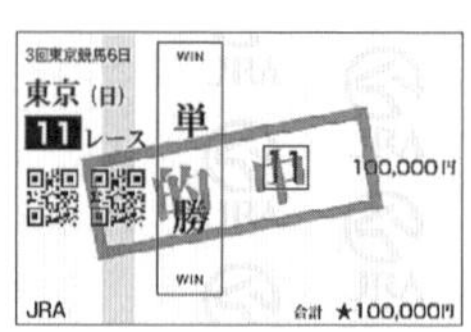

稍重の東京ダート1600mの狙い目は、前述したように「外枠の同距離馬、短縮馬で先行力のある馬」。本命のレッドアルヴィスは完璧に条件を満たしていた。ちなみに人気のアジアエクスプレス（12着）は内枠、メイショウパワーズ（9着）は延長ローテと条件を満たしていなかった。

2014年11月2日東京11R
天皇賞秋
（芝2000m良、GI）

1着④スピルバーグ　　　（5番人気）
2着①ジェンティルドンナ（2番人気）
3着⑮イスラボニータ　　（1番人気）

単勝④1100円×10万円的中=110万円
3連単④→①→⑮23290円×2000円的中
=46万5800円
総払い戻し
156万5800円

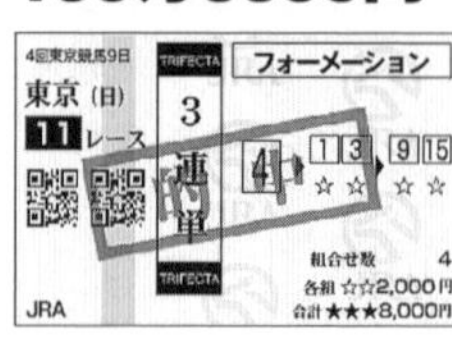

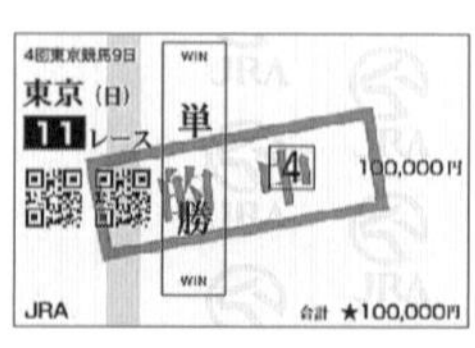

東京芝2000mの狙い目は「内枠の馬」。本命のスピルバーグは内枠4番を引き、５番人気と妙味ある存在だった。ただし天皇賞秋は、雨などで時計がかかる馬場だとペースが緩み、直線のスピード比べになるため延長馬有利。高速馬場だとペースが緩まず、スタミナ比べになるため短縮馬有利の傾向がある。

双馬のコースメモ

中山競馬場

NAKAYAMA RACE COURSE

- ・ダート1200m 良
- ・ダート1200m 重～稍重
- ・ダート1800m 良
- ・ダート1800m 重～稍重
- ・ダート2400m 良
- ・ダート2400m 重～稍重

- ・芝1200m
- ・芝1600m
- ・芝1800m
- ・芝2000m
- ・芝2200m
- ・芝2500m

コース: 中山ダート1200m

馬場状態: **良**

決着率と破壊力ランキング

展開	決着確率	馬券破壊力
前残り決着	B	B
差し決着	C	C

枠	決着確率	馬券破壊力
内枠決着	B	B
外枠決着	C	C

展開の内訳

展開	R発生割合	レース数	単回率	複回率
前残り決着	26%	52	51%	71%
差し決着	14%	25	101%	63%

枠の内訳

枠	R発生割合	レース数	単回率	複回率
内枠決着	21%	42	72%	81%
外枠決着	18%	33	58%	65%

コースのポイント

★ダートの含水率や、冬は凍結防止剤の影響で、偏った馬場のクセが出やすいコース。

★馬場のクセに合わせて、短縮馬を狙うのが効果的。

★良馬場時は内枠、前残り決着の確率が高い傾向あり。

有利な馬・ローテ

★短縮馬（特に内枠の馬、外枠の先行馬）。

不利な馬・ローテ

★延長馬（前走1000m組）。

枠順のポイント

★最内はスタートやや不利。

枠とローテ

枠	ローテ	1着	2着	3着	3着内数	総数	勝率	連対率	複勝率	単回率	複回率
内枠	同距離	49	42	50	141	683	7.2%	13.3%	20.6%	56%	76%
	延長	6	10	5	21	101	5.9%	15.8%	20.8%	88%	68%
	短縮	28	23	24	75	497	5.6%	10.3%	15.1%	68%	62%
外枠	同距離	52	55	54	161	717	7.3%	14.9%	22.5%	55%	69%
	延長	6	3	5	14	92	6.5%	9.8%	15.2%	51%	39%
	短縮	29	36	32	97	514	5.6%	12.6%	18.9%	42%	72%

枠とローテ（前走不利馬の場合）

枠	ローテ	1着	2着	3着	3着内数	総数	勝率	連対率	複勝率	単回率	複回率
内枠	同距離	8	5	9	22	75	10.7%	17.3%	29.3%	151%	92%
	延長	1	0	1	2	13	7.7%	7.7%	15.4%	79%	29%
	短縮	6	5	8	19	86	7.0%	12.8%	22.1%	132%	121%
外枠	同距離	9	6	6	21	66	13.6%	22.7%	31.8%	104%	88%
	延長	1	2	2	5	9	11.1%	33.3%	55.6%	101%	128%
	短縮	7	7	6	20	82	8.5%	17.1%	24.4%	47%	99%

コース: # 中山ダート1200m

馬場状態: **重〜稍重**

決着率と破壊力ランキング

展開	決着確率	馬券破壊力	枠	決着確率	馬券破壊力
前残り決着	B	B	内枠決着	C	C
差し決着	B	B	外枠決着	B	C

展開の内訳

展開	R発生割合	レース数	単回率	複回率
前残り決着	21%	26	72%	77%
差し決着	22%	23	59%	74%

枠の内訳

枠	R発生割合	レース数	単回率	複回率
内枠決着	16%	16	65%	67%
外枠決着	28%	33	54%	69%

コースのポイント

★馬場が渋ると外枠決着の割合が増える。
★特に凍結防止剤が入る冬の開催で、外差しが決まる傾向あり。
★馬場が渋っても、馬場のクセに合わせて短縮馬を狙う方法が有効。

有利な馬・ローテ

★短縮馬(特に外枠の馬)。

不利な馬・ローテ

★内枠の延長馬(前走1000m組)。

枠順のポイント

★最内はスタートやや不利。

枠とローテ

枠	ローテ	1着	2着	3着	3着内数	総数	勝率	連対率	複勝率	単回率	複回率
内枠	同距離	28	23	28	79	455	6.2%	11.2%	17.4%	54%	58%
	延長	2	1	0	3	40	5.0%	7.5%	7.5%	89%	25%
	短縮	6	14	15	35	294	2.0%	6.8%	11.9%	12%	38%
外枠	同距離	38	34	34	106	431	8.8%	16.7%	24.6%	71%	73%
	延長	3	4	4	11	44	6.8%	15.9%	25.0%	58%	93%
	短縮	24	26	20	70	320	7.5%	15.6%	21.9%	67%	102%

枠とローテ(前走不利馬の場合)

枠	ローテ	1着	2着	3着	3着内数	総数	勝率	連対率	複勝率	単回率	複回率
内枠	同距離	6	3	5	14	66	9.1%	13.6%	21.2%	55%	70%
	延長	0	0	0	0	5	0.0%	0.0%	0.0%	0%	0%
	短縮	0	4	2	6	60	0.0%	6.7%	10.0%	0%	37%
外枠	同距離	5	5	5	15	55	9.1%	18.2%	27.3%	180%	88%
	延長	0	2	0	2	7	0.0%	28.6%	28.6%	0%	52%
	短縮	9	4	7	20	74	12.2%	17.6%	27.0%	65%	55%

コース:中山ダート1800m

馬場状態:良

決着率と破壊力ランキング

展開	決着確率	馬券破壊力
前残り決着	B	B
差し決着	C	A

枠	決着確率	馬券破壊力
内枠決着	B	A
外枠決着	B	B

展開の内訳

展開	R発生割合	レース数	単回率	複回率
前残り決着	25%	51	72%	73%
差し決着	8%	17	71%	87%

枠の内訳

枠	R発生割合	レース数	単回率	複回率
内枠決着	24%	45	74%	86%
外枠決着	23%	50	54%	72%

コースのポイント

★前残り決着の確率が高いが、馬券破壊力はやや低い。

★人気馬が好走しやすい条件で、勝負レースには向いていない。

★ただし、牝馬限定戦は差し決着になりやすく、馬券破壊力が高いので、積極的に狙える。

有利な馬・ローテ

★牝馬限定戦の差し馬(馬体の小さい馬の期待値は低いので注意)。

不利な馬・ローテ

特になし。

枠順のポイント

スタート時の有利不利は特になし。

枠とローテ

枠	ローテ	1着	2着	3着	3着内数	総数	勝率	連対率	複勝率	単回率	複回率
内枠	同距離	51	40	56	147	631	8.1%	14.4%	23.3%	84%	79%
	延長	21	23	23	67	482	4.4%	9.1%	13.9%	118%	67%
	短縮	4	9	7	20	170	2.4%	7.6%	11.8%	11%	57%
外枠	同距離	62	63	56	181	721	8.6%	17.3%	25.1%	54%	78%
	延長	23	30	26	79	490	4.7%	10.8%	16.1%	54%	59%
	短縮	16	13	11	40	176	9.1%	16.5%	22.7%	67%	71%

枠とローテ(前走不利馬の場合)

枠	ローテ	1着	2着	3着	3着内数	総数	勝率	連対率	複勝率	単回率	複回率
内枠	同距離	7	6	7	20	91	7.7%	14.3%	22.0%	187%	72%
	延長	3	2	3	8	43	7.0%	11.6%	18.6%	23%	54%
	短縮	1	2	3	6	30	3.3%	10.0%	20.0%	27%	203%
外枠	同距離	9	10	4	23	92	9.8%	20.7%	25.0%	61%	67%
	延長	3	3	2	8	37	8.1%	16.2%	21.6%	58%	85%
	短縮	4	2	1	7	20	20.0%	30.0%	35.0%	171%	86%

コース: # 中山ダート1800m

馬場状態: **重～稍重**

決着率と破壊力ランキング

展開	決着確率	馬券破壊力
前残り決着	B	B
差し決着	C	B

枠	決着確率	馬券破壊力
内枠決着	C	B
外枠決着	A	B

展開の内訳

展開	R発生割合	レース数	単回率	複回率
前残り決着	21%	29	68%	79%
差し決着	9%	11	51%	75%

枠の内訳

枠	R発生割合	レース数	単回率	複回率
内枠決着	13%	16	75%	80%
外枠決着	31%	37	66%	78%

コースのポイント

★馬場が渋ると外枠決着の割合が増加。

★特に外枠で前走、不利を受けている同距離馬を狙うのが良い。

有利な馬・ローテ

★外枠の馬。特に前走に不利を受けている同距離馬。

不利な馬・ローテ

特になし。

枠順のポイント

スタート時の有利不利は特になし。

枠とローテ

枠	ローテ	1着	2着	3着	3着内数	総数	勝率	連対率	複勝率	単回率	複回率
内枠	同距離	22	27	22	71	387	5.7%	12.7%	18.3%	32%	62%
	延長	11	10	14	35	264	4.2%	8.0%	13.3%	29%	42%
	短縮	3	5	3	11	98	3.1%	8.2%	11.2%	9%	57%
外枠	同距離	50	40	34	124	434	11.5%	20.7%	28.6%	97%	90%
	延長	13	17	25	55	273	4.8%	11.0%	20.1%	45%	92%
	短縮	9	9	11	29	133	6.8%	13.5%	21.8%	83%	85%

枠とローテ(前走不利馬の場合)

枠	ローテ	1着	2着	3着	3着内数	総数	勝率	連対率	複勝率	単回率	複回率
内枠	同距離	4	3	3	10	59	6.8%	11.9%	16.9%	74%	40%
	延長	0	0	4	4	27	0.0%	0.0%	14.8%	0%	94%
	短縮	1	2	1	4	19	5.3%	15.8%	21.1%	28%	50%
外枠	同距離	9	8	3	20	61	14.8%	27.9%	32.8%	199%	127%
	延長	1	3	3	7	33	3.0%	12.1%	21.2%	11%	66%
	短縮	1	0	1	2	20	5.0%	5.0%	10.0%	53%	44%

コース: # 中山ダート2400m

馬場状態: 良

決着率と破壊力ランキング

展開	決着確率	馬券破壊力	枠	決着確率	馬券破壊力
前残り決着	A	B	内枠決着	A	C
差し決着	C	C	外枠決着	C	B

展開の内訳

展開	R発生割合	レース数	単回率	複回率
前残り決着	31%	4	41%	76%
差し決着	15%	2	46%	52%

枠の内訳

枠	R発生割合	レース数	単回率	複回率
内枠決着	31%	4	82%	69%
外枠決着	15%	2	58%	82%

コースのポイント

★前残り決着、内枠決着の割合が高い。

★内枠の延長馬や短縮馬を中心に狙うのが良い。

有利な馬・ローテ

★内枠の延長馬、短縮馬。

不利な馬・ローテ

★外枠の差し馬。

枠順のポイント

★多頭数の場合の外枠は、不利が大きい。

枠とローテ

枠	ローテ	1着	2着	3着	3着内数	総数	勝率	連対率	複勝率	単回率	複回率
内枠	同距離	1	1	1	3	23	4.3%	8.7%	13.0%	13%	29%
	延長	5	4	2	11	43	11.6%	20.9%	25.6%	200%	106%
	短縮	0	2	1	3	6	0.0%	33.3%	50.0%	0%	183%
外枠	同距離	3	2	3	8	26	11.5%	19.2%	30.8%	74%	75%
	延長	3	4	5	12	63	4.8%	11.1%	19.0%	21%	44%
	短縮	1	0	1	2	9	11.1%	11.1%	22.2%	64%	41%

枠とローテ(前走不利馬の場合)

枠	ローテ	1着	2着	3着	3着内数	総数	勝率	連対率	複勝率	単回率	複回率
内枠	同距離	0	0	0	0	1	0.0%	0.0%	0.0%	0%	0%
	延長	1	0	0	1	4	25.0%	25.0%	25.0%	200%	52%
	短縮	0	1	0	1	2	0.0%	50.0%	50.0%	0%	95%
外枠	同距離	0	0	0	0	3	0.0%	0.0%	0.0%	0%	0%
	延長	1	0	1	2	8	12.5%	12.5%	25.0%	101%	52%
	短縮	0	0	1	1	1	0.0%	0.0%	100.0%	0%	140%

コース: # 中山ダート2400m

馬場状態: **重〜稍重**

決着率と破壊力ランキング

展開	決着確率	馬券破壊力
前残り決着	A	A
差し決着	-	-

枠	決着確率	馬券破壊力
内枠決着	A	A
外枠決着	-	-

展開の内訳

展開	R発生割合	レース数	単回率	複回率
前残り決着	70%	7	52%	186%
差し決着	–	–	–	–

枠の内訳

枠	R発生割合	レース数	単回率	複回率
内枠決着	40%	4	121%	246%
外枠決着	–	–	–	–

コースのポイント

★馬場が渋ると、前残り決着、内枠決着の割合、馬券破壊力ともにアップする。
★内枠の馬だけでなく、外枠から先行できる延長馬の成績も良い点に注意。

有利な馬・ローテ

★内枠の馬。
★外枠からでも先行できそうな延長馬。

不利な馬・ローテ

★外枠の差し馬。

枠順のポイント

★多頭数の外枠は不利があるものの、
強引に先行しても残れるため、良馬場時よりはマシといえる。

枠とローテ

枠	ローテ	1着	2着	3着	3着内数	総数	勝率	連対率	複勝率	単回率	複回率
内枠	同距離	1	3	1	5	21	4.8%	19.0%	23.8%	194%	75%
	延長	3	3	1	7	38	7.9%	15.8%	18.4%	110%	44%
	短縮	1	1	1	3	5	20.0%	40.0%	60.0%	98%	1844%
外枠	同距離	3	0	1	4	23	13.0%	13.0%	17.4%	73%	49%
	延長	1	3	6	10	41	2.4%	9.8%	24.4%	8%	157%
	短縮	1	0	0	1	7	14.3%	14.3%	14.3%	35%	18%

枠とローテ(前走不利馬の場合)

枠	ローテ	1着	2着	3着	3着内数	総数	勝率	連対率	複勝率	単回率	複回率
内枠	同距離	0	0	0	0	2	0.0%	0.0%	0.0%	0%	0%
	延長	0	0	1	1	4	0.0%	0.0%	25.0%	0%	42%
	短縮	–	–	–	–	–	–	–	–	–	–
外枠	同距離	0	0	0	0	1	0.0%	0.0%	0.0%	0%	0%
	延長	0	0	1	1	8	0.0%	0.0%	12.5%	0%	22%
	短縮	–	–	–	–	–	–	–	–	–	–

※ – は期間内に該当データなし

東京
中山
京都
阪神
中京
小倉
福島
新潟
札幌
函館

コース: # 中山芝1200m

決着率と破壊力ランキング

展開	決着確率	馬券破壊力	枠	決着確率	馬券破壊力
前残り決着	C	B	内枠決着	B	B
差し決着	C	B	外枠決着	C	B

展開の内訳

展開	R発生割合	レース数	単回率	複回率
前残り決着	19%	14	97%	70%
差し決着	14%	9	108%	81%

枠の内訳

枠	R発生割合	レース数	単回率	複回率
内枠決着	20%	13	102%	80%
外枠決着	19%	14	78%	80%

コースのポイント

★前残り、差し決着、内枠、外枠決着の割合は互角。
★馬場のクセに合わせて短縮馬を狙うのが良い。
★特に前走、不利を受けている短縮馬の成績が良い。

有利な馬・ローテ

★前走、不利を受けている短縮馬。

不利な馬・ローテ

特になし。

枠順のポイント

★最内は、ややスタート不利。

枠とローテ

枠	ローテ	1着	2着	3着	3着内数	総数	勝率	連対率	複勝率	単回率	複回率
内枠	同距離	22	26	22	70	333	6.6%	14.4%	21.0%	70%	74%
	延長	1	0	0	1	10	10.0%	10.0%	10.0%	126%	39%
	短縮	9	9	4	22	124	7.3%	14.5%	17.7%	83%	54%
外枠	同距離	21	21	28	70	338	6.2%	12.4%	20.7%	48%	80%
	延長	1	2	2	5	23	4.3%	13.0%	21.7%	245%	129%
	短縮	10	6	9	25	147	6.8%	10.9%	17.0%	59%	58%

枠とローテ(前走不利馬の場合)

枠	ローテ	1着	2着	3着	3着内数	総数	勝率	連対率	複勝率	単回率	複回率
内枠	同距離	0	4	3	7	40	0.0%	10.0%	17.5%	0%	54%
	延長	1	0	0	1	2	50.0%	50.0%	50.0%	630%	195%
	短縮	2	4	3	9	30	6.7%	20.0%	30.0%	170%	126%
外枠	同距離	3	3	3	9	40	7.5%	15.0%	22.5%	35%	100%
	延長	0	0	0	0	2	0.0%	0.0%	0.0%	0%	0%
	短縮	4	2	3	9	36	11.1%	16.7%	25.0%	109%	101%

コース: # 中山芝1600m

決着率と破壊力ランキング

展開	決着確率	馬券破壊力
前残り決着	C	B
差し決着	B	B

枠	決着確率	馬券破壊力
内枠決着	B	A
外枠決着	C	A

展開の内訳

展開	R発生割合	レース数	単回率	複回率
前残り決着	18%	26	72%	77%
差し決着	25%	34	84%	74%

枠の内訳

枠	R発生割合	レース数	単回率	複回率
内枠決着	22%	32	108%	90%
外枠決着	19%	25	69%	85%

コースのポイント

★イメージほど内枠有利ではない。

★内枠、外枠決着はほぼ互角。

★馬券破壊力は内、外ともに高いので、馬場のクセに合わせて狙う馬を選ぶのが良い。

★前残り決着よりも、差し決着の確率が高いこともポイント。

有利な馬・ローテ

★内枠に有利な馬場のクセが出ているとき、内枠の同距離馬、延長馬で前走、不利を受けていた馬。

★外枠に有利な馬場のクセが出ているとき、外枠の同距離馬で前走、不利を受けていた馬。

★短縮ローテの差し馬。

不利な馬・ローテ

★馬場のクセと反対の枠順の馬。

枠順のポイント

★大外のスタートは不利。

枠とローテ

枠	ローテ	1着	2着	3着	3着内数	総数	勝率	連対率	複勝率	単回率	複回率
内枠	同距離	34	28	31	93	368	9.2%	16.8%	25.3%	75%	77%
	延長	15	11	16	42	236	6.4%	11.0%	17.8%	187%	98%
	短縮	8	17	11	36	189	4.2%	13.2%	19.0%	24%	54%
外枠	同距離	41	36	36	113	442	9.3%	17.4%	25.6%	72%	84%
	延長	9	12	9	30	261	3.4%	8.0%	11.5%	132%	67%
	短縮	10	15	14	39	214	4.7%	11.7%	18.2%	21%	67%

枠とローテ(前走不利馬の場合)

枠	ローテ	1着	2着	3着	3着内数	総数	勝率	連対率	複勝率	単回率	複回率
内枠	同距離	6	4	4	14	52	11.5%	19.2%	26.9%	139%	101%
	延長	3	1	4	8	35	8.6%	11.4%	22.9%	196%	132%
	短縮	0	3	0	3	21	0.0%	14.3%	14.3%	0%	39%
外枠	同距離	2	7	9	18	62	3.2%	14.5%	29.0%	38%	124%
	延長	1	1	3	5	31	3.2%	6.5%	16.1%	14%	50%
	短縮	2	3	1	6	33	6.1%	15.2%	18.2%	26%	59%

東京 中山 京都 阪神 中京 小倉 福島 新潟 札幌 函館

コース: 中山芝1800m

決着率と破壊力ランキング

展開	決着確率	馬券破壊力
前残り決着	B	B
差し決着	B	B

枠	決着確率	馬券破壊力
内枠決着	C	B
外枠決着	C	C

展開の内訳

展開	R発生割合	レース数	単回率	複回率
前残り決着	21%	21	92%	72%
差し決着	28%	22	58%	82%

枠の内訳

枠	R発生割合	レース数	単回率	複回率
内枠決着	16%	16	83%	71%
外枠決着	15%	14	42%	62%

コースのポイント

★前残り、差し決着、内枠、外枠決着は、ほぼ互角。

★ローテ別では、内枠の同距離馬の成績が圧倒的に良い。

有利な馬・ローテ

★内枠の同距離馬。特に前走で不利を受けていた馬。

不利な馬・ローテ

特になし。

枠順のポイント

★大外のスタートは不利。

枠とローテ

枠	ローテ	1着	2着	3着	3着内数	総数	勝率	連対率	複勝率	単回率	複回率
内枠	同距離	16	20	12	48	186	8.6%	19.4%	25.8%	106%	115%
	延長	10	8	9	27	174	5.7%	10.3%	15.5%	34%	43%
	短縮	16	7	8	31	139	11.5%	16.5%	22.3%	88%	52%
外枠	同距離	20	19	15	54	235	8.5%	16.6%	23.0%	60%	79%
	延長	6	13	22	41	196	3.1%	9.7%	20.9%	21%	58%
	短縮	11	15	13	39	165	6.7%	15.8%	23.6%	34%	70%

枠とローテ(前走不利馬の場合)

枠	ローテ	1着	2着	3着	3着内数	総数	勝率	連対率	複勝率	単回率	複回率
内枠	同距離	3	4	1	8	20	15.0%	35.0%	40.0%	74%	130%
	延長	1	0	1	2	23	4.3%	4.3%	8.7%	15%	13%
	短縮	2	1	0	3	25	8.0%	12.0%	12.0%	74%	26%
外枠	同距離	2	2	2	6	33	6.1%	12.1%	18.2%	33%	55%
	延長	1	1	2	4	21	4.8%	9.5%	19.0%	44%	43%
	短縮	2	1	3	6	27	7.4%	11.1%	22.2%	27%	45%

コース: 中山芝2000m

決着率と破壊力ランキング

展開	決着確率	馬券破壊力	枠	決着確率	馬券破壊力
前残り決着	C	B	内枠決着	C	C
差し決着	B	C	外枠決着	C	C

展開の内訳

展開	R発生割合	レース数	単回率	複回率
前残り決着	9%	10	61%	84%
差し決着	24%	26	55%	63%

枠の内訳

枠	R発生割合	レース数	単回率	複回率
内枠決着	19%	21	36%	55%
外枠決着	19%	22	84%	65%

コースのポイント

★人気馬が好走しやすく、馬券破壊力は低い。

★勝負レースには向いていない。

★強いて狙うなら、内枠の延長馬で前走、不利を受けていた馬。

有利な馬・ローテ

★内枠の延長馬で前走、不利を受けていた馬。

不利な馬・ローテ

特になし。

枠順のポイント

スタート時の有利不利は特になし。

枠とローテ

枠	ローテ	1着	2着	3着	3着内数	総数	勝率	連対率	複勝率	単回率	複回率
内枠	同距離	20	25	17	62	249	8.0%	18.1%	24.9%	37%	68%
	延長	18	25	26	69	344	5.2%	12.5%	20.1%	26%	70%
	短縮	6	5	5	16	59	10.2%	18.6%	27.1%	78%	74%
外枠	同距離	23	19	20	62	286	8.0%	14.7%	21.7%	70%	61%
	延長	30	18	24	72	426	7.0%	11.3%	16.9%	88%	62%
	短縮	2	7	7	16	89	2.2%	10.1%	18.0%	7%	58%

枠とローテ(前走不利馬の場合)

枠	ローテ	1着	2着	3着	3着内数	総数	勝率	連対率	複勝率	単回率	複回率
内枠	同距離	3	1	2	6	24	12.5%	16.7%	25.0%	44%	43%
	延長	0	3	9	12	46	0.0%	6.5%	26.1%	0%	89%
	短縮	2	0	0	2	7	28.6%	28.6%	28.6%	144%	55%
外枠	同距離	3	2	2	7	32	9.4%	15.6%	21.9%	249%	132%
	延長	5	6	4	15	60	8.3%	18.3%	25.0%	145%	79%
	短縮	0	2	1	3	16	0.0%	12.5%	18.8%	0%	89%

コース: 中山芝2200m

決着率と破壊力ランキング

展開	決着確率	馬券破壊力
前残り決着	B	A
差し決着	B	C

枠	決着確率	馬券破壊力
内枠決着	B	A
外枠決着	C	C

展開の内訳

展開	R発生割合	レース数	単回率	複回率
前残り決着	29%	11	122%	105%
差し決着	21%	8	47%	49%

枠の内訳

枠	R発生割合	レース数	単回率	複回率
内枠決着	24%	9	93%	96%
外枠決着	18%	7	68%	66%

コースのポイント

★内枠決着、前残り決着の馬券破壊力が高い。

★内枠の馬や先行馬で前走、不利を受けていた馬を狙うのが良い。

有利な馬・ローテ

★内枠の馬や先行馬で前走、不利を受けていた馬。

不利な馬・ローテ

★外枠の短縮ローテの差し馬。

枠順のポイント

スタート時の有利不利は特になし。

枠とローテ

枠	ローテ	1着	2着	3着	3着内数	総数	勝率	連対率	複勝率	単回率	複回率
内枠	同距離	1	3	3	7	36	2.8%	11.1%	19.4%	71%	91%
	延長	11	11	17	39	177	6.2%	12.4%	22.0%	96%	71%
	短縮	6	3	3	12	44	13.6%	20.5%	27.3%	205%	76%
外枠	同距離	4	3	4	11	49	8.2%	14.3%	22.4%	48%	57%
	延長	8	16	7	31	201	4.0%	11.9%	15.4%	62%	74%
	短縮	7	2	4	13	57	12.3%	15.8%	22.8%	84%	59%

枠とローテ(前走不利馬の場合)

枠	ローテ	1着	2着	3着	3着内数	総数	勝率	連対率	複勝率	単回率	複回率
内枠	同距離	0	0	0	0	3	0.0%	0.0%	0.0%	0%	0%
	延長	2	0	2	4	13	15.4%	15.4%	30.8%	32%	47%
	短縮	1	1	1	3	9	11.1%	22.2%	33.3%	43%	92%
外枠	同距離	1	0	1	2	3	33.3%	33.3%	66.7%	96%	90%
	延長	0	1	1	2	19	0.0%	5.3%	10.5%	0%	25%
	短縮	4	0	0	4	14	28.6%	28.6%	28.6%	195%	70%

コース: # 中山芝2500m

決着率と破壊力ランキング

展開	決着確率	馬券破壊力
前残り決着	C	C
差し決着	A	B

枠	決着確率	馬券破壊力
内枠決着	C	A
外枠決着	B	B

展開の内訳

展開	R発生割合	レース数	単回率	複回率
前残り決着	13%	3	79%	66%
差し決着	35%	8	58%	82%

枠の内訳

枠	R発生割合	レース数	単回率	複回率
内枠決着	17%	4	66%	91%
外枠決着	22%	5	54%	71%

コースのポイント

★馬券破壊力が高いのは内枠決着。
★差し決着も割合が多い。
★内枠の差し馬を狙いたいコース。
★内枠の馬で前走、不利を受けていた馬が狙える。

有利な馬・ローテ

★内枠の馬。特に前走、不利を受けていた差し馬。

不利な馬・ローテ

★外枠の馬。特に短縮ローテの差し馬。

枠順のポイント

★大外は、ややスタート不利。

枠とローテ

枠	ローテ	1着	2着	3着	3着内数	総数	勝率	連対率	複勝率	単回率	複回率
内枠	同距離	3	3	3	9	20	15.0%	30.0%	45.0%	379%	239%
	延長	8	6	6	20	91	8.8%	15.4%	22.0%	80%	65%
	短縮	1	3	1	5	19	5.3%	21.1%	26.3%	202%	198%
外枠	同距離	2	1	2	5	26	7.7%	11.5%	19.2%	29%	61%
	延長	8	9	11	28	131	6.1%	13.0%	21.4%	56%	65%
	短縮	1	1	0	2	21	4.8%	9.5%	9.5%	30%	21%

枠とローテ(前走不利馬の場合)

枠	ローテ	1着	2着	3着	3着内数	総数	勝率	連対率	複勝率	単回率	複回率
内枠	同距離	0	1	1	2	6	0.0%	16.7%	33.3%	0%	146%
	延長	2	1	0	3	12	16.7%	25.0%	25.0%	150%	57%
	短縮	0	1	1	2	3	0.0%	33.3%	66.7%	0%	280%
外枠	同距離	0	0	0	0	4	0.0%	0.0%	0.0%	0%	0%
	延長	2	1	3	6	22	9.1%	13.6%	27.3%	76%	70%
	短縮	0	0	0	0	0	0.0%	0.0%	0.0%	0%	0%

的中例解説 中山芝1200m

短縮・前走不利・内枠有利の三拍子で540万円の払い戻し

中山芝1200mは、馬場のクセが強く出やすいコース。特に短縮ローテが有利なクセが出ているときが高配当獲得のチャンスといえる。とりわけ前走で不利を受けている短縮馬は、積極的に狙うべきだろう。

2014年12月13日、中山9R黒松賞（芝1200m、2歳500万下）。

このレースで「前走不利」を受けている短縮馬に該当したのは、④キッズライトオン（6番人気）、⑥イキオイ(8番人気)、⑧ゴールドペガサス（4番人気）、⑨ヘニースウィフト（5番人気）の4頭(「前走不利馬」は双馬のホームページで公開)。

レースはゴールドペガサスが先行2番手から押し切り1着。中団から差を詰めたキッズライトオンが2着。さらに後方から追い込んだイキオイが3着。「前走不利」の「短縮馬」が1～3着を独占した。

結果的には、前走不利を受けている短縮馬のシンプルな4頭ボックスで的中できたレース。だが、「馬場のクセ」と「前走不利」を考慮すれば、大本線の1点に資金を集中することもできた（双馬もそのように買って、ご覧のよう

15（桃8）	14（桃8）	13（橙7）	12（橙7）	11（緑6）	10（緑6）
スウェプトオーヴァーボード(マ) 芦毛 (地)タイセイスウォード アントワープ(マ)	チチカステナンゴ(中) 鹿毛 (地)レッドムーン ルックアミリオン(中)	ダイワメジャー(マ中) デュアルメジャー デュアルストーリー(短) 青鹿	ショウナンカンプ(短) 鹿毛 ヴァリアントアロー シーズアトムボイ(マ)	スウェプトオーヴァーボード(マ) 青鹿 フジマサジャンボ チューベローズ(中)	スニッツェル(短) (地)プレッツェル トランスルーセント(中) 鹿毛
55 牡2	54 牝2	55 牡2	55 牡2	55 牡2	55 牡2
替石橋脩	替丹内	柴山雄	替戸崎圭	江田照	横山和
森田	(北)谷原	(北)手塚	(南)田村	(北)菊川	(南)松永康
○ 80 194	○ 110 137	○ 400 780	○ 400 1300	○ 400 700	○ 80 174
田中成奉	竹本弘	サンデーR	ラ・メール	藤原正一	手嶋康雄
(む)上水牧場	(浦)三嶋牧場	(安)ノーザンF	(平)川向高橋育成牧場	(ひ)斉藤S	(新)奥山博
…… …… …… …… …… ……西	△ …… …… …… …… ……	△ …… △ △ ◎ △	◎ ○ ○ ○ ○ ○	注 △ …… △ 注 △	…… △ …… …… …… ……
門ダ1130❹ 芸1305⑪	門ダ1148❺ 夫ダ1428⑥	東1223⑥	福1086② 天1382①	新1109①	門ダ1139① 東1231⑬
芸36.6⑪		孟34.2②	天34.4①	壬35.7①	孟35.3⑬
0 0 0 0	0 0 0 0	0 0 0 0	0 0 0 0	0 0 0 0	0 0 0 0
キングカメハメハ	フレンチデピュティ	エンドスウィープ	サマーサスピション	シンボリクリスエス	アグネスタキオン
天 孟 壬 千 0 0 0 0 0 0 0 0 0 0 0 0 0 0 0 0	天 孟 壬 千 0 0 0 0 0 0 0 0 0 0 0 0 0 0 0 0	天 孟 壬 千 0 1 0 0 0 1 0 0 0 0 0 0 0 1 0 0	天 孟 壬 千 1 0 0 0 0 0 1 0 0 0 0 0 0 0 0 0	天 孟 壬 千 0 0 1 0 0 0 0 0 0 0 0 0 0 0 0 0	天 孟 壬 千 0 0 0 0 0 0 0 0 0 0 0 0 0 1 0 0
門別 9月18日 ⑥ イノセン 6 重賞 2ゲート 8頭 壬ダ 1146 54 宮崎光 H ⑥⑤④ 456 人気4 363 内 383 コールサインゼ 1140 0.6	門別 9月17日 ❺ サファイ 5 オープン 5ゲート 7頭 壬ダ 1148 54 服部茂 H ①②② 426 人気1 355 内 393 パシコベンネッ 1136 1.2	3東 6月14日 ③ 芽 2 新馬 4ゲート 18頭 孟 1249 54 戸崎圭 S ⑧⑧⑧ 442 人気3 383 中 342 ホワイトエレガ 1249 0.0	兄弟 シーズザワン （公）	兄弟 サンマディソン （現）	門別 8月13日 ② 芽 2 認定 1ゲート 12頭 壬ダ 1151 54 黒沢愛 H ③②② 424 人気1 356 内 395 スズカブレーン 1151 0.0
川崎 10月15日 ❸ 鎌倉記念 9 重賞 4ゲート 11頭 千五ダ 1376 55 御神本訓 H ①①② 447 人気9 逃一杯 9身 366 内 423 オウマタイム 1358 1.8	門別 10月14日 4 芽 5 オープン 3ゲート 5頭 壬ダ 1153 54 服部茂 M ①①① 428 人気2 逃一杯 7身 367 内 386 アシドベリー 1139 1.4	2新 8月17日 ⑥ 芽 1 未勝 3ゲート 18頭 孟内 1233 54 戸崎圭 S ①①① 456 人気1 逃切る クビ 352 内 361 ミュゼメルノワ 1233 0.0	4東 10月26日 ⑦ 芽 1 新馬 10ゲート 15頭 天 1382 55 戸崎圭 S ①①① 480 人気1 逃切る ハナ 376 内 344 タイセイゴッホ 1382 0.0	レース診断 上昇度○ 押してハナ。直線入口で後続を振り切り完勝	門別 8月27日 ② 芽 1 認定 5ゲート 10頭 壬ダ 1139 54 佐々木国 H ③③③ 422 人気1 好位楽抜 4身 359 中 380 ハイネ 1147 0.8
門別 11月11日 ❹ ヤングC 4 オープン 3ゲート 9頭 壬ダ 1130 55 岩橋勇 H ①①① 460 人気2 逃一息 2 1/4 352 内 378 タイムビヨンド 1126 0.4	笠松 11月11日 ② ラブミー 6 北島重賞 7ゲート 9頭 千四ダ 1428 54 吉井友 M ②①① 433 人気8 先行一杯 4 3/4 内 405 ジュエルクイー 1420 0.8	4東 10月26日 ⑦ くるみ賞 6 500万 11ゲート 13頭 孟 1223 55 柴山雄 S ②③④ 464 人気4 好位一息 4身 355 中 348 ニシノラッシュ 1217 0.6	4福 11月16日 ④ 福島2才 2 オープン 3ゲート 16頭 壬 1086 55 田辺 H ⑧⑧⑧ 478 人気5 中位伸 1/2身 340 内 346 ベイシャオブロ 1085 R0.1	3新 9月28日 ⑥ 芽 1 新馬 10ゲート 17頭 壬内 1109 54 江田照 M ①①① 446 人気7 逃切る 1 1/2 352 内 357 ファインライナ 1111 0.2	4東 10月26日 ⑦ くるみ賞 13 500万 3ゲート 13頭 孟 1231 55 横山和 S ⑤⑧⑧ 416 人気11 中位一杯 9身 360 内 353 ニシノラッシュ 1217 1.4

【中山芝1200m】的中例
2015年12月13日 中山9R 黒松賞（2歳500万下）

中山 9R　発馬 2.15　黒松賞（くろまつ）　指 混 サラ二才 500万下・馬齢

	白1 1	黒2 2	黒2 3	赤3 4	赤3 5	青4 6	青4 7	黄5 8	黄5 9
馬名	ゲンキチハヤブサ	エイシンアリエル	マジックシャトル	キッズライトオン	(地)アイライン	イキオイ	ケモノタイプ	ゴールドペガサス	(外)ヘニースウィフト
父・距離	ヨハネスブルグ(マ)	サクラバクシンオー(短)	タイキシャトル(マ)	スニッツェル(短)	ローレルゲレイロ(短)	マツリダゴッホ(長)	タイキシャトル(マ)	アドマイヤオーラ(中)	ヘニーヒューズ(短)
母・距離	ラーチャブルック(マ)	エイシンチタニア(短)	デイトナイト(マ)	オンシジューム(短)	ローレルシャイン(マ)	ユメノラッキー(短)	カイテキセレブ(マ)	フォーモーション(短)	スイフティヴィクトレス(マ)
毛色	栃栗	鹿毛	栗毛	栗毛	黒鹿	鹿毛	栗毛	鹿毛	栗毛
斤量	55 騸2	54 牝2	55 牡2	55 牡2	54 牝2	55 牡2	55 牡2	55 牡2	55 牡2
騎手	丸山	(替)内田博	(替)柴田善	(替)松岡	(替)吉田豊	横山典	北村宏	(替)田辺	蛯名
厩舎	(美)川村	(栗)坂口則	(美)清水久	(美)田所秀	(南)高橋裕	(北)杉浦	(北)高市	(南)佐藤吉	(北)二ノ宮
賞金	○ 400	○ 400	○ 400	○ 400	○ 150	○ 0	○ 400	○ 400	○ 400
総賞金	830	700	680	700	182	450	700	700	700
馬主名	荒井壽明	(株)栄進堂	林正道	瀬谷隆雄	アラキF	西村憲人	副島義久	スピードF	窪田康志
牧場名	(日)サンシャイン牧場	(ひ)木田牧場	(日)藤本F	(白)白老F	(新)アラキF	(ひ)カタオカF	猿倉牧場	(新)スピードF	アメリカ
佐藤直	△	…	○	…	…	…	…	△	▲
小野智	…	…	▲	△	…	△	…	注	◎
久光	◎	△	注	△	…	…	…	△	▲
西田	△	…	◎	…	…	△	△	注	▲
上田	…	△	△	△	…	…	△	△	▲
本紙武井	△ 西	△ 西	▲ 西	注 西	…	…	…	△	◎
最1200	福1095①	京1097⑦	京1091③	函1106①	ダ1000 1012❶	札1107⑦	新1117⑦	福1092①	新1103①
高1400		京1226⑧		芝1800 1518⑨	ダ1200 1132[1]	東1225③	東ダ1270[2]	東1226⑩	ダ1600 1409⑫
上り最高	芝1200 35.0②	芝1200 35.2⑦	芝1200 35.2[1]	芝1200 35.2①		芝1600 33.7⑤	芝1200 35.7⑦	芝1400 34.6⑩	芝1200 35.1①
芝の重	0 0 0 1	0 0 0 0	0 0 0 0	0 0 0 0	0 0 0 0	0 0 0 0	0 0 0 0	0 0 0 0	0 0 0 0
母の父	マーベラスサンデー	スピニングワールド	フォレストワイルド	エンドスウィープ	コマンダーインチーフ	ソルトレイク	ティンバーカントリ	ラストタイクーン	マッチョウノ
距離別勝利度数（芝1600 芝1400 芝1200 千）	0 0 1 0 / 0 0 1 0 / 0 0 1 0 / 0 0 2 0	0 0 1 0 / 0 0 0 0 / 0 0 0 0 / 0 1 1 0	0 0 1 0 / 0 0 0 0 / 0 0 1 0 / 0 0 1 0	0 0 1 0 / 0 0 0 0 / 0 0 0 0 / 0 0 1 0	0 0 0 0 / 0 0 0 0 / 0 0 0 0 / 0 0 0 0	0 0 0 0 / 0 1 0 0 / 0 1 0 0 / 1 1 2 1	0 0 0 0 / 0 1 0 0 / 0 0 0 0 / 0 0 1 0	0 0 1 0 / 0 0 0 0 / 0 0 0 0 / 0 1 0 0	0 0 1 0 / 0 0 0 0 / 0 0 0 0 / 1 0 0 0
前々々走	2小 8月3日 ❷2才6 未勝 9ト11頭 芝1200 1101 54 酒井 H③②② 442 人気4 338 中 363 ダンツ・タマモ 1096 0.5	4阪 9月27日 ⑤2才1 新馬 8ト15頭 芝内1200 1102 54 岩田康 S②②② 484 人気❶ 349 中 353 カレンローザネ 1102 0.0	2函 7月5日 ①2才9 新馬 3ト11頭 芝1200 1128 54 岩田康 S③④④ 464 人気❷ 361 内 367 グランドボビー 1117 1.1	2函 7月19日 ⑤函館2才7 GIII 5ト16頭 芝1200 1107 54 菱田 M⑫⑫⑩ 416 人気7 351 中 356 アクティブミノ 1102 0.5	門別 9月16日 [4]2才1 条件 5ト7頭 ダ1200 1132 53 水野翔 H①③⑤ 440 人気❷ 347 中 385 ミラクルフラワ 1132 0.0	4東 10月12日 ②2才3 未勝 4ト18頭 芝1400 1225 55 横山典 S⑤③③ 438 人気5 358 内 345 レッドブラッサ 1220 0.5	3新 9月28日 ⑥2才7 新馬 5ト17頭 芝内1200 1117 54 北村宏 M⑧⑧⑪ 478 人気8 360 中 357 フジマサジャン 1109 0.8	兄弟 ナイルエクスプレス（未勝） ダンスバトル（未勝）	………
前々走	3福 10月25日 ③2才3 未勝 10ト16頭 芝1200 1099 55 丸山 M③②② 440 人気❷ 粘強い 3 1/4 341 中 358 トーセンペンタ 1094 0.5	4京 10月12日 ②りんどう8 牝500 6ト10頭 芝内1400 1226 54 和田 M①③③ 488 人気7 先行一杯 8身 348 内 363 コートシャルマ 1213 1.3	4京 10月14日 [3]2才1 未勝 8ト15頭 芝内1200 1097 55 浜中 M①①① 478 人気4 逃切る ハナ 345 内 352 カレンローザネ 1097 0.0	2札 9月6日 ⑤札幌2才9 GIII 9ト14頭 芝1800 1518 54 菱田 M⑪⑭⑬ 424 人気12 後方直丈 11身 379 中 375 ブライトエンブ 1500 1.8	門別 10月1日 ⑤ウィナー5 オープン 2ト10頭 ダ1200 1152 54 水野翔 H①③③ 442 人気5 先行一杯 3 3/4 359 内 393 ドライヴシャフ 1144 0.8	4東 11月2日 [9]2才2 未勝 12ト17頭 芝1400 1235 55 横山典 S②②② 440 人気❸ 一旦先頭 ハナ 372 中 340 シルヴァーコー 1235 0.0	4東 10月25日 [6]2才2 未勝 13ト16頭 ダ1400 1270 55 北村宏 M③②② 478 人気❷ 先行粘る クビ 358 中 384 コーリンパロッ 1270 0.0	3福 10月26日 ④2才1 新馬 9ト16頭 芝1200 1092 55 宮崎 M⑤④② 466 人気❶ 好位楽抜 2身 343 中 349 デルマジュゲム 1095 0.3	3新 9月13日 ①2才1 新馬 1ト18頭 芝内1200 1103 54 蛯名 M[4]④④ 476 人気❶ G前差す クビ 352 外 351 コスモトリスタ 1103 0.0
前走	4福 11月16日 ④2才1 未勝 1ト16頭 芝1200 1095 55 丸山 M④④④ 442 人気4 好位抜出 1 1/4 344 内 351 チャーミングマ 1097 0.2	5京 11月9日 ②2才7 500万 6ト9頭 芝内1200 1097 54 岩田康 M⑤④⑤ 480 人気7 中位まま 6 3/4 345 中 352 メイショウマサ 1086 1.1	5京 11月9日 ②2才3 500万 9ト9頭 芝内1200 1091 55 浜中 M①①① 490 人気❸ 逃粘る 3 1/4 335 内 356 メイショウマサ 1086 0.5	3ヵ月余 放牧 乗込み3週間 仕上り○ 連対体重 414キロ 3ヵ月以上休 ①②③外 1 0 0 0	門別 10月16日 [6]エーデル11 交牡GIII 13ト16頭 ダ1200 1142 54 水野翔 H⑫⑫⑪ 440 人気13 中位一杯 6 1/2 358 内 384 ウィッシュハピ 1129 1.3	5東 11月24日 ⑦2才7 未勝 11ト18頭 芝1400 1232 55 横山典 S⑯⑯⑬ 448 人気❶ 出遅る 7 3/4 371 内 341 コスモトリスタ 1220 1.2	5東 11月8日 ①2才1 未勝 13ト16頭 ダ1300 1203 55 北村宏 M②②② 476 人気❶ 先行抜出 1 1/4 365 中 375 ゴールドエッグ 1205 0.2	5東 11月8日 ①京王2才10 GII 10ト12頭 芝1400 1226 55 蛯名 S⑤⑤⑥ 456 人気9 好位一杯 7身 360 中 346 セカンドテーブ 1215 1.1	4東 10月18日 ④プラタナ12 500万 4ト14頭 ダ1600 1409 55 蛯名 S③④④ 474 人気4 好位一杯 9身 370 内 379 タップザット 1395 1.4

芝1200メートル（右・外回り）　直線310メートル

賞金	レコード
980万	1.07.8
390	13年12月
250	サーガノヴェル
150	
98	54横山典

中山9R 枠番連勝

組	オッズ	組	オッズ
1-1	—	3-7	14.1
1-2	42.8	3-8	☆
1-3	☆		
1-4	☆	4-4	☆
1-5	35.3	4-5	34.2
1-6	☆	4-6	☆
1-7	23.1	4-7	22.4
1-8	☆	4-8	☆
2-2	74.3	5-5	24.4
2-3	26.1	5-6	26.5
2-4	41.5	5-7	4.1
2-5	7.6	5-8	46.6
2-6	32.2		
2-7	5.0	6-6	☆
2-8	56.5	6-7	17.4

に大儲けをした）。

この日の馬場は、内から2頭分くらいの進路を取れる馬に有利な馬場。当然内の進路を取りやすい内枠が有利。結果は「短縮馬」「前走不利馬」の中で、内を通ることができた3頭の上位独占となったのである。

双馬は「短縮馬」「前走不利馬」の中で内を通れる可能性が高いゴールドペガサスを本命、2着キッズライトオンを3番手評価、3着イキオイを対抗に選んでいた。これで3連単14万220円を◎▲○と本線での的中。払い戻しが540万円を超えた。

「短縮馬」の中でも内を通る可能性の高い馬に資金を集中した結果である。

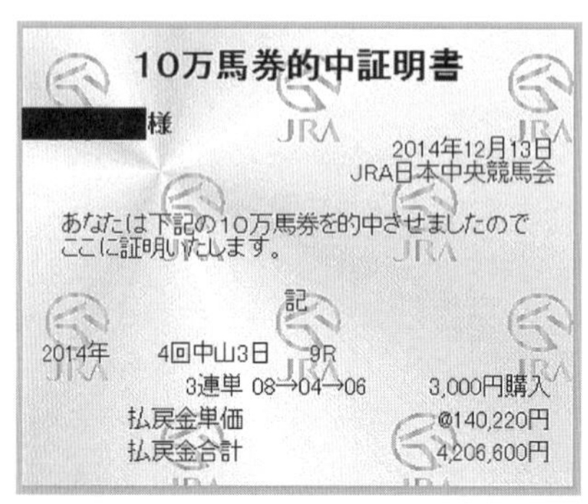

10万馬券的中証明書

様

2014年12月13日
JRA日本中央競馬会

あなたは下記の10万馬券を的中させましたので
ここに証明いたします。

記

2014年　4回中山3日　9R
3連単　08→04→06　3,000円購入
払戻金単価　@140,220円
払戻金合計　4,206,600円

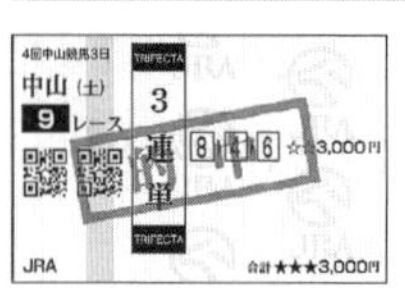

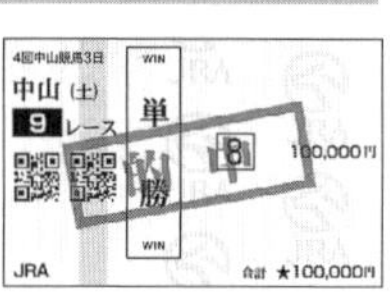

2014年12月13日中山9R
黒松賞
（芝1200m良、2歳500万下）

1着⑧ゴールドペガサス（4番人気）
2着④キッズライトオン（6番人気）
3着⑥イキオイ（8番人気）

単勝⑧1200円×10万円的中=120万円
3連単⑧→④→⑥140220円×3000円的中
=420万6600円
総払い戻し

540万6600円

双馬のコースメモ

京都競馬場

KYOTO RACE COURSE

- ・ダート1200m 良
- ・ダート1200m 重～稍重
- ・ダート1400m 良
- ・ダート1400m 重～稍重
- ・ダート1800m 良
- ・ダート1800m 重～稍重
- ・ダート1900m 良
- ・ダート1900m 重～稍重

- ・芝1200m
- ・芝1400m内回り
- ・芝1400m外回り
- ・芝1600m内回り
- ・芝1600m外回り
- ・芝1800m
- ・芝2000m
- ・芝2200m
- ・芝2400m

東京
中山
京都
阪神
中京
小倉
福島
新潟
札幌
函館

コース:京都ダート1200m

馬場状態:良

決着率と破壊力ランキング

展開	決着確率	馬券破壊力
前残り決着	B	C
差し決着	C	C

枠	決着確率	馬券破壊力
内枠決着	B	B
外枠決着	C	C

展開の内訳

展開	R発生割合	レース数	単回率	複回率
前残り決着	27%	35	45%	59%
差し決着	14%	16	95%	69%

枠の内訳

枠	R発生割合	レース数	単回率	複回率
内枠決着	22%	28	50%	70%
外枠決着	17%	21	47%	67%

コースのポイント

★前残り決着の割合が多いものの、回収率は低く、荒れにくいコースといえる。
★期待値が高いのは、前走不利を受けている「内枠の短縮馬」「外枠の同距離馬」。
★「内枠の好位から差せる馬」と「外枠から先行できる馬」を狙うのがポイント。
★「内枠の先行馬」はスタートが、やや遅れ気味になるので注意が必要。

有利な馬・ローテ

★内枠の短縮馬。
★外枠の同距離馬。

不利な馬・ローテ

★内枠の先行馬(特に逃げ馬)。
★外枠の短縮馬(特に差し馬)。

枠順のポイント

★最内のスタートは不利。ただ、好位から競馬ができるタイプの馬なら問題はない。
★逃げ馬に最内は不利が大きい。
★真ん中から外目の枠がスタートでは有利で、そのあたりの先行馬を狙うのが的中率的には良い。

枠とローテ

枠	ローテ	1着	2着	3着	3着内数	総数	勝率	連対率	複勝率	単回率	複回率
内枠	同距離	42	38	41	121	504	8.3%	15.9%	24.0%	56%	60%
	延長	0	2	4	6	49	0.0%	4.1%	12.2%	0%	31%
	短縮	7	13	13	33	266	2.6%	7.5%	12.4%	22%	52%
外枠	同距離	46	39	37	122	550	8.4%	15.5%	22.2%	64%	76%
	延長	3	3	3	9	48	6.3%	12.5%	18.8%	29%	74%
	短縮	18	19	17	54	309	5.8%	12.0%	17.5%	67%	68%

枠とローテ(前走不利馬の場合)

枠	ローテ	1着	2着	3着	3着内数	総数	勝率	連対率	複勝率	単回率	複回率
内枠	同距離	2	5	4	11	52	3.8%	13.5%	21.2%	25%	57%
	延長	0	0	1	1	11	0.0%	0.0%	9.1%	0%	37%
	短縮	1	4	5	10	52	1.9%	9.6%	19.2%	15%	135%
外枠	同距離	8	3	4	15	60	13.3%	18.3%	25.0%	132%	97%
	延長	1	1	0	2	8	12.5%	25.0%	25.0%	32%	45%
	短縮	3	3	4	10	66	4.5%	9.1%	15.2%	17%	40%

コース: **京都ダート1200m** 馬場状態: **重〜稍重**

決着率と破壊力ランキング

展開	決着確率	馬券破壊力
前残り決着	A	B
差し決着	C	A

枠	決着確率	馬券破壊力
内枠決着	C	A
外枠決着	B	A

展開の内訳

展開	R発生割合	レース数	単回率	複回率
前残り決着	31%	21	135%	70%
差し決着	17%	10	91%	88%

枠の内訳

枠	R発生割合	レース数	単回率	複回率
内枠決着	14%	10	63%	98%
外枠決着	21%	13	78%	87%

コースのポイント

★良馬場と同じく先行決着の割合は高いが、
馬場が渋ることで差し決着の割合が増える。

★特に短縮馬の成績が格段にアップしているのがポイント。
いつでも短縮馬が走るというわけではないが「短縮ローテの差し馬が
好走しやすい馬場のクセ」が出た場合は積極的に狙いたい。

★「不良に近い重馬場」よりも「乾きかけの稍重」のときに
差しが決まりやすいので注意が必要。

有利な馬・ローテ

★短縮馬。

不利な馬・ローテ

★内枠の先行馬(特に逃げ馬)。

枠順のポイント

★最内のスタートは不利。ただ、好位から競馬ができるタイプの馬なら問題はない。

★逃げ馬に最内は不利が大きい。

★真ん中から外目の枠がスタートでは有利で、そのあたりの先行馬を狙うのが的中率的には良い。

枠とローテ

枠	ローテ	1着	2着	3着	3着内数	総数	勝率	連対率	複勝率	単回率	複回率
内枠	同距離	20	14	23	57	286	7.0%	11.9%	19.9%	102%	58%
	延長	0	0	0	0	14	0.0%	0.0%	0.0%	0%	0%
	短縮	3	7	12	22	118	2.5%	8.5%	18.6%	13%	128%
外枠	同距離	24	25	16	65	302	7.9%	16.2%	21.5%	75%	89%
	延長	1	2	0	3	13	7.7%	23.1%	23.1%	23%	42%
	短縮	10	10	7	27	142	7.0%	14.1%	19.0%	167%	89%

枠とローテ(前走不利馬の場合)

枠	ローテ	1着	2着	3着	3着内数	総数	勝率	連対率	複勝率	単回率	複回率
内枠	同距離	3	0	1	4	35	8.6%	8.6%	11.4%	58%	21%
	延長	0	0	0	0	4	0.0%	0.0%	0.0%	0%	0%
	短縮	0	1	1	2	15	0.0%	6.7%	13.3%	0%	190%
外枠	同距離	2	0	1	3	37	5.4%	5.4%	8.1%	34%	50%
	延長	0	1	0	1	1	0.0%	100.0%	100.0%	0%	240%
	短縮	4	3	3	10	30	13.3%	23.3%	33.3%	257%	171%

コース: **京都ダート1400m**　　馬場状態: **良**

決着率と破壊力ランキング

展開	決着確率	馬券破壊力	枠	決着確率	馬券破壊力
前残り決着	B	C	内枠決着	B	B
差し決着	B	A	外枠決着	C	A

展開の内訳

展開	R発生割合	レース数	単回率	複回率
前残り決着	22%	35	60%	60%
差し決着	21%	31	107%	135%

枠の内訳

枠	R発生割合	レース数	単回率	複回率
内枠決着	21%	34	59%	74%
外枠決着	17%	25	62%	86%

コースのポイント

★前残り決着、差し決着の割合に大差はないが、馬券破壊力では差し決着が圧倒。
★外枠の短縮馬を狙うのが良い。

有利な馬・ローテ

★外枠の短縮馬。

不利な馬・ローテ

★延長馬。

枠順のポイント

★最内のスタートは不利。ただ、好位から競馬できるタイプの馬なら問題はない。
★逃げ馬に最内は不利が大きい。
★真ん中から外目の枠がスタートでは有利。

枠とローテ

枠	ローテ	1着	2着	3着	3着内数	総数	勝率	連対率	複勝率	単回率	複回率
内枠	同距離	49	40	40	129	478	10.3%	18.6%	27.0%	108%	102%
	延長	12	13	12	37	272	4.4%	9.2%	13.6%	74%	67%
	短縮	11	19	9	39	239	4.6%	12.6%	16.3%	41%	58%
外枠	同距離	35	43	52	130	559	6.3%	14.0%	23.3%	54%	74%
	延長	9	13	10	32	259	3.5%	8.5%	12.4%	56%	56%
	短縮	24	12	16	52	259	9.3%	13.9%	20.1%	116%	97%

枠とローテ（前走不利馬の場合）

枠	ローテ	1着	2着	3着	3着内数	総数	勝率	連対率	複勝率	単回率	複回率
内枠	同距離	8	6	8	22	64	12.5%	21.9%	34.4%	118%	102%
	延長	0	1	5	6	40	0.0%	2.5%	15.0%	0%	86%
	短縮	3	6	3	12	54	5.6%	16.7%	22.2%	53%	89%
外枠	同距離	2	3	5	10	56	3.6%	8.9%	17.9%	20%	33%
	延長	3	3	0	6	33	9.1%	18.2%	18.2%	112%	53%
	短縮	8	3	2	13	55	14.5%	20.0%	23.6%	223%	97%

コース: **京都ダート1400m** 馬場状態: **重~稍重**

決着率と破壊力ランキング

展開	決着確率	馬券破壊力	枠	決着確率	馬券破壊力
前残り決着	C	B	内枠決着	C	B
差し決着	C	A	外枠決着	C	A

展開の内訳

展開	R発生割合	レース数	単回率	複回率
前残り決着	16%	12	52%	71%
差し決着	19%	11	104%	136%

枠の内訳

枠	R発生割合	レース数	単回率	複回率
内枠決着	16%	12	56%	70%
外枠決着	19%	12	124%	114%

コースのポイント

★差し決着のほうが前残り決着より優勢。差し決着を積極的に狙いたい条件といえる。

★ダート短距離は基本的に前残り決着が多いので、
近走、前残りレースばかりに出走して凡走している差し馬が狙い目となる。

★外枠の短縮馬の成績は秀逸。

有利な馬・ローテ

★外枠の短縮馬。

★差し馬(近走に前残りレースに出走して凡走している馬)。

不利な馬・ローテ

★延長馬。

枠順のポイント

★最内のスタートは不利。ただ、好位から競馬できるタイプの馬なら問題はない。

★逃げ馬に最内は不利が大きい。

★真ん中から外目の枠がスタートでは有利。

枠とローテ

枠	ローテ	1着	2着	3着	3着内数	総数	勝率	連対率	複勝率	単回率	複回率
内枠	同距離	19	24	9	52	233	8.2%	18.5%	22.3%	74%	65%
	延長	2	3	6	11	82	2.4%	6.1%	13.4%	13%	98%
	短縮	3	4	2	9	90	3.3%	7.8%	10.0%	39%	45%
外枠	同距離	22	16	22	60	255	8.6%	14.9%	23.5%	132%	96%
	延長	4	6	3	13	90	4.4%	11.1%	14.4%	15%	77%
	短縮	7	4	15	26	106	6.6%	10.4%	24.5%	75%	150%

枠とローテ(前走不利馬の場合)

枠	ローテ	1着	2着	3着	3着内数	総数	勝率	連対率	複勝率	単回率	複回率
内枠	同距離	0	0	1	1	25	0.0%	0.0%	4.0%	0%	75%
	延長	0	0	0	0	14	0.0%	0.0%	0.0%	0%	0%
	短縮	1	1	0	2	25	4.0%	8.0%	8.0%	11%	20%
外枠	同距離	3	0	2	5	30	10.0%	10.0%	16.7%	35%	57%
	延長	2	1	0	3	12	16.7%	25.0%	25.0%	65%	61%
	短縮	3	3	5	11	33	9.1%	18.2%	33.3%	182%	162%

コース: 京都ダート1800m

馬場状態: 良

決着率と破壊力ランキング

展開	決着確率	馬券破壊力
前残り決着	B	C
差し決着	C	A

枠	決着確率	馬券破壊力
内枠決着	B	C
外枠決着	C	C

展開の内訳

展開	R発生割合	レース数	単回率	複回率
前残り決着	26%	49	94%	66%
差し決着	12%	21	118%	104%

枠の内訳

枠	R発生割合	レース数	単回率	複回率
内枠決着	21%	38	96%	66%
外枠決着	11%	21	119%	67%

コースのポイント

★前残り決着の割合が高く、馬券破壊力は低い。

★前残り決着になる場合が多いため、
差し決着となったときの馬券破壊力は高くなっている。

★先行馬が揃った場合など、ハイペースが予想されるレースでは差し馬を狙いたい。

有利な馬・ローテ

★同距離ローテの差し馬。

★前走、芝を使っている馬場替わり馬（特に未勝利）。

不利な馬・ローテ

特になし。

枠順のポイント

スタート時の有利不利は特になし。

枠とローテ

枠	ローテ	1着	2着	3着	3着内数	総数	勝率	連対率	複勝率	単回率	複回率
内枠	同距離	67	57	63	187	679	9.9%	18.3%	27.5%	86%	94%
	延長	16	11	14	41	269	5.9%	10.0%	15.2%	59%	50%
	短縮	3	12	12	27	142	2.1%	10.6%	19.0%	17%	72%
外枠	同距離	65	76	64	205	847	7.7%	16.6%	24.2%	103%	79%
	延長	14	14	17	45	312	4.5%	9.0%	14.4%	109%	70%
	短縮	11	6	8	25	175	6.3%	9.7%	14.3%	77%	52%

枠とローテ（前走不利馬の場合）

枠	ローテ	1着	2着	3着	3着内数	総数	勝率	連対率	複勝率	単回率	複回率
内枠	同距離	5	3	12	20	73	6.8%	11.0%	27.4%	30%	70%
	延長	3	1	5	9	36	8.3%	11.1%	25.0%	156%	89%
	短縮	0	2	0	2	20	0.0%	10.0%	10.0%	0%	19%
外枠	同距離	11	12	11	34	101	10.9%	22.8%	33.7%	130%	115%
	延長	2	6	2	10	49	4.1%	16.3%	20.4%	47%	96%
	短縮	4	0	2	6	28	14.3%	14.3%	21.4%	101%	56%

コース: **京都ダート1800m**　馬場状態: **重～稍重**

決着率と破壊力ランキング

展開	決着確率	馬券破壊力
前残り決着	A	C
差し決着	C	C

枠	決着確率	馬券破壊力
内枠決着	B	A
外枠決着	B	B

展開の内訳

展開	R発生割合	レース数	単回率	複回率
前残り決着	40%	36	41%	67%
差し決着	4%	3	69%	66%

枠の内訳

枠	R発生割合	レース数	単回率	複回率
内枠決着	26%	21	107%	91%
外枠決着	23%	20	71%	72%

コースのポイント

★前残り決着が40%、差し決着が4%と、ほぼ前残り決着となる。
★先行馬と内枠の差し馬で決まる内枠決着を狙うのが良い。

有利な馬・ローテ

★同距離ローテの先行馬もしくは内枠の馬。

不利な馬・ローテ

特になし。

枠順のポイント

スタート時の有利不利は特になし。

枠とローテ

枠	ローテ	1着	2着	3着	3着内数	総数	勝率	連対率	複勝率	単回率	複回率
内枠	同距離	24	31	30	85	301	8.0%	18.3%	28.2%	96%	90%
	延長	2	3	7	12	109	1.8%	4.6%	11.0%	21%	53%
	短縮	3	4	1	8	59	5.1%	11.9%	13.6%	18%	26%
外枠	同距離	39	30	31	100	362	10.8%	19.1%	27.6%	175%	92%
	延長	7	7	3	17	153	4.6%	9.2%	11.1%	34%	60%
	短縮	6	6	9	21	91	6.6%	13.2%	23.1%	29%	81%

枠とローテ（前走不利馬の場合）

枠	ローテ	1着	2着	3着	3着内数	総数	勝率	連対率	複勝率	単回率	複回率
内枠	同距離	2	3	2	7	37	5.4%	13.5%	18.9%	27%	40%
	延長	1	0	3	4	13	7.7%	7.7%	30.8%	39%	85%
	短縮	1	2	0	3	12	8.3%	25.0%	25.0%	28%	46%
外枠	同距離	4	5	4	13	41	9.8%	22.0%	31.7%	99%	128%
	延長	2	1	1	4	16	12.5%	18.8%	25.0%	35%	96%
	短縮	3	1	3	7	26	11.5%	15.4%	26.9%	58%	128%

東京
中山
京都
阪神
中京
小倉
福島
新潟
札幌
函館

コース: 京都ダート1900m

馬場状態: 良

決着率と破壊力ランキング

展開	決着確率	馬券破壊力	枠	決着確率	馬券破壊力
前残り決着	B	C	内枠決着	C	B
差し決着	C	C	外枠決着	C	C

展開の内訳

展開	R発生割合	レース数	単回率	複回率
前残り決着	23%	7	74%	58%
差し決着	10%	3	64%	46%

枠の内訳

枠	R発生割合	レース数	単回率	複回率
内枠決着	19%	6	77%	75%
外枠決着	16%	5	59%	51%

コースのポイント

★馬券破壊力が低いコースで、勝負レースには向いていない。

★外枠から先行できそうな前走不利馬を狙うのが良い。

有利な馬・ローテ

★外枠の前走不利馬で、今回先行できそうな馬。

不利な馬・ローテ

特になし。

枠順のポイント

スタート時の有利不利は特になし。

枠とローテ

枠	ローテ	1着	2着	3着	3着内数	総数	勝率	連対率	複勝率	単回率	複回率
内枠	同距離	0	2	2	4	14	0.0%	14.3%	28.6%	0%	60%
	延長	15	12	9	36	151	9.9%	17.9%	23.8%	55%	66%
	短縮	1	2	2	5	26	3.8%	11.5%	19.2%	1198%	241%
外枠	同距離	0	3	2	5	14	0.0%	21.4%	35.7%	0%	62%
	延長	12	9	9	30	162	7.4%	13.0%	18.5%	119%	58%
	短縮	3	3	7	13	57	5.3%	10.5%	22.8%	206%	67%

枠とローテ(前走不利馬の場合)

枠	ローテ	1着	2着	3着	3着内数	総数	勝率	連対率	複勝率	単回率	複回率
内枠	同距離										
	延長	1	1	0	2	22	4.5%	9.1%	9.1%	31%	25%
	短縮	0	1	0	1	5	0.0%	20.0%	20.0%	0%	42%
外枠	同距離										
	延長	2	1	3	6	18	11.1%	16.7%	33.3%	510%	167%
	短縮	2	2	1	5	9	22.2%	44.4%	55.6%	1224%	248%

コース: # 京都ダート1900m

馬場状態: **重〜稍重**

決着率と破壊力ランキング

展開	決着確率	馬券破壊力
前残り決着	B	C
差し決着	C	A

枠	決着確率	馬券破壊力
内枠決着	B	C
外枠決着	C	C

展開の内訳

展開	R発生割合	レース数	単回率	複回率
前残り決着	25%	5	27%	43%
差し決着	10%	2	120%	113%

枠の内訳

枠	R発生割合	レース数	単回率	複回率
内枠決着	25%	5	66%	52%
外枠決着	15%	3	22%	40%

コースのポイント

★馬場が渋っても馬券破壊力が低いままで、勝負レースには向いていない。

★馬場が渋ることで、外枠の不利が大きくなる。

★内枠の馬を中心に狙うのが良い。

有利な馬・ローテ

★内枠の馬。特に前走に不利を受けている馬。

不利な馬・ローテ

★馬番11番から外の差し馬。

枠順のポイント

スタート時の有利不利は特になし。

枠とローテ

枠	ローテ	1着	2着	3着	3着内数	総数	勝率	連対率	複勝率	単回率	複回率
内枠	同距離	1	4	2	7	16	6.3%	31.3%	43.8%	16%	97%
	延長	6	5	5	16	65	9.2%	16.9%	24.6%	113%	60%
	短縮	1	1	3	5	18	5.6%	11.1%	27.8%	38%	66%
外枠	同距離	3	1	2	6	32	9.4%	12.5%	18.8%	33%	35%
	延長	7	8	5	20	88	8.0%	17.0%	22.7%	34%	83%
	短縮	2	1	3	6	22	9.1%	13.6%	27.3%	67%	83%

枠とローテ（前走不利馬の場合）

枠	ローテ	1着	2着	3着	3着内数	総数	勝率	連対率	複勝率	単回率	複回率
内枠	同距離	0	0	0	0	1	0.0%	0.0%	0.0%	0%	0%
	延長	1	0	0	1	7	14.3%	14.3%	14.3%	391%	74%
	短縮	0	1	1	2	5	0.0%	20.0%	40.0%	0%	78%
外枠	同距離	1	0	0	1	3	33.3%	33.3%	33.3%	100%	70%
	延長	0	0	1	1	12	0.0%	0.0%	8.3%	0%	37%
	短縮	0	0	1	1	3	0.0%	0.0%	33.3%	0%	43%

コース: 京都芝1200m

決着率と破壊力ランキング

展開	決着確率	馬券破壊力
前残り決着	A	B
差し決着	C	A

枠	決着確率	馬券破壊力
内枠決着	A	A
外枠決着	C	A

展開の内訳

展開	R発生割合	レース数	単回率	複回率
前残り決着	32%	25	93%	81%
差し決着	13%	9	286%	118%

枠の内訳

枠	R発生割合	レース数	単回率	複回率
内枠決着	32%	23	138%	93%
外枠決着	14%	10	146%	103%

コースのポイント

★内枠が圧倒的に有利なコース。
★特に内枠の短縮馬の成績は驚異的。
★時計が速くなる上級条件では、開幕週から内差しが決まるので注意が必要。
★近年、外枠の差し馬が好走するような馬場になることは稀。

有利な馬・ローテ

★内枠の馬で、特に短縮馬。

不利な馬・ローテ

★外枠の差し馬。特に外枠の短縮ローテの差し馬。

枠順のポイント

★最内は、スタートが遅くなる不利がある(逃げ馬ではなく先行馬なら問題なし)。

枠とローテ

枠	ローテ	1着	2着	3着	3着内数	総数	勝率	連対率	複勝率	単回率	複回率
内枠	同距離	23	28	24	75	304	7.6%	16.8%	24.7%	155%	107%
	延長	1	1	0	2	14	7.1%	14.3%	14.3%	26%	83%
	短縮	15	10	9	34	148	10.1%	16.9%	23.0%	171%	162%
外枠	同距離	17	19	31	67	372	4.6%	9.7%	18.0%	47%	59%
	延長	3	0	0	3	13	23.1%	23.1%	23.1%	233%	82%
	短縮	10	11	6	27	175	5.7%	12.0%	15.4%	81%	77%

枠とローテ(前走不利馬の場合)

枠	ローテ	1着	2着	3着	3着内数	総数	勝率	連対率	複勝率	単回率	複回率
内枠	同距離	3	5	2	10	42	7.1%	19.0%	23.8%	94%	78%
	延長	0	1	0	1	2	0.0%	50.0%	50.0%	0%	500%
	短縮	8	3	4	15	48	16.7%	22.9%	31.3%	441%	235%
外枠	同距離	4	1	6	11	64	6.3%	7.8%	17.2%	73%	53%
	延長	0	0	0	0	3	0.0%	0.0%	0.0%	0%	0%
	短縮	2	5	1	8	56	3.6%	12.5%	14.3%	18%	59%

コース: # 京都芝1400m内回り

決着率と破壊力ランキング

展開	決着確率	馬券破壊力
前残り決着	C	C
差し決着	C	C

枠	決着確率	馬券破壊力
内枠決着	A	B
外枠決着	B	C

展開の内訳

展開	R発生割合	レース数	単回率	複回率
前残り決着	15%	9	55%	51%
差し決着	18%	11	36%	53%

枠の内訳

枠	R発生割合	レース数	単回率	複回率
内枠決着	31%	15	33%	78%
外枠決着	23%	9	23%	64%

コースのポイント

★内枠が有利なコース。

★特に内枠の短縮馬の成績が良い。

有利な馬・ローテ

★内枠の馬で、特に短縮馬。

不利な馬・ローテ

★外枠の差し馬。特に外枠の短縮ローテの差し馬。

枠順のポイント

スタート時の有利不利は特になし。

枠とローテ

枠	ローテ	1着	2着	3着	3着内数	総数	勝率	連対率	複勝率	単回率	複回率
内枠	同距離	10	9	12	31	96	10.4%	19.8%	32.3%	48%	81%
	延長	0	5	3	8	53	0.0%	9.4%	15.1%	0%	33%
	短縮	6	7	7	20	85	7.1%	15.3%	23.5%	64%	119%
外枠	同距離	11	6	7	24	141	7.8%	12.1%	17.0%	28%	46%
	延長	3	2	3	8	56	5.4%	8.9%	14.3%	30%	86%
	短縮	8	9	7	24	105	7.6%	16.2%	22.9%	148%	115%

枠とローテ(前走不利馬の場合)

枠	ローテ	1着	2着	3着	3着内数	総数	勝率	連対率	複勝率	単回率	複回率
内枠	同距離	2	1	2	5	16	12.5%	18.8%	31.3%	67%	89%
	延長	0	0	0	0	5	0.0%	0.0%	0.0%	0%	0%
	短縮	1	1	3	5	15	6.7%	13.3%	33.3%	41%	77%
外枠	同距離	2	1	2	5	21	9.5%	14.3%	23.8%	60%	87%
	延長	0	0	0	0	6	0.0%	0.0%	0.0%	0%	0%
	短縮	2	1	3	6	23	8.7%	13.0%	26.1%	41%	66%

コース: 京都芝1400m外回り

決着率と破壊力ランキング

展開	決着確率	馬券破壊力
前残り決着	C	B
差し決着	B	B

枠	決着確率	馬券破壊力
内枠決着	C	A
外枠決着	C	C

展開の内訳

展開	R発生割合	レース数	単回率	複回率
前残り決着	14%	6	30%	72%
差し決着	23%	10	53%	77%

枠の内訳

枠	R発生割合	レース数	単回率	複回率
内枠決着	19%	8	163%	109%
外枠決着	14%	6	53%	65%

コースのポイント

★ハイペースになりやすく、差し決着の割合が多い。
★特に内枠決着での馬券破壊力の高さに注目。
★狙いは内枠の短縮ローテの差し馬。

有利な馬・ローテ

★内枠の馬で、特に短縮馬。

不利な馬・ローテ

★外枠の差し馬(特に大外)。

枠順のポイント

スタート時の有利不利は特になし。

枠とローテ

枠	ローテ	1着	2着	3着	3着内数	総数	勝率	連対率	複勝率	単回率	複回率
内枠	同距離	8	9	11	28	103	7.8%	16.5%	27.2%	82%	72%
	延長	4	3	6	13	93	4.3%	7.5%	14.0%	185%	80%
	短縮	7	4	8	19	72	9.7%	15.3%	26.4%	26%	84%
外枠	同距離	6	11	9	26	128	4.7%	13.3%	20.3%	18%	71%
	延長	6	6	6	18	111	5.4%	10.8%	16.2%	148%	137%
	短縮	12	10	3	25	104	11.5%	21.2%	24.0%	148%	90%

枠とローテ(前走不利馬の場合)

枠	ローテ	1着	2着	3着	3着内数	総数	勝率	連対率	複勝率	単回率	複回率
内枠	同距離	2	2	4	8	21	9.5%	19.0%	38.1%	50%	119%
	延長	0	2	1	3	20	0.0%	10.0%	15.0%	0%	38%
	短縮	1	0	1	2	20	5.0%	5.0%	10.0%	24%	56%
外枠	同距離	2	2	1	5	23	8.7%	17.4%	21.7%	33%	133%
	延長	1	0	2	3	23	4.3%	4.3%	13.0%	20%	32%
	短縮	5	2	0	7	25	20.0%	28.0%	28.0%	152%	78%

コース: # 京都芝1600m内回り

決着率と破壊力ランキング

展開	決着確率	馬券破壊力	枠	決着確率	馬券破壊力
前残り決着	B	B	内枠決着	A	A
差し決着	C	C	外枠決着	C	C

展開の内訳

展開	R発生割合	レース数	単回率	複回率
前残り決着	22%	20	104%	81%
差し決着	9%	11	56%	69%

枠の内訳

枠	R発生割合	レース数	単回率	複回率
内枠決着	35%	31	61%	87%
外枠決着	9%	11	52%	52%

コースのポイント

★内枠決着が35%と、圧倒的に内枠に有利なコース。

★内枠の短縮馬や前走不利馬を狙うだけで良い。

★外枠の馬は先行馬だけケアすれば十分。

有利な馬・ローテ

★内枠の短縮馬。

★内枠の前走不利馬。

不利な馬・ローテ

★外枠の馬(特に差し馬)。

枠順のポイント

スタート時の有利不利は特になし。

枠とローテ

枠	ローテ	1着	2着	3着	3着内数	総数	勝率	連対率	複勝率	単回率	複回率
内枠	同距離	23	20	18	61	173	13.3%	24.9%	35.3%	70%	78%
	延長	4	10	8	22	147	2.7%	9.5%	15.0%	40%	66%
	短縮	11	7	13	31	119	9.2%	15.1%	26.1%	77%	109%
外枠	同距離	16	14	15	45	216	7.4%	13.9%	20.8%	40%	44%
	延長	5	5	8	18	187	2.7%	5.3%	9.6%	25%	24%
	短縮	10	12	8	30	138	7.2%	15.9%	21.7%	28%	45%

枠とローテ(前走不利馬の場合)

枠	ローテ	1着	2着	3着	3着内数	総数	勝率	連対率	複勝率	単回率	複回率
内枠	同距離	3	4	5	12	26	11.5%	26.9%	46.2%	111%	157%
	延長	1	0	0	1	15	6.7%	6.7%	6.7%	250%	60%
	短縮	3	0	3	6	25	12.0%	12.0%	24.0%	144%	78%
外枠	同距離	2	3	1	6	26	7.7%	19.2%	23.1%	47%	44%
	延長	1	0	2	3	29	3.4%	3.4%	10.3%	59%	22%
	短縮	2	4	3	9	30	6.7%	20.0%	30.0%	24%	76%

コース: # 京都芝1600m外回り

決着率と破壊力ランキング

展開	決着確率	馬券破壊力
前残り決着	C	B
差し決着	B	C

枠	決着確率	馬券破壊力
内枠決着	B	B
外枠決着	C	C

展開の内訳

展開	R発生割合	レース数	単回率	複回率
前残り決着	13%	8	97%	84%
差し決着	21%	13	43%	58%

枠の内訳

枠	R発生割合	レース数	単回率	複回率
内枠決着	21%	13	64%	75%
外枠決着	17%	11	64%	56%

コースのポイント

★内枠の差し決着が多いが、人気馬の好走が多く
馬券破壊力はそれほど高くないコース。

★先行馬が少ないレースでの前残り決着のほうが馬券破壊力は高いものの、
レースの割合は低く、チャンスは少ない。

有利な馬・ローテ

★内枠の短縮馬。

★内枠の前走不利馬。

★先行馬(先行馬が少ないレースのみ)。

不利な馬・ローテ

特になし。

枠順のポイント

スタート時の有利不利は特になし。

枠とローテ

枠	ローテ	1着	2着	3着	3着内数	総数	勝率	連対率	複勝率	単回率	複回率
内枠	同距離	18	15	13	46	171	10.5%	19.3%	26.9%	150%	71%
	延長	6	8	5	19	105	5.7%	13.3%	18.1%	42%	53%
	短縮	8	10	7	25	113	7.1%	15.9%	22.1%	67%	80%
外枠	同距離	15	22	21	58	207	7.2%	17.9%	28.0%	61%	78%
	延長	5	5	8	18	156	3.2%	6.4%	11.5%	43%	43%
	短縮	11	3	9	23	144	7.6%	9.7%	16.0%	118%	66%

枠とローテ(前走不利馬の場合)

枠	ローテ	1着	2着	3着	3着内数	総数	勝率	連対率	複勝率	単回率	複回率
内枠	同距離	4	1	2	7	28	14.3%	17.9%	25.0%	624%	152%
	延長	0	0	1	1	20	0.0%	0.0%	5.0%	0%	5%
	短縮	2	1	1	4	17	11.8%	17.6%	23.5%	140%	86%
外枠	同距離	3	2	5	10	38	7.9%	13.2%	26.3%	79%	67%
	延長	1	1	3	5	29	3.4%	6.9%	17.2%	15%	64%
	短縮	3	1	3	7	32	9.4%	12.5%	21.9%	218%	134%

コース: # 京都芝1800m

決着率と破壊力ランキング

展開	決着確率	馬券破壊力
前残り決着	C	B
差し決着	B	C

枠	決着確率	馬券破壊力
内枠決着	C	B
外枠決着	B	C

展開の内訳

展開	R発生割合	レース数	単回率	複回率
前残り決着	19%	28	85%	74%
差し決着	21%	22	48%	64%

枠の内訳

枠	R発生割合	レース数	単回率	複回率
内枠決着	13%	17	123%	73%
外枠決着	23%	25	55%	58%

コースのポイント

★人気馬の好走が多く、波乱の少ないコース。

★前残り決着、差し決着ほぼ互角も、馬券破壊力では、やや前残り決着が高い。

有利な馬・ローテ

★先行馬。

★ダートからの馬場替わり馬(未勝利戦のみ)。

不利な馬・ローテ

特になし。

枠順のポイント

スタート時の有利不利は特になし。

枠とローテ

枠	ローテ	1着	2着	3着	3着内数	総数	勝率	連対率	複勝率	単回率	複回率
内枠	同距離	21	17	20	58	231	9.1%	16.5%	25.1%	68%	84%
	延長	13	7	13	33	208	6.3%	9.6%	15.9%	127%	51%
	短縮	15	12	7	34	130	11.5%	20.8%	26.2%	102%	62%
外枠	同距離	23	20	26	69	272	8.5%	15.8%	25.4%	46%	82%
	延長	13	14	10	37	238	5.5%	11.3%	15.5%	35%	42%
	短縮	12	28	22	62	210	5.7%	19.0%	29.5%	39%	95%

枠とローテ(前走不利馬の場合)

枠	ローテ	1着	2着	3着	3着内数	総数	勝率	連対率	複勝率	単回率	複回率
内枠	同距離	5	3	2	10	29	17.2%	27.6%	34.5%	149%	63%
	延長	2	2	0	4	24	8.3%	16.7%	16.7%	642%	77%
	短縮	4	1	1	6	23	17.4%	21.7%	26.1%	52%	40%
外枠	同距離	4	3	5	12	42	9.5%	16.7%	28.6%	77%	71%
	延長	1	4	1	6	29	3.4%	17.2%	20.7%	20%	49%
	短縮	3	6	3	12	39	7.7%	23.1%	30.8%	74%	116%

東京
中山
京都
阪神
中京
小倉
福島
新潟
札幌
函館

コース:
京都芝2000m

決着率と破壊力ランキング

展開	決着確率	馬券破壊力
前残り決着	B	C
差し決着	C	A

枠	決着確率	馬券破壊力
内枠決着	B	C
外枠決着	C	B

展開の内訳

展開	R発生割合	レース数	単回率	複回率
前残り決着	20%	23	76%	61%
差し決着	19%	19	44%	86%

枠の内訳

枠	R発生割合	レース数	単回率	複回率
内枠決着	23%	22	83%	67%
外枠決着	16%	18	45%	70%

コースのポイント

★前残り決着、差し決着ほぼ互角も、馬券破壊力では差し決着。

★他の内回りコース(1200~1600m)とは、
馬場のクセが異なる場合が多いので、注意が必要。
他のコースでは先行決着が続いている日でも、
2000mだけ差し決着になることも多い。

★ローテによる有利不利はさほど影響しないので、単純に前走不利馬を狙いたい。

有利な馬・ローテ

★前走で不利を受けている差し馬。

不利な馬・ローテ

特になし。

枠順のポイント

★外枠の逃げ馬には厳しい(先行馬なら影響は少ない)。

枠とローテ

枠	ローテ	1着	2着	3着	3着内数	総数	勝率	連対率	複勝率	単回率	複回率
内枠	同距離	13	16	27	56	173	7.5%	16.8%	32.4%	74%	78%
	延長	20	19	12	51	245	8.2%	15.9%	20.8%	57%	56%
	短縮	7	7	9	23	65	10.8%	21.5%	35.4%	80%	89%
外枠	同距離	22	23	15	60	234	9.4%	19.2%	25.6%	97%	79%
	延長	20	15	17	52	275	7.3%	12.7%	18.9%	52%	69%
	短縮	5	8	8	21	90	5.6%	14.4%	23.3%	18%	52%

枠とローテ(前走不利馬の場合)

枠	ローテ	1着	2着	3着	3着内数	総数	勝率	連対率	複勝率	単回率	複回率
内枠	同距離	2	3	6	11	23	8.7%	21.7%	47.8%	33%	75%
	延長	7	3	4	14	42	16.7%	23.8%	33.3%	202%	112%
	短縮	0	0	1	1	10	0.0%	0.0%	10.0%	0%	31%
外枠	同距離	6	1	2	9	37	16.2%	18.9%	24.3%	81%	48%
	延長	1	2	3	6	39	2.6%	7.7%	15.4%	19%	104%
	短縮	2	2	2	6	18	11.1%	22.2%	33.3%	41%	103%

コース: # 京都芝2200m

決着率と破壊力ランキング

展開	決着確率	馬券破壊力
前残り決着	B	A
差し決着	B	C

枠	決着確率	馬券破壊力
内枠決着	C	B
外枠決着	C	A

展開の内訳

展開	R発生割合	レース数	単回率	複回率
前残り決着	23%	9	224%	106%
差し決着	21%	8	30%	39%

枠の内訳

枠	R発生割合	レース数	単回率	複回率
内枠決着	18%	7	146%	80%
外枠決着	13%	5	366%	124%

コースのポイント

★前残り決着、差し決着ほぼ互角も、馬券破壊力では圧倒的に前残り決着に軍配。

★時計が速く、馬場が良いときはハイペースになりやすく、差し馬に有利な流れになりやすいので注意が必要。

★むしろ、馬場が荒れ始めた開催後半で、スローペースになりそうなレースを積極的に狙いたい。

有利な馬・ローテ

★先行馬(特に馬場が荒れた開催後半)。

不利な馬・ローテ

特になし。

枠順のポイント

スタート時の有利不利は特になし。

枠とローテ

枠	ローテ	1着	2着	3着	3着内数	総数	勝率	連対率	複勝率	単回率	複回率
内枠	同距離	5	5	2	12	39	12.8%	25.6%	30.8%	68%	63%
	延長	15	11	8	34	154	9.7%	16.9%	22.1%	98%	60%
	短縮	3	7	3	13	49	6.1%	20.4%	26.5%	179%	113%
外枠	同距離	3	2	6	11	43	7.0%	11.6%	25.6%	27%	53%
	延長	8	8	17	33	192	4.2%	8.3%	17.2%	85%	80%
	短縮	5	6	3	14	70	7.1%	15.7%	20.0%	284%	101%

枠とローテ(前走不利馬の場合)

枠	ローテ	1着	2着	3着	3着内数	総数	勝率	連対率	複勝率	単回率	複回率
内枠	同距離	2	1	0	3	6	33.3%	50.0%	50.0%	181%	96%
	延長	5	1	2	8	23	21.7%	26.1%	34.8%	138%	66%
	短縮	0	0	0	0	8	0.0%	0.0%	0.0%	0%	0%
外枠	同距離	0	0	1	1	6	0.0%	0.0%	16.7%	0%	28%
	延長	0	1	2	3	24	0.0%	4.2%	12.5%	0%	18%
	短縮	2	2	0	4	15	13.3%	26.7%	26.7%	1024%	208%

東京 中山 京都 阪神 中京 小倉 福島 新潟 札幌 函館

コース: 京都芝2400m

決着率と破壊力ランキング

展開	決着確率	馬券破壊力
前残り決着	A	C
差し決着	C	A

枠	決着確率	馬券破壊力
内枠決着	B	A
外枠決着	C	C

展開の内訳

展開	R発生割合	レース数	単回率	複回率
前残り決着	33%	14	61%	61%
差し決着	12%	5	285%	148%

枠の内訳

枠	R発生割合	レース数	単回率	複回率
内枠決着	24%	10	224%	120%
外枠決着	17%	7	37%	50%

コースのポイント

★内枠決着は決着確率、馬券破壊力ともに優秀。
★決着確率は低くなるが、内枠の差し決着が最も馬券破壊力が高い。

有利な馬・ローテ

★内枠の馬(同距離馬以外がベスト)。

不利な馬・ローテ

★外枠の馬。

枠順のポイント

スタート時の有利不利は特になし。

枠とローテ

枠	ローテ	1着	2着	3着	3着内数	総数	勝率	連対率	複勝率	単回率	複回率
内枠	同距離	6	5	3	14	47	12.8%	23.4%	29.8%	70%	75%
	延長	13	13	12	38	130	10.0%	20.0%	29.2%	218%	110%
	短縮	2	3	2	7	19	10.5%	26.3%	36.8%	25%	143%
外枠	同距離	5	5	7	17	57	8.8%	17.5%	29.8%	42%	67%
	延長	15	11	17	43	193	7.8%	13.5%	22.3%	49%	48%
	短縮	1	5	1	7	26	3.8%	23.1%	26.9%	87%	68%

枠とローテ(前走不利馬の場合)

枠	ローテ	1着	2着	3着	3着内数	総数	勝率	連対率	複勝率	単回率	複回率
内枠	同距離	2	0	0	2	9	22.2%	22.2%	22.2%	126%	45%
	延長	0	2	3	5	15	0.0%	13.3%	33.3%	0%	109%
	短縮	0	1	0	1	3	0.0%	33.3%	33.3%	0%	530%
外枠	同距離	0	1	1	2	10	0.0%	10.0%	20.0%	0%	54%
	延長	0	3	2	5	36	0.0%	8.3%	13.9%	0%	29%
	短縮	0	1	0	1	2	0.0%	50.0%	50.0%	0%	140%

的中例解説｜京都ダート1400m重〜稍重

「道悪は差し馬場」が見事にハマった1000万円超え

京都ダート1400mは雨が降って馬場が渋ると、良馬場以上に馬券破壊力が増す。差し決着の割合が良馬場以上に多くなるからだ。実際にレースを見て、差し馬の末脚が決まることを確認すれば、より自信を深めて資金を投じることができる。

2014年1月12日の京都10R羅生門S（ダート1400m稍重、4歳上1600万下）。

この週は、前日から馬場が渋っており、明らかに差し馬に有利な馬場のクセが出ていた。特に1000万下以上の上級条件のレースでは、差し馬に有利なクセが顕著だった。

この羅生門Sの前に行なわれた4レースの脚質別成績は、逃げ・先行（4コーナー4番手以内）の馬の成績が、勝率0％、連対率6％、複勝率12％、単回率0％、複回率25％。

一方、差し・後方（4コーナー5番手以下）の馬の成績が、勝率9％、連対率15％、複勝率21％、単回率65％、複回率217％と、明らかに差し馬に有利な馬場のクセが出ている。

このレースの1番人気⑤デザートオアシス、2番人気②フミノファルコンはともに先行馬。この日の馬場では、危険な人気馬。馬場のクセを読めば、誰しもが荒れるレースになると予想できる。

双馬の狙いは当然、差し馬。③シルクシンフォニー（14番人気）、④オースミイージー（12番人気）、⑥ワイドバッハ（3番人気）、⑦ミヤジマッキー（4番人気）、⑨ヤマノサファイア（9番人気）、⑪キングオブヘイロー（13番人気）、⑮クレバーサンデー（11番人気）の7頭が、このレースの差し馬。

双馬の本命はヤマノサファイア。前走は「不利なローテ」に該当（双馬のホームページで「前走不利馬」に指定されていた）。前々走は短縮ローテで3着に激走した。前走は延長ローテで13着。得意な短縮ローテの後に苦手なローテで出走したため、不利は大きく、能力を発揮できない状況だった。加えて、前走は上位を先行馬が独占した前残り。差し馬の同馬にとって展開による不利も大きい。

今回のヤマノサファイアは、前走よりも能力を発揮しやすい同距離ローテ。さらに差し馬に有利な馬場のクセまで味方してくれるので、好走する確率が高いと判断できる。

対抗に推したワイドバッハも、前走は短縮ローテで激走した後の苦しいローテーション。ヤマノサファイアの前走と同じく前残りレースに出走し、展開による不利を受けながらも上がり最速を記録し4着に健闘していた。双馬の理論を理解していれば、ここでは誰もが強い馬だとわかる。

公開した予想で3番手に評価したキングオブヘイローは前々走ダ1200×→前走ダ1400×→今走ダ1400と、同距離ローテに該当。前走は久々の1400mに延長ローテと苦しい条件ながらも、0.6秒差の9着。上がり3Fはメンバー中3位。不利が重なった競馬では大健闘といえる。

ヤマノサファイアと同様に、今回は前走時より楽な同距離ローテーション。馬場のクセまで味方するため、大幅に好走確率が上昇する。そう予想するのは、本書の読者なら誰しもが納得できるだろう。

レースは予想通りの差し追い込み決着に。対抗のワイドバッハが4コーナー後方3番手のポジションから急追して1着。最後方から追い込んだ本命ヤマノサファイア(9番人気)が2着。3番手評価キングオブヘイロー（13番人気）も中団後ろから差して3着。

3連単39万30円を、公開した予想印の○◎▲で大本線的中。払い戻しは1170万円を超えた。

16 桃8	15 桃8	14 橙7	13 橙7	12 緑
スウェプトオーヴァーボード㋮	フレンチデピュティ㋮鹿毛	マンハッタンカフェ(長)黒鹿	オージールールズ㋮芦毛	ゴールドヘイロー㋮
ホクトキングダム	クレバーサンデー	ソラニー	(外)キョウエイバサラ	(地)モエレジュンキン
エリダヌス(短)青鹿	カガミサンデー(短)	アイノサウスポー(短)	アナリナ(中)	シャンハイファスト(短)鹿毛
53 -4 牡6	54 -3 牡7	54 -2 牡4	54 -3 牡6	54 -3 牡7
武幸	替国分優	替宮崎	岡田祥	和田
栗本田	栗崎山	(北)武藤	栗矢作	(南)武市
○ 1550	○ 1350	○ 1500	○ 1200	○ 1390
5247	8286	2680	6543	7477
布施光章	岡崎牧場	井上一郎	田中晴夫	鈴木照雄
浦上山牧場	浦東栄牧場	浦鮫川啓一	イギリス	浦藤坂秋雄
……… ……… ……… ……… ……… ………	……… …◎… ……… ……… ……… ………	…注… ……… ……… ……… …△… ……東	……… ……… ……… ……… ……… ………	……… ……… …△… ……… …△… …△東
阪 1256 ⑱	小 1086 ② 阪 1208 ⑤		中 1082 ⑤ 東 1211 ①	千六 1378 ⑩ 千八 1486 ⑮
千四 39.2 ⑱ 千ダ 35.4 ①	千四 33.3 ⑦ 千四ダ 35.9 ⑧	千六ダ 36.2 [3]	千 32.5 ⑫ 千ダ 35.8 [1]	千八 35.7 ⑮ 千四ダ 35.2 ❶
阪ダ 1105 ❷ 東ダ 1251 ⑤ 千ダ 58.6 ①	京ダ 1239 ⑧	阪ダ 1234 ❶ 東ダ 1370 ❶	京ダ 1128 ③ 東ダ 1240 ❿ 東ダ 1388 ⑮ 千ダ 59.0 [1]	中ダ 1118 ⑨ 阪ダ 1229 ④ 千四ダ 1425 ❶ 京ダ 1502 [9]
0 1 0 2	0 0 0 0	2 0 0 0	0 1 0 3	2 0 0 4
ジェイドロバリー	サンデーサイレンス	スキャン	コジーン	ヒシアリダー
初仔	ウイニングドラゴン	マースストロング		ザリーディング
千八 千六 千四 千二	千八 千六 千四 千二	千八 千六 千四 千二	千八 千六 千四 千二	千八 千六 千四 千二
0 0 0 1	0 0 1 3	0 1 2 0	0 0 1 0	2 0 1 0
0 0 0 3	0 0 1 2	0 0 0 0	0 1 1 2	4 0 1 0
0 0 0 2	0 0 2 2	0 1 1 0	0 1 1 2	1 0 3 1
0 0 3 9	0 4 14 4	0 2 0 0	0 7 6 8	11 1 11 4
2京 '13年2月 ④ 橿原 10 1600万 4ゲト11頭 千二ダ 1122 57 太宰 M ⑦⑥⑦ 502 B 会10 中位一杯 5 1/4 357 中 365 ポアゾンブラッ 1114 0.8	4東 10月12日 ③ 白秋 14 1600万 10ゲト18頭 千四 1213 57 江田照 S ⑱⑰⑰ 458 人気14 後方まま 10身 365 外 339 ラトルスネーク 1196 1.7	4東 10月27日 ❾ 3歳上 1 500万 5ゲト14頭 千六ダ 1370 55 武豊 M ①①① 492 人気[1] 逃切る アタマ 360 内 367 アチーヴ 1370 0.0	4東 10月6日 ❷ TV静岡 10 1600万 3ゲト15頭 千四ダ 1240 57 吉田豊 S ②③④ 510 人気14 好位一杯 7 1/2 358 中 361 カネトシイナー 1228 1.2	4京 10月13日 ④ 藤森 9 1600万 9ゲト15頭 千二ダ 1119 57 高倉 M ⑪⑬⑭ 472 人気15 後方差詰 5 1/4 359 外 360 スイートジュエ 1110 0.9
5京 11月2日 ① [illegible] 11 1600万 11ゲト11頭 千四ダ 1263 57 太宰 M ③③③ 498 B 会10 好位一杯 17 1/2 351 中 393 ナリタスーパー 1234 2.9	5京 11月2日 ① [illegible] 8 1600万 4ゲト11頭 千四ダ 1239 57 国分優 M [11]⑪⑪ 470 人気8 後方直丈 3 1/4 365 内 359 ナリタスーパー 1234 0.5	5東 11月17日 ⑥ 3歳上 6 1000万 9ゲト11頭 千六ダ 1389 56 津村 S ①①① 488 人気[3] 逃一杯 7 1/4 373 内 365 シグナルプロシ 1377 1.2	4京 10月14日 ⑤ 清水 16 1600万 13ゲト16頭 千六外 1351 54 岡田祥 S [14]⑭⑮ 516 人気15 後方まま 14 1/2 372 外 343 ウインプリメー 1328 2.3	5京 11月2日 ① [illegible] 3 1600万 6ゲト11頭 千四ダ 1235 57 和田 M ④④③ 472 人気9 好位伸 1身 353 中 364 ナリタスーパー 1234 0.1
5京 11月17日 [6] 貴船 13 1600万 14ゲト16頭 千二ダ 1125 57 武幸 S ⑭⑪⑪ 496 人気14 後方まま 9身 360 外 365 ケビンドゥ 1110 1.5	4中京 12月7日 ③ 浜松 16 1600万 7ゲト18頭 千四 1222 54 武幸 M ⑯⑰⑰ 472 人気16 後方まま 7身 361 内 350 ネオウィズダム 1211 1.1	5阪 12月21日 ❼ 3歳上 1 1000万 11ゲト16頭 千四ダ 1234 56 武豊 M ①①① 484 人気5 逃楽勝 3身 347 内 366 クロムレック 1239 0.5	1京 1月6日 ② 新春 13 1600万 12ゲト15頭 千六外 1343 57 岡田祥 S ②②② 528 人気15 先行一杯 9 1/4 348 中 361 フィエロ 1328 1.5	5阪 12月23日 [9] ファイナ 11 1600万 6ゲト16頭 千四ダ 1246 57 和田 M ②②② 470 人気7 先行一杯 4 1/2 351 中 376 ネオザウイナー 1238 0.8

【京都ダート1400m重～稍重】的中例
2014年1月12日 京都10R 羅生門S（4歳上1600万下）

京都 10 発馬 3.10 羅生門ステークス (混)四才上 1600万下・ハンデ ダート1400米

	1	2	3	4	5	6	7	8	9	10	11
枠	白1	白1	黒2	黒2	赤3	赤3	青4	青4	黄5	黄5	6
父	ゴールドアリュール(中)	スタチューオブリバティ(マ)	ストーミングホーム(中長)	ハーツクライ(中長)	ケレイフ(短)	アジュディケーティング(短中)	スパイキュール(中)	ブライアンズタイム(万)	ワイルドラッシュ(マ)	シニスターミニスター(短中)	ゴールドアリュール(中)
馬名	グレイスフルリープ	フミノファルコン	シルクシンフォニー	オースミイージー	デザートオアシス	ワイドバッハ	ミヤジマッキー	エーシンビートロン	ヤマノサファイア	コスタアレグレ	(地)キングオブヘイロー
母	ラビットフット(マ)	セキサンジョオウ(短)	クイーンオブタイム(中長)	ナリタレインボウ(マ)	フラグラントオアシス(中)	グリーンヒルレッド(中)	ミヤジプロスパー(短)	ローレンシア(短)	ノースサファイア(マ)	コーディーライン(中)	エクシードワン(マ)
毛色	栗毛	黒鹿	栗毛	鹿毛	鹿毛	鹿毛	鹿毛	黒鹿	栗毛	栗毛	鹿毛
斤量・性齢	55 -1 牡4	56 ±0 牡4	51 -4 牝5	54 -3 牡6	56 -1 牡6	55 -2 牡5	55 -1 牡4	57 ±0 牡8	55 -2 牡6	54 -2 牡4	54 -3 牡8
騎手	替 川須	福永	替 酒井	替 幸	替 川田	替 武豊	浜中	替 ルメール	高倉	替 岩田康	替 ギュイヨン
調教師	栗 橋口	栗 目野	栗 加用	栗 沖	栗 野中	栗 庄野	栗 牧田	栗 西園	栗 崎山	栗 吉村	栗 小崎
収得賞金	○ 1500	○ 1500	○ 1300	○ 1200	○ 1550	○ 1550	○ 1500	○ 1550	○ 1350	○ 1500	○ 1270
総賞金	3654	3935	2547	3860	4810	5500	3510	9050	7515	2454	7566
馬主	前田晋二	谷二	(有)シルク	オースミ	シェイク・モハメド	幅田京子	曽我司	(株)栄進堂	澤村敏雄	安原浩司	鈴木義孝
生産者	新 ノースヒルズ	浦 笹島政信	新 樋渡信義	日 広富牧場	日 ダーレージャパンF	新 八木常郎	浦 村中牧場	静 服部牧場	ひ 服部牧場	ひ 岡田牧場	門 坂東牧場
持木秀康	△	○			▲	△	◎	△		△	
那谷明弘		△			○	注	△	△	△	▲	
加茂聡	◎	○	△	△	注	▲	△		△		
須藤大和	△	○		△	◎	注	▲	△		△	
中邑茂	△	▲			○	◎	注			△	
本紙田崎	△	◎			B ▲	△	注	○	△	△	
芝1200・1400	京1101⑬	千六1354⑩		小1095① 阪1220⑪	尖1218⑮	千六1411⑬		千六1376⑧ 千八1525⑤	札1116③ 阪1228⑪		阪1094⑭
芝上り	千二35.1⑬	千六37.6⑩		千四33.5⑩	千四35.6⑮	千六39.4⑬		千八35.0⑤	千四35.4⑪		千二34.7⑭
ダート上り	千二ダ35.4[1]	千四ダ35.0■1	千八ダ35.6■5	千二ダ35.2⑦	千四ダ36.6❶	千四ダ35.7③	千四ダ35.2❶	千四ダ36.1②	千二ダ34.6❿	千四ダ36.6[1]	千四ダ35.7[9]
ダ1200	阪ダ1102[1]			京ダ1121⑥		京ダ1124③		京ダ1121③	中ダ1102■6	阪ダ1126❾	京ダ1106②
ダ1400	阪ダ1266①	京ダ1222■1	京ダ1270■7	京ダ1229■4	阪ダ1234❷	京ダ1239⑤	東ダ1232❶	阪ダ1227[2]	千四ダ1231②	阪ダ1231[1]	京ダ1239❼
ダ1600			千六ダ1457①			東ダ1369⑤	東ダ1357❸	東ダ1353■2			船ダ1435[1]
ダ1800		京ダ1523❸	京ダ1510■5			阪ダ1518[7]	阪ダ1538④	千七ダ1440❷	千七ダ1459⑨		京ダ1522❷
ダ重実績	0 1 0 0	2 0 1 2	1 0 0 3	0 0 0 2	1 1 0 0	0 0 0 0	1 0 1 1	0 3 0 0	0 0 0 5	0 0 0 2	1 2 0 4
母の父	シーキングザゴールド	サクラバクシンオー	ブライアンズタイム	アフリート	ラーイ	スキャン	マルゼンスキー	ホリスキー	ジェイドロバリー	ミスワキ	ナリタブライアン
兄弟馬	リードオフマン	カシノカルミア	シルクダイナスティ	ナリタシルエット	フィリラ	メイショウイチオシ	ミヤジエムジェイ	ドンビザッツウェイ	サファイアリング	レジアーネ	アナモリ
千八(千七含む)	0 0 1 2	1 0 2 0	3 0 0 0	0 0 2 1	0 0 4 0	1 0 2 1	1 0 2 0	1 1 2 0	0 0 2 2	0 0 2 1	3 0 0 0
千六のみ	0 0 1 2	0 0 1 0	0 0 0 0	0 0 0 0	0 0 5 0	1 0 0 0	1 1 0 0	1 1 8 0	0 0 1 2	0 0 0 0	2 0 1 2
千四のみ	0 0 0 0	2 0 1 0	3 0 0 0	0 0 1 0	0 0 1 0	0 0 1 1	0 1 0 0	0 0 2 1	1 0 1 3	0 0 0 0	0 0 0 1
千二のみ	0 0 1 4	3 1 3 0	12 0 4 0	0 1 14 3	0 0 3 0	1 3 3 0	1 1 1 0	2 1 5 0	2 0 14 10	0 0 2 1	6 0 6 9
前走3 日付	4京 10月13日	4京 10月20日	盛岡 9月30日	4京 10月20日	3京 5月5日	2小 8月4日	4東 10月6日	1京 13年1月	3中京 7月20日	3中京 7月6日	4京 10月13日
レース・着順	④ [illegible] 10	■7 三才上 1	⑥ けやき賞 1	■7 三才上 4	⑥ 四才上 1	[4] 三才上 1	❷ 三才上 1	⑦ [illegible] 3	⑦ [illegible] 2	③ [illegible] 5	④ [illegible] 5
クラス・馬番・頭数	1600万 3ダ15頭	1000万 2ダ15頭	交流A級 9ダ11頭	1000万 3ダ15頭	1000万 1ダ16頭	500万 14ダ16頭	1000万 3ダ12頭	1600万 11ダ16頭	1600万 4ダ16頭	1000万 15ダ16頭	1600万 8ダ15頭
距離・タイム	千二ダ1119	千四ダ1222	千八ダ1539	千四ダ1229	千四ダ1242	千七ダ1462	千四ダ1232	千四ダ1234	千四ダ1231	千四ダ1235	千二ダ1114
斤量・騎手	55 小牧	55 福永	54 斎藤雄	57 戸崎圭	57 川田	57 川田	55 浜中	57 川田	54 高倉	54 川田	57 松山
ペース・通過順	M⑪⑪⑪	M④③③	M⑦⑤⑤	M⑧⑧⑧	M⑤⑤⑤	S⑦④⑤	S[5]④⑤	M①②②	H⑮⑬⑯	H①④⑤	M⑩⑩⑩
馬体重・人気	528 人気2	538 人気3	468 人気3	498 人気8	532 人気1	478 人気1	504 人気1	496 人気1	440 人気12	474 人気5	482 B 人気12
内容・着差	出脚鈍い 5 1/2	先行抜出 1/2身	漸進抜 クビ	中位差詰 4 1/4	内鋭く 4身	漸進抜 2 1/2	好位抜出 クビ	先行粘る 1/2身	後方伸 クビ	好位一息 2 1/4	中位伸も 2 1/4
前半・位置・上り	357 中 362	344 中 361	中 381	348 内 363	354 内 368	377 中 372	359 内 352	343 中 373	359 内 357	342 中 374	354 外 360
勝ち馬(2着馬)	スイートジュエ	オールブラック	シルクコスモス	フミノファルコ	オビーディエン	クレスコモア	トリニティチャ	トラバント	ナリタスプリン	ナリタスーパー	スイートジュエ
時計・差	1110 0.9	1223 0.1	1540 0.1	1222 0.7	1249 0.7	1466 0.4	1232 0.0	1233 0.1	1231 0.0	1232 0.3	1110 0.4
前走2 日付	4京 10月27日	5東 11月9日	4京 10月20日	5京 11月16日	3東 6月1日	5京 11月23日	4東 10月27日	1東 13年2月	2新 8月3日	4京 10月20日	4京 10月27日
レース・着順	[9] 西陣 5	③ 銀嶺 3	■7 [illegible] 5	⑤ 三才上 1	① [illegible] 8	⑦ 三才上 1	❾ 秋嶺 3	⑤ [illegible] 2	[3] [illegible] 3	■7 三才上 11	[9] 西陣 11
クラス・馬番・頭数	1600万 6ダ16頭	1600万 4ダ12頭	1600万 7ダ10頭	1000万 1ダ14頭	1600万 12ダ16頭	1000万 12ダ16頭	1600万 14ダ14頭	1600万 3ダ16頭	1600万 12ダ15頭	1000万 13ダ15頭	1600万 9ダ16頭
距離・タイム	千二ダ1108	千四ダ1246	千八ダ1510	千四外1221	千四ダ1250	千四ダ1246	千六ダ1357	千四ダ1241	千二ダ1107	千四ダ1238	千二ダ1113
斤量・騎手	54 小牧	56 福永	55 中井	57 和田	57 内田博	57 川田	55 M.デムーロ	57 内田博	57 高倉	55 和田	55 松山
ペース・通過順	H⑤⑤⑤	M④④④	S⑦⑨⑧	S③④④	M③④⑥	M⑧⑦⑦	M③④④	S[2]②②	M⑬⑬⑬	M①①②	H⑨⑧⑦
馬体重・人気	532 人気2	534 人気2	462 人気10	494 人気7	524 人気3	484 人気6	502 人気3	488 人気2	444 人気5	468 人気4	482 B 人気8
内容・着差	好位一息 1 3/4	好位伸 3 3/4	後方差詰 9 3/4	好位差切 1/2身	好位一杯 8 1/4	中位抜出 クビ	好位伸 3 1/4	先行粘る 1 1/2	内つき伸 1 1/4	逃一杯 9 1/4	中位まま 4 1/2
前半・位置・上り	341 内 367	366 内 360	386 内 356	367 内 337	357 中 372	360 中 362	357 中 361	360 中 361	358 内 349	340 内 380	345 中 368
勝ち馬(2着馬)	シゲルソウサイ	オールドパサデ	ワイルドフラッ	ダンスディレク	ブライトライン	スマートレバー	ロイヤルクレス	スノードラゴン	ウインラーニッ	フミノファルコ	シゲルソウサイ
時計・差	1105 0.3	1240 0.6	1495 1.5	1222 0.1	1237 1.3	1246 0.0	1352 0.5	1239 0.2	1105 0.2	1222 1.6	1105 0.8
前走 日付	5京 11月17日	5阪 12月23日	5阪 11月30日	4中京 12月7日	5阪 12月8日	5阪 12月8日	5阪 12月8日	11ヵ月休	5阪 12月8日	5阪 12月8日	5阪 12月23日
レース・着順	[6] [illegible] 15	[9] ファイナ 2	① Gプライ 13	③ [illegible] 17	④ 御影 2	④ 御影 4	④ 御影 7	管骨骨折放牧	④ 御影 13	④ 三才上 1	[9] ファイナ 9
クラス・馬番・頭数	1600万 9ダ16頭	1600万 8ダ16頭	1600万 10ダ15頭	1600万 2ダ18頭	1600万 7ダ15頭	1600万 16ダ15頭	1600万 3ダ15頭	乗込み3週間	1600万 9ダ15頭	1000万 12ダ16頭	1600万 9ダ16頭
距離・タイム	千二ダ1125	千四ダ1240	千八ダ1537	千四1223	千四ダ1237	千四ダ1239	千四ダ1239	仕上り○	千四ダ1247	千四ダ1237	千四ダ1244
斤量・騎手	56 小牧	56 福永	56 シュタルケ	54 川須	57 バルザローナ	57 小牧	56 浜中	連対体重	57 高倉	56 後藤	57 後藤
ペース・通過順	S⑬⑬⑬	M⑤⑤⑤	S[14]⑪⑩	M⑧⑪⑬	M②②②	M[13]⑫⑩	M④⑥⑥	458～488	M⑭⑮⑭	M①②②	M⑭⑭⑬
馬体重・人気	542 人気4	548 人気1	464 人気12	502 人気10	524 B 人気6	484 人気7	502 人気3	休み明け	448 人気10	472 人気4	482 B 人気12
内容・着差	後方まま 9 1/4	好位伸 1 1/4	S後続る 11 1/2	中位一杯 7 1/4	先行伸 3/4身	後方伸 2身	中位まま 2身	①②③外	後方まま 7 1/4	先行抜出 クビ	後方差詰 3 1/2
前半・位置・上り	361 中 364	354 中 368	393 外 381	354 内 354	350 中 368	365 中 358	354 内 365	2 1 0 3	368 外 363	350 中 367	367 中 357
勝ち馬(2着馬)	ケビンドゥ	ネオザウイナー	クリノスターオ	ネオウィズダム	キョウワダッフ	キョウワダッフ	キョウワダッフ		キョウワダッフ	サウンドトゥル	ネオザウイナー
時計・差	1110 1.5	1238 0.2	1517 2.0	1211 1.2	1236 0.1	1236 0.3	1236 0.3		1236 1.1	1237 0.0	1238 0.6

賞金 1790万 720 450 270 179

レコード 1.21.9 7年6月 タイキパイソン 56 岡部

京都10R

組番	オッズ
1-1	18.7
1-2	32.4
1-3	4.3
1-4	7.9
1-5	16.0
1-6	32.2
1-7	25.5
1-8	24.3
2-2	☆
2-3	29.2
2-4	54.2
2-5	☆
2-6	☆
2-7	☆
2-8	☆
3-3	9.6
3-4	7.1

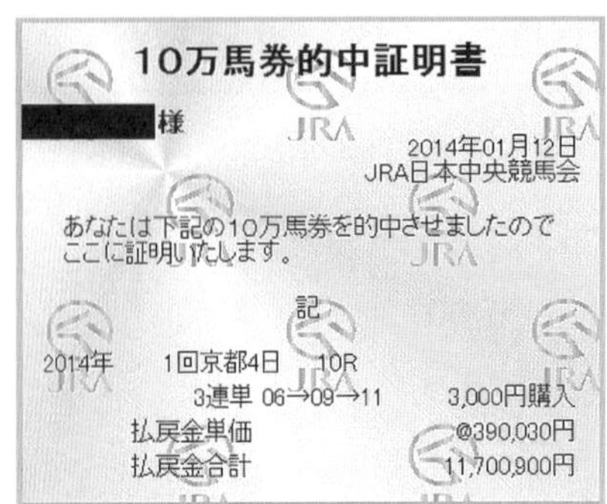
10万馬券的中証明書

様

2014年01月12日
JRA日本中央競馬会

あなたは下記の10万馬券を的中させましたので
ここに証明いたします。

記

2014年　1回京都4日　10R
3連単 06→09→11　3,000円購入
払戻金単価　@390,030円
払戻金合計　11,700,900円

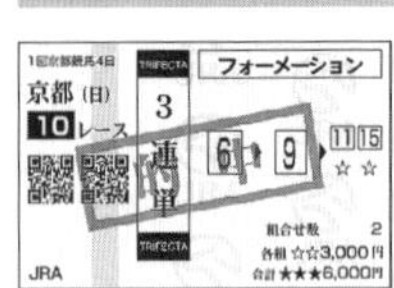

2014年1月12日京都10R
羅生門S
（ダート1400m稍重、4歳上1600万下）

1着⑥ワイドバッハ　（3番人気）
2着⑨ヤマノサファイア　（9番人気）
3着⑪キングオブヘイロー（13番人気）

3連単⑥→⑨→⑪390030円×3000円的中
=1170万900円

的中例解説｜京都ダート1400m良①

外枠馬狙いも破壊力十分!これまた1000万円超え

京都ダート1400mは、良馬場でも「メンバーの枠順次第」では、破壊力のある馬券を狙うことはできる。

良馬場なら、外枠狙いで高配当を的中できるからだ。特に内枠に危険な人気馬が揃ったレースを狙いたい。

2013年10月14日京都12R（ダート1400m良、3歳上500万下）。

このレースでは、1番人気ハヤブサは4番枠、2番人気コズミックショアは3番枠と、人気馬が内枠に集中していた。そして、ハヤブサとコズミックショアは、当時、内枠で砂を被る競馬を苦手にしている馬だった。

先に書いたように、京都ダート1400mは外枠が穴を出しやすいコース。加えて、危険な人気馬が不利な内枠に揃った。高配当獲得のチャンスは大きい。

危険な内枠の人気馬が揃って馬群に消えるならば、狙いは外枠。双馬のコースメモにも書かれているように、ここは「短縮馬」を狙う。このレースで外寄り（出走馬のちょうど半分の8番から外）の「短縮」は⑨アドマイヤスパーズ（6番人気）、⑪セイラ（5番人気）、⑬セトノミッシー（9番人気）、⑮アテンファースト（12番人気）の4頭。

この4頭のうち、双馬が本命に選んだのはセイラ。4走前に今回よりも格上のレース1000万下（阪神ダート1400m）で、短縮ローテで3着に好走した実力馬。実力馬が有利なローテーションで出走すれば、順当に勝利するのは当然。相手にも外枠の短縮馬セト

ノミッシー。

レースは、セイラが後方から一気の差しで快勝。2着に先行して踏ん張った⑯ヒシアメジスト（10番人気）、3着にも先行勢の一角セトノミッシーが粘り込んだ。

ここで、2着のヒシアメジストも相手に加えたのには、2つの理由がある。

ひとつは「外枠」が有利だったこと。もうひとつは、「前走不利」を受けていたこと（これも双馬のホームページで公開されていた）。

ヒシアメジストの前走は、差し馬が上位を独占したレースで、先行する同馬には不利な展開だった。今回は前走よりも、不利を受けづらいレースになる可能性も高い。さらに有利な外枠なのだから上位評価となる。

レースは「外枠」の「短縮馬」セイラ、セトノミッシー、そして「外枠」の「前走不利馬」ヒシアメジストの3頭で決着。双馬メモにも書かれているように鮮やかな「外枠決着」だった。ちなみに、上位人気の④ハヤブサは12着、③コズミックショアは11着と見どころなく終わった。

双馬はセイラの単勝に追加分を含めた30万円を張り、さらに3連単68万1120円を1000円的中。払い戻しは1000万円を超えた。

【京都ダート1400m良】的中例　2013年10月14日京都12R（4歳上500万下）

馬番	16	15	14	13	12	11	10	9	8	7	6
枠	桃8	桃8	橙7	橙7	緑6	緑6	黄5	黄5	青4	青4	赤3
父	ゴールドアリュール㊥	オレハマッテルゼ㋮	ディープインパクト㊖	ゴールドアリュール㊥	メイショウドトウ㊖	スパイキュール㊥	アドマイヤムーン㊥	アドマイヤコジーン㋮	ディープインパクト㊖	スキャットダディ	ホワイトマズル㊖
馬名	ヒシアメジスト	アテンファースト	ヴィジャイ	セトノミッシー	シゲルケンシン	㊞セイラ	㊞トーコーレガーロ	アドマイヤスパーズ	ヴェルーテ	㊕オオミカミ	㊞アイアンブロー
母	ヒシセーブル㋮	ニューフェアリー㊵	オイスターチケット㊵	フレンチミステリー㊵	シゲルアマゾネス㋮	ナックオフィス㋮	スーヴェニアギフト㋮	スプリングハーレー㊵	ポポラス㊵	ゴーンバイバイ㊵	エプロンドレス㊵
毛色	鹿毛	栗毛	鹿毛	鹿毛	鹿毛	栗毛	鹿毛	鹿毛	鹿毛	栃栗	芦毛
斤量・性齢	50 牝3	55 牡3	57 牡5	53 牝3	57 牡6	55 牝4	57 牡4	55 牡3	53 牝4	57 牡4	57 牡5
騎手	▲岩崎	替太宰	池添	替酒井	替川須	替藤田	替松田	替小牧	替△藤懸	藤岡康	替小坂
厩舎	栗河内	栗田中章	栗松田国	栗鈴木孝	栗沖	栗飯田雄	栗橋田	栗中尾秀	栗領家	栗藤岡健	栗境直
賞金	○ 400	○ 400	○ 450	○ 400	○ 450	○ 305	○ 35	○ 400	○ 200	○ 200	○ 50
総賞金	680	529	3023	830	3680	1495	993	735	460	1190	378
馬主	阿部雅英	玉置潔	金子真人HD	難波経雄	森中蕃	萩英男	桑田藤治	近藤利一	名古屋友豊	幅田昌伸	平口信行
生産者	浦 中村雅明	浦 多田善弘	安 ノーザンF	日 白老F	浦 中村雅明	日 中川哲也	安 ノーザンF	浦 桑田牧場	新 オリエント牧場	アメリカ	浦 田中S
印1	…	…	△	…	…	△	△	▲	…	注	…
印2	…	…	◎	△	…	注	△	…	△	△	…
印3	△	…	…	注	△	△	…	△	…	◎	…
印4	△	…	△	…	…	△	◎	…	…	△	…
印5	…	△	…	…	注	▲	…	△	…	△	…
印6	△	…	△	▲	△	注	…	△	…	△	…
持時計	天1373⑯	天1378⑧ 天1523⑫	天1342⑪ 京1245❿			天1379[16]	孟1317② 京1210④	函1120⑧ 崇1247[7]	小1085⑭ 崇1221①	函1113⑨ 京1231[3]	
上り	天38.2⑯ 孟ダ38.2❸	天36.3⑫ 壬ダ37.7④	天33.7⑤ 天ダ36.2⑩	孟ダ37.0❺	孟ダ36.2④	天37.3[16] 壬ダ36.1④	孟34.2⑦ 孟ダ37.2❼	壬36.6⑧ 孟ダ36.3[1]	天33.6⑩	孟35.1[3] 千ダ35.8⑨	壬ダ36.8⑥
ダート持時計	京ダ1256❸	壬ダ1465④ 阪ダ1555⑬	阪ダ1258⑦ 東ダ1402⑩	壬ダ1247⑧ 壬ダ1522④	孟ダ1124[12] 阪ダ1246⑥ 壬ダ1466⑦	京ダ1121④ 阪ダ1242❽ 壬ダ1459① 京ダ1526❽	新ダ1135⑩ 阪ダ1244❼ 壬ダ1506[4] 大ダ2014❷	阪ダ1241[1] 壬ダ1471⑩		阪ダ1125[4] 阪ダ1256④ 東ダ1390⑨ 千ダ59.3②	東ダ1272⑬ 壬ダ1472⑥ 阪ダ1560⑦
成績	0 0 1 0	0 0 0 0	0 0 0 0	0 0 0 2	0 0 1 2	0 0 0 3	0 0 0 1	1 0 0 0	0 0 0 0	1 0 0 1	0 0 0 0
母父等	エルコンドルパサー	フレンチデピュティ	ウイニングチケット	フレンチデピュティ	クロコルージュ	ジェネラス	スーヴェニアコピー	キンググローリアス	フォーティナイナー	スマートストライク	エプロス
兄弟	ブルーフポジティブ	フェアリーズサン	ブラックシェル	デアユニバース	シゲルオスズヤマ	シャア	シュプリームギフト	アドマイヤプルート	シャッセロール		シュウホーサンデー
距離別	天 天 孟 壬	天 天 孟 壬	天 天 孟 壬	天 天 孟 壬	天 天 孟 壬	天 天 孟 壬	天 天 孟 壬	天 天 孟 壬	天 天 孟 壬	天 天 孟 壬	天 天 孟 壬
	0 0 1 0	1 0 0 0	1 0 0 0	0 0 1 0	0 0 2 0	1 0 0 0	0 0 0 0	0 0 1 0	0 0 1 0	0 0 0 1	0 0 0 0
	0 0 0 0	0 0 0 0	2 1 0 0	0 0 0 0	0 0 5 0	0 0 0 0	0 1 1 0	0 0 1 0	0 0 0 0	0 0 0 0	0 0 0 0
	0 0 1 0	0 0 0 0	0 1 0 0	0 0 1 0	0 0 3 0	0 0 1 1	1 0 0 0	0 0 0 0	0 0 0 0	0 0 1 0	1 0 0 0
	0 1 2 0	3 1 0 0	6 5 2 0	2 0 5 0	2 0 16 3	4 1 3 2	1 1 4 1	1 0 2 1	0 3 1 1	1 2 2 5	7 0 2 0
前走3	1京 1月6日 ② シンザン 16 GⅢ 3ゲト16頭 天外1373 54 藤田 M⑤⑤⑤ 434 人気13 好位バテ 18身 352 中 382 エーシントップ 1343 3.0	1函 6月16日 ② 三歳 4 未勝5ゲト13頭 壬ダ1465 53 城戸 S②⑤⑤ 474 人気8 盛返す 5 3/4 368 内 377 ミッキースマホ 1455 1.0	1札 12年7月 ④ 三歳 6 500万 4ゲト14頭 天1486 57 丸山 S②②② 516 人気4 先行一杯 5 1/2 367 中 367 ホッコーガンバ 1477 0.9	3中京 7月6日 ③ 三歳 4 500万 4ゲト16頭 天ダ1522 52 和田 M⑩⑪⑦ 428 人気9 内々回る 4 3/4 379 内 376 ブルーフポジテ 1514 0.8	4阪 9月8日 ❷ 三才上 12 500万 8ゲト16頭 孟ダ1246 57 川須 M⑨⑪⑪ 468 人気14 中位一杯 6 1/4 356 中 371 スマートレバー 1235 1.1	3京 5月4日 ⑤ 四才上 5 牝1000 14ゲト16頭 孟ダ1248 55 小坂 H[12]⑩⑩ 436 人気7 中位伸も 1 3/4 354 外 370 スマイリングム 1245 0.3	園田 1月22日 [2] 四才上 4 B2 6ゲト11頭 壬ダ1506 56 吉村智 M③②[2] 482 人気[1] 前塞る 1 1/4 中 386 ヴィブラッド 1503 0.3	3阪 6月16日 [6] 三歳 1 未勝8ゲト15頭 孟ダ1241 56 小牧 S②②② 476 人気[1] 先行抜出 クビ 359 中 363 ブラックシャリ 1241 0.0	1中京 2月3日 ⑥ 四才上 11 500万 3ゲト16頭 孟1237 52 菱田 M⑤⑩⑩ 412 人気7 中位一杯 6 1/4 360 内 361 カディーシャ 1227 1.0	2函 7月7日 ② 三才上 9 500万 8ゲト11頭 千ダ59.9 57 津村 H[7]⑥⑦ 504 B 人気8 出遅る 7身 354 内 363 マスターエクレ 588 1.1	2札 12年8月 ④ 三才上 6 500万 9ゲト13頭 壬ダ1472 57 勝浦 S⑪⑬⑫ 476 人気10 後方直丈 8 1/4 386 外 368 カチューシャ 1459 1.3
前走2	3阪 6月1日 ① 三才上 14 500万 6ゲト16頭 孟ダ1263 52 熊沢 M⑦⑥⑧ 432 人気8 中位バテ 10身 354 中 387 タガノジョイナ 1246 1.7	1函 6月29日 ⑤ 三歳 1 未勝8ゲト10頭 壬ダ1468 53 城戸 M②②① 474 人気[3] 先行抜出 2身 367 中 384 ヒラボクプリン 1471 0.3	1函 6月23日 ④ 三才上 5 500万 9ゲト8頭 天1483 57 吉田隼 S⑥③⑤ 520 人気7 中位まま 5 1/4 367 中 351 ディサイファ 1475 0.8	3中京 7月20日 ⑦ 三才上 8 500万 7ゲト16頭 孟ダ1247 52 福永 M⑫⑭⑫ 430 人気6 後方差詰 5身 356 内 371 キングヒーロー 1238 0.9	4阪 9月17日 ⑤ 三才上 2 500万 7ゲト16頭 孟ダ1254 57 幸 H⑪⑪⑩ 472 人気13 中位伸 クビ 366 外 371 マークスマン 1254 0.0	3阪 6月2日 ② 三才上 10 牝500 4ゲト13頭 天ダ1541 52 花田 S⑧⑨⑨ 446 人気4 中位まま 10身 388 内 374 ピンウィール 1525 1.6	1新 5月18日 ⑤ 四才上 10 500万 3ゲト15頭 三ダ1135 55 菱田 M⑩⑪⑪ 476 人気9 後方まま 7身 359 中 376 フランキンセン 1124 1.1	2函 7月7日 ② 三才上 10 500万 1ゲト13頭 壬ダ1471 54 吉田隼 M③④⑤ 474 人気[3] 好位一杯 10 3/4 359 内 389 マイネルバウン 1453 1.8	3京 4月27日 ③ 四才上 15 500万 12ゲト18頭 天外1358 53 菱田 S⑪⑬⑫ 412 人気14 後方まま 8 1/2 372 外 350 ゴットラウディ 1343 1.5	2函 7月21日 ⑥ 三才上 10 500万 2ゲト14頭 天1492 57 丸田 H②②② 504 人気11 先行一杯 5 1/2 351 内 379 キングズクエス 1483 0.9	1東 1月27日 ② 四才上 13 500万 1ゲト16頭 孟ダ1272 57 吉田隼 M⑭⑭⑭ 482 人気16 後方まま 12 3/4 374 中 378 ヤマチョウフェ 1252 2.0
前走	4阪 9月14日 ③ 三才上 16 牝500 14ゲト16頭 孟ダ1279 50 岩崎 H①②③ 432 人気8 先行一杯 大差 343 中 414 ハナズインパル 1241 3.8	4阪 9月28日 ⑧ 三才上 13 500万 1ゲト15頭 天ダ1555 51 森 S②②③ 468 人気10 先行一杯 16 1/4 367 中 397 マーベラスバロ 1529 2.6	4阪 9月22日 ⑦ 三才上 7 500万 6ゲト16頭 孟ダ1258 57 池添 M⑫⑫⑧ 512 人気6 外々回る 7身 358 外 375 マルヴァーンヒ 1247 1.1	4阪 9月22日 ⑦ 三才上 6 牝500 12ゲト16頭 天ダ1539 52 和田 M⑧⑦⑥ 432 人気5 中位一杯 14身 389 外 386 ウエスタンレベ 1516 2.3	4京 10月6日 ② 三才上 8 500万 5ゲト16頭 孟ダ1254 57 酒井 M⑬⑫⑩ 474 人気10 後方差詰 5 1/2 360 内 375 テーオーレイチ 1245 0.9	4ヵ月余 転厩放牧 乗込み4週間 仕上り○ 連対体重 430キロ 休み明け ①②③外 0 0 1 1	4阪 9月8日 ❷ 三才上 7 500万 13ゲト16頭 孟ダ1244 57 福永 M⑧⑨⑨ 482 人気10 中位まま 5 1/4 354 外 372 スマートレバー 1235 0.9	3ヵ月余 放牧 乗込み3週間 仕上り○ 連対体重 466～476 休み明け ①②③外 1 0 0 2	2小 8月3日 ③ 三才上 14 500万 11ゲト18頭 壬1085 55 国分優 M⑮⑮⑮ 406 人気17 後方まま 6 3/4 343 中 342 ルナフォンター 1074 1.1	4阪 9月22日 ⑦ 三才上 4 500万 16ゲト16頭 孟ダ1256 57 藤岡康 M⑭⑮⑬ 494 人気14 後方追上 5 1/2 360 外 370 マルヴァーンヒ 1247 0.9	8ヵ月半 転厩放牧 乗込み3週間 仕上り○ 理想体重 480キロ 休み明け ①②③外 0 0 0 3

京都12 発馬4.10 サラ三歳以上 混 500万下・定量	白1 1	白1 2	黒2 3	黒2 4	3 5
馬名	外 ライオンズバイツ	スマートマーズ	外 コズミックショア	ハヤブサ	地 ナリタマクリス
父	ライオンハート(マ中)	ゼンノロブロイ(輸)	イルーシヴクオリティ(マ)	タヤスツヨシ(中)	ダイワメジャー(マ中)
母	マツエ(マ)	オオシマジョリー(マ)	メアリーデラニー(短)	フジリュー(短)	マクリス(中)
毛色	鹿毛	栗毛	鹿毛	鹿毛	栗毛
斤量・性齢	55 牡3	57 牡4	53 牝3	57 牡4	56 牡4
騎手	圏秋山	北村友	圏松山	国分恭	☆菱田
厩舎	栗増本	栗大久保龍	栗今野	栗目野	栗加藤敬
賞金	○ 400	○ 200	○ 400	○ 450	○ 35
収得	850	740	1630	2190	82
馬主	中村浩章	大川徹	吉田和美	西村憲人	オースミ
生産	アメリカ	浦 大島牧場	アメリカ	日 ナカノF	千 社台F
持木秀康	○	……	◎	△	……
那谷明弘	▲	……	○	……	……
加茂聡	▲	……	○	……	……
須藤大和	○	……	▲	注	……
中邑茂	○	……	△	◎	……
本紙田崎	◎	……	○	△	……
芝1200 / 芝1400	芝 2061 ⑩		阪 1099 ② / 京 1241 ❹	芝 1543 ⑥	小 1095 ⓮ / 芝 2071 ⑮
芝上り / ダート上り	芝 36.6 ⑩ / ダ 35.4 ②	ダ 36.7 ⑩	芝 34.1 ② / ダ 35.8 [2]	芝 36.4 ⑥ / ダ 36.2 [4]	芝 35.3 ⓮ / ダ 36.7 ⑧
ダ1200 / ダ1400 / ダ1600 / ダ1800	阪ダ 1127 ② / 京ダ 1253 ① / 東ダ 1394 ⑩ / ダ 1453 [10]	阪ダ 1252 ⑩ / ダ 1510 ⑯ / 阪ダ 1534 ❶	中ダ 1120 ① / 阪ダ 1234 [2]	千ダ 1001 ⑨ / 阪ダ 1238 [4] / ダ 1462 [1]	阪ダ 1134 ⑩ / 京ダ 1279 ⑦ / 1181 [1]
ダ重実績	0 0 0 1	1 1 0 0	0 0 0 0	0 1 0 1	0 0 0 0
母の父	ルアー	アフリート	ヘネシー	エアダブリン	グルームダンサー
兄弟馬	アテーナーズプレス	ワンダープラザウン		ツーピース	マイディアサン
千二のみ	0 0 1 0	1 0 0 0	0 0 0 1	1 0 1 0	0 0 0 0
千四のみ	0 0 0 1	1 0 0 0	0 0 1 1	1 0 1 0	0 0 0 0
千六のみ	0 0 0 0	0 0 0 0	0 0 0 0	1 0 1 0	0 0 0 0
千七含む	2 1 0 0	2 0 3 0	0 1 2 2	2 0 4 0	0 0 1 6
ダート1400米 / 賞金 720万 290 180 110 72	2東 5月26日 ⑫ タケホープC 10 / 500万 7ダ16頭 / ダ 1394 / 56 武豊 / M ⑮⑭⑫ / 460 人気4 / 出遅る 6 3/4 / 372 内 368 / キタサンイナズ 1383 1.1	2京 2月9日 [5] 四才上 10 / 500万 11ダ14頭 / ダ 1260 / 57 武豊 / M ⑩⑨⑨ / 456 人気9 / 中位まま 4 3/4 / 364 外 372 / クラッシュアゲ 1252 0.8	3中 3月30日 ③ 争 5 / 500万 2ダ16頭 / ダ 1121 / 54 内田博 / H ⑥⑤⑤ / 456 人気2 / 好位一息 7 1/2 / 345 内 376 / シュトラール 1109 1.2	2阪 4月13日 ⑦ 四才上 3 / 1000万 8ダ16頭 / ダ 1240 / 57 国分恭 / M ⑤④③ / 466 人気7 / 好位伸 1 1/2 / 355 中 365 / スズカロジック 1238 0.2	園田 12月19日 [2] 三才上 1 / C1 3ダ12頭 / 1201 / 56 三野孝 / S ③④④ / 441 人気1 / 好位抜出 1 1/2 / 中 383 / マルカンタイシ 1203 0.2
レコード 1.21.9 7年6月 タイキパイソン 56 岡部	2小 8月3日 ③ 指 4 / 500万 4ダ16頭 / ダ 1464 / 54 武豊 / M ⑬⑩⑤ / 466 人気3 / 4角好位 2 3/4 / 378 外 379 / リバータイキ 1460 0.4	3阪 6月1日 ① 三才上 10 / 500万 5ダ16頭 / ダ 1252 / 57 北村友 / M [14]⑭⑭ / 456 人気14 / 後方直ま 3 1/4 / 364 内 367 / タガノジョイナ 1246 0.6	3阪 6月23日 [8] 三才上 2 / 500万 7ダ16頭 / ダ 1234 / 52 岩田康 / M ⑦⑨⑨ / 460 人気4 / 中位伸 2身 / 356 中 358 / コスタアレグレ 1231 0.3	3京 5月18日 ⑨ シドニー 14 / 1000万 8ダ16頭 / ダ 1260 / 55 国分恭 / S [8]④⑥ / 468 人気2 / 出遅る 8 1/4 / 364 外 374 / リュクスメジャ 1247 1.3	2小 8月24日 ❾ 三才上 14 / 500万 12ダ18頭 / 芝 1095 / 57 国分優 / M ⑫⑫⑬ / 428 人気14 / 後方まま 7 1/2 / 342 中 353 / サンマルクイー 1082 1.3
京都12R 1-1 98.6 1-2 6.1 1-3 49.7 1-4 13.9 1-5 17.2 1-6 14.5 1-7 16.4 1-8 29.2 2-2 16.1 2-3 37.8 2-4 10.6 2-5 13.1 2-6 11.0 2-7 12.5 2-8 22.2 3-3 ☆ 3-4 85.7	2小 8月31日 [11] 三才上 10 / 500万 5ダ16頭 / ダ 1453 / 54 武豊 / M ⑪⑩⑨ / 462 人気1 / 後方まま 10 1/4 / 365 外 384 / ナンヨーカノン 1437 1.6	4ヵ月余 / 骨折放牧 / 乗込み3週間 / 仕上り○ / 連対体重 456〜458 / 休み明け ①②③外 0 1 0 2	3中京 7月20日 ⑦ 三才上 7 / 500万 3ダ16頭 / ダ 1246 / 52 川田 / M ⑧⑩⑨ / 460 人気1 / 中位まま 4 3/4 / 353 中 373 / キングヒーロー 1238 0.8	5ヵ月休 / 放牧 / 乗込み3週間 / 仕上り○ / 連対体重 452〜460 / 休み明け ①②③外 0 0 0 3	4阪 9月17日 ⑤ 三才上 10 / 500万 11ダ16頭 / ダ 1134 / 56 菱田 / M ⑩⑩⑩ / 426 人気16 / 中位まま 9 3/4 / 362 中 372 / サンレーン 1118 1.6

2013年10月14日京都12R
（ダート1400m良、4歳上500万下）

1着⑪セイラ　（5番人気）
2着⑯ヒシアメジスト（10番人気）
3着⑬セトノミッシー　（9番人気）

単勝⑪1150円×30万円的中
=345万円
3連単⑪→⑯→⑬
681120円×1000円的中
=681万1200円
総払い戻し
1026万1200円

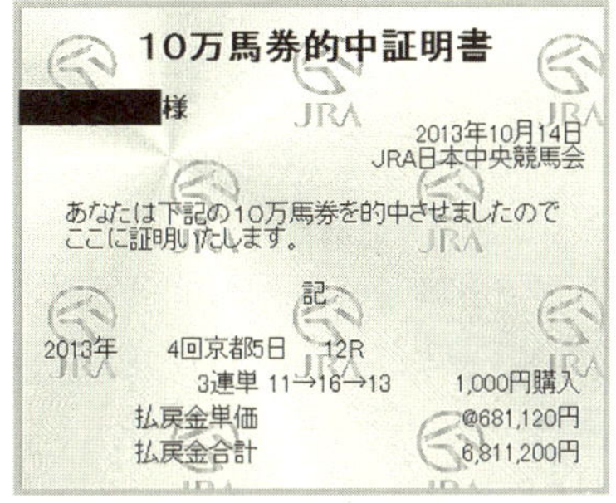
10万馬券的中証明書

[illegible]様

2013年10月14日
JRA日本中央競馬会

あなたは下記の10万馬券を的中させましたので
ここに証明いたします。

記

2013年　4回京都5日　12R
3連単 11→16→13　1,000円購入
払戻金単価　@681,120円
払戻金合計　6,811,200円

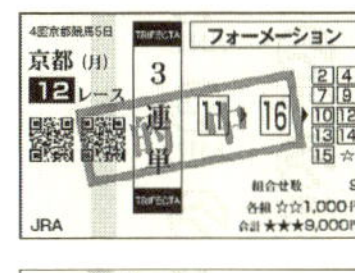

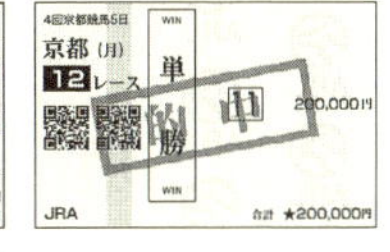

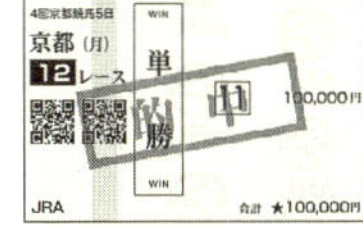

的中例解説 京都ダート1400m良②

これまた外目の枠から短縮狙い

2015年5月30日京都7R（ダート1400m良、4歳上500万下）は、単勝オッズ22倍の9番人気で勝利した⑨タイガークラウンを単勝一本釣りでしとめた。

実は、まともな外枠（馬番9番から外）の短縮馬は、このタイガークラウン1頭しかいなかったのだ。

このレース、「外枠の短縮馬」に該当したのは、タイガークラウン、⑪グランソレイユの2頭のみ。グランソレイユは休み明けのうえに、前走は地方のダート戦を使っていた馬。明らかに能力に疑問符がつく。

一方のタイガークラウンは、3走前にも短縮ローテで好走しており（4走前ダ1900m10着→3走前ダ1800m3着）、買いの条件がすべて揃っていた。

また双馬の見立てでは、1400mがベストの馬にもかかわらず、今回が1400mに初出走。双馬にとっては、単勝10万円を投じるだけの価値は十分にある馬だった。

2015年5月30日京都7R
（ダート1400m良、4歳上500万下）

1着⑨タイガークラウン　（9番人気）

単勝⑨2240円×10万円的中
=224万6100円

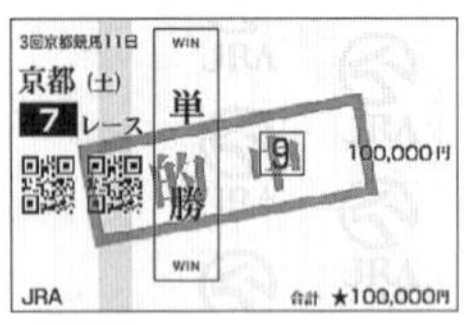

的中例解説 京都ダート1800m良・重～稍重

穏当コースでニケタ人気馬を狙い撃ちできる条件とは…

京都ダート1800mは、人気馬が好走する場合が多く、勝負レースに向いたコースではない。ただし次のケースに限って、馬券で勝負できる。

・未勝利戦で前走、芝を使っている馬が出走している場合

・先行馬が多く、ハイペースになりそうなレース

この条件が揃ったのが2014年11月2日の京都2R、未勝利のダート1800m戦（良）。

このレースを単勝48.5倍で勝った⑪エンドオブジアース（10番人気）は、今回が初ダー

トだった。1、2コーナーは最後位もじょじょに上がっていき、直線で差すレースを見せている。

ダート向きの馬を見抜くコツは「血統や馬体、そして走り方を研究する」必要がある。

また再三書いているが、双馬はホームページで「前走不利馬」を無料公開している。こちらではダート馬にもかかわらず、芝を使って凡走した馬も「前走不利」として発表されている。双馬の相馬眼はホームページで知ることができる。併せて参考にしたい。

もうひとつ、追い込みが決まる場面を狙って儲けたのは、15年1月24日京都2R（ダート1800m重）。

⑨シゲルエベッサン（15番人気）は、前走が一気の400mの距離延長で9着凡走。ローテーションが不利だった「前走不利馬」だったが、今回はローテの不利もなく、追い込みも決まりやすい状況。狙い通りに直線で先行馬をゴボウ抜き、3連単141万馬券の立役者となった。

2014年11月2日京都2R
（ダート1800m良、2歳未勝利）

1着⑪エンドオブジアース（10番人気）

単勝⑪4850円×5万円的中
=242万5000円

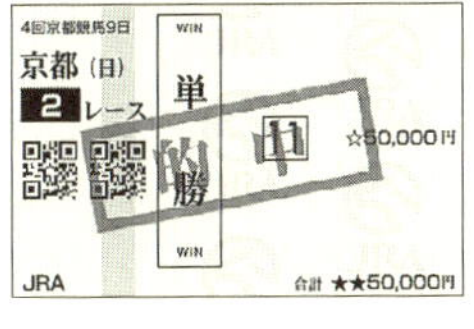

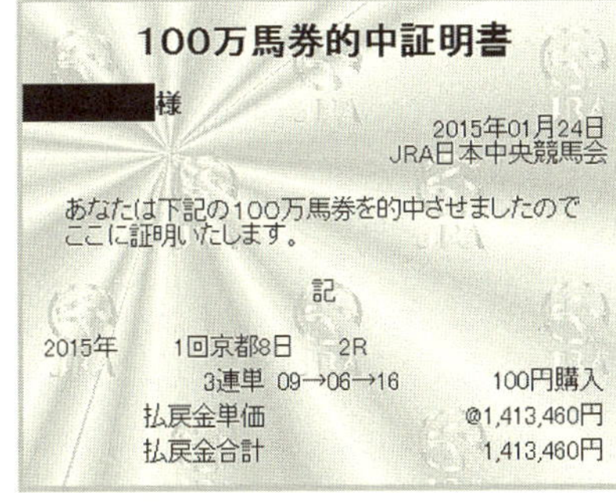

100万馬券的中証明書

様

2015年01月24日
JRA日本中央競馬会

あなたは下記の100万馬券を的中させましたので
ここに証明いたします。

記

2015年　1回京都8日　2R
3連単　09→06→16　100円購入
払戻金単価　@1,413,460円
払戻金合計　1,413,460円

2015年1月24日京都2R
（ダート1800m重、3歳未勝利）

1着⑨シゲルエベッサン　（15番人気）
2着⑥オルナ　（3番人気）
3着⑯ワールドリースター（4番人気）

3連単⑨→⑥→⑯1413460円×100円的中
=141万3460円

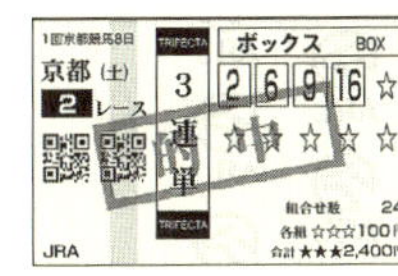

的中例解説｜京都芝1200m

双馬メモにも書かれているように、京都芝1200mは内枠の馬が圧倒的に有利なコース。先行馬が有利になるレースも多いが、馬券破壊力的には内枠の差し馬を狙いたい。

特に上級条件は内差しが決まる。下級条件では鋭い末脚を使える馬が少ないが、上級条件では32秒台の末脚を使える馬も多数いるからだ。

前残り馬場と、差しが決まる馬場の目安も簡単。開幕週のような高速馬場のほうが差しが決まり、時計がかかる後半のほうが前残り決着が増える傾向にある。

2015年5月17日京都10R葵S（芝1200m良、3歳ＯＰ）を8番人気で勝った⑤ジャストドゥイングは有利な内枠で、短縮ローテに該当する差し馬。高速馬場の傾向通りに33.4秒の末脚で内差しを決めた。

双馬は同馬からの馬単2万6940円を8000円分購入し、215万円を超える払い戻しを受けた。

2015年5月17日京都10R
葵S（芝1200m良、3歳OP）

1着⑤ジャストドゥイング（8番人気）
2着④フィドゥーシア　　（4番人気）

馬単⑤→④26940円×8000円的中
=215万5200円

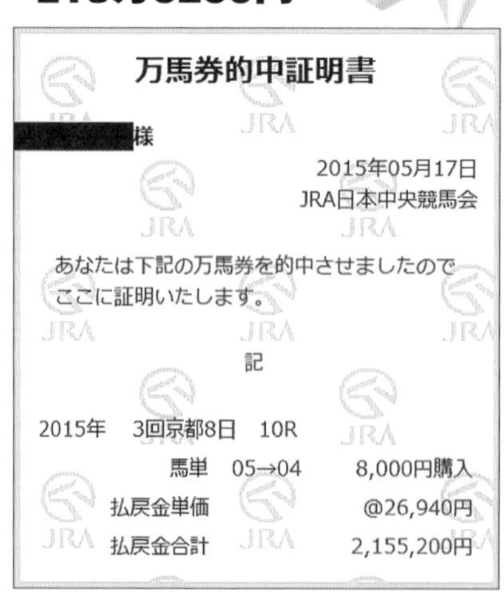

万馬券的中証明書

様

2015年05月17日
JRA日本中央競馬会

あなたは下記の万馬券を的中させましたので
ここに証明いたします。

記

2015年　3回京都8日　10R
馬単　05→04　8,000円購入
払戻金単価　@26,940円
払戻金合計　2,155,200円

的中例解説｜京都芝2200m

京都芝2200mは、ブエナビスタが3着に敗れ、クィーンスプマンテ、テイエムプリキュアの逃げ馬同士で1、2着だった2009年エリザベス女王杯の頃から、前残り決着の馬券破壊力が高い。

特に時計がかかる馬場状態で、スローペースが見込めるレースは積極的に狙える。

ここで取り上げる2014年2月16日京都11R京都記念（芝2200m稍重、GⅡ）もスローペース、重い馬場で前残り決着となった一戦。

ドバイ遠征目前の③ジェンティルドンナが1.6倍のダントツ人気だったが、結果は6着凡走。双馬は逃げた⑪デスペラード（6番人気）を本命に推し、単勝34.3倍と3連単815.4倍を的中。ご覧のように払い戻しは380万円を超えた。

2014年2月16日京都11R
京都記念（芝2200m稍重、GⅡ）

1着⑪デスペラード（6番人気）
2着⑩トーセンラー（2番人気）
3着⑨アンコイルド（4番人気）

単勝⑪3430円×10万円的中=343万円
3連単⑪→⑩→⑨81540円×500円的中
=40万7700円
総払い戻し
383万7700円

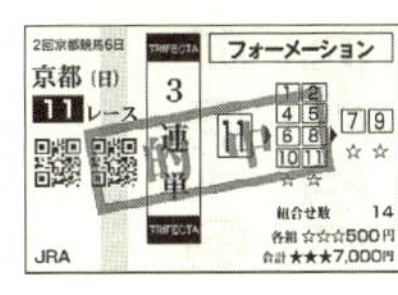
2回京都競馬6日
京都（日）
11レース
3連単 TRIFECTA
フォーメーション
11 → 1 2 4 5 6 8 10 11 → 7 9
組合せ数 14
各組 ☆☆☆500円
合計 ★★★7,000円
JRA

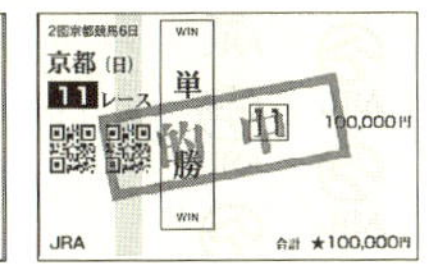
2回京都競馬6日
京都（日）
11レース
単勝 WIN
11 100,000円
合計 ★100,000円
JRA

【京都芝2200m】的中例 2014年2月16日 京都11R 京都記念（GⅡ）

京都 11R（メインレース） 発馬 3.35 第107回 京都記念 (GⅡ) 国際・サラ四才上 オープン・別定

枠	馬番	馬名	父	母	毛色	斤量	騎手	厩舎	賞金	総賞金	馬主名	牧場名
白1	1	トレイルブレイザー	ゼンノロブロイ	リリオ	鹿毛	56 牡7	替和田	栗池江寿	○ 8060	26,116	前田幸治	新 ノースヒルズM
黒2	2	コウエイオトメ	ハーツクライ	ホットマンボ	鹿毛	54 牝6	池添	栗松元茂	○ 2250	10,809	西岡静男	新 石郷岡雅樹
赤3	3	ジェンティルドンナ	ディープインパクト	ドナブリーニ	鹿毛	56 牝5	替福永	栗石坂	○32,800	104,700	サンデーR	安 ノーザンF
青4	4	マイネオーチャード	ステイゴールド	シルキーヴェルジェ	栗毛	54 牝6	柴田大	美畠山吉	○ 2250	11,570	ラフィアン	新 ムラカミF
黄5	5	ラキシス	ディープインパクト	マジックストーム	鹿毛	53 牝4	川田	栗角居	○ 3300	6730	大島昌也	安 ノーザンF
黄5	6	アクションスター	アグネスタキオン	レディオブヴェニス	栗毛	55 牡4	北村友	栗音無	○ 2050	5330	福井明	白 白老F
緑6	7	ヒットザターゲット	キングカメハメハ	ラティール	栗毛	57 牡6	替C.デムーロ	栗加藤敬	○ 7750	24,217	前田晋二	新 ノースヒルズM
緑6	8	コスモロビン	ゼンノロブロイ	ティーアイディップ	鹿毛	56 牡6	替国分恭	北清水英	◎ 2100	11,335	ビッグレッドF	静 中村俊紀
橙7	9	(外)アンコイルド	ジャイアンツコーズウェイ	タンザニア	鹿毛	56 牡5	後藤	美矢作	○ 3750	14,750	大樹ファーム	フランス
橙7	10	トーセンラー	ディープインパクト	プリンセスオリビア	黒鹿	58 牡6	武豊	栗藤原英	△13,975	39,320	島川隆哉	千 社台F
桃8	11	デスペラード	ネオユニヴァース	マイネノエル	鹿毛	57 牡6	横山典	栗安達	○ 7400	19,955	市川義美	ひ 田中裕之
桃8	12	トゥザグローリー	キングカメハメハ	トゥザヴィクトリー	鹿毛	56 牡7	替ベリー	栗池江寿	○10,550	45,330	キャロットF	安 ノーザンF

予想印

馬番	持木	那谷	加茂	須藤	中邑	本紙田崎
1		△			△	△
2			△	△		
3	○	○	○	○	○	◎
4		△				東
5	注	注	△	注	◎	○
6	△	△		△		
7	△		△	◎	△	△
8	△					東
9	◎	▲	▲	△	注	注
10	▲	◎	注	▲	▲	▲
11	△	△	◎	△	△	△
12	△		△		△	B△

持ち時計・上り・実績

馬番	芝1800	芝2000	芝2200	芝2400	芝上り	ダート上り	ダ1600/ダ1800	芝コース重の実績	母の父	兄弟馬	距離別勝利度数
1	新1495①	小1586③	阪2112⑧	サ2232④	幸33.8⑪			1 0 0 1	フォーティナイナー	ドリームアライブ	3111 / 0110 / 0020 / 10 1 5 0
2	阪1465⑦	崇2029⑭	京2139③	京2248①	三32.9②	中ダ39.9⑨	中ダ1156⑨	0 0 0 1	キングマンボ	ケイティバローズ	2003 / 4300 / 0100 / 3116
3	阪1468①	東1582②	阪2138③	東2231①	論32.8①			0 1 0 0	ベルトリーニ	ドナウブルー	3011 / 1010 / 0100 / 0000
4	新1457④	新1581①	新2135③	京2248④	大32.3④	中ダ40.8⑪	中ダ1515⑪	0 0 0 1	ティンバーカントリ	スパークルキング	0140 / 0040 / 1101 / 1365
5		東2045⑪	阪2134①		三33.4①			0 1 0 0	ストームキャット	サトノアラジン	0210 / 0100 / 0000 / 0110
6	中1485⑩	京2002①	京2129⑥	東2251⑭	大33.7①			0 0 0 1	ルーソリテール	初仔	0011 / 0020 / 0000 / 2121
7	小1464①	福1582①	中2130⑯	京2229①	幸33.6⑧			1 0 0 3	タマモクロス	ポーカーフェイス	2051 / 1001 / 0020 / 5463
8	東1478③	東2010②	新2140⑧	東2247①	論33.8①			1 0 0 2	ジェイドロバリー	オートロンシャン	4001 / 1010 / 1011 / 5121
9	函1468⑧	東1586④	新2135③	京2229②	幸33.5①			0 0 1 0	アルザオ	アモラマ	0050 / 1020 / 0110 / 1022
10	京1476①	小1577②	中2105②	京2232③	幸32.6⑦			0 0 0 2	リシウス	フラワーアリー	0102 / 0120 / 1030 / 2230
11	京1480①	天1381⑭	崇2305⑨	京2237⑩	大32.8①	中ダ35.3⑥	中ダ1467⑩ / 阪ダ1506⑦	0 0 0 0	トニービン	ロジサンデー	0003 / 0002 / 0001 / 4019
12	福1475⑤	東1567⑤	阪2118⑬	京2233⑥	幸33.2①	大ダ37.3⑫	阪ダ1505⑫	0 0 0 1	サンデーサイレンス	トゥザワールド	2221 / 1010 / 2000 / 5343

近走成績

馬番	前走	2走前	3走前
1	2新 9月1日 ⑫新潟記念14 GⅢ 13ト14頭 幸外2014 58北村宏 S②④③ 496 人気4 好位一杯 14 3/4 359中370 コスモネモシン 1589 2.5	4京 10月6日 ②京都大賞12 GⅡ 6ト13頭 論外2245 56秋山 S③②② 492 人気8 好位一杯 9 3/4 365中364 ヒットザターゲット 2229 1.6	4ヵ月余 放牧 乗込み4週間 仕上り○ 連対体重 474～494 休み明け①②③外 1 3 1 3
2	5京 11月9日 ③[illegible]1 1600万 4ト10頭 論外2248 55池添 S⑧⑦⑧ 482 人気5 直線一気 クビ 378内336 ハーバーコマンド 2248 0.0	4中京 12月14日 ⑤愛知14 牝七GⅢ 17ト18頭 幸2029 53池添 S⑰⑰⑰ 484 人気9 後方直大 4 1/2 402外340 フーラブライド 2021 0.8	1京 1月19日 ⑦日経新春4 GⅡ 9ト16頭 論外2249 52池添 S⑪⑫⑨ 482 人気7 中位伸 3 1/2 375内344 サトノノブレス 2244 0.5
3	3阪 6月23日 ⑧宝塚3 GⅠ 11ト11頭 三内2138 56岩田康 H③③③ 470 人気1 好位伸 3 3/4 364中359 ゴールドシップ 2132 0.6	4東 10月27日 ⑨天皇賞2 GⅠ 9ト17頭 幸1582 56岩田康 M②②② 470 人気1 先行伸 4身 353中358 ジャスタウェイ 1575 0.7	5東 11月24日 ⑧ジャパン1 GⅠ 7ト17頭 論2261 55ムーア S③③④ 470 人気1 先行抜出 ハナ 374中339 デニムアンドルビー 2261 0.0
4	5京 11月9日 ③[illegible]4 1600万 9ト10頭 論外2248 55ルメール S⑦⑦⑦ 452 人気3 一旦先頭 1/4身 375外337 コウエイオトメ 2248 0.0	5中 12月23日 ⑨クリスマスC1 1600万 6ト18頭 三外2140 55柴田大 S⑫⑪⑥ 466 人気5 中位抜出 2 1/2 384外354 ステラウインド 2144 0.4	1中 1月26日 ⑨AJCC6 GⅡ 8ト16頭 三外2143 54柴田大 M⑭⑭⑭ 464 人気7 後方差詰 2身 384外353 ヴェルデグリーン 2140 0.3
5	4京 10月13日 ④[illegible]1 1000万 9ト12頭 三外2149 52川田 S⑦⑤⑤ 460 人気1 中位一気 3/4身 391外334 リメインサイレ 2150 0.1	5京 11月10日 ❹エリザベス2 牝七GⅠ 18ト18頭 三外2168 54川田 S③③② 456 人気6 先行粘る 1 1/4 371中346 メイショウマン 2166 0.2	3ヵ月余 放牧 乗込み5週間 仕上り◎ 連対体重 456～464 休み明け①②③外 2 0 0 0
6	4京 10月20日 ❼菊花9 GⅠ 7ト18頭 幸外3072 57秋山 M⑬⑭⑬ 464 人気18 後方差詰 13身 392中367 エピファネイア 3052 2.0	5阪 12月22日 ⑧サンタク7 1600万 8ト12頭 幸内2035 56秋山 S⑩⑨⑧ 460 人気1 外々回る 3身 399外355 プリンセスジャ 2030 0.5	1京 1月13日 ⑤寿1 1600万 7ト16頭 幸内2002 56北村友 S⑦⑦⑦ 468 人気8 中位差切 クビ 384内338 ウエスタンレベ 2002 0.0
7	4京 10月6日 ②京都大賞1 GⅡ 2ト13頭 論外2229 56北村友 S⑥⑨⑧ 514 人気11 中位一気 クビ 367中340 アンコイルド 2229 0.0	4東 10月27日 ⑨天皇賞7 GⅠ 8ト17頭 幸1592 58北村友 M⑭⑬⑬ 512 人気11 後方差詰 9 3/4 377中359 ジャスタウェイ 1575 1.7	5東 11月24日 ⑧ジャパン11 GⅠ 16ト17頭 論2266 57武豊 S⑨⑥② 512 人気8 マクるも 2 3/4 384外346 ジェンティルドンナ 2261 0.5
8	4函 9月1日 ❻丹頂7 オープン 7ト13頭 2566 56柴田大 H⑩⑦⑦ 542 人気2 後方差詰 11 1/4 398中435 サイモントルナ 2547 1.9	5東 11月3日 ②アルゼン4 GⅡ 13ト18頭 2313 56柴田大 S⑭⑬⑪ 534 人気10 後方追上 3身 380外348 アスカクリチャ 2309 0.4	5中 11月30日 ①ステイヤ7 GⅡ 2ト13頭 内3464 56柴田大 H③③② 540 人気3 好位一杯 6 3/4 381中368 デスペラード 3452 1.2
9	4京 10月6日 ②京都大賞2 GⅡ 1ト13頭 論外2229 56吉田隼 S⑧⑩⑩ 484 人気7 G前競い クビ 374中337 ヒットザターゲ 2229 0.0	4東 10月27日 ⑨天皇賞4 GⅠ 13ト17頭 幸1586 58吉田隼 M⑤⑥⑥ 478 人気8 直線差詰 6 1/4 356中360 ジャスタウェイ 1575 1.1	5東 11月24日 ⑧ジャパン8 GⅠ 3ト17頭 論2264 57後藤 S⑧⑥⑦ 484 人気5 好位一息 1 3/4 377中339 ジェンティルド 2261 0.3
10	3阪 6月23日 ⑧宝塚5 GⅠ 6ト11頭 三内2142 58武豊 H⑤⑤⑥ 456 人気4 中位まま 6 1/4 367中361 ゴールドシップ 2132 1.0	4京 10月6日 ②京都大賞3 GⅡ 11ト13頭 論外2232 57幸 S⑪⑦⑤ 456 人気2 漸進伸 2身 371外346 ヒットザターゲ 2229 0.3	5京 11月17日 ⑥マイルCS1 GⅠ 5ト18頭 外1324 57武豊 S⑮⑮⑭ 460 人気2 後方一気 1身 363中333 ダイワマッジョ 1326 0.2
11	5東 11月3日 ②アルゼン6 GⅡ 11ト18頭 2316 56横山典 S⑮⑬⑮ 466 人気9 後方差詰 4 1/2 381外350 アスカクリチャ 2309 0.7	5中 11月30日 ①ステイヤ1 GⅡ 4ト13頭 内3452 56横山典 H⑤⑤⑤ 474 人気1 中位一気 3 1/2 384中354 ユニバーサルバ 3458 0.6	5中 12月22日 ⑧有馬7 GⅠ 5ト16頭 内2343 57横山典 M⑧⑪⑩ 478 人気7 直線差詰 12 1/4 369内381 オルフェーヴル 2323 2.0
12	4中京 11月30日 ①金鯱4 GⅡ 12ト14頭 幸2004 56北村友 M⑤⑤⑤ 534 人気5 中位差詰 5身 375中353 カレンミロティ 1596 0.8	5中 12月22日 ⑧有馬8 GⅠ 13ト16頭 内2347 57ルメール M⑧⑧⑩ 530 人気13 中位まま 14 3/4 371中386 オルフェーヴル 2323 2.4	1中 1月26日 ⑨AJCC13 GⅡ 12ト16頭 三外2151 56ルメール M⑤⑤⑧ 534B 人気5 中位一杯 6 3/4 372中370 ヴェルデグリー 2140 1.1

芝2200メートル 右・外回り 直線404メートル

賞金	レコード
6000万	2.10.0
2400	24年5月
1500	トーセンホマレボシ
900	56ウィリアムズ
600	

記号の説明
厩舎横の㊥㊤㊣は ㊥㊤＝関東・美浦所属 ㊣＝関西・栗東所属
賞金左の記号は重の巧拙を表します ○…得意△…苦手

馬場表示
❶…不良 ❶…重馬場 ①…稍重 ①…良馬場 開催日の馬場状態

乗替り記号
替…ベスト10外の騎手から東西ベスト10へ乗替 替…それ以外。

その他の的中例

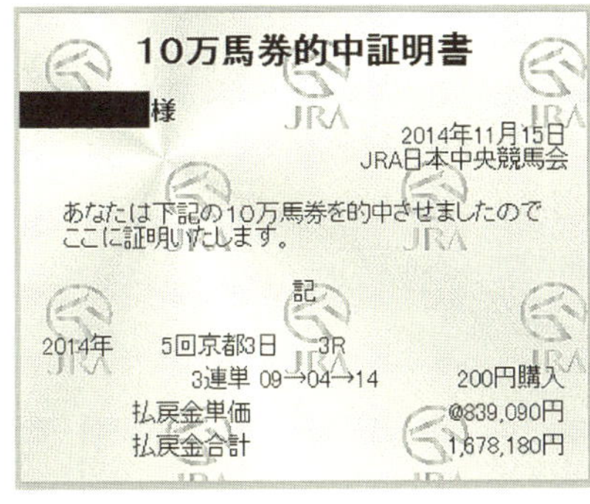

10万馬券的中証明書

■■■■様

2014年11月15日
JRA日本中央競馬会

あなたは下記の10万馬券を的中させましたので
ここに証明いたします。

記

2014年　5回京都3日　3R
3連単 09→04→14　200円購入
払戻金単価　@839,090円
払戻金合計　1,678,180円

2014年11月15日京都3R
（ダート1400m良、2歳未勝利）

1着⑨メイショウサターン（12番人気）
2着④アグネスファイン　（6番人気）
3着⑭ラームリュンヌ　　（4番人気）

3連単⑨→④→⑭839090円×200円的中
=167万8180円

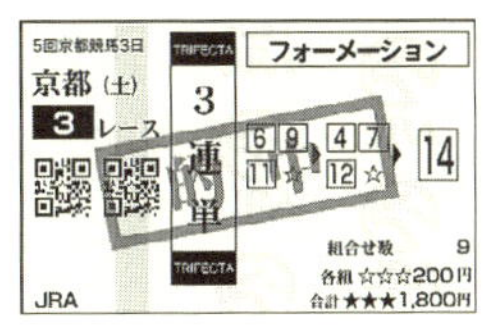

良馬場のダート1400mは、前述のように「差し決着」の馬券破壊力が高いコース。このレースも4コーナー7番手以下と、後方から競馬をした差し馬が上位を独占。12番人気で勝ったメイショウサターンは、有利な「外枠の短縮馬」にも該当していた。

2014年11月24日京都12R
（芝2200m良、3歳上500万下）

1着④エーシンハクリュー（3番人気）
2着⑥フロリダパンサー　（7番人気）
3着⑩エイシンエルヴィン（4番人気）

3連単④→⑥→⑩50390円×3000円的中
=151万1700円

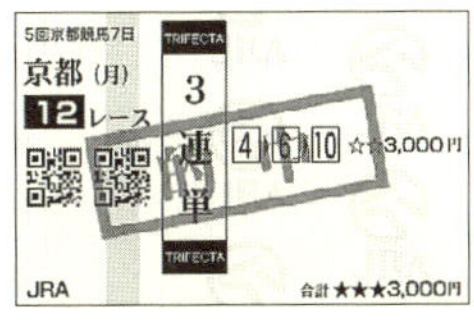

京都芝2200mでは、開催後半で時計が、ややかかり気味になってきたときに「前残り決着」を狙うのが効果的。本命のエーシンハクリュー、3番手評価のフロリダパンサーと先行馬が上位に入って本線で的中した。

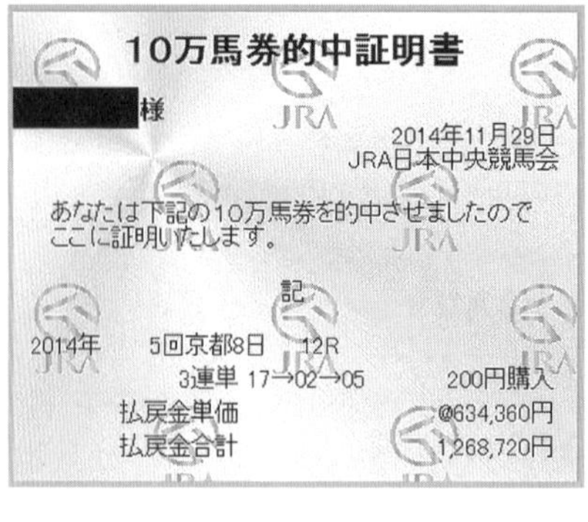

10万馬券的中証明書

様

2014年11月29日
JRA日本中央競馬会

あなたは下記の10万馬券を的中させましたので
ここに証明いたします。

記

2014年　5回京都8日　12R
3連単 17→02→05　200円購入
払戻金単価　@634,360円
払戻金合計　1,268,720円

2014年11月29日京都12R
（芝1200m稍重、3歳上1000万下）

1着⑰ダノンマッキンレー（6番人気）
2着②キタサンラブコール（2番人気）
3着⑤ビットスターダム（16番人気）

3連単⑰→②→⑤634360円×200円的中
=126万8720円

京都芝1200mは、内枠に有利な馬場のクセが出る場合が多いコース。本命のキタサンラブコール、対抗のビットスターダムは有利な内枠に該当。勝ったダノンマッキンレーは17番と外枠だったが、道中うまく内に入れたことが勝因だった。

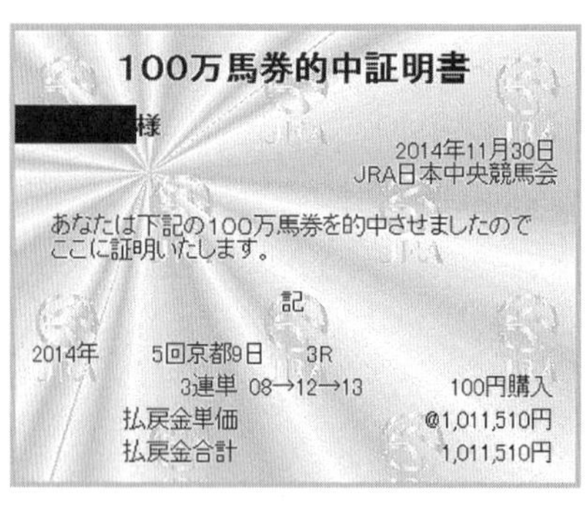

100万馬券的中証明書

様

2014年11月30日
JRA日本中央競馬会

あなたは下記の100万馬券を的中させましたので
ここに証明いたします。

記

2014年　5回京都9日　3R
3連単 08→12→13　100円購入
払戻金単価　@1,011,510円
払戻金合計　1,011,510円

2014年11月30日京都3R
（芝1800m稍重、2歳未勝利）

1着⑧フィールドリアン（12番人気）
2着⑫ワーキングプライド（2番人気）
3着⑬フォルサ（11番人気）

3連単⑧→⑫→⑬1011510円×100円的中
=101万1510円

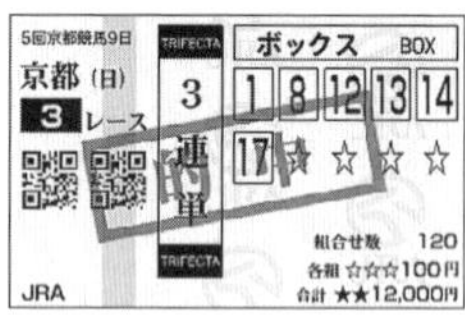

京都芝1800mは波乱の少ないコースではあるものの、前残り決着になれば多少、馬券破壊力も上がるコース。このレースもフィールドリアン、フォルサと人気薄の先行馬が2頭好走して100万馬券となった。

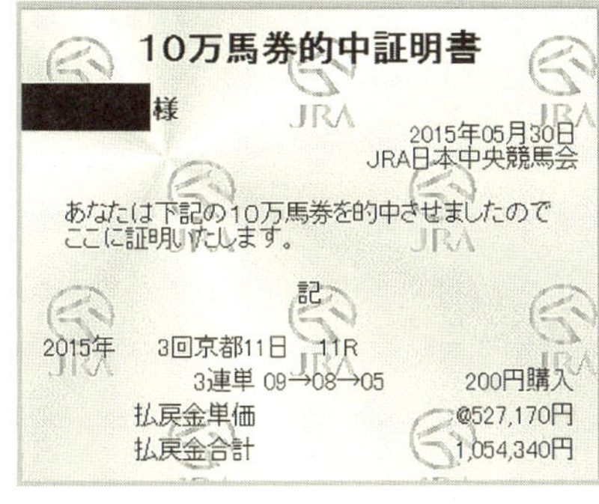

10万馬券的中証明書

様

2015年05月30日
JRA日本中央競馬会

あなたは下記の10万馬券を的中させましたので
ここに証明いたします。

記

2015年 3回京都11日 11R
3連単 09→08→05 200円購入
払戻金単価 @527,170円
払戻金合計 1,054,340円

2015年5月30日京都11R
朱雀S（芝1400m外回り良、4歳上1600万下）

1着⑨ワードイズボンド（8番人気）
2着⑧サトノキングリー（3番人気）
3着⑤タマラマ（11番人気）

3連単⑨→⑧→⑤527170円×200円的中
=105万4340円

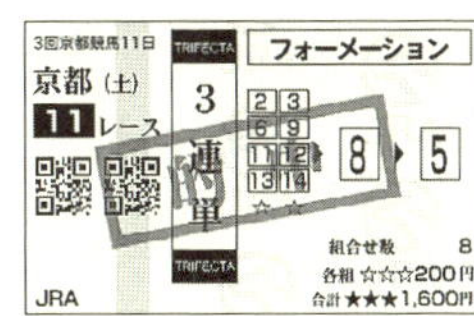

京都芝1400mは「内枠の短縮ローテの差し馬」を狙うのが効果的なコース。本命のタマラマ（3着）は、内枠5番で短縮ローテに該当する差し馬と、すべての条件を満たしていた。しぶとく3着に食い込み、払い戻しは100万円超え。

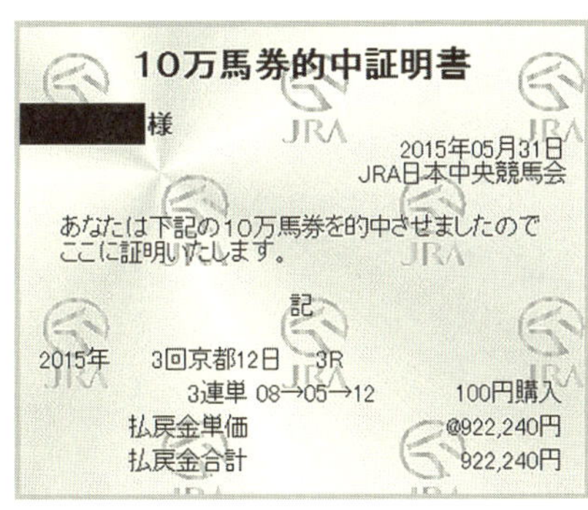

10万馬券的中証明書

様

2015年05月31日
JRA日本中央競馬会

あなたは下記の10万馬券を的中させましたので
ここに証明いたします。

記

2015年 3回京都12日 3R
3連単 08→05→12 100円購入
払戻金単価 @922,240円
払戻金合計 922,240円

2015年5月30日京都3R
（芝1800m良、3歳未勝利）

1着⑧メモリーデシジョン（15番人気）
2着⑤ピースオブジャパン（1番人気）
3着⑫アドマイヤロワ（4番人気）

3連単⑧→⑤→⑫円×100円的中
=92万2240円

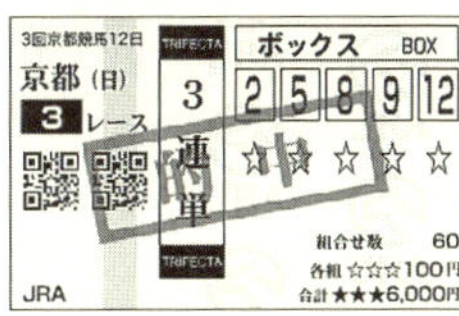

このレースも京都芝1800mの基本通り「前残り決着」狙い。15番人気で勝ったメモリーデシジョン、4番人気3着のアドマイヤロワと、2頭の先行馬が粘って馬券に絡み、92万馬券となった。

4

双馬のコースメモ

阪神競馬場

HANSHIN RACE COURSE

- ・ダート1200m 良
- ・ダート1200m 重～稍重
- ・ダート1400m 良
- ・ダート1400m 重～稍重
- ・ダート1800m 良
- ・ダート1800m 重～稍重
- ・ダート2000m 良
- ・ダート2000m 重～稍重

- ・芝1200m
- ・芝1400m
- ・芝1600m
- ・芝1800m
- ・芝2000m
- ・芝2200m
- ・芝2400m

東京
中山
京都
阪神
中京
小倉
福島
新潟
札幌
函館

コース: 阪神ダート1200m

馬場状態: 良

決着率と破壊力ランキング

展開	決着確率	馬券破壊力	枠	決着確率	馬券破壊力
前残り決着	B	C	内枠決着	C	C
差し決着	C	B	外枠決着	C	C

展開の内訳

展開	R発生割合	レース数	単回率	複回率
前残り決着	23%	20	81%	62%
差し決着	13%	10	83%	71%

枠の内訳

枠	R発生割合	レース数	単回率	複回率
内枠決着	19%	16	104%	56%
外枠決着	15%	13	52%	52%

コースのポイント

★馬券破壊力が極めて低い。

★強いて狙うなら、内枠で前走不利を受けていた同距離馬。

★短縮馬の成績が極端に悪い。

有利な馬・ローテ

★内枠で前走不利を受けていた同距離馬。

不利な馬・ローテ

★短縮馬(特に内枠の馬)。

枠順のポイント

スタート時の有利不利は特になし。

枠とローテ

枠	ローテ	1着	2着	3着	3着内数	総数	勝率	連対率	複勝率	単回率	複回率
内枠	同距離	33	22	27	82	357	9.2%	15.4%	23.0%	98%	68%
	延長	4	3	4	11	59	6.8%	11.9%	18.6%	165%	80%
	短縮	5	3	5	13	160	3.1%	5.0%	8.1%	14%	20%
外枠	同距離	24	29	26	79	347	6.9%	15.3%	22.8%	67%	64%
	延長	4	6	3	13	62	6.5%	16.1%	21.0%	64%	59%
	短縮	7	16	11	34	182	3.8%	12.6%	18.7%	78%	63%

枠とローテ(前走不利馬の場合)

枠	ローテ	1着	2着	3着	3着内数	総数	勝率	連対率	複勝率	単回率	複回率
内枠	同距離	8	2	4	14	43	18.6%	23.3%	32.6%	210%	95%
	延長	0	1	2	3	8	0.0%	12.5%	37.5%	0%	151%
	短縮	2	1	3	6	33	6.1%	9.1%	18.2%	24%	42%
外枠	同距離	5	3	1	9	42	11.9%	19.0%	21.4%	293%	77%
	延長	0	0	0	0	7	0.0%	0.0%	0.0%	0%	0%
	短縮	1	6	1	8	34	2.9%	20.6%	23.5%	77%	53%

コース: # 阪神ダート1200m

馬場状態: **重〜稍重**

決着率と破壊力ランキング

展開	決着確率	馬券破壊力
前残り決着	A	B
差し決着	C	B

枠	決着確率	馬券破壊力
内枠決着	A	C
外枠決着	C	C

展開の内訳

展開	R発生割合	レース数	単回率	複回率
前残り決着	39%	30	65%	82%
差し決着	4%	3	375%	84%

枠の内訳

枠	R発生割合	レース数	単回率	複回率
内枠決着	33%	23	65%	57%
外枠決着	13%	10	74%	57%

コースのポイント

★馬場が渋ると、完全に前残り決着が優勢になる。

★枠順やローテに関係なく、先行できることが何よりも重要なファクターになる。その中でも、短縮ローテで出走しても先行できるくらいスピードがある馬の期待値が最も高い。

有利な馬・ローテ

★先行馬(その中でも、短縮ローテで出走しても先行できるようなスピードを持った馬)。

不利な馬・ローテ

★差し馬(特に外枠の短縮ローテの馬)。

枠順のポイント

スタート時の有利不利は特になし。

枠とローテ

枠	ローテ	1着	2着	3着	3着内数	総数	勝率	連対率	複勝率	単回率	複回率
内枠	同距離	21	15	16	52	269	7.8%	13.4%	19.3%	73%	55%
	延長	3	4	2	9	34	8.8%	20.6%	26.5%	53%	49%
	短縮	13	10	14	37	176	7.4%	13.1%	21.0%	95%	73%
外枠	同距離	19	25	23	67	291	6.5%	15.1%	23.0%	95%	75%
	延長	1	3	4	8	48	2.1%	8.3%	16.7%	3%	67%
	短縮	10	10	7	27	178	5.6%	11.2%	15.2%	55%	80%

枠とローテ(前走不利馬の場合)

枠	ローテ	1着	2着	3着	3着内数	総数	勝率	連対率	複勝率	単回率	複回率
内枠	同距離	1	1	4	6	45	2.2%	4.4%	13.3%	2%	68%
	延長	1	0	0	1	5	20.0%	20.0%	20.0%	44%	32%
	短縮	6	0	2	8	37	16.2%	16.2%	21.6%	190%	60%
外枠	同距離	4	5	4	13	43	9.3%	20.9%	30.2%	220%	89%
	延長	0	1	0	1	3	0.0%	33.3%	33.3%	0%	346%
	短縮	3	2	3	8	45	6.7%	11.1%	17.8%	75%	44%

コース: # 阪神ダート1400m

馬場状態: **良**

決着率と破壊力ランキング

展開	決着確率	馬券破壊力	枠	決着確率	馬券破壊力
前残り決着	B	C	内枠決着	B	C
差し決着	C	A	外枠決着	B	C

展開の内訳

展開	R発生割合	レース数	単回率	複回率
前残り決着	20%	20	50%	56%
差し決着	19%	19	96%	133%

枠の内訳

枠	R発生割合	レース数	単回率	複回率
内枠決着	20%	20	50%	60%
外枠決着	25%	27	113%	57%

コースのポイント

★前残り決着、差し決着の割合はほぼ互角。馬券破壊力では差し決着が優る。

★「外枠の短縮馬」で、好位～中団の競馬ができる馬を狙うのが最も効果的。

有利な馬・ローテ

★外枠の短縮馬(好位～中団で競馬ができる馬がベスト)。

不利な馬・ローテ

★延長馬。

枠順のポイント

★最内のスタートは不利。ただ、好位から競馬できるタイプの馬なら問題はない。

★逃げ馬に最内は不利が大きい。

枠とローテ

枠	ローテ	1着	2着	3着	3着内数	総数	勝率	連対率	複勝率	単回率	複回率
内枠	同距離	17	26	25	68	330	5.2%	13.0%	20.6%	37%	56%
	延長	6	9	10	25	166	3.6%	9.0%	15.1%	52%	68%
	短縮	8	11	9	28	193	4.1%	9.8%	14.5%	35%	101%
外枠	同距離	36	25	22	83	336	10.7%	18.2%	24.7%	71%	91%
	延長	11	9	12	32	199	5.5%	10.1%	16.1%	138%	68%
	短縮	17	15	18	50	197	8.6%	16.2%	25.4%	68%	86%

枠とローテ(前走不利馬の場合)

枠	ローテ	1着	2着	3着	3着内数	総数	勝率	連対率	複勝率	単回率	複回率
内枠	同距離	1	6	3	10	50	2.0%	14.0%	20.0%	8%	64%
	延長	1	3	2	6	29	3.4%	13.8%	20.7%	14%	47%
	短縮	1	1	2	4	38	2.6%	5.3%	10.5%	10%	21%
外枠	同距離	4	4	3	11	49	8.2%	16.3%	22.4%	59%	49%
	延長	1	1	2	4	28	3.6%	7.1%	14.3%	26%	53%
	短縮	7	3	4	14	48	14.6%	20.8%	29.2%	147%	87%

コース: **阪神ダート1400m** 馬場状態: **重〜稍重**

決着率と破壊力ランキング

展開	決着確率	馬券破壊力
前残り決着	B	B
差し決着	C	B

枠	決着確率	馬券破壊力
内枠決着	C	C
外枠決着	C	C

展開の内訳

展開	R発生割合	レース数	単回率	複回率
前残り決着	21%	16	112%	74%
差し決着	12%	8	55%	79%

枠の内訳

枠	R発生割合	レース数	単回率	複回率
内枠決着	12%	8	128%	64%
外枠決着	18%	13	115%	57%

コースのポイント

★馬券破壊力は低いが、前残り決着の割合が上昇。

★同距離ローテの先行馬を狙うのが良い。

有利な馬・ローテ

★同距離ローテの先行馬。

不利な馬・ローテ

★差し馬(特に後方からしか競馬ができない馬)。

枠順のポイント

★最内のスタートは不利。ただ、好位から競馬できるタイプの馬なら問題はない。

★逃げ馬に最内は大きな不利。

枠とローテ

枠	ローテ	1着	2着	3着	3着内数	総数	勝率	連対率	複勝率	単回率	複回率
内枠	同距離	16	19	20	55	244	6.6%	14.3%	22.5%	37%	81%
	延長	4	3	6	13	97	4.1%	7.2%	13.4%	162%	63%
	短縮	6	8	8	22	158	3.8%	8.9%	13.9%	52%	51%
外枠	同距離	29	27	19	75	288	10.1%	19.4%	26.0%	126%	72%
	延長	6	6	2	14	116	5.2%	10.3%	12.1%	93%	47%
	短縮	6	5	9	20	119	5.0%	9.2%	16.8%	41%	54%

枠とローテ(前走不利馬の場合)

枠	ローテ	1着	2着	3着	3着内数	総数	勝率	連対率	複勝率	単回率	複回率
内枠	同距離	1	2	1	4	42	2.4%	7.1%	9.5%	14%	32%
	延長	2	1	0	3	15	13.3%	20.0%	20.0%	153%	60%
	短縮	1	3	1	5	33	3.0%	12.1%	15.2%	20%	41%
外枠	同距離	6	0	7	13	42	14.3%	14.3%	31.0%	59%	76%
	延長	0	0	0	0	13	0.0%	0.0%	0.0%	0%	0%
	短縮	2	1	4	7	28	7.1%	10.7%	25.0%	37%	49%

コース: 阪神ダート1800m

馬場状態: 良

決着率と破壊力ランキング

展開	決着確率	馬券破壊力
前残り決着	A	C
差し決着	C	A

枠	決着確率	馬券破壊力
内枠決着	C	A
外枠決着	B	B

展開の内訳

展開	R発生割合	レース数	単回率	複回率
前残り決着	30%	46	60%	65%
差し決着	12%	18	125%	94%

枠の内訳

枠	R発生割合	レース数	単回率	複回率
内枠決着	19%	28	111%	91%
外枠決着	21%	33	70%	70%

コースのポイント

★前残り決着の割合が高いが、馬券破壊力は低い。

★前走、1700mを使っている延長馬の成績が良い。

有利な馬・ローテ

★前走で1700mを使っている延長馬（前走、1600m以下を使っている馬の期待値は低い）。

不利な馬・ローテ

特になし。

枠順のポイント

★大外枠の差し馬は不利が大きい。

枠とローテ

枠	ローテ	1着	2着	3着	3着内数	総数	勝率	連対率	複勝率	単回率	複回率
内枠	同距離	33	34	41	108	500	6.6%	13.4%	21.6%	66%	73%
	延長	15	19	17	51	273	5.5%	12.5%	18.7%	81%	82%
	短縮	12	11	9	32	141	8.5%	16.3%	22.7%	120%	67%
外枠	同距離	59	52	52	163	615	9.6%	18.0%	26.5%	88%	86%
	延長	14	21	16	51	341	4.1%	10.3%	15.0%	44%	61%
	短縮	11	8	9	28	140	7.9%	13.6%	20.0%	78%	57%

枠とローテ（前走不利馬の場合）

枠	ローテ	1着	2着	3着	3着内数	総数	勝率	連対率	複勝率	単回率	複回率
内枠	同距離	6	4	5	15	72	8.3%	13.9%	20.8%	237%	90%
	延長	2	4	3	9	39	5.1%	15.4%	23.1%	11%	94%
	短縮	1	0	3	4	16	6.3%	6.3%	25.0%	20%	56%
外枠	同距離	9	9	7	25	96	9.4%	18.8%	26.0%	44%	53%
	延長	1	4	4	9	50	2.0%	10.0%	18.0%	3%	85%
	短縮	2	2	1	5	27	7.4%	14.8%	18.5%	106%	51%

コース: **阪神ダート1800m** 馬場状態: **重〜稍重**

決着率と破壊力ランキング

展開	決着確率	馬券破壊力	枠	決着確率	馬券破壊力
前残り決着	B	C	内枠決着	B	B
差し決着	C	A	外枠決着	B	B

展開の内訳

展開	R発生割合	レース数	単回率	複回率
前残り決着	26%	27	76%	64%
差し決着	13%	13	68%	112%

枠の内訳

枠	R発生割合	レース数	単回率	複回率
内枠決着	23%	24	86%	83%
外枠決着	23%	24	90%	71%

コースのポイント

★前残り決着の割合は高いが、差し決着のほうが馬券破壊力は高い。
★前走で不利を受けている同距離馬を狙うだけで良い。
★前走、京都や中京、阪神ダート1800mで不利を受けていた馬が特に狙い目。

有利な馬・ローテ

★同距離ローテの前走不利馬。

不利な馬・ローテ

★外枠の短縮ローテの差し馬。

枠順のポイント

スタート時の有利不利は特になし。

枠とローテ

枠	ローテ	1着	2着	3着	3着内数	総数	勝率	連対率	複勝率	単回率	複回率
内枠	同距離	35	30	35	100	394	8.9%	16.5%	25.4%	50%	72%
	延長	8	10	9	27	171	4.7%	10.5%	15.8%	52%	51%
	短縮	7	4	4	15	100	7.0%	11.0%	15.0%	54%	62%
外枠	同距離	35	43	40	118	440	8.0%	17.7%	26.8%	73%	89%
	延長	8	9	8	25	223	3.6%	7.6%	11.2%	31%	49%
	短縮	8	5	5	18	101	7.9%	12.9%	17.8%	61%	56%

枠とローテ（前走不利馬の場合）

枠	ローテ	1着	2着	3着	3着内数	総数	勝率	連対率	複勝率	単回率	複回率
内枠	同距離	5	7	10	22	64	7.8%	18.8%	34.4%	19%	105%
	延長	0	1	4	5	20	0.0%	5.0%	25.0%	0%	39%
	短縮	3	1	1	5	21	14.3%	19.0%	23.8%	77%	57%
外枠	同距離	4	6	4	14	57	7.0%	17.5%	24.6%	75%	132%
	延長	2	4	1	7	27	7.4%	22.2%	25.9%	38%	63%
	短縮	3	1	1	5	24	12.5%	16.7%	20.8%	58%	36%

コース: 阪神ダート2000m

馬場状態: 良

決着率と破壊力ランキング

展開	決着確率	馬券破壊力
前残り決着	C	C
差し決着	C	A

枠	決着確率	馬券破壊力
内枠決着	B	C
外枠決着	C	A

展開の内訳

展開	R発生割合	レース数	単回率	複回率
前残り決着	11%	2	41%	39%
差し決着	5%	1	66%	88%

枠の内訳

枠	R発生割合	レース数	単回率	複回率
内枠決着	21%	4	30%	42%
外枠決着	11%	2	420%	98%

コースのポイント

★人気馬が強く、基本的には荒れない。

★有利なローテ、不利なローテも存在しない。

有利な馬・ローテ

特になし。

不利な馬・ローテ

特になし。

枠順のポイント

スタート時の有利不利は特になし。

枠とローテ

枠	ローテ	1着	2着	3着	3着内数	総数	勝率	連対率	複勝率	単回率	複回率
内枠	同距離	0	0	0	0	3	0.0%	0.0%	0.0%	0%	0%
	延長	8	4	10	22	93	8.6%	12.9%	23.7%	39%	53%
	短縮	1	1	1	3	15	6.7%	13.3%	20.0%	20%	41%
外枠	同距離	0	1	0	1	9	0.0%	11.1%	11.1%	0%	14%
	延長	9	12	7	28	111	8.1%	18.9%	25.2%	155%	68%
	短縮	1	1	1	3	15	6.7%	13.3%	20.0%	56%	42%

枠とローテ(前走不利馬の場合)

枠	ローテ	1着	2着	3着	3着内数	総数	勝率	連対率	複勝率	単回率	複回率
内枠	同距離	–	–	–	–	–	–	–	–	–	–
	延長	0	1	2	3	17	0.0%	5.9%	17.6%	0%	48%
	短縮	0	0	0	0	3	0.0%	0.0%	0.0%	0%	0%
外枠	同距離	0	1	0	1	1	0.0%	100.0%	100.0%	0%	130%
	延長	0	1	2	3	19	0.0%	5.3%	15.8%	0%	33%
	短縮	0	0	0	0	4	0.0%	0.0%	0.0%	0%	0%

※ – は期間内に該当データなし

コース: **阪神ダート2000m** 馬場状態: **重〜稍重**

決着率と破壊力ランキング

展開	決着確率	馬券破壊力
前残り決着	A	A
差し決着	-	-

枠	決着確率	馬券破壊力
内枠決着	B	C
外枠決着	A	A

展開の内訳

展開	R発生割合	レース数	単回率	複回率
前残り決着	30%	3	33%	328%
差し決着	-	-	-	-

枠の内訳

枠	R発生割合	レース数	単回率	複回率
内枠決着	20%	2	60%	54%
外枠決着	40%	4	36%	236%

コースのポイント

★渋ると前残り決着、外枠決着の割合が高まる。

★特に外枠の延長馬。前走1800mを使っていた外枠の先行馬の成績が良い。

有利な馬・ローテ

★外枠の延長馬(特に前走1800mを使っていた先行馬)。

不利な馬・ローテ

特になし。

枠順のポイント

スタート時の有利不利は特になし。

枠とローテ

枠	ローテ	1着	2着	3着	3着内数	総数	勝率	連対率	複勝率	単回率	複回率
内枠	同距離	0	0	0	0	5	0.0%	0.0%	0.0%	0%	0%
	延長	1	1	6	8	49	2.0%	4.1%	16.3%	12%	42%
	短縮	1	0	0	1	8	12.5%	12.5%	12.5%	161%	33%
外枠	同距離	0	0	0	0	7	0.0%	0.0%	0.0%	0%	0%
	延長	8	8	4	20	65	12.3%	24.6%	30.8%	57%	226%
	短縮	0	1	0	1	6	0.0%	16.7%	16.7%	0%	48%

枠とローテ(前走不利馬の場合)

枠	ローテ	1着	2着	3着	3着内数	総数	勝率	連対率	複勝率	単回率	複回率
内枠	同距離	0	0	0	0	2	0.0%	0.0%	0.0%	0%	0%
	延長	0	0	1	1	3	0.0%	0.0%	33.3%	0%	60%
	短縮	0	0	0	0	1	0.0%	0.0%	0.0%	0%	0%
外枠	同距離	0	0	0	0	1	0.0%	0.0%	0.0%	0%	0%
	延長	3	3	0	6	9	33.3%	66.7%	66.7%	198%	192%
	短縮	0	1	0	1	3	0.0%	33.3%	33.3%	0%	96%

コース: # 阪神芝1200m

決着率と破壊力ランキング

展開	決着確率	馬券破壊力
前残り決着	B	C
差し決着	C	A

枠	決着確率	馬券破壊力
内枠決着	C	A
外枠決着	C	A

展開の内訳

展開	R発生割合	レース数	単回率	複回率
前残り決着	20%	17	86%	62%
差し決着	18%	10	56%	106%

枠の内訳

枠	R発生割合	レース数	単回率	複回率
内枠決着	18%	13	51%	97%
外枠決着	16%	9	155%	93%

コースのポイント

★内枠決着、外枠決着ともに馬券破壊力が高いコース。

★開催前半は内枠決着、開催後半は外枠決着になる傾向が強い。

★どちらにしても、馬場のクセが強く出やすいコースなので、馬場のクセに合わせて狙い撃ちするのが良い。

有利な馬・ローテ

★内枠決着の場合は、内枠の短縮馬や同距離馬。

★外枠決着の場合は、外枠の短縮馬。

不利な馬・ローテ

★馬場のクセと真逆の枠順、ローテの馬。

枠順のポイント

★大外はスタートが遅くなる不利あり(逃げ馬ではなく、先行馬なら問題なし)。

枠とローテ

枠	ローテ	1着	2着	3着	3着内数	総数	勝率	連対率	複勝率	単回率	複回率
内枠	同距離	17	15	17	49	198	8.6%	16.2%	24.7%	53%	100%
	延長	0	1	1	2	14	0.0%	7.1%	14.3%	0%	76%
	短縮	6	6	3	15	114	5.3%	10.5%	13.2%	80%	41%
外枠	同距離	19	19	19	57	262	7.3%	14.5%	21.8%	60%	63%
	延長	1	1	1	3	10	10.0%	20.0%	30.0%	44%	381%
	短縮	7	8	10	25	111	6.3%	13.5%	22.5%	39%	67%

枠とローテ(前走不利馬の場合)

枠	ローテ	1着	2着	3着	3着内数	総数	勝率	連対率	複勝率	単回率	複回率
内枠	同距離	1	3	4	8	28	3.6%	14.3%	28.6%	37%	90%
	延長										
	短縮	2	1	2	5	28	7.1%	10.7%	17.9%	167%	64%
外枠	同距離	1	3	2	6	35	2.9%	11.4%	17.1%	8%	64%
	延長										
	短縮	4	3	4	11	33	12.1%	21.2%	33.3%	62%	80%

コース: **阪神芝1400m**

決着率と破壊力ランキング

展開	決着確率	馬券破壊力
前残り決着	C	A
差し決着	B	B

枠	決着確率	馬券破壊力
内枠決着	B	A
外枠決着	C	A

展開の内訳

展開	R発生割合	レース数	単回率	複回率
前残り決着	14%	22	119%	111%
差し決着	23%	22	52%	81%

枠の内訳

枠	R発生割合	レース数	単回率	複回率
内枠決着	22%	24	74%	110%
外枠決着	19%	18	78%	88%

コースのポイント

★馬場のクセの影響が強く出るコース。

★開催前半は内枠決着。後半は外枠決着を狙うのが基本。
ただし、そのときの馬場のクセに臨機応変に対応することが重要となる。

有利な馬・ローテ

★内枠決着の場合は、
内枠の短縮馬や同距離馬。

★外枠決着の場合は外枠の短縮馬。

不利な馬・ローテ

★馬場のクセと真逆の枠順、ローテの馬。

枠順のポイント

スタート時の有利不利は特になし。

枠とローテ

枠	ローテ	1着	2着	3着	3着内数	総数	勝率	連対率	複勝率	単回率	複回率
内枠	同距離	15	15	17	47	227	6.6%	13.2%	20.7%	43%	89%
	延長	10	11	10	31	176	5.7%	11.9%	17.6%	55%	66%
	短縮	16	10	15	41	178	9.0%	14.6%	23.0%	66%	95%
外枠	同距離	15	26	11	52	274	5.5%	15.0%	19.0%	26%	49%
	延長	12	8	9	29	196	6.1%	10.2%	14.8%	116%	87%
	短縮	16	16	24	56	258	6.2%	12.4%	21.7%	62%	118%

枠とローテ(前走不利馬の場合)

枠	ローテ	1着	2着	3着	3着内数	総数	勝率	連対率	複勝率	単回率	複回率
内枠	同距離	4	2	0	6	38	10.5%	15.8%	15.8%	57%	42%
	延長	3	3	2	8	33	9.1%	18.2%	24.2%	113%	95%
	短縮	4	5	5	14	47	8.5%	19.1%	29.8%	45%	117%
外枠	同距離	2	5	0	7	49	4.1%	14.3%	14.3%	11%	35%
	延長	5	2	2	9	30	16.7%	23.3%	30.0%	407%	255%
	短縮	4	2	6	12	61	6.6%	9.8%	19.7%	58%	86%

コース:阪神芝1600m

決着率と破壊力ランキング

展開	決着確率	馬券破壊力
前残り決着	C	B
差し決着	B	B

枠	決着確率	馬券破壊力
内枠決着	B	A
外枠決着	B	C

展開の内訳

展開	R発生割合	レース数	単回率	複回率
前残り決着	18%	22	68%	76%
差し決着	28%	31	112%	75%

枠の内訳

枠	R発生割合	レース数	単回率	複回率
内枠決着	20%	24	69%	99%
外枠決着	22%	27	99%	69%

コースのポイント

★差し決着が優勢。
★内枠決着、外枠決着の割合は互角も、馬券破壊力では内枠決着が優る。
★同距離馬の成績が枠順に関係なく良いので、馬場のクセに合わせて狙いたい。

有利な馬・ローテ

★同距離馬。

不利な馬・ローテ

★外枠の延長馬。

枠順のポイント

★大外枠はスタート時の不利が大きい。

枠とローテ

枠	ローテ	1着	2着	3着	3着内数	総数	勝率	連対率	複勝率	単回率	複回率
内枠	同距離	22	20	19	61	246	8.9%	17.1%	24.8%	71%	73%
	延長	6	10	9	25	219	2.7%	7.3%	11.4%	61%	70%
	短縮	14	11	14	39	192	7.3%	13.0%	20.3%	62%	72%
外枠	同距離	27	33	29	89	291	9.3%	20.6%	30.6%	117%	107%
	延長	13	11	10	34	275	4.7%	8.7%	12.4%	92%	62%
	短縮	15	14	17	46	260	5.8%	11.2%	17.7%	61%	84%

枠とローテ(前走不利馬の場合)

枠	ローテ	1着	2着	3着	3着内数	総数	勝率	連対率	複勝率	単回率	複回率
内枠	同距離	7	6	6	19	40	17.5%	32.5%	47.5%	94%	201%
	延長	1	1	3	5	32	3.1%	6.3%	15.6%	87%	73%
	短縮	4	2	3	9	45	8.9%	13.3%	20.0%	58%	70%
外枠	同距離	4	4	6	14	41	9.8%	19.5%	34.1%	62%	175%
	延長	2	1	1	4	47	4.3%	6.4%	8.5%	55%	30%
	短縮	4	1	3	8	54	7.4%	9.3%	14.8%	64%	38%

コース: **阪神芝1800m**

決着率と破壊力ランキング

展開	決着確率	馬券破壊力
前残り決着	C	C
差し決着	B	B

枠	決着確率	馬券破壊力
内枠決着	B	A
外枠決着	B	B

展開の内訳

展開	R発生割合	レース数	単回率	複回率
前残り決着	17%	18	66%	63%
差し決着	25%	27	80%	74%

枠の内訳

枠	R発生割合	レース数	単回率	複回率
内枠決着	21%	23	125%	109%
外枠決着	20%	25	85%	77%

コースのポイント

★差し決着の割合が高い。

★内枠決着、外枠決着は互角なので、馬場のクセに合わせて対応することが重要。

★期待値と好走率のバランスが良いのは短縮馬。

有利な馬・ローテ

★短縮馬(馬場のクセに合わせて内枠、外枠を狙い分けするのが良い)

不利な馬・ローテ

特になし。

枠順のポイント

スタート時の有利不利は特になし。

枠とローテ

枠	ローテ	1着	2着	3着	3着内数	総数	勝率	連対率	複勝率	単回率	複回率
内枠	同距離	23	23	18	64	264	8.7%	17.4%	24.2%	47%	61%
	延長	11	9	10	30	165	6.7%	12.1%	18.2%	102%	60%
	短縮	16	19	13	48	184	8.7%	19.0%	26.1%	60%	80%
外枠	同距離	16	20	34	70	315	5.1%	11.4%	22.2%	87%	76%
	延長	19	14	10	43	243	7.8%	13.6%	17.7%	121%	79%
	短縮	17	18	16	51	227	7.5%	15.4%	22.5%	62%	105%

枠とローテ(前走不利馬の場合)

枠	ローテ	1着	2着	3着	3着内数	総数	勝率	連対率	複勝率	単回率	複回率
内枠	同距離	3	4	2	9	36	8.3%	19.4%	25.0%	20%	74%
	延長	1	0	2	3	25	4.0%	4.0%	12.0%	116%	38%
	短縮	3	3	1	7	26	11.5%	23.1%	26.9%	186%	99%
外枠	同距離	3	3	8	14	52	5.8%	11.5%	26.9%	261%	152%
	延長	7	4	0	11	45	15.6%	24.4%	24.4%	245%	114%
	短縮	3	3	3	9	37	8.1%	16.2%	24.3%	58%	124%

東京
中山
京都
阪神
中京
小倉
福島
新潟
札幌
函館

コース:阪神芝2000m

決着率と破壊力ランキング

展開	決着確率	馬券破壊力
前残り決着	B	A
差し決着	B	C

枠	決着確率	馬券破壊力
内枠決着	C	A
外枠決着	C	C

展開の内訳

展開	R発生割合	レース数	単回率	複回率
前残り決着	22%	19	219%	138%
差し決着	22%	17	70%	62%

枠の内訳

枠	R発生割合	レース数	単回率	複回率
内枠決着	16%	16	88%	107%
外枠決着	16%	14	80%	60%

コースのポイント

★前残り決着、差し決着互角も、馬券破壊力は前残り決着に軍配。
★内枠、外枠決着も互角だが、馬券破壊力は内枠決着。
★内枠の同距離馬、短縮馬を狙うのが良い。

有利な馬・ローテ

★内枠の同距離馬、短縮馬。

不利な馬・ローテ

特になし。

枠順のポイント

スタート時の有利不利は特になし。

枠とローテ

枠	ローテ	1着	2着	3着	3着内数	総数	勝率	連対率	複勝率	単回率	複回率
内枠	同距離	14	16	15	45	143	9.8%	21.0%	31.5%	100%	92%
	延長	13	15	15	43	224	5.8%	12.5%	19.2%	56%	77%
	短縮	7	10	5	22	59	11.9%	28.8%	37.3%	70%	104%
外枠	同距離	13	13	14	40	165	7.9%	15.8%	24.2%	44%	66%
	延長	22	14	20	56	275	8.0%	13.1%	20.4%	145%	88%
	短縮	6	9	6	21	97	6.2%	15.5%	21.6%	81%	75%

枠とローテ(前走不利馬の場合)

枠	ローテ	1着	2着	3着	3着内数	総数	勝率	連対率	複勝率	単回率	複回率
内枠	同距離	2	0	4	6	18	11.1%	11.1%	33.3%	383%	204%
	延長	1	0	4	5	31	3.2%	3.2%	16.1%	12%	44%
	短縮	2	1	0	3	11	18.2%	27.3%	27.3%	114%	144%
外枠	同距離	2	3	2	7	30	6.7%	16.7%	23.3%	25%	135%
	延長	3	1	5	9	34	8.8%	11.8%	26.5%	40%	62%
	短縮	1	3	0	4	16	6.3%	25.0%	25.0%	25%	56%

コース: **阪神芝2200m**

決着率と破壊力ランキング

展開	決着確率	馬券破壊力
前残り決着	A	C
差し決着	B	B

枠	決着確率	馬券破壊力
内枠決着	B	A
外枠決着	C	C

展開の内訳

展開	R発生割合	レース数	単回率	複回率
前残り決着	39%	13	83%	66%
差し決着	21%	8	72%	71%

枠の内訳

枠	R発生割合	レース数	単回率	複回率
内枠決着	24%	9	90%	99%
外枠決着	15%	5	45%	46%

コースのポイント

★内枠決着の割合、馬券破壊力がともに高い。
★特に内枠の前走不利馬を狙いたい。

有利な馬・ローテ

★内枠の前走不利馬。

不利な馬・ローテ

特になし。

枠順のポイント

スタート時の有利不利は特になし。

枠とローテ

枠	ローテ	1着	2着	3着	3着内数	総数	勝率	連対率	複勝率	単回率	複回率
内枠	同距離	4	2	4	10	19	21.1%	31.6%	52.6%	111%	96%
	延長	10	4	9	23	119	8.4%	11.8%	19.3%	68%	80%
	短縮	0	5	6	11	41	0.0%	12.2%	26.8%	0%	64%
外枠	同距離	2	6	1	9	36	5.6%	22.2%	25.0%	28%	92%
	延長	11	10	7	28	148	7.4%	14.2%	18.9%	88%	58%
	短縮	6	6	6	18	55	10.9%	21.8%	32.7%	76%	79%

枠とローテ（前走不利馬の場合）

枠	ローテ	1着	2着	3着	3着内数	総数	勝率	連対率	複勝率	単回率	複回率
内枠	同距離	1	1	3	5	6	16.7%	33.3%	83.3%	53%	160%
	延長	2	1	2	5	19	10.5%	15.8%	26.3%	65%	119%
	短縮	0	1	1	2	6	0.0%	16.7%	33.3%	0%	128%
外枠	同距離	1	0	0	1	6	16.7%	16.7%	16.7%	125%	33%
	延長	1	1	0	2	22	4.5%	9.1%	9.1%	12%	11%
	短縮	0	1	1	2	6	0.0%	16.7%	33.3%	0%	78%

東京
中山
京都
阪神
中京
小倉
福島
新潟
札幌
函館

コース: 阪神芝2400m

決着率と破壊力ランキング

展開	決着確率	馬券破壊力
前残り決着	B	B
差し決着	B	A

枠	決着確率	馬券破壊力
内枠決着	C	C
外枠決着	C	B

展開の内訳

展開	R発生割合	レース数	単回率	複回率
前残り決着	24%	9	63%	75%
差し決着	26%	10	76%	102%

枠の内訳

枠	R発生割合	レース数	単回率	複回率
内枠決着	13%	5	62%	58%
外枠決着	11%	4	87%	83%

コースのポイント

★前残り、差し決着、内枠、外枠決着ともに、ほぼ互角。
★延長馬の成績が良く、特に前走で不利を受けていた馬を狙うのが良い。

有利な馬・ローテ

★前走で不利を受けている延長馬。

不利な馬・ローテ

特になし。

枠順のポイント

スタート時の有利不利は特になし。

枠とローテ

枠	ローテ	1着	2着	3着	3着内数	総数	勝率	連対率	複勝率	単回率	複回率
内枠	同距離	2	4	2	8	41	4.9%	14.6%	19.5%	10%	35%
	延長	11	15	16	42	158	7.0%	16.5%	26.6%	58%	91%
	短縮	2	0	2	4	21	9.5%	9.5%	19.0%	90%	160%
外枠	同距離	7	3	5	15	54	13.0%	18.5%	27.8%	148%	90%
	延長	15	13	11	39	196	7.7%	14.3%	19.9%	79%	70%
	短縮	1	3	2	6	28	3.6%	14.3%	21.4%	137%	104%

枠とローテ(前走不利馬の場合)

枠	ローテ	1着	2着	3着	3着内数	総数	勝率	連対率	複勝率	単回率	複回率
内枠	同距離	0	2	0	2	9	0.0%	22.2%	22.2%	0%	55%
	延長	3	3	3	9	28	10.7%	21.4%	32.1%	124%	138%
	短縮	0	0	2	2	7	0.0%	0.0%	28.6%	0%	421%
外枠	同距離	0	0	3	3	13	0.0%	0.0%	23.1%	0%	99%
	延長	3	3	1	7	25	12.0%	24.0%	28.0%	134%	118%
	短縮	0	0	0	0	3	0.0%	0.0%	0.0%	0%	0%

的中例解説 | 阪神芝1600m

同距離＋前走不利＋差し馬で、14番人気の激走見抜く!

双馬のコースメモに書かれているように、阪神芝1600ｍは同距離馬が走りやすい。

ただし、同距離ローテの馬はたいがい出走頭数も多い。そこで狙いは、ここでも「前走不利馬」となる。その中でも、特に差し馬を狙いたい。

ここで取り上げるのは、2014年12月21日阪神11R朝日杯フューチュリティＳ。それまで中山芝マイルで行なわれていたが、この年から阪神に移設した3歳ＧＩだ。

同距離ローテの馬は7頭。双馬は、その中で「前走不利」（双馬のホームページで公開）＋「差し馬」の条件を満たし、二ケタ人気の⑥アルマワイオリ（14番人気）を本命に指名。相手には、やはり同距離ローテの②ダノンプラチナ（1番人気）を選んだ。

レースは、1着ダノンプラチナ、3着⑭クラリティスカイ（3番人気）と上位勢が占めたが、後方から猛追したアルマワイオリが2着に食い込んだ。

ちなみに、3着のクラリティスカイも前走芝1600ｍからのローテで、同距離ワンツースリーという結果だった。

上位勢に割って入った14番人気馬のおかげで、双馬は馬単2万260円（3000円）、3連単13万3570円（1000円）のダブル的中。払い戻しは195万円を超えた。

2014年12月21日阪神11R
朝日杯フューチュリティS
（芝1600m稍重、3歳GI）

1着②ダノンプラチナ　（1番人気）
2着⑥アルマワイオリ　（14番人気）
3着⑭クラリティスカイ（3番人気）

馬単②→⑥20560円×3000円的中
=61万6800円
3連単②→⑥→⑭133570円×1000円的中
=133万5700円
総払い戻し
195万2500円

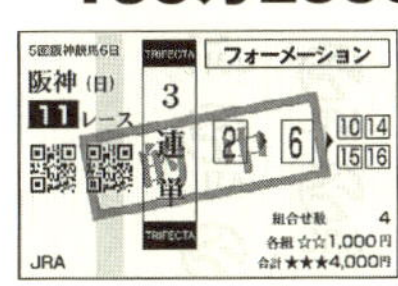

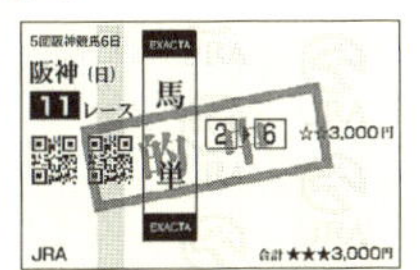

【阪神芝1600m】的中例 2014年12月21日 阪神11R 朝日杯FS（3歳GI）

	18 桃8	17 桃8	16	15 橙7	14 橙7	13	12 緑6	11	10 黄5	9	8 青
父	ケイムホーム㋮	ルールオブロー㊥	ネオユニヴァース㊥	ブラックタイド㊥	クロフネ(マ中)	キングカメハメハ(中)	スタチューオブリバティ㋮	オンファイア(マ中)	ゼンノロブロイ(中長)	ステイゴールド(中長)	ハーツクライ(中長)
馬名	メイショウマサカゼ	ペイシャオブロー	ブライトエンブレム	タガノエスプレッソ	クラリティスカイ	ペプチドウォヘッド	アクティブミノル	ワキノヒビキ	ジャストドゥイング	アッシュゴールド	ナヴィオン
母	デヒアパーズ㋮	ダンスレッスン㋮	ブラックエンブレム㊥	タガノレヴェントン㊥	タイキクラリティ㋮	ドリームスピカ㋮	ピエナアマゾン㊥	ワキノバクシン(短)	ストラテジー(短)	オリエンタルアート㊥	ユキノスイトピー㊥
毛色	黒鹿	鹿毛	鹿毛	鹿毛	鹿毛	鹿毛	黒鹿	鹿毛	鹿毛	栗毛	鹿毛
斤量・性齢	55 牡2	55 牡2	55 牡2	55 牡2	55 牡2	55 牡2	55 牡2	55 牡2	55 牡2	55 牡2	55 牡2
騎手	太宰	替和田	田辺	替菱田	替岩田康	替ムーア	替武豊	北村宏	替川田	池添	福永
厩舎	栗本田	南菅原	南小島茂	栗五十嵐	栗友道	栗吉村	栗北出	栗清水久	栗中竹	栗池江寿	栗橋口
賞金	○ 900	○ 2000	○ 1900	○ 2200	○ 2000	○ 900	○ 1900	○ 1200	○ 1200	○ 1100	○ 1200
総賞金	1420	3500	3700	4480	4010	1680	3700	2600	2280	1900	3100
馬主	松本好隆	北所直人	(有)シルクR	八木良司	杉山忠国	沼川一彦	吉岡實	脇山良之	前田晋二	社台RH	橋口博
生産者	ひ 藤沢牧場	平 二風谷F	安 ノーザンF	新 新冠タガノF	新 パカパカF	浦 杵臼牧場	ひ フジワラF	ひ 広田牧場	新 ノースヒルズ	白 白老F	日 浜本牧場
印1	………	………	△	△	○	………	………	………	………	▲	△
印2	………	………	………	△	▲	注	………	………	△	◎	………
印3	………	………	△	………	▲	………	………	………	………	△	◎
印4	………	………	▲	△	◎	………	………	△	………	注	△
印5	………	………	◎	………	注	△	………	………	………	▲	△
印6	……東	……東	△ 東	▲	○	△	………	………	………	注	△
持ち時計	京 1086 ①	福 1085 ① 札 1521 ①	東 1392 [1] 札 1500 ①	新 1245 ③ 阪 1344 ② 京 1479 ①	中京 1236 [4] 東 1335 ① 阪 1468 ①		函 1098 ① 東 1221 ⑥	京 1218 ② 新 1344 ⑧	東 1394 [2] 東 1485 ⑩	京 1341 ①	阪 1216 ① 新 1341 ⑥
上がり	芝1200 34.2 ① ダ1000 36.2 ❶	芝1200 34.6 ①	芝1600 35.5 [1]	芝1600 33.7 ②	芝1600 34.0 ①	ダ1800 36.3 ①	芝1400 34.4 ⑥	芝1400 33.7 ②	芝1800 32.0 ①	芝1600 33.6 ②	芝1600 32.7 ①
ダート	ダ1000 59.1 ❶ ダ1400 1273 ⑧					ダ1800 1533 ①					
成績	0 0 0 0	0 0 0 0	0 0 0 0	0 0 0 0	0 0 0 0	0 0 0 0	0 0 0 0	0 0 0 1	0 0 0 0	0 0 0 0	0 0 0 0
母父	デヒア	ダンスインザダーク	ウォーエンブレム	キングカメハメハ	スペシャルウィーク	バブルガムフェロー	アグネスタキオン	サクラバクシンオー	フレンチデピュティ	メジロマックイーン	ラストタイクーン
兄姉	メイショウアイアン	コスモシルバード	テスタメント	タガノトネール	クラリティシチー	マジックボンバー	初仔	ワキノネクサス	オールパーパス	オルフェーヴル	テンシノホホエミ
距離別 芝1800 芝1600 芝1400 芝1200	0 0 0 2 0 0 0 0 0 0 0 0 0 0 1 1	1 0 0 2 0 0 0 0 0 0 0 0 1 0 0 2	1 1 0 0 0 0 0 0 0 0 0 0 0 0 0 0	1 1 0 0 0 1 0 0 0 0 1 0 0 0 0 0	1 1 0 0 0 1 0 0 0 0 0 0 0 0 1 0	2 0 0 0 0 0 0 0 0 0 0 0 0 0 0 0	0 0 0 2 0 0 0 0 0 0 0 0 0 0 1 0	0 0 2 0 0 0 1 0 0 0 0 0 0 1 2 0	2 0 0 0 0 1 0 0 0 0 0 0 1 0 0 0	0 1 0 0 0 1 0 0 0 0 0 0 0 1 0 0	0 1 1 0 0 0 0 0 0 1 0 0 0 1 0 0
前走3	2小 9月7日 ⑫ 小倉2才 15 GIII 1ゲト17頭 芝1200 1095 54 太宰 H ⑰⑯⑮ 500 人気12 S後ヨレ 6 1/4 345 外 350 オーミアリス 1084 1.1	2札 9月7日 ⑥ すずらん 1 オープン 15ゲト15頭 芝1200 1108 54 丹内 H ④③② 486 人気12 好位抜出 クビ 344 中 364 ヤマカツエース 1108 0.0	3東 6月28日 [7] 2才 1 新馬 7ゲト16頭 芝1600 1392 54 田辺 S [13]⑫⑫ 464 人気3 直線一気 1 1/4 387 外 355 ジャストドゥイ 1394 0.2	4阪 9月21日 ④ 2才 2 未勝 18ゲト18頭 芝1600外 1344 54 岩田康 S ⑪⑪⑨ 440 人気2 中位伸 3/4身 370 中 337 ブラックバード 1343 0.1	3中京 7月13日 ④ 2才 2 未勝 9ゲト11頭 芝1600 1389 54 戸崎圭 S ⑨⑧⑧ 478 人気3 後方伸 1 1/4 382 内 350 カシノハリウッ 1387 0.2	兄弟 キングモンブラン（1勝） ペプチドソロモン（1勝）	2函 7月12日 ③ 2才 1 新馬 4ゲト16頭 芝1200 1098 54 松田 S ①①① 476 人気5 逃楽勝 5身 349 内 349 マコトグナイゼ 1106 0.8	2新 8月31日 ⑩ 新潟2才 8 GIII 15ゲト18頭 芝1600外 1344 54 横山典 M ②④④ 494 人気4 好位一息 6 3/4 357 内 350 ミュゼスルタン 1334R1.0	2福 7月20日 [6] 2才 1 未勝 12ゲト15頭 芝1800 1512 54 蛯名 S ③②② 516 人気2 先行抜出 1 1/2 371 中 365 マイネルクレイ 1514 0.2	3中京 7月26日 ⑦ 2才 6 新馬 1ゲト16頭 芝1600 1397 54 池添 S [8]⑤⑤ 426 人気1 伸一息 5 1/2 381 内 366 ヒルノマレット 1388 0.9	2新 8月31日 ⑩ 新潟2才 6 GIII 17ゲト18頭 芝1600外 1341 54 的場 M ⑰⑱⑰ 460 人気2 後方追上 4 3/4 371 外 334 ミュゼスルタン 1334R0.7
前走2	4阪 10月4日 ⑦ ヤマボウ 8 500万 4ゲト10頭 ダ1400 1273 55 太宰 M ①①① 502 人気9 逃バテ 14 1/2 352 内 397 キャプテンシッ 1250 2.3	3新 10月4日 [7] カンナS 7 オープン 6ゲト13頭 芝1200内 1115 56 丹内 M [6]⑤⑧ 490 人気5 出遅る 5 1/2 355 中 360 サフィロス 1106 0.9	2札 9月6日 ⑤ 札幌2才 1 GIII 2ゲト14頭 芝1800 1500 54 田辺 M [14]⑪⑧ 474 人気5 直線一気 1 1/4 382 外 358 マイネルシュバ 1502 0.2	4京 10月11日 ① 2才 1 未勝 5ゲト13頭 芝1800外 1479 55 岩田康 M ③③④ 444 人気1 内鋭く クビ 355 内 347 アドマイヤロケ 1479 0.0	4阪 9月27日 ⑤ 2才 1 未勝 15ゲト18頭 芝1800外 1468 54 岩田康 S ⑩⑧⑨ 480 人気2 中位抜出 2身 365 中 340 トーセンビクト 1471 0.3	4京 10月18日 ④ 2才 1 新馬 9ゲト9頭 ダ1800 1548 55 岩田康 S ④④③ 466 人気2 楽抜出 7身 381 中 363 エイシンチャー 1559 1.1	2函 7月19日 ⑤ 函館2才 1 GIII 12ゲト16頭 芝1200 1102 54 藤岡康 M ①①① 476 人気4 逃切る 1身 341 内 361 タケデンタイガ 1104 0.2	4京 10月19日 ⑤ もみじS 2 オープン 10ゲト10頭 芝1400外 1218 56 北村宏 S [10]⑩⑩ 486 人気5 後方伸 1 1/2 367 外 337 アルマワイオリ 1216 0.2	3新 9月28日 ⑥ 芙蓉 1 オープン 7ゲト8頭 芝1800外 1528 54 北村宏 S ③③③ 524 人気4 直線競勝 1/2身 403 内 320 ロジチャリス 1529 0.1	4京 10月26日 ⑦ 2才 1 未勝 9ゲト16頭 芝1600内 1341 55 池添 M ⑭⑭⑫ 432 人気1 直線一気 1/2身 353 外 347 ヴェルステルキ 1342 0.1	4阪 9月27日 ⑤ ききょう 1 オープン 2ゲト11頭 芝1400内 1216 54 福永 S ⑨⑦⑥ 456 人気1 中位差切 1/2身 359 外 341 ブリクスト 1217 0.1
前走	5京 11月9日 ② 2才 1 500万 2ゲト9頭 芝1200内 1086 55 太宰 M ④④④ 500 人気9 好位抜出 1 1/4 344 内 342 グランデサムラ 1088 0.2	4福 11月16日 ④ 福島2才 1 オープン 12ゲト16頭 芝1200 1085 56 柴山雄 H ⑦⑦⑥ 482 人気7 中位差切 1/2身 339 中 346 ヴァリアントア 1086 0.1	3ヵ月半 放牧 乗込み6週間 仕上り○ 連対体重 464～474 3ヵ月以上休 ①②③外 1 0 0 0	5京 11月15日 ③ デイリー2才 1 GII 8ゲト9頭 芝1600外 1351 55 岩田康 S ⑥③③ 442 人気5 中位抜出 1/2身 367 外 338 アッシュゴール 1352 0.1	4東 10月11日 ① いちょう 1 重賞 6ゲト12頭 芝1600 1335 55 横山典 M ④④③ 472 人気4 好位楽抜 2身 350 内 340 ネオルミエール 1338 0.3	5京 11月22日 ⑤ もちの木 1 500万 4ゲト13頭 ダ1800 1533 55 岩田康 M ③③② 466 人気1 好位楽抜 3身 376 中 375 ナムラカモン 1538 0.5	5東 11月8日 ① 京王2才 6 GII 2ゲト12頭 芝1400 1221 55 松田 S ①②④ 486 人気3 先行一息 4身 356 内 344 セカンドテーブ 1215 0.6	5東 11月8日 ① 京王2才 7 GII 4ゲト12頭 芝1400 1222 55 北村宏 S ⑫⑫[11] 482 人気2 内剰る 4 1/4 371 内 338 セカンドテーブ 1215 0.7	5東 11月24日 ⑦ 東スポ2才S 10 GIII 8ゲト13頭 芝1800 1485 55 蛯名 M ⑥⑤⑤ 536 人気5 好位一杯 3 1/2 359 中 349 サトノクラウン 1479 0.6	5京 11月15日 ③ デイリー2才 2 GII 9ゲト9頭 芝1600外 1352 55 池添 S ⑨⑥⑥ 438 人気2 後方伸 1/2身 369 外 336 タガノエスプレ 1351 0.1	5京 11月15日 ③ デイリー2才 3 GII 2ゲト9頭 芝1600外 1354 55 福永 S ④⑥⑥ 460 人気1 中位伸 2身 365 内 338 タガノエスプレ 1351 0.3

阪神 11R (メインレース)

発馬 3.40

第66回 朝日杯フューチュリティステークス (GⅠ)

㊈国際・サラ二才オープン・牡牝・馬齢

	1 ネオルミエール	2 ダノンプラチナ	3 コスモナインボール	4 ケツァルテナンゴ	5 タガノアザガル	6 アルマワイオリ	7 セカンドテーブル
枠	白1	白1	黒2	黒2	赤3	赤3	4
父・距離	ネオユニヴァース㊥	ディープインパクト㊥長	ハイアーゲーム㊥	チチカステナンゴ㊥	バゴ㊥長	マツリダゴッホ㊧	トワイニング㊧
母・距離	シルクプリマドンナ㊥	バディーラ㊥	シックスポケット㊧	ダイワオンディーヌ㊥	ライアメロディー㊧	イナズマローレル㊥長	モカサンデー㊦
毛色	栗毛	芦毛	鹿毛	鹿毛	黒鹿	黒鹿	栗毛
斤量	55 牡2	55 牡2	55 牡2	55 牡2	55 牡2	55 牡2	55 牡2
騎手	柴山雄	蛯名	柴田大	浜中	四位	勝浦	戸崎圭
厩舎	㊗藤沢和	㊗国枝	㊗和田雄	栗笹田	栗千田	栗西浦	栗崎山
賞金	○ 1050	○ 900	○ 1700	○ 1200	○ 900	○ 1200	○ 2200
総賞金	2000	1760	2980	2200	1910	2740	4300
馬主名	(有)シルクR	ダノックス	ビッグレッドF	G1レーシング	八木良司	コウトミックR	山上和良
牧場名	安 ノーザンF	ひ 千代田牧場	ひ 大典牧場	安 ノーザンF	新 新冠タガノF	新 小泉牧場	日 川島良一
持木	◎	注	△				
那谷	△	○				△	
加茂	注	○	△			△	
須藤	△	○					
中邑	△	○	△				△
本紙田崎	△東	◎東	△東				
芝1200		芸1325②			小1090⑥	芸1311①	小1091⑦
芝1400					阪1223①	京1216①	東1215①
芝1600	東1338②	東1343①	新1365①	京1358⑥		京1356④	
芝1800			東1471①			札1504⑥	
芝上り	芙32.8①	芙34.3①	芙34.7①	芙33.7①	芸34.9①	芸33.8①	芸34.1①
ダート上り							
ダ1200							
ダ1600							
芝コース重の実績	0 0 0 0	0 0 0 0	1 0 0 0	0 0 0 0	0 0 0 0	0 0 0 0	0 0 0 0
母の父	ブライアンズタイム	アンブライドルズソング	カリズマティック	クロフネ	アドマイヤベガ	ピルサドスキー	サンデーサイレンス
兄弟馬	フラムドグロワール	初仔	ローズプライト	エレメンタリー	タガノビーンズ	キョウエイマイン	サンディビーチ
距離別勝利度数 (千六…千七含む / 千六のみ / 千四のみ / 千含む)	0 1 0 0 0 1 0 0 0 0 0 0 0 0 0 0	0 2 0 0 0 0 0 0 0 0 0 0 0 0 0 0	1 2 0 0 0 0 0 0 0 0 0 0 1 0 0 0	0 2 0 0 0 0 0 0 0 0 0 0 0 1 0 0	0 0 2 0 0 0 1 0 0 0 0 0 0 0 0 2	0 0 1 0 0 0 0 0 0 0 0 0 1 1 0 0	0 0 1 1 0 0 0 0 0 0 0 0 0 0 0 1
前々々走	兄弟 アドマイヤコリン(現) ナショナルヒーロー(2勝)	2札 9月6日 ⑤ 芽 2 新馬 8ゲ 14頭 芸 1325 54 蛯名 S ⑤⑤⑤ 474 人気1 中位伸 1 1/2 385 中 352 ダイトウキョウ 1323 0.2	2新 8月16日 ❺ 芽 1 未勝 12ゲ 18頭 芙外 1366 54 柴田大 S ②②② 466 人気12 先行抜出 1/2身 363 中 351 ウナギノボリ 1367 0.1	3阪 6月7日 ① 芽 1 新馬 6ゲ 8頭 芙外 1392 54 浜中 S ④④④ 484 人気3 好位抜出 3/4身 394 中 337 ウインバニラス 1393 0.1	2小 9月7日 ⑫ 小倉2才 6 GⅢ 11ゲ 17頭 芸 1090 54 藤岡佑 H ⑤⑥⑥ 434 人気8 好位一杯 3 1/2 335 中 355 オーミアリス 1084 0.6	2札 9月6日 ⑤ 札幌2才 6 GⅢ 10ゲ 14頭 天 1504 54 勝浦 M ②②② 464 人気10 先行一杯 2 3/4 367 中 369 ブライトエンブ 1500 0.4	2小 8月23日 ⑦ 芽 1 新馬 6ゲ 9頭 芸 1093 51 義 M ②②② 448 人気1 先行楽勝 5身 346 中 347 サフランスター 1101 0.8
前々走	3新 9月20日 ③ 芽 1 新馬 11ゲ 17頭 芙外 1388 54 北村宏 S ⑥⑥⑧ 472 人気1 好位抜出 クビ 397 中 328 クラージュシチ 1388 0.0	4東 10月13日 ③ 芽 1 未勝 18ゲ 18頭 芙 1355 55 蛯名 S ④⑥③ 462 人気1 楽抜出 4身 361 外 343 ムーンマジェス 1362 0.7	3新 9月13日 ① アスター 1 500万 4ゲ 13頭 芙外 1365 54 柴田大 S ④③② 470 人気4 先行競勝 クビ 363 中 347 テンダリーヴォ 1365 0.0	3中京 7月27日 ⑧ 中京2才 1 オープン 9ゲ 9頭 芙 1405 54 浜中 S ③③⑤ 466 人気2 好位抜出 1 1/4 378 外 362 ドルメロ 1407 0.2	3新 10月4日 ⑦ カンナS 5 オープン 10ゲ 13頭 芸内 1111 55 藤岡佑 M ③③③ 436 人気4 先行一息 3 1/4 353 中 358 サフィロス 1106 0.5	4京 10月19日 ⑤ もみじS 1 オープン 5ゲ 10頭 芸外 1216 55 勝浦 S ⑧⑧⑦ 460 人気2 直線一気 1 1/2 361 外 338 ワキノヒビキ 1218 0.2	2小 9月7日 ⑫ 小倉2才 7 GⅢ 15ゲ 17頭 芸 1091 54 義 H ⑭⑬⑭ 448 人気6 後方差詰 3 3/4 341 中 350 オーミアリス 1084 0.7
前走	4東 10月11日 ① いちょう 2 重賞 10ゲ 12頭 芙 1338 55 柴山雄 M ⑨⑧⑧ 466 人気2 中位伸 2身 362 中 337 クラリティスカ 1335 R0.3	5東 11月30日 ⑨ ベゴニア 1 500万 11ゲ 13頭 芙 1343 55 蛯名 M ⑤④④ 466 人気1 好位抜出 3身 361 中 348 ミッキーユニバ 1348 0.5	4東 10月25日 ⑥ アイビー 1 オープン 4ゲ 8頭 天 1471 56 柴田大 M ②②② 470 人気7 先行抜出 アタマ 355 中 350 スワーヴジョー 1471 0.0	5京 11月15日 ③ デイリー2才 6 GⅡ 1ゲ 9頭 芙外 1358 55 浜中 S ⑥⑧⑧ 482 人気4 折合欠 4 1/2 367 中 341 タガノエスプレ 1351 0.7	5阪 12月6日 ① 高 1 500万 7ゲ 9頭 芸内 1223 55 四位 S ⑤⑤④ 438 人気2 G前差す ハナ 357 外 349 マコトグナイゼ 1223 0.0	5京 11月15日 ③ デイリー2才 4 GⅡ 3ゲ 9頭 芙外 1356 55 勝浦 S ③③③ 468 人気3 折合欠 3 1/4 363 内 343 タガノエスプレ 1351 0.5	5東 11月8日 ① 京王2才 1 GⅡ 3ゲ 12頭 芸 1215 55 戸崎圭 S ①①① 442 人気11 逃切る 1 1/2 354 内 341 サフィロス 1217 0.2

芝 1600 メートル

(右・外回り)

直線 474 メートル

賞金	基準タイム
7000万	1.33.1
2800	18年12月
1800	ウオッカ
1100	
700	54 四位

記号の説明

厩舎横の㊫㊗栗は ㊫㊗=関東・美浦所属 栗=関西・栗東所属

賞金左の記号は重の巧拙を表します ◎…得意△…苦手

馬場表示

❶❶①① 開催日の馬場状態

不良 重馬場 稍重 良馬場

乗替り記号

㊇…ベスト10外の騎手から東西ベスト10へ乗替 醫…それ以外。

双馬のコースメモ

中京競馬場

CHUKYO RACE COURSE

- ・ダート1200m 良
- ・ダート1200m 重～稍重
- ・ダート1400m 良
- ・ダート1400m 重～稍重
- ・ダート1800m 良
- ・ダート1800m 重～稍重

- ・芝1200m
- ・芝1400m
- ・芝1600m
- ・芝2000m
- ・芝2200m

東京
中山
京都
阪神
中京
小倉
福島
新潟
札幌
函館

コース: 中京ダート1200m

馬場状態: 良

決着率と破壊力ランキング

展開	決着確率	馬券破壊力
前残り決着	B	B
差し決着	C	A

枠	決着確率	馬券破壊力
内枠決着	B	A
外枠決着	C	C

展開の内訳

展開	R発生割合	レース数	単回率	複回率
前残り決着	26%	17	40%	74%
差し決着	9%	6	118%	116%

枠の内訳

枠	R発生割合	レース数	単回率	複回率
内枠決着	23%	15	43%	87%
外枠決着	15%	10	48%	56%

コースのポイント

★前残り決着、内枠決着の確率が高い。
ただし、内枠決着の場合でも、外枠から先行した馬が好走することが多い。

★外枠の先行馬では、特に延長ローテ、同距離ローテで前走、
不利を受けていた馬を狙うのが良い。

★その他では内枠の短縮馬の成績も優秀。

有利な馬・ローテ

★外枠(7、8枠がベスト)の先行馬。
特に同距離馬、延長馬で前走、不利を受けていた馬。

★内枠の短縮馬。

不利な馬・ローテ

★外枠の短縮ローテの差し馬。

枠順のポイント

スタート時の有利不利は特になし。

枠とローテ

枠	ローテ	1着	2着	3着	3着内数	総数	勝率	連対率	複勝率	単回率	複回率
内枠	同距離	20	14	20	54	260	7.7%	13.1%	20.8%	79%	80%
	延長	5	1	4	10	69	7.2%	8.7%	14.5%	122%	57%
	短縮	5	12	12	29	164	3.0%	10.4%	17.7%	10%	81%
外枠	同距離	21	30	19	70	260	8.1%	19.6%	26.9%	55%	99%
	延長	2	3	4	9	60	3.3%	8.3%	15.0%	34%	78%
	短縮	11	4	6	21	174	6.3%	8.6%	12.1%	69%	39%

枠とローテ(前走不利馬の場合)

枠	ローテ	1着	2着	3着	3着内数	総数	勝率	連対率	複勝率	単回率	複回率
内枠	同距離	2	0	0	2	20	10.0%	10.0%	10.0%	290%	86%
	延長	1	0	1	2	5	20.0%	20.0%	40.0%	1046%	254%
	短縮	0	2	5	7	20	0.0%	10.0%	35.0%	0%	112%
外枠	同距離	5	3	1	9	24	20.8%	33.3%	37.5%	175%	161%
	延長	0	0	1	1	3	0.0%	0.0%	33.3%	0%	223%
	短縮	3	1	1	5	19	15.8%	21.1%	26.3%	120%	84%

コース: # 中京ダート1200m

馬場状態: **重〜稍重**

決着率と破壊力ランキング

展開	決着確率	馬券破壊力
前残り決着	B	B
差し決着	C	A

枠	決着確率	馬券破壊力
内枠決着	B	C
外枠決着	C	A

展開の内訳

展開	R発生割合	レース数	単回率	複回率
前残り決着	25%	4	60%	77%
差し決着	13%	2	498%	88%

枠の内訳

枠	R発生割合	レース数	単回率	複回率
内枠決着	25%	4	57%	56%
外枠決着	19%	3	95%	86%

コースのポイント

★馬場が渋ると、外枠から先行する馬の期待値はさらに高くなり、
内枠の期待値は低くなる。

★外枠の先行馬で、前走、不利を受けていた馬を狙うのが良い。

有利な馬・ローテ

★外枠の先行馬。特に前走、不利を受けていた馬。

不利な馬・ローテ

★内枠の差し馬。

枠順のポイント

スタート時の有利不利は特になし。

枠とローテ

枠	ローテ	1着	2着	3着	3着内数	総数	勝率	連対率	複勝率	単回率	複回率
内枠	同距離	5	5	10	20	83	6.0%	12.0%	24.1%	23%	57%
	延長	0	0	1	1	5	0.0%	0.0%	20.0%	0%	46%
	短縮	4	1	0	5	33	12.1%	15.2%	15.2%	240%	44%
外枠	同距離	4	6	3	13	74	5.4%	13.5%	17.6%	84%	70%
	延長	0	0	0	0	3	0.0%	0.0%	0.0%	0%	0%
	短縮	3	4	2	9	50	6.0%	14.0%	18.0%	254%	73%

枠とローテ(前走不利馬の場合)

枠	ローテ	1着	2着	3着	3着内数	総数	勝率	連対率	複勝率	単回率	複回率
内枠	同距離	0	1	2	3	17	0.0%	5.9%	17.6%	0%	61%
	延長	–	–	–	–	–	–	–	–	–	–
	短縮	3	1	0	4	13	23.1%	30.8%	30.8%	597%	105%
外枠	同距離	0	4	0	4	18	0.0%	22.2%	22.2%	0%	156%
	延長	0	0	0	0	1	0.0%	0.0%	0.0%	0%	0%
	短縮	3	1	1	5	17	17.6%	23.5%	29.4%	749%	154%

※ – は期間内に該当データなし

コース: 中京ダート1400m

馬場状態: 良

決着率と破壊力ランキング

展開	決着確率	馬券破壊力
前残り決着	C	B
差し決着	B	C

枠	決着確率	馬券破壊力
内枠決着	C	A
外枠決着	B	B

展開の内訳

展開	R発生割合	レース数	単回率	複回率
前残り決着	15%	11	68%	75%
差し決着	20%	14	39%	57%

枠の内訳

枠	R発生割合	レース数	単回率	複回率
内枠決着	18%	13	68%	93%
外枠決着	23%	16	59%	76%

コースのポイント

★内枠決着の馬券破壊力は高いが、
数少ない大穴が好走してのもので再現性には乏しい。

★基本的には、人気馬の好走が多く、
馬券破壊力は低いコースで、勝負レースには向いていない。

★強いて狙うなら、内枠の短縮馬。

有利な馬・ローテ

★内枠の短縮馬。

不利な馬・ローテ

特になし。

枠順のポイント

★最内のスタート不利は大きい。

枠とローテ

枠	ローテ	1着	2着	3着	3着内数	総数	勝率	連対率	複勝率	単回率	複回率
内枠	同距離	19	25	14	58	242	7.9%	18.2%	24.0%	41%	63%
	延長	2	11	5	18	132	1.5%	9.8%	13.6%	13%	75%
	短縮	11	6	10	27	148	7.4%	11.5%	18.2%	79%	103%
外枠	同距離	21	14	29	64	241	8.7%	14.5%	26.6%	53%	86%
	延長	3	10	4	17	140	2.1%	9.3%	12.1%	28%	45%
	短縮	14	4	9	27	168	8.3%	10.7%	16.1%	130%	70%

枠とローテ(前走不利馬の場合)

枠	ローテ	1着	2着	3着	3着内数	総数	勝率	連対率	複勝率	単回率	複回率
内枠	同距離	2	3	1	6	19	10.5%	26.3%	31.6%	98%	97%
	延長	0	2	1	3	14	0.0%	14.3%	21.4%	0%	264%
	短縮	3	0	4	7	25	12.0%	12.0%	28.0%	111%	124%
外枠	同距離	5	0	2	7	20	25.0%	25.0%	35.0%	174%	81%
	延長	2	3	0	5	16	12.5%	31.3%	31.3%	173%	102%
	短縮	3	0	1	4	21	14.3%	14.3%	19.0%	96%	47%

コース: **中京ダート1400m** 馬場状態: **重〜稍重**

決着率と破壊力ランキング

展開	決着確率	馬券破壊力
前残り決着	A	C
差し決着	B	B

枠	決着確率	馬券破壊力
内枠決着	A	B
外枠決着	C	C

展開の内訳

展開	R発生割合	レース数	単回率	複回率
前残り決着	48%	10	62%	49%
差し決着	24%	6	67%	79%

枠の内訳

枠	R発生割合	レース数	単回率	複回率
内枠決着	52%	11	56%	76%
外枠決着	14%	3	53%	33%

コースのポイント

★馬場が渋ると、一気に内枠決着の割合が増加。
★内枠の馬。特に前走で不利を受けている馬を中心に狙うだけで良い。

有利な馬・ローテ

★内枠の馬。
特に前走で不利を受けている馬。

不利な馬・ローテ

★外枠の差し馬。

枠順のポイント

★最内のスタートは、やや不利。
ただし良馬場時よりは、芝スタートのスピードが遅くなる分、マシといえる。

枠とローテ

枠	ローテ	1着	2着	3着	3着内数	総数	勝率	連対率	複勝率	単回率	複回率
内枠	同距離	6	8	8	22	80	7.5%	17.5%	27.5%	96%	83%
	延長	1	3	3	7	28	3.6%	14.3%	25.0%	43%	209%
	短縮	8	3	4	15	49	16.3%	22.4%	30.6%	130%	127%
外枠	同距離	3	2	5	10	79	3.8%	6.3%	12.7%	25%	23%
	延長	0	3	0	3	38	0.0%	7.9%	7.9%	0%	18%
	短縮	3	2	1	6	44	6.8%	11.4%	13.6%	94%	58%

枠とローテ（前走不利馬の場合）

枠	ローテ	1着	2着	3着	3着内数	総数	勝率	連対率	複勝率	単回率	複回率
内枠	同距離	0	0	2	2	13	0.0%	0.0%	15.4%	0%	79%
	延長	0	1	1	2	6	0.0%	16.7%	33.3%	0%	146%
	短縮	5	0	3	8	22	22.7%	22.7%	36.4%	227%	130%
外枠	同距離	0	0	1	1	14	0.0%	0.0%	7.1%	0%	7%
	延長	0	1	0	1	9	0.0%	11.1%	11.1%	0%	26%
	短縮	1	0	1	2	16	6.3%	6.3%	12.5%	170%	35%

コース: # 中京ダート1800m

馬場状態: 良

決着率と破壊力ランキング

展開	決着確率	馬券破壊力
前残り決着	A	B
差し決着	C	A

枠	決着確率	馬券破壊力
内枠決着	B	C
外枠決着	B	A

展開の内訳

展開	R発生割合	レース数	単回率	複回率
前残り決着	30%	33	61%	79%
差し決着	6%	6	160%	103%

枠の内訳

枠	R発生割合	レース数	単回率	複回率
内枠決着	22%	24	61%	65%
外枠決着	20%	23	110%	90%

コースのポイント

★内枠、外枠の決着確率は互角も、馬券破壊力では外枠決着が優秀。

★前残り決着の割合が高く、外枠の先行馬を狙うのが良い。

有利な馬・ローテ

★外枠の先行馬で、特に同距離馬、短縮馬。

不利な馬・ローテ

特になし。

枠順のポイント

★大外はスタート不利。

枠とローテ

枠	ローテ	1着	2着	3着	3着内数	総数	勝率	連対率	複勝率	単回率	複回率
内枠	同距離	32	27	41	100	354	9.0%	16.7%	28.2%	75%	72%
	延長	16	5	15	36	242	6.6%	8.7%	14.9%	49%	67%
	短縮	3	10	3	16	96	3.1%	13.5%	16.7%	14%	46%
外枠	同距離	27	39	27	93	419	6.4%	15.8%	22.2%	113%	99%
	延長	15	20	17	52	306	4.9%	11.4%	17.0%	39%	57%
	短縮	15	6	5	26	105	14.3%	20.0%	24.8%	176%	88%

枠とローテ(前走不利馬の場合)

枠	ローテ	1着	2着	3着	3着内数	総数	勝率	連対率	複勝率	単回率	複回率
内枠	同距離	2	2	1	5	25	8.0%	16.0%	20.0%	46%	32%
	延長	3	0	1	4	22	13.6%	13.6%	18.2%	136%	45%
	短縮	0	0	0	0	6	0.0%	0.0%	0.0%	0%	0%
外枠	同距離	1	2	3	6	39	2.6%	7.7%	15.4%	24%	34%
	延長	2	2	0	4	33	6.1%	12.1%	12.1%	33%	18%
	短縮	3	0	0	3	7	42.9%	42.9%	42.9%	961%	188%

コース: **中京ダート1800m** 馬場状態: **重～稍重**

決着率と破壊力ランキング

展開	決着確率	馬券破壊力
前残り決着	B	C
差し決着	C	C

枠	決着確率	馬券破壊力
内枠決着	B	C
外枠決着	C	C

展開の内訳

展開	R発生割合	レース数	単回率	複回率
前残り決着	22%	6	78%	60%
差し決着	11%	3	73%	52%

枠の内訳

枠	R発生割合	レース数	単回率	複回率
内枠決着	22%	6	87%	67%
外枠決着	15%	4	62%	42%

コースのポイント

★馬場が渋ると、馬券破壊力は大幅に低下。人気馬が好走しやすい条件となる。
★前走不利馬を単純に狙うのみ。
★勝負レースには向いていない。

有利な馬・ローテ

★前走不利馬(特に短縮馬、延長馬)。

不利な馬・ローテ

特になし。

枠順のポイント

★大外はスタート不利。

枠とローテ

枠	ローテ	1着	2着	3着	3着内数	総数	勝率	連対率	複勝率	単回率	複回率
内枠	同距離	7	13	6	26	97	7.2%	20.6%	26.8%	54%	76%
	延長	3	1	2	6	57	5.3%	7.0%	10.5%	88%	42%
	短縮	1	1	2	4	30	3.3%	6.7%	13.3%	142%	61%
外枠	同距離	5	10	14	29	116	4.3%	12.9%	25.0%	51%	59%
	延長	7	2	2	11	66	10.6%	13.6%	16.7%	95%	43%
	短縮	4	0	1	5	26	15.4%	15.4%	19.2%	61%	30%

枠とローテ(前走不利馬の場合)

枠	ローテ	1着	2着	3着	3着内数	総数	勝率	連対率	複勝率	単回率	複回率
内枠	同距離	1	1	0	2	16	6.3%	12.5%	12.5%	88%	32%
	延長	3	0	2	5	18	16.7%	16.7%	27.8%	279%	111%
	短縮	1	0	1	2	6	16.7%	16.7%	33.3%	711%	198%
外枠	同距離	0	5	2	7	32	0.0%	15.6%	21.9%	0%	57%
	延長	3	1	1	5	13	23.1%	30.8%	38.5%	193%	110%
	短縮	3	0	1	4	7	42.9%	42.9%	57.1%	190%	94%

東京
中山
京都
阪神
中京
小倉
福島
新潟
札幌
函館

コース: 中京芝1200m

決着率と破壊力ランキング

展開	決着確率	馬券破壊力
前残り決着	C	B
差し決着	A	C

枠	決着確率	馬券破壊力
内枠決着	C	C
外枠決着	C	B

展開の内訳

展開	R発生割合	レース数	単回率	複回率
前残り決着	6%	4	142%	72%
差し決着	38%	18	45%	61%

枠の内訳

枠	R発生割合	レース数	単回率	複回率
内枠決着	19%	9	65%	61%
外枠決着	19%	9	92%	84%

コースのポイント

★差し決着が圧倒的に多いが、馬券破壊力は低い。
★人気馬が好走しやすく、勝負レースにはそれほど向いていない。
★内枠、外枠どちらが有利か、馬場のクセを見極め、
前走で不利を受けている短縮馬を狙うのが良い。

有利な馬・ローテ

★前走で不利を受けている短縮馬。

不利な馬・ローテ

特になし。

枠順のポイント

★外枠のスタート不利は大きい。

枠とローテ

枠	ローテ	1着	2着	3着	3着内数	総数	勝率	連対率	複勝率	単回率	複回率
内枠	同距離	19	14	18	51	238	8.0%	13.9%	21.4%	66%	85%
	延長	0	1	0	1	12	0.0%	8.3%	8.3%	0%	40%
	短縮	4	8	0	12	114	3.5%	10.5%	10.5%	87%	47%
外枠	同距離	18	17	19	54	281	6.4%	12.5%	19.2%	89%	76%
	延長	0	0	0	0	15	0.0%	0.0%	0.0%	0%	0%
	短縮	7	8	11	26	159	4.4%	9.4%	16.4%	29%	70%

枠とローテ（前走不利馬の場合）

枠	ローテ	1着	2着	3着	3着内数	総数	勝率	連対率	複勝率	単回率	複回率
内枠	同距離	2	1	3	6	28	7.1%	10.7%	21.4%	62%	58%
	延長	0	0	0	0	1	0.0%	0.0%	0.0%	0%	0%
	短縮	0	5	0	5	22	0.0%	22.7%	22.7%	0%	105%
外枠	同距離	1	1	2	4	35	2.9%	5.7%	11.4%	24%	30%
	延長	0	0	0	0	3	0.0%	0.0%	0.0%	0%	0%
	短縮	2	2	5	9	42	4.8%	9.5%	21.4%	35%	110%

コース: # 中京芝1400m

決着率と破壊力ランキング

展開	決着確率	馬券破壊力
前残り決着	C	C
差し決着	A	B

枠	決着確率	馬券破壊力
内枠決着	C	B
外枠決着	C	C

展開の内訳

展開	R発生割合	レース数	単回率	複回率
前残り決着	16%	13	111%	68%
差し決着	30%	22	48%	72%

枠の内訳

枠	R発生割合	レース数	単回率	複回率
内枠決着	11%	9	99%	82%
外枠決着	16%	16	44%	63%

コースのポイント

★差し決着の確率が高い。

★内枠、外枠どちらが有利か、馬場のクセを見極め、
有利な枠の短縮馬や差し馬を狙うのが良い。

有利な馬・ローテ

★短縮馬。

★差し馬。

不利な馬・ローテ

特になし。

枠順のポイント

★最内は、ややスタート不利(好位で競馬できる馬なら問題ない)。

枠とローテ

枠	ローテ	1着	2着	3着	3着内数	総数	勝率	連対率	複勝率	単回率	複回率
内枠	同距離	12	13	11	36	197	6.1%	12.7%	18.3%	90%	62%
	延長	5	7	7	19	136	3.7%	8.8%	14.0%	37%	88%
	短縮	14	11	15	40	168	8.3%	14.9%	23.8%	86%	137%
外枠	同距離	21	21	16	58	232	9.1%	18.1%	25.0%	227%	103%
	延長	3	7	5	15	162	1.9%	6.2%	9.3%	18%	45%
	短縮	14	10	13	37	241	5.8%	10.0%	15.4%	36%	75%

枠とローテ(前走不利馬の場合)

枠	ローテ	1着	2着	3着	3着内数	総数	勝率	連対率	複勝率	単回率	複回率
内枠	同距離	4	2	0	6	39	10.3%	15.4%	15.4%	238%	75%
	延長	1	1	1	3	17	5.9%	11.8%	17.6%	34%	132%
	短縮	1	3	4	8	33	3.0%	12.1%	24.2%	12%	62%
外枠	同距離	2	1	3	6	30	6.7%	10.0%	20.0%	24%	57%
	延長	1	0	0	1	16	6.3%	6.3%	6.3%	51%	11%
	短縮	2	1	3	6	43	4.7%	7.0%	14.0%	24%	156%

東京 中山 京都 阪神 中京 小倉 福島 新潟 札幌 函館

コース: 中京芝1600m

決着率と破壊力ランキング

展開	決着確率	馬券破壊力
前残り決着	C	C
差し決着	B	A

枠	決着確率	馬券破壊力
内枠決着	C	B
外枠決着	B	A

展開の内訳

展開	R発生割合	レース数	単回率	複回率
前残り決着	18%	10	95%	53%
差し決着	25%	14	76%	92%

枠の内訳

枠	R発生割合	レース数	単回率	複回率
内枠決着	14%	8	67%	70%
外枠決着	21%	14	68%	89%

コースのポイント

★差し決着、外枠決着の決着確率、馬券破壊力ともに高い。

★特に外枠の短縮馬の成績が優秀。

有利な馬・ローテ

★短縮馬。特に外枠で前走、不利を受けていた馬。

不利な馬・ローテ

★内枠の延長馬。

枠順のポイント

★最内はややスタート不利(好位で競馬できる馬なら問題ない)。

枠とローテ

枠	ローテ	1着	2着	3着	3着内数	総数	勝率	連対率	複勝率	単回率	複回率
内枠	同距離	8	12	11	31	161	5.0%	12.4%	19.3%	47%	55%
	延長	4	2	3	9	120	3.3%	5.0%	7.5%	23%	23%
	短縮	9	15	8	32	130	6.9%	18.5%	24.6%	69%	73%
外枠	同距離	13	14	19	46	166	7.8%	16.3%	27.7%	46%	81%
	延長	8	7	7	22	126	6.3%	11.9%	17.5%	32%	74%
	短縮	15	7	10	32	142	10.6%	15.5%	22.5%	159%	90%

枠とローテ(前走不利馬の場合)

枠	ローテ	1着	2着	3着	3着内数	総数	勝率	連対率	複勝率	単回率	複回率
内枠	同距離	1	2	1	4	19	5.3%	15.8%	21.1%	12%	50%
	延長	1	1	1	3	12	8.3%	16.7%	25.0%	53%	53%
	短縮	3	4	2	9	27	11.1%	25.9%	33.3%	92%	127%
外枠	同距離	1	1	1	3	15	6.7%	13.3%	20.0%	24%	61%
	延長	2	1	1	4	10	20.0%	30.0%	40.0%	103%	522%
	短縮	5	1	2	8	28	17.9%	21.4%	28.6%	503%	193%

コース: **中京芝2000m**

決着率と破壊力ランキング

展開	決着確率	馬券破壊力	枠	決着確率	馬券破壊力
前残り決着	C	B	内枠決着	C	C
差し決着	A	B	外枠決着	B	B

展開の内訳

展開	R発生割合	レース数	単回率	複回率
前残り決着	19%	18	47%	78%
差し決着	36%	29	42%	76%

枠の内訳

枠	R発生割合	レース数	単回率	複回率
内枠決着	13%	13	43%	51%
外枠決着	25%	21	44%	80%

コースのポイント

★外枠決着、差し決着の確率が高い。
★短縮馬の成績が優秀。
★特に未勝利戦は、短縮馬や差し馬の上位独占が多い。

有利な馬・ローテ

★短縮馬、差し馬(特に未勝利戦)。

不利な馬・ローテ

特になし。

枠順のポイント

★大外スタートは、やや不利。

枠とローテ

枠	ローテ	1着	2着	3着	3着内数	総数	勝率	連対率	複勝率	単回率	複回率
内枠	同距離	14	10	13	37	186	7.5%	12.9%	19.9%	89%	65%
	延長	13	17	13	43	263	4.9%	11.4%	16.3%	31%	72%
	短縮	6	7	9	22	90	6.7%	14.4%	24.4%	84%	73%
外枠	同距離	21	20	16	57	265	7.9%	15.5%	21.5%	43%	84%
	延長	12	16	18	46	312	3.8%	9.0%	14.7%	48%	65%
	短縮	14	10	11	35	121	11.6%	19.8%	28.9%	70%	159%

枠とローテ(前走不利馬の場合)

枠	ローテ	1着	2着	3着	3着内数	総数	勝率	連対率	複勝率	単回率	複回率
内枠	同距離	2	0	1	3	21	9.5%	9.5%	14.3%	131%	69%
	延長	2	2	4	8	29	6.9%	13.8%	27.6%	43%	75%
	短縮	0	2	1	3	14	0.0%	14.3%	21.4%	0%	117%
外枠	同距離	4	2	2	8	30	13.3%	20.0%	26.7%	57%	60%
	延長	2	4	3	9	41	4.9%	14.6%	22.0%	69%	80%
	短縮	4	0	0	4	25	16.0%	16.0%	16.0%	63%	34%

東京 中山 京都 阪神 中京 小倉 福島 新潟 札幌 函館

コース: 中京芝2200m

決着率と破壊力ランキング

展開	決着確率	馬券破壊力
前残り決着	C	C
差し決着	B	C

枠	決着確率	馬券破壊力
内枠決着	B	C
外枠決着	A	B

展開の内訳

展開	R発生割合	レース数	単回率	複回率
前残り決着	18%	7	71%	56%
差し決着	23%	9	120%	69%

枠の内訳

枠	R発生割合	レース数	単回率	複回率
内枠決着	20%	8	43%	54%
外枠決着	35%	15	70%	75%

コースのポイント

★外枠決着の確率が高いが、馬券破壊力はさほど高くはない。

★外枠の同距離馬、短縮馬を狙うのが良いが、勝負レースには向いていない。

有利な馬・ローテ

★外枠の同距離馬、短縮馬。

不利な馬・ローテ

特になし。

枠順のポイント

スタート時の有利不利は特になし。

枠とローテ

枠	ローテ	1着	2着	3着	3着内数	総数	勝率	連対率	複勝率	単回率	複回率
内枠	同距離	4	5	2	11	54	7.4%	16.7%	20.4%	45%	49%
	延長	10	3	7	20	127	7.9%	10.2%	15.7%	164%	69%
	短縮	3	4	4	11	57	5.3%	12.3%	19.3%	24%	40%
外枠	同距離	11	8	7	26	72	15.3%	26.4%	36.1%	109%	95%
	延長	7	13	14	34	179	3.9%	11.2%	19.0%	21%	65%
	短縮	5	7	6	18	73	6.8%	16.4%	24.7%	130%	87%

枠とローテ(前走不利馬の場合)

枠	ローテ	1着	2着	3着	3着内数	総数	勝率	連対率	複勝率	単回率	複回率
内枠	同距離	0	1	1	2	9	0.0%	11.1%	22.2%	0%	50%
	延長	0	0	0	0	14	0.0%	0.0%	0.0%	0%	0%
	短縮	1	0	0	1	7	14.3%	14.3%	14.3%	54%	17%
外枠	同距離	0	1	2	3	9	0.0%	11.1%	33.3%	0%	166%
	延長	1	1	3	5	22	4.5%	9.1%	22.7%	9%	89%
	短縮	1	1	0	2	8	12.5%	25.0%	25.0%	100%	60%

的中例解説｜中京ダート1200m重～稍重

「渋ったら外枠の先行馬を狙え」のお手本

中京ダート1200mは、雨で馬場が渋ると、外枠からスムーズに先行できる馬の期待値が上がる。

2014年7月5日、中京8R（3歳上500万下）も重で行なわれたダート1200m戦だった。

双馬が、このレースで本命に選んだのは⑬サカジロヴィグラス（6番人気）。

同馬はコースメモにも書かれている有利な「外枠の先行馬」にあたる。前走は苦手な延長ローテ。今回は短縮ローテで、巻き返しの可能性も高いため本命としたのだ。

同じく、有利な外枠の先行馬⑮アブニール（14番人気）は4番手評価。

レースは外枠から先団にとりついたアブニールが3番手、サカジロヴィグラスが5番手で3～4コーナーを回る。直線では、サカジロが粘るアブニールを突き放し快勝した。

3着こそ1番人気②スターペスユウコだったが（この馬も先行）、6番人気→14番人気というワンツーで、3連単は29万2910円に。これを800円的中し、払い戻しは234万3280円となった。

【中京ダート1200m重～稍重】的中例
2014年7月5日 中京8R（3歳上500万下）

16	15	14	13	12	11	10	9	8	7	6	5
桃8	桃8	橙7	橙7	緑6	緑6	黄5	黄5	青4	青4	赤3	赤3
ブライアンズタイム(万)	コマンズ(マ)	テイエムオペラオー(長)	サウスヴィグラス(短)	クロフネ(マ中)	サムライハート(中)	ブライアンズタイム(万)	アジュディケーティング(中短)	ソングオブウインド(長)	フジキセキ(マ中)	ダイワメジャー(マ中)	ゼンノロブロイ(中長)
(地)オリエンタルエッグ	アブニール	テイエムリヴィエラ	サカジロヴィグラス	アルテミシア	(地)ジョディーズロマン	(地)アルティメイト	ヒノデポベーダ	(地)レディカリビアン	アイムユアドリーム	デアリングプライド	ラヴィーネ
ハートストリングス(中)	フレンチアウル(マ)	テイエムノキセキ(中)	ヒカルマイハート(短)	エイシンアイノウタ(中)	ジョディーディア(中)	ピサノダイアナ(中)	アサヒチャウス(中)	オメガカリビアン(中)	ビオンドパンテーラ(マ)	デアリングダンジグ(短)	レディイン(中)
青鹿	鹿毛	鹿毛	黒鹿	鹿毛	栗毛	青鹿	鹿毛	芦毛	栗毛	鹿毛	芦毛
55 牝4	52 牝3	52 牝3	49 牝3	55 牝4	55 牝4	55 牝5	55 牝6	49 牝3	49 牝3	55 牝5	52 牝3
替高倉	替国分優	替幸	▲義	替小牧	替酒井	替小坂	替熊沢	▲岩崎	替▲松若	浜中	替北村友
栗田所秀	栗日吉	栗浜田	栗崎山	栗藤沢則	栗飯田雄	栗境直	栗梅田康	栗安達	栗安田隆	栗森田	栗安田隆
○ 110	○ 400	○ 400	○ 400	○ 200	○ 15	○ 20	○ 200	○ 110	○ 400	○ 450	○ 400
467	570	1000	830	600	301	1501	1262	705	572	2512	700
棚網るみ子	中辻明	竹園正繼	ロイヤルパーク	岡田牧雄	ローレルR	アルツト組合	久野正弘	山内邦一	ユアストーリー	社台RH	社台RH
(ひ)矢野牧場	(日)ダーレージャパンF	(日)テイエム牧場日高	(む)宇南山牧場	(ひ)小河豊水	(新)新冠橋本牧場	(ひ)飛野牧場	(新)片倉拓司	(新)森永聡	(平)坂東牧場	(千)社台F	(千)社台F
…… △ …… …… …… ……	…… …… …… …… …… ……	…… △ ◎ …… …… B△	…… …… …… …… △ ……	…… …… …… …… …… ……	…… …… …… △ …… ……	…… …… △ …… △ △	…… …… …… …… …… ……	注 ▲ △ ▲ △ ▲	△ ◎ 注 △ 注 △	▲ △ ○ ○ ○ ◎	△ …… …… …… …… ……
	京1102⑤ 京1237❽	小1100⑥ 阪1245[12]		芙1385⑮		小1077④ 阪1208⑥	小1083⑪			芙1352③	新1101⑧ 京1221⑬
千ダ36.4[3]	三34.1⑤ 三ダ38.2⑦	三35.5[8] 三ダ36.4[6]	三ダ37.0[3]	芙37.5⑮ 三ダ36.0⓫	孟ダ36.8②	三34.0⑤ 三ダ35.7❾	三34.7⑪ 三ダ35.7⑭	三ダ35.6④	三ダ36.9⑦	芙35.4③ 三ダ36.3[3]	孟34.5⑥
小ダ59.2[3] 阪ダ1138⑦ 阪ダ1271⑫ 千三ダ1176[2]	阪ダ1137⑦ 京ダ1267⑧	新ダ1124[3] 京ダ1287⑤	阪ダ1124❶ 京ダ1259⑧	中ダ1477[13] 阪ダ1128⓫ 京ダ1265⑨ 天ダ1553⑩	中ダ1464[5] 天ダ1552⑧ 阪ダ1259② 名ダ1456❶	千二芝1088⑥ 阪ダ1123❾ 京ダ1251④ 中ダ1493[12]	小ダ59.2⑦ 阪ダ1127[6] 京ダ1252⑦ 千二芝1098③	阪ダ1118④ 京ダ1259⑦	中ダ1131① 京ダ1259⑤	阪ダ1110[3] 京ダ1247③ 天ダ1568⑥	
0 0 1 0	0 0 0 0	0 0 0 1	1 0 0 1	0 0 0 2	0 0 0 1	0 0 0 1	0 0 0 2	0 0 0 1	0 0 0 0	0 0 2 0	0 0 0 0
プリモドミニー	リセット	フジキセキ	フジキセキ	サンデーサイレンス	ウッドマン	サンデーサイレンス	セントシーザー	フレンチデピュティ	シーキングザゴールド	ダンジグ	ケンドール
ミススパイダー	初仔	初仔	テイエムクーガー	マイネルシーガル	マイティーカラー	ブルームーンピサ	アサヒカレンダー	初仔	初仔	エクトンパーク	イチオクノホシ
天孟三千 0 0 0 0 0 0 0 0 0 0 0 1 0 1 4 0	天孟三千 0 1 0 0 0 0 0 0 0 0 0 0 0 2 2 0	天孟三千 0 0 1 0 0 0 1 0 0 0 1 0 0 3 6 0	天孟三千 0 0 1 0 0 0 1 0 0 0 1 0 0 3 3 0	天孟三千 0 1 0 0 0 0 0 0 0 0 0 0 1 4 3 0	天孟三千 0 0 0 0 0 1 0 0 0 0 0 0 0 3 0 0	天孟三千 0 0 0 0 0 1 1 0 0 0 1 0 5 7 10 0	天孟三千 0 0 1 0 0 1 0 0 0 0 0 0 0 6 18 2	天孟三千 0 0 0 0 0 0 0 0 0 1 0 0 0 5 2 0	天孟三千 0 0 1 0 0 0 0 0 0 0 0 0 0 1 1 0	天孟三千 0 2 0 0 0 1 0 0 1 3 1 0 0 3 2 0	天孟三千 0 1 0 0 0 0 0 0 0 0 0 0 0 2 2 0
園田 4月3日 ③四才上1 B1 3ゲ9頭 孟ダ1309 54 田中学 S④③② 458 人気[3] 好位抜出 1 3/4 内383 ビザンローズ 1312 0.3	2京 2月22日 ⑦三才8 牝500 5ゲ13頭 孟ダ1267 54 武幸 H③⑨⑨ 438 人気11 もまれる 5身 363内384 パーティードレ 1259 0.8	2阪 4月5日 ③三才6 牝未勝 7ゲ16頭 三ダ1138 54 小牧 M⑪⑦⑤ 430B人気[2] 中位伸も 4 1/2 363内375 ルスナイプリン 1131 0.7	2阪 3月30日 [2]三才10 500万 14ゲ14頭 三ダ1133 51 義 H①①① 484 人気4 逃一杯 5身 347内386 アレット 1125 0.8	1阪 3月8日 [3]四才上12 牝500 1ゲ14頭 孟ダ1274 55 幸 M⑭⑬⑩ 462 人気14 後方まま 9 1/2 376外377 オメガセニョリ 1259 1.5	名古 2月21日 ⑤三才上1 B8 9ゲ9頭 孟ダ1301 54 安部幸 S③③① 457 人気[1] 楽抜出 5身 内390 ザエリモホース 1311 1.0	3京 4月27日 ②四才上4 牝500 12ゲ14頭 三ダ1132 55 小坂 M⑤③② 460 人気8 G前伸欠 5 1/4 358中374 メイショウツレ 1123 0.9	2中京 3月22日 ④四才上16 牝500 3ゲ16頭 三ダ1155 55 酒井 M[12]⑬⑭ 442 人気15 太目残 大差 365内390 サイズミックレ 1119 3.6	3京 5月4日 ④三才7 牝500 2ゲ15頭 孟ダ1259 54 浜中 H⑩⑥⑥ 436B人気10 中位まま 5 1/4 350内387 カネトシビバー 1250 0.9	2中京 3月16日 ②三才1 牝未勝 16ゲ16頭 三ダ1131 51 松若 H②①① 454 人気[2] 先行競勝 クビ 349中382 デルマアクレチ 1131 0.0	1阪 3月15日 ❺四才上3 500万 7ゲ16頭 孟ダ1252 55 浜中 M②②② 504 人気[1] 先行粘る 1身 359中370 ミッキーアップ 1250 0.2	5京 11月9日 ③ファンタ13 牝GⅢ 2ゲ18頭 孟外1221 54 ルメール M③③④ 442 人気10 先行一杯 6身 346内360 ベルカント 1211 1.0
園田 5月7日 ③四才上2 A2 10ゲ12頭 孟ダ1289 54 田中学 M②①① 451 人気[3] 3角先頭 2 1/2 内387 エーシンユリシ 1285 0.4	1阪 3月9日 ④三才7 牝500 1ゲ14頭 三ダ1137 54 酒井 M③④④ 434 人気8 好位一杯 4 1/2 355内382 オートロンシャ 1129 0.8	1新 5月17日 [5]三才3 牝未勝 14ゲ15頭 三ダ1124 53 中井 H⑤⑤⑤ 436B人気[3] 好位伸 3 1/4 346中378 ラインハート 1119 0.5	2阪 4月12日 ⑤三才6 500万 8ゲ16頭 三ダ1133 51 義 M⑤⑧⑧ 488 人気8 好位一息 4 3/4 358中375 クーゲル 1125 0.8	3京 4月27日 ②四才上6 牝500 11ゲ14頭 三ダ1135 55 和田 M⑧⑦④ 468 人気12 追上一杯 7身 362外373 メイショウツレ 1123 1.2	名古 3月28日 ❹三才上1 B6 8ゲ9頭 天ダ1456 54 岡部誠 H③②① 462 人気[2] 直線競勝 クビ 中407 ウエスタンパレ 1456 0.0	3京 5月17日 ⑦四才上3 500万 11ゲ16頭 三ダ1131 55 北村友 M⑩⑨⑨ 462 人気6 中位伸 1/2身 365中366 オリエンタルリ 1130 0.1	1福 4月12日 ①四才上14 500万 11ゲ15頭 千二芝1112 55 高倉 M⑭⑫⑪ 426 人気15 後方まま 10 1/2 363外383 モオブナツヨシ 1094 1.8	3京 5月18日 ⑧三才6 500万 8ゲ12頭 三ダ1132 54 国分優 S[12]⑫⑪ 436B人気6 後方差詰 4 1/2 373外359 エイシンゴージ 1125 0.7	2阪 4月12日 ⑤三才7 500万 13ゲ16頭 三ダ1134 54 岩田康 M[15]⑬⑬ 454 人気4 出遅る 5 1/2 365中369 クーゲル 1125 0.9	2阪 4月5日 ③四才上10 500万 6ゲ14頭 孟ダ1270 55 浜中 H⑤⑤⑤ 498 人気[1] 好位一杯 9 3/4 357中390 チュウワワンダ 1255 1.5	2阪 3月29日 ①三才7 500万 2ゲ14頭 三内1105 54 ペドロサ M④④③ 456 人気7 好位一息 4 3/4 346内359 ラインスピリッ 1097 0.8
3阪 6月8日 ②三才上12 500万 3ゲ15頭 孟ダ1271 55 酒井 M①①② 440 人気11 逃バテ 大差 345内404 エイシンライア 1238 3.3	4ヵ月休 放牧 乗込み4週間 仕上り○ 連対体重 440キロ 3ヵ月以上休 ①②③外 0 0 0 1	3阪 6月8日 ②三才1 牝未勝 7ゲ16頭 三ダ1127 53 中井 H⑨⑩⑧ 432B人気[3] 中位差切 クビ 359中368 サンレイフレン 1127 0.0	3京 5月4日 ④三才8 牝500 4ゲ15頭 孟ダ1259 51 義 H①②② 486 人気12 先行一杯 5 1/4 344中391 カネトシビバー 1250 0.9	3京 5月17日 ⑦四才上9 500万 1ゲ16頭 三ダ1136 55 秋山 M⑫⑫⑩ 474 人気12 後方直丈 3 3/4 368中368 オリエンタルリ 1130 0.6	3ヵ月余 中央再転入 乗込み2週間 仕上り○ 連対体重 436キロ 3ヵ月以上休 ①②③外 0 0 0 2	3阪 6月7日 ①三才上7 牝500 15ゲ15頭 三ダ1124 55 北村友 M⑩⑩⑪ 458 人気6 中位差詰 4 1/2 357中367 ハニードント 1117 0.7	1新 5月3日 ①四才上14 牝500 2ゲ15頭 三ダ1148 55 鮫島 H⑩⑬⑭ 434 人気15 後方まま 10 3/4 356内392 チェリーミルズ 1130 1.8	3阪 6月7日 ①三才上4 牝500 4ゲ15頭 三ダ1118 49 岩崎 M⑭⑮⑮ 436 人気5 後方伸 1/2身 362外356 ハニードント 1117 0.1	3京 5月4日 ④三才5 牝500 12ゲ15頭 孟ダ1259 54 横山典 H[14]⑮⑮ 444 人気11 後方追上 5 1/4 365外375 カネトシビバー 1250 0.9	3ヵ月休 放牧 乗込み3週間 仕上り○ 連対体重 468～476 3ヵ月以上休 ①②③外 0 0 2 2	1新 5月3日 ①ゆきつばき8 500万 11ゲ16頭 三内1101 54 中井 H⑦⑦⑧ 448 人気5 中位まま 4身 341中360 クラウンルシフ 1094 0.7

中京 8 発馬 1.55 サラ三歳以上 500万下・定量	1 (白1)	2 (白1)	3 (黒2)	4 (黒2)
馬名	タガノハピネス	スターペスユウコ	スピリットレイク	ハンマークラビア
父	タガノゲルニカ㊥	バトルライン㋮	インヴィンシブルスピリット㊗	ゼンノロブロイ㊬
母	タガノラフレシア㊗	ピアローズ㋮	アクアリスト㋮	フォルテピアノ㊗
毛色	鹿毛	鹿毛	鹿毛	黒鹿
斤量・性齢	55 牝4	52 牝3	55 牝4	52 牝3
騎手	替松山	武幸	鮫島	替川須
厩舎	栗鈴木孝	栗石橋	栗角田	栗高野
賞金	○ 450	○ 400	○ 200	○ 400
総賞金	1790	1410	1175	1100
馬主	八木良司	河野和香子	シェイク・モハメド	キャロットF
生産	新 新冠タガノF	新 村上欽哉	日 ダーレージャパンF	安 ノーザンF
持木秀康	△	○	△	◎
那谷明弘	…	○	△	注
加茂聡	▲	△	…	△
須藤大和	◎	△	△	注
中邑茂	△	◎	…	▲
本紙田崎	注	○	△	△
芝1200 / 1400	阪 1100 ① 阪 1227 ⑨		芺 1095 ③ 芺 1368 [14]	
芝上り / ダート上り	三 34.2 ① 四ダ 35.1 ❻	三ダ 36.7 ①	芺 34.6 [14] 三ダ 36.3 ❶	四ダ 36.8 ③
ダ1000 / ダ1200 / ダ1400 / ダ1600	京ダ 1118 ⑪ 京ダ 1238 ❻ 六ダ 1548 ⑬	阪ダ 1117 ③ 京ダ 1272 ④	札ダ 1012 ⑥ 阪ダ 1125 ④ 阪ダ 1254 ❹ 三ダ 1463 ④	京ダ 1255 [3]
ダ重実績	1 0 0 1	0 1 1 0	1 0 0 2	0 0 0 0
母の父	エリシオ	ジェニュイン	コロナドズクエスト	フレンチデピュティ
兄弟馬	タガノボヘミアン	スターペスジンタ		バルトロメオ
天 西 三 千	0 1 ｷ 0	0 0 1 0	0 0 1 0	0 1 0 0
千六のみ 千四のみ 千二のみ 千のみ	0 0 0 0	0 0 2 0	0 0 0 0	0 1 0 0
	0 0 1 0	0 0 2 0	0 0 2 0	0 2 0 0
	0 5 4 0	0 1 1 0	1 3 5 1	0 2 0 0
ダート 1200 米	2京 2月8日 ❸ 宇治10 1000万 7ﾀﾞﾄ15頭 四外 1229 53国分恭 M ⑩⑪⑪ 460 人気13 中位まま 5½ 366 中 351 タガノグーフォ 1219 1.0	3京 4月26日 ① 未2 未勝16ﾀﾞﾄ16頭 三ダ 1133 54 小林徹 M ②②② 436 人気6 先行伸 1¼ 359 中 374 メンカウラー 1131 0.2	1新 5月4日 ② 濃10 500万 6ﾀﾞﾄ15頭 三内 1100 55 小牧 M [8]⑤⑤ 490 B 人気7 追上一杯 4¾ 348 中 352 モンマックス 1093 0.7	2京 2月22日 ⑦ 未12 牝500 11ﾀﾞﾄ13頭 四ダ 1275 54 秋山 H ⑨③③ 454 B 人気❸ 追上一杯 10身 353 中 396 パーティードレ 1259 1.6
賞金 730万 290 180 110 73 / レコード 1.10.1 24年7月 キクノストーム 54 幸	1小 3月2日 ⑧ 周防12 1000万 9ﾀﾞﾄ17頭 三 1102 53高倉 M ⑫⑪⑪ 458 人気13 後方まま 7¼ 350 外 352 ジャベリン 1090 1.2	3京 5月11日 ⑥ 未1 牝未勝 8ﾀﾞﾄ16頭 三ダ 1126 54 小林徹 S ①①① 436 人気❶ 逃楽勝 3½ 359 内 367 イルーシヴネヤ 1132 0.6	3京 5月24日 ⑨ 四才上8 牝500 13ﾀﾞﾄ15頭 四ダ 1254 55 小牧 M ⑤③④ 490 人気8 好位一杯 6¼ 354 中 378 マーティンオー 1243 1.1	2中京 3月21日 ③ 浄3 500万 14ﾀﾞﾄ16頭 四ダ 1270 54 池添 M ⑬⑩⑩ 452 人気6 漸進伸 1身 376 外 368 サリレモンド 1268 0.2
中京 8R 1-1 18.0 1-2 9.5 1-3 6.3 1-4 7.1 1-5 38.2 1-6 36.2 1-7 22.0 1-8 43.2 2-2 84.2 2-3 10.0 2-4 11.2 2-5 60.6 2-6 57.5 2-7 35.0 2-8 68.5 3-3 65.3 3-4 7.4	4ヵ月休 放牧 乗込み2週間 仕上り○ 連対体重 440～448 3ヵ月以上休 ①②③外 1 0 0 2	3阪 6月7日 ① 三才上3 牝500 5ﾀﾞﾄ15頭 三ダ 1117 52 武幸 M ②②② 440 人気❷ 二位付粘 ¼身 349 中 368 ハニードント 1117 0.0	3阪 6月14日 ③ 三才上4 500万 16ﾀﾞﾄ16頭 三ダ 1125 55 鮫島 M ③④④ 496 人気14 好位粘る ½身 356 中 369 ミラクルルーマ 1124 0.1	3京 5月4日 ④ 未10 牝500 10ﾀﾞﾄ15頭 四ダ 1260 54 池添 H ⑤⑨⑨ 460 人気❶ 中位一杯 5½ 352 中 386 カネトシビバー 1250 1.0

2014年7月5日中京8R
（ダート1200m重、3歳上500万下）

1着⑬サカジロヴィグラス（6番人気）
2着⑮アブニール　　　　（14番人気）
3着②スターペスユウコ　（1番人気）

3連単⑬→⑮→②292910円×800円的中
=234万3280円

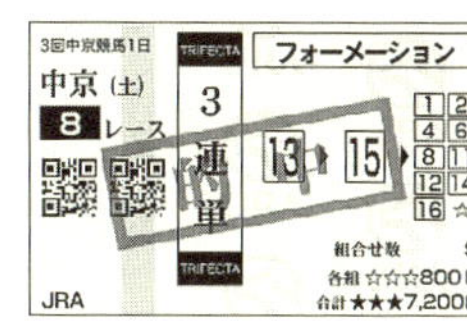
3回中京競馬1日
中京（土）
8 レース
TRIFECTA
3連単
フォーメーション
13 → 15 → 1 2 4 6 8 11 12 14 16 ☆
組合せ数 9
各組 ☆☆☆800円
合計 ★★★7,200円
JRA

的中例解説｜中京芝1400m

「内枠」で上位独占！ 3連単63万馬券

中京芝1400mは馬場のクセが強く出る。近い枠や同じローテーションの馬が上位を独占しやすい。

2015年3月21日中京11Rファルコン S（芝1400m稍重、3歳GⅢ）。

双馬は、この日の中京の芝1400mは「内枠が有利」なクセだと読み、勝負する。

本命に選んだのは、有利な「内枠」、さらに中京芝1400mで有利になりやすい「短縮ローテ」にも該当する⑧ヤマカツエース（5番人気）。

結果はゴール前、ハナ、ハナの大接戦の末、ヤマカツエースは3着と馬券圏内をがっちりキープ。

14番人気で勝った①タガノアザガルは「前走不利馬」（ホームページで公開）。前走クロッカスSは差し馬が上位を占める中、先行して9着という、展開による不利を受けていた馬。今回は、不利を受けずに能力を発揮できる状況に加え、有利な内枠だったため4番手評価としたのが功を奏した。

1番人気の⑬フミノムーンは外枠から外を回し追い込んで、3着に2馬身届かずの4着。

14番人気→4番人気（逃げた③アクティブミノル。この後、ニュージーランドT15着大敗を挟んで秋のセントウルSを10番人気で逃げ切り）→5番人気の順で、3連単は63万8950円。これを300円的中し、払い戻しは190万円を超えた。

18 桃8	17 桃8	16	15 橙7	14 橙7	13
チチカステナンゴ(中) ブリクスト プロミストスパーク(中) 黒鹿	ジャングルポケット ブラッククローバー パリスセイリュウ(地) 黒鹿	トワイニング(地) セカンドテーブル モカサンデー(マ) 栗毛	クロフネ(マ中) レインイングランド マリンフェスタ(地) 芦毛	オンファイア(マ中) ワキノヒビキ ワキノバクシン(地) 鹿毛	アドマイヤムーン(中) フミノムーン フミノシンデレラ(地) 栗毛
56 牡3	56 牡3	57 牡3	56 牡3	56 牡3	56 牡3
北村友	松山	圏バルジュー	圏松岡	北村宏	圏幸
吉田	川村	崎山	矢作	清水久	西浦
○ 900	○ 900	○ 2200	○ 1700	○ 1200	○ 900
3340	2100	4300	3730	2600	1740
サンデーR	呂朝子	山上和良	田畑勝彦	脇山良之	谷二
安 ノーザンF	新 山岡牧場	日 川島良一	日 天羽牧場	ひ 広田牧場	浦 斉藤英牧場
▲ ▲ … △ ○ △	△ … … △ … △	… … △ △ … …	△ △ … △ ▲ ○	… … △ … △ ▲	○ ○ ○ ○ 注 ◎
阪 1217 ② 新 1340 ⑤	小 1081 ① 阪 1218 ④	小 1091 ⑦ 東 1215 ① 阪 1378 ⑭	中 1089 ① 壬 1326 ⑨ 京 1349 ⑤	京 1218 ② 新 1344 ⑧	舌 1236 ① 京 1339 ① 辛 2024 ④
天 34.2 ⑤	壬 34.6 ⑤	舌 34.1 ①	天 34.8 ⑤ 天ダ 37.2 ⑬	舌 33.7 ②	辛 33.9 ④
			天ダ 1411 ⑬ 阪ダ 1254 ③		
0 0 0 0	0 0 0 0	0 0 0 0	0 0 0 0	0 0 0 1	0 0 0 0
フジキセキ	サクラバクシンオー	サンデーサイレンス	サクラバクシンオー	サクラバクシンオー	サンダーガルチ
フルオブプロミス	シャイン	サンディビーチ	ケイリンボス	ワキノネクサス	フミノフォーチュン
0 1 1 0 0 0 2 0 0 0 0 0 0 1 1 0	0 0 0 2 0 0 0 1 0 0 0 0 0 0 3 2	0 0 1 1 0 0 0 0 0 0 0 0 0 1 0 1	0 0 1 2 0 0 0 0 0 0 1 1 0 2 0 0	0 0 2 0 0 0 1 0 0 0 0 0 0 2 2 0	0 1 1 0 0 0 0 0 0 0 0 0 0 1 0 0
4京 10月19日 ⑤ もみじS 7 オープン 7ゲト10頭 舌外 1222 55 川田 S ①②③ 474 人気1 好位一杯 4 1/4 354 中 349 アルマワイオリ 1216 0.6	1中 1月10日 ③ [illegible] 5 500万 16ゲト16頭 壬外 1094 56 後藤 M ⑬⑫⑨ 474 人気6 外々回る 2 1/2 348 外 346 ビヨンジオール 1091 0.3	5東 11月8日 ① 京王2才 1 GⅡ 3ゲト12頭 舌 1215 55 戸崎圭 S ①①① 442 人気11 逃切る 1 1/2 354 内 341 サフィロス 1217 0.2	4中京 12月6日 ① [illegible] 1 500万 11ゲト16頭 舌ダ 1259 55 内田博 H ④③③ 512 人気4 先行抜出 ハナ 351 中 383 ポクノナオミ 1259 0.0	5東 11月8日 ① 京王2才 7 GⅡ 4ゲト12頭 舌 1222 55 北村宏 S ⑫⑫⑪ 482 人気2 内刺る 4 1/4 371 内 338 セカンドテーブ 1215 0.7	5京 11月16日 ④ [illegible] 4 500万 3ゲト7頭 辛内 2024 55 幸 S ⑥⑥② 454 人気3 伸一息 3 1/4 384 外 339 ベルラップ 2019 0.5
4中京 12月14日 ④ こうやま 1 500万 8ゲト9頭 天 1382 55 北村友 S ⑥⑤⑥ 478 人気2 中位差切 ハナ 386 中 344 ダッシングブレ 1382 0.0	2京 2月1日 ② [illegible] 4 500万 10ゲト11頭 舌内 1227 56 和田 S ①②② 480 人気7 先行一息 3 1/4 354 中 355 ヤマカツエース 1222 0.5	5阪 12月21日 ⑥ 朝日FS 14 GⅠ 7ゲト18頭 夫外 1378 55 戸崎圭 M ②②② 448 人気11 息入らず 11 1/2 351 中 379 ダノンプラチナ 1359 1.9	4中 12月27日 ⑦ クリスマスR 1 オープン 13ゲト13頭 壬外 1089 56 松岡 M ①①① 516 人気7 逃切る 3/4身 335 内 354 モルジアナ 1090 0.1	5阪 12月21日 ⑥ 朝日FS 12 GⅠ 11ゲト18頭 夫外 1373 55 北村宏 M ⑰⑭⑮ 486 人気15 後方直大 8 3/4 366 外 365 ダノンプラチナ 1359 1.4	5阪 12月28日 ⑧ [illegible] 6 500万 10ゲト16頭 夫外 1379 55 幸 S ⑧⑩⑩ 456 人気2 中位まま 3身 383 中 343 アンビシャス 1374 0.5
1東 1月31日 1 クロッカス 2 オープン 7ゲト14頭 舌 1228 56 北村友 S ⑩⑨⑨ 480 人気2 中位伸 1/2身 364 中 347 ニシノラッシュ 1227 0.1	1小 2月28日 ⑦ [illegible] 1 500万 8ゲト18頭 壬 1081 56 松山 M ②②② 474 人気4 先行抜出 1 1/4 332 中 349 シラユキ 1083 0.2	3ヵ月休 放牧 乗込み4週間 仕上り◎ 連対体重 442～448 3ヵ月以上休 ①②③外 1 0 0 0	1京 1月11日 ④ シンザン 5 GⅢ 4ゲト12頭 夫外 1349 56 浜中 S ①①① 510 人気4 逃一息 1/2身 357 内 348 グァンチャーレ 1348 0.1	3ヵ月休 放牧 乗込み3週間 仕上り○ 連対体重 480～486 3ヵ月以上休 ①②③外 0 0 0 1	1中京 1月24日 3 なずな賞 1 500万 3ゲト14頭 舌 1236 56 勝浦 H ⑩⑨⑥ 452 人気1 中位一気 2 1/2 352 内 367 シンボリタピッ 1240 0.4

【中京芝1400m】的中例
2015年3月21日 中京11R ファルコンS（3歳GⅢ）

中京 11 発馬3.25 第29回 ファルコンS（GⅢ） 指 三才オープン・別定 芝1400米

項目	1	2	3	4	5	6	7	8	9	10	11	12
枠	白1	白1	黒2	黒2	赤3	赤3	青4	青4	黄5	黄5	緑6	緑6
父	バゴ	コパノフウジン	スタチューオブリバティ	サクラプレジデント	ルールオブロー	アドマイヤオーラ	タイキシャトル	キングカメハメハ	サクラバクシンオー	アグネスデジタル	チチカステナンゴ	ケイムホーム
馬名	タガノアザガル	㊞コパノハート	アクティブミノル	ビヨンジオール	ペイシャオブロー	ゴールドペガサス	マジックシャトル	ヤマカツエース	アポロノシンザン	ライドオンウインド	ケツァルテナンゴ	メイショウマサカゼ
母	ライアメロディー	コパノプレゼント	ピエナアマゾン	サムシングナイス	ダンスレッスン	フォーモーション	デイトナイト	ヤマカツマリリン	アポロジャスミン	サンシャインバレイ	ダイワオンディーヌ	デヒアバーズ
毛色	黒鹿	鹿毛	黒鹿	鹿毛	鹿毛	鹿毛	栗毛	栗毛	鹿毛	栗毛	鹿毛	黒鹿
斤量・性齢	56 牡3	54 牝3	57 牡3	56 牡3	57 牡3	56 牡3	56 牡3	56 牡3	56 牡3	56 牡3	56 牡3	56 牡3
騎手	替松田	替小崎	替藤岡康	横山典	替吉田隼	替丸田	替国分恭	替藤田	替勝浦	古川	替丸山	太宰
調教師	千田	宮	北出	的場	菅原	佐藤吉	清水久	池添兼	堀井	木原	笹田	本田
賞金	○ 900	○ 400	○ 1900	○ 900	○ 2000	○ 900	○ 900	○ 900	○ 900	◎ 900	○ 1200	○ 900
総賞金	1910	580	4400	1980	3500	1680	1668	1970	2740	1845	2200	1420
馬主	八木良司	小林祥晃	吉岡實	林正道	北所直人	スピードF	林正道	山田和夫	アポロTC	名古屋友豊	G1レーシング	松本好隆
生産者	新冠タガノF	へいはた牧場	フジワラF	城地清満	二風谷F	スピードF	藤本F	岡田牧場	天羽禮治	春木昭雄	ノーザンF	藤沢牧場
小桧山辰弥	…	…	注	…	…	△	…	◎	△	…	…	…
広田晶彦	…	…	注	△	…	…	…	△	…	◎	△	…
目黒和外	…	…	◎	△	…	…	…	注	△	▲	…	…
板子洋一	…	…	注	△	…	…	…	◎	…	…	▲	…
打越達司	…	△	△	◎	…	…	…	…	△	…	△	…
本紙中田	…	…	注	△東	東	東	…	△	△東	…	△	…
芝1200〜1800	小1090⑥ 阪1223① 阪1369⑩		函1098① 東1221⑥ 阪1363⑤	中1091① 東1228② 京1404② 新1503⑦	福1085① 東1246⑪ 阪1385⑯ 札1521①	福1092① 東1226⑩	小1081①	函1108① 阪1220⑥ 京1356④	中1092① 東1218③ 新1352①	函1123⑩ 2037⑦	京1358⑥	京1086① 京1356⑩
芝上り／ダート上り	34.9①	ダ37.0③	34.4⑥	34.0①	34.6①	34.6⑩	34.6① ダ40.0⑮	34.3⑥	34.1①	36.8⑩ ダ36.8❶	33.7①	34.2① ダ36.2❶
ダ1200／ダ1400		京ダ1132③ 千ダ1001①					中ダ1144⑮			ダ1437❶ ダ1527❸			千ダ59.1❶ 阪ダ1273⑧
芝重実績	0000	0000	0000	0000	0000	0000	0000	0000	0000	0000	0000	0000
母の父	アドマイヤベガ	サクラバクシンオー	アグネスタキオン	ラムタラ	ダンスインザダーク	ラストタイクーン	フォレストワイルド	グラスワンダー	セイントリアム	サンデーサイレンス	クロフネ	デヒア
兄弟馬	タガノビーンズ	キモンオレンジ	初仔	アサクサスコット	コスモシルバード	ナイルエクスプレス	フォルミダービレ	初仔	初仔	マイネルサンオペラ	エレメンタリー	メイショウアイアン
千七含む	0020	0000	0002	0002	1002	0002	0002	0011	0101	2000	0200	0002
千六のみ	0010	0000	0000	0110	0000	0000	0000	0001	0001	1000	0000	0000
千四のみ	0000	0001	0000	0000	0000	0000	0001	0000	0021	1000	0000	0000
千含む	0112	0000	0110	1000	1112	0020	0003	0211	0110	1001	0300	0211

前走成績（3走前）

1	5阪12月6日 ① 1着 500万 7ト9頭 芝内1223 55四位 S⑤⑤④ 438 人気2 G前差すハナ 357外349 マコトグナイゼ 1223 0.0
2	門別7月3日 ③ 1着 新馬 8ト9頭 千ダ1022 54岩橋勇 H①①① 464 人気1 逃楽勝11 1/2 中378 リュウワンララ 1045 2.3
3	5東11月8日 ①京王2才 6着 GⅡ 2ト12頭 芝1221 55松田 S①②④ 486 人気3 先行一息4身 356内344 セカンドテーブ 1215 0.6
4	5東11月8日 ① 2着 未勝 12ト17頭 芝1228 55横山典 S④⑦⑦ 494 人気3 中位伸3/4身 367中340 マリオーロ 1227 0.1
5	4福11月16日 ④福島2才 1着 オープン 12ト16頭 芝1085 56柴山雄 H⑦⑦⑥ 482 人気7 中位差切1/2身 339中346 ヴァリアントア 1086 0.1
6	5東11月8日 ①京王2才 10着 GⅡ 10ト12頭 芝1226 55蛯名 S⑤⑤⑥ 456 人気9 好位一杯7身 360中346 セカンドテーブ 1215 1.1
7	4中12月13日 ③ 5着 500万 3ト15頭 芝外1098 55柴田善 M⑪①① 490 人気2 発馬躓く2 1/2 344内354 ゴールドペガサ 1094 0.4
8	1京1月17日 ⑥ 4着 500万 6ト9頭 芝内1356 56藤田 S④③② 494 人気7 好位一息3身 366中346 ナリタスターワ 1352 0.4
9	5東11月8日 ①京王2才 5着 GⅡ 12ト12頭 芝1219 55柴田善 S③④② 456 人気8 好位一息2 3/4 358中343 セカンドテーブ 1215 0.4
10	5阪12月27日 ⑦エリカ賞 7着 500万 1ト12頭 芝内2037 55古川 S①①① 498 人気10 逃一杯7 1/4 366内371 ペルーフ 2024 1.3
11	5京11月15日 ③デイリー2才 6着 GⅡ 1ト9頭 芝外1358 55浜中 S⑥⑧⑧ 482 人気4 折合欠4 1/2 367中341 タガノエスプレ 1351 0.7
12	5京11月9日 ② 1着 500万 2ト9頭 芝内1086 55太宰 M④④④ 500 人気9 好位抜出1 1/4 344内342 グランデサムラ 1088 0.2

前走成績（2走前）

1	5阪12月21日 ⑥朝日FS 10着 GⅠ 5ト18頭 芝外1369 55四位 M③④④ 440 人気18 好位一杯6身 358内368 ダノンプラチナ 1359 1.0
2	門別8月14日 ③フルール 1着 牝馬重賞 5ト9頭 千ダ1001 54岩橋勇 H①①① 456 人気2 逃楽勝8身 内367 ホワイトラヴィ 1017 1.6
3	5阪12月21日 ⑥朝日FS 5着 GⅠ 12ト18頭 芝外1363 55武豊 M①①① 482 人気9 逃一息2 1/4 349内365 ダノンプラチナ 1359 0.4
4	4中12月7日 ② 1着 未勝 15ト16頭 芝外1102 55横山典 M⑮⑮⑮ 500 人気1 直線一気1/2身 361外341 アルマエルモ 1103 0.1
5	5阪12月21日 ⑥朝日FS 16着 GⅠ 17ト18頭 芝外1385 55和田 M⑥④③ 494 人気16 引掛る15 1/2 358中385 ダノンプラチナ 1359 2.6
6	4中12月13日 ③ 1着 500万 8ト15頭 芝外1094 55ブノワ M②②② 456 人気4 先行抜出1 1/4 346中348 キッズライトオ 1096 0.2
7	1中1月25日 ⑨ 15着 500万 1ト16頭 ダ1144 56ペリー H①⑥⑥ 494 人気7 ジリ下り大差 344内400 トーセンミッシ 1113 3.1
8	2京2月1日 ② 1着 500万 11ト11頭 芝内1222 56池添 S⑥⑦⑧ 492 人気4 中位抜出1 1/4 361外346 キッズライトオ 1224 0.2
9	1東1月31日 ①クロッカ 3着 オープン 8ト14頭 芝1228 56蛯名 S④⑤⑤ 462 人気3 一旦先頭3/4身 361中350 ニシノラッシュ 1227 0.1
10	1京1月18日 ⑦ 3着 500万 10ト14頭 ダ1527 56古川 S③⑤④ 500 人気6 好位粘る3 3/4 371中372 リアファル 1521 0.6
11	5阪12月21日 ⑥朝日FS 15着 GⅠ 4ト18頭 芝外1379 55浜中 M⑥⑦⑧ 480 人気12 焦込む12身 360中376 ダノンプラチナ 1359 2.0
12	5阪12月21日 ⑥朝日FS 17着 GⅠ 18ト18頭 芝外1394 55太宰 M③③④ 504 人気17 距離長い大差 353中393 ダノンプラチナ 1359 3.5

前走成績（前走）

1	1東1月31日 ①クロッカ 9着 オープン 6ト14頭 芝1243 56内田博 S②②② 444 人気6 先行一杯10 1/4 357中367 ニシノラッシュ 1227 1.6
2	2京2月14日 ⑤ 3着 500万 8ト13頭 ダ1132 54武豊 M⑦⑤③ 430 人気3 中位伸2 1/2 362中370 リンガディンド 1128 0.4
3	3ヵ月休 放牧 乗込み4週間 仕上り○ 連対体重476キロ 3ヵ月以上休 ①②③外 1001
4	1中1月10日 ③ 1着 500万 9ト16頭 芝外1091 56横山典 M⑭⑮⑭ 494 人気2 外強襲クビ 351外340 キッズライトオ 1091 0.0
5	1東1月31日 ①クロッカ 11着 オープン 13ト14頭 芝1246 57柴山雄 S⑬⑫⑫ 490 人気8 出遅る12 1/4 374外360 ニシノラッシュ 1227 1.9
6	1東1月31日 ①クロッカ オープン 12ト14頭 芝 落馬 56武豊 S 454 人気7 スタート直後 ニシノラッシュ 1227
7	1小2月8日 ②かささぎ 1着 500万 4ト12頭 芝1081 56藤岡康 M②②② 490 人気2 先行抜出ハナ 335内346 アグネスユーリ 1081 0.0
8	1阪2月28日 ①アーリン 6着 GⅢ 6ト12頭 芝外1361 56池添 S⑨⑩⑩ 492 人気10 後方差詰1身 368外343 ヤングマンパワ 1359 0.2
9	2中3月1日 ② 1着 500万 16ト16頭 芝外1092 56蛯名 S③②② 464 人気1 楽抜出3 1/2 347中345 スズカブレーン 1098 0.6
10	1小2月22日 ⑥くすのき 1着 500万 11ト15頭 ダ1437 56古川 M⑥④④ 498 人気3 好位差切1/2身 364中368 トップディーヴ 1438 0.1
11	1阪2月28日 ①アーリン 7着 GⅢ 3ト12頭 芝外1363 56浜中 S⑪⑩⑩ 486 人気11 後方差詰2 1/4 367内346 ヤングマンパワ 1359 0.4
12	1京1月11日 ④シンザン 10着 GⅢ 7ト12頭 芝外1356 56太宰 S⑧⑥⑥ 498 人気10 中位一杯4 3/4 366内347 ヴェンチャーレ 1348 0.8

賞金 3700万 1500 930 560 370

レコード 1.20.0 24年6月 ネオザウイナー 57 浜中

中京11R

組番	オッズ
1-1	☆
1-2	51.8
1-3	☆
1-4	89.8
1-5	☆
1-6	☆
1-7	25.7
1-8	58.6
2-2	26.5
2-3	49.6
2-4	19.8
2-5	23.0
2-6	29.6
2-7	5.6
2-8	12.8
3-3	☆

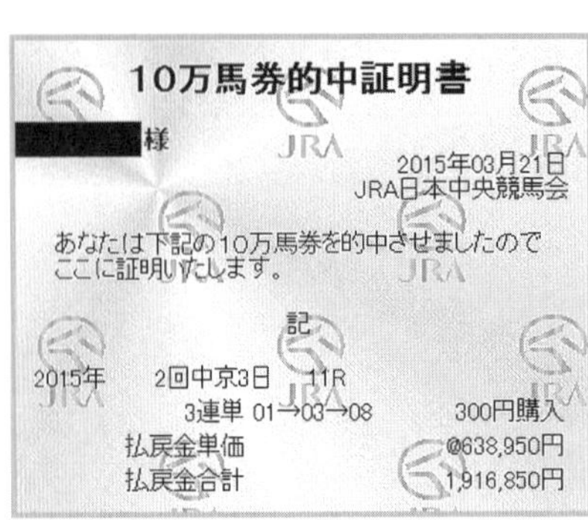
10万馬券的中証明書

様

2015年03月21日
JRA日本中央競馬会

あなたは下記の10万馬券を的中させましたので
ここに証明いたします。

記

2015年　2回中京3日　11R
3連単 01→03→08　300円購入
払戻金単価　@638,950円
払戻金合計　1,916,850円

2015年3月21日中京11R
ファルコンS（芝1400m稍重、3歳GⅢ）

1着①タガノアザガル（14番人気）
2着③アクティブミノル（4番人気）
3着⑧ヤマカツエース（5番人気）

3連単①→③→⑧638950円×300円的中
=191万6850円

双馬のコースメモ

小倉競馬場

KOKURA RACE COURSE

- ・ダート1000m 良
- ・ダート1000m 重〜稍重
- ・ダート1700m 良
- ・ダート1700m 重〜稍重
- ・芝1200m
- ・芝1800m
- ・芝2000m
- ・芝2600m

東京
中山
京都
阪神
中京
小倉
福島
新潟
札幌
函館

コース: 小倉ダート1000m

馬場状態: 良

決着率と破壊力ランキング

展開	決着確率	馬券破壊力
前残り決着	A	C
差し決着	-	-

枠	決着確率	馬券破壊力
内枠決着	B	C
外枠決着	B	A

展開の内訳

展開	R発生割合	レース数	単回率	複回率
前残り決着	53%	9	68%	54%
差し決着	–	–	–	–

枠の内訳

枠	R発生割合	レース数	単回率	複回率
内枠決着	29%	5	43%	55%
外枠決着	29%	5	233%	90%

コースのポイント

★小倉のダートは2015年夏から高速化が進んだ。
以前は外枠からの差し馬も好走できたが、
今では先行馬でないと苦しい条件になっている。

★相対的に馬券破壊力も低くなりつつあり、
先行馬や内枠で好位から競馬ができる馬を狙うのが良い。

有利な馬・ローテ

★先行馬。

★内枠で好位から競馬をできそうな馬
(同距離馬が一番狙い目)。

不利な馬・ローテ

★外枠の差し馬(特に短縮馬)。

枠順のポイント

★最内、大外ともに、逃げ馬に大きな不利(先行馬ならば問題ない)。

枠とローテ

枠	ローテ	1着	2着	3着	3着内数	総数	勝率	連対率	複勝率	単回率	複回率
内枠	同距離	2	2	3	7	14	14.3%	28.6%	50.0%	94%	101%
	延長	0	0	0	0	1	0.0%	0.0%	0.0%	0%	0%
	短縮	7	5	3	15	83	8.4%	14.5%	18.1%	44%	49%
外枠	同距離	7	3	6	16	57	12.3%	17.5%	28.1%	86%	58%
	延長	–	–	–	–	–	–	–	–	–	–
	短縮	4	4	3	11	53	7.5%	15.1%	20.8%	124%	71%

枠とローテ(前走不利馬の場合)

枠	ローテ	1着	2着	3着	3着内数	総数	勝率	連対率	複勝率	単回率	複回率
内枠	同距離	–	–	–	–	–	–	–	–	–	–
	延長	–	–	–	–	–	–	–	–	–	–
	短縮	1	0	0	1	4	25.0%	25.0%	25.0%	95%	40%
外枠	同距離	0	0	0	0	2	0.0%	0.0%	0.0%	0%	0%
	延長	–	–	–	–	–	–	–	–	–	–
	短縮	0	1	0	1	12	0.0%	8.3%	8.3%	0%	13%

※ – は期間内に該当データなし

コース: **小倉ダート1000m**　　馬場状態: **重～稍重**

決着率と破壊力ランキング

展開	決着確率	馬券破壊力
前残り決着	A	C
差し決着	C	A

枠	決着確率	馬券破壊力
内枠決着	A	C
外枠決着	C	A

展開の内訳

展開	R発生割合	レース数	単回率	複回率
前残り決着	44%	16	48%	52%
差し決着	8%	3	457%	127%

枠の内訳

枠	R発生割合	レース数	単回率	複回率
内枠決着	31%	11	46%	56%
外枠決着	14%	5	91%	87%

コースのポイント

★時計が速いため、基本的には先行馬有利も、
ハイペースになりやすく、良馬場時よりは差し馬の好走が期待できる。

★先行馬は外枠でも良いが、差し馬は内枠から選ぶのが良い。

有利な馬・ローテ

★先行馬。

★内枠の差し馬(同距離馬が一番良い)。

不利な馬・ローテ

★外枠の短縮ローテの差し馬。

枠順のポイント

★最内、大外ともに、逃げ馬に大きな不利(先行馬ならば問題ない)。

枠とローテ

枠	ローテ	1着	2着	3着	3着内数	総数	勝率	連対率	複勝率	単回率	複回率
内枠	同距離	7	5	7	19	49	14.3%	24.5%	38.8%	361%	134%
	延長	–	–	–	–	–	–	–	–	–	–
	短縮	9	13	12	34	162	5.6%	13.6%	21.0%	38%	65%
外枠	同距離	5	7	5	17	57	8.8%	21.1%	29.8%	62%	65%
	延長	–	–	–	–	–	–	–	–	–	–
	短縮	15	11	12	38	220	6.8%	11.8%	17.3%	60%	59%

枠とローテ(前走不利馬の場合)

枠	ローテ	1着	2着	3着	3着内数	総数	勝率	連対率	複勝率	単回率	複回率
内枠	同距離	0	0	0	0	3	0.0%	0.0%	0.0%	0%	0%
	延長	–	–	–	–	–	–	–	–	–	–
	短縮	2	1	1	4	24	8.3%	12.5%	16.7%	25%	26%
外枠	同距離	0	3	1	4	6	0.0%	50.0%	66.7%	0%	136%
	延長	–	–	–	–	–	–	–	–	–	–
	短縮	3	1	4	8	31	9.7%	12.9%	25.8%	44%	110%

※ –は期間内に該当データなし

コース: **小倉ダート1700m** 馬場状態: **良**

決着率と破壊力ランキング

展開	決着確率	馬券破壊力
前残り決着	B	B
差し決着	C	C

枠	決着確率	馬券破壊力
内枠決着	C	C
外枠決着	C	C

展開の内訳

展開	R発生割合	レース数	単回率	複回率
前残り決着	22%	9	95%	82%
差し決着	7%	3	151%	50%

枠の内訳

枠	R発生割合	レース数	単回率	複回率
内枠決着	17%	7	90%	68%
外枠決着	2%	1	41%	38%

コースのポイント

★短縮ローテの成績が良い。

★前残り決着が多いが、2015年夏のダート高速化以降、
上級条件では差し馬の好走が増加傾向にある。

有利な馬・ローテ

★短縮馬。

不利な馬・ローテ

★延長馬。

枠順のポイント

スタート時の有利不利は特になし。

枠とローテ

枠	ローテ	1着	2着	3着	3着内数	総数	勝率	連対率	複勝率	単回率	複回率
内枠	同距離	8	3	3	14	56	14.3%	19.6%	25.0%	138%	81%
	延長	5	3	2	10	109	4.6%	7.3%	9.2%	115%	77%
	短縮	12	10	16	38	142	8.5%	15.5%	26.8%	141%	96%
外枠	同距離	6	6	7	19	72	8.3%	16.7%	26.4%	36%	75%
	延長	2	7	5	14	105	1.9%	8.6%	13.3%	16%	88%
	短縮	8	12	8	28	141	5.7%	14.2%	19.9%	42%	83%

枠とローテ（前走不利馬の場合）

枠	ローテ	1着	2着	3着	3着内数	総数	勝率	連対率	複勝率	単回率	複回率
内枠	同距離	2	1	1	4	9	22.2%	33.3%	44.4%	548%	203%
	延長	2	0	0	2	6	33.3%	33.3%	33.3%	223%	80%
	短縮	1	1	2	4	17	5.9%	11.8%	23.5%	190%	95%
外枠	同距離	1	0	2	3	15	6.7%	6.7%	20.0%	42%	127%
	延長	0	1	1	2	11	0.0%	9.1%	18.2%	0%	48%
	短縮	0	2	0	2	8	0.0%	25.0%	25.0%	0%	258%

コース: # 小倉ダート1700m

馬場状態: **重〜稍重**

決着率と破壊力ランキング

展開	決着確率	馬券破壊力
前残り決着	B	B
差し決着	C	A

枠	決着確率	馬券破壊力
内枠決着	B	A
外枠決着	B	A

展開の内訳

展開	R発生割合	レース数	単回率	複回率
前残り決着	22%	15	78%	73%
差し決着	18%	12	88%	122%

枠の内訳

枠	R発生割合	レース数	単回率	複回率
内枠決着	24%	16	133%	92%
外枠決着	22%	15	105%	88%

コースのポイント

★馬場が渋ることでハイペースになりやすく、差し決着の発生割合が増加する。
★馬券破壊力も高く、狙いは差し決着。
★良馬場時と同じく、短縮馬の成績は優秀。
★ただ、スピードが要求される条件なので、
前走不利馬であれば延長馬の成績も良い。

有利な馬・ローテ

★短縮馬(特に差し馬)。
★前走で不利を受けていた延長馬。

不利な馬・ローテ

特になし。

枠順のポイント

スタート時の有利不利は特になし。

枠とローテ

枠	ローテ	1着	2着	3着	3着内数	総数	勝率	連対率	複勝率	単回率	複回率
内枠	同距離	8	4	9	21	86	9.3%	14.0%	24.4%	76%	102%
	延長	8	9	4	21	154	5.2%	11.0%	13.6%	175%	67%
	短縮	18	18	17	53	250	7.2%	14.4%	21.2%	70%	108%
外枠	同距離	8	8	9	25	109	7.3%	14.7%	22.9%	59%	57%
	延長	4	9	10	23	181	2.2%	7.2%	12.7%	35%	83%
	短縮	21	19	18	58	241	8.7%	16.6%	24.1%	111%	96%

枠とローテ(前走不利馬の場合)

枠	ローテ	1着	2着	3着	3着内数	総数	勝率	連対率	複勝率	単回率	複回率
内枠	同距離	1	0	0	1	12	8.3%	8.3%	8.3%	34%	11%
	延長	2	4	1	7	28	7.1%	21.4%	25.0%	189%	112%
	短縮	6	4	0	10	36	16.7%	27.8%	27.8%	160%	90%
外枠	同距離	1	4	2	7	21	4.8%	23.8%	33.3%	39%	95%
	延長	4	2	1	7	27	14.8%	22.2%	25.9%	238%	146%
	短縮	5	2	2	9	34	14.7%	20.6%	26.5%	212%	140%

東京
中山
京都
阪神
中京
小倉
福島
新潟
札幌
函館

コース:小倉芝1200m

決着率と破壊力ランキング

展開	決着確率	馬券破壊力
前残り決着	B	C
差し決着	C	C

枠	決着確率	馬券破壊力
内枠決着	C	B
外枠決着	C	C

展開の内訳

展開	R発生割合	レース数	単回率	複回率
前残り決着	27%	47	56%	58%
差し決着	11%	17	66%	66%

枠の内訳

枠	R発生割合	レース数	単回率	複回率
内枠決着	19%	33	61%	73%
外枠決着	14%	29	72%	64%

コースのポイント

★前残り決着の割合が高いが、馬券破壊力は低い。

★時計が早いときは基本的に、先行馬、内枠の馬が有利。
その中でも特に前走で不利を受けている短縮馬、同距離馬の成績が良い。

★外枠の同距離馬で成績が良いのは主に先行馬。

★2015年夏からは、やや時計がかかるようになった。時計がかかり気味の馬場では、短縮馬や馬場替わり馬の成績が、飛躍的にアップするため注意が必要。

有利な馬・ローテ

★時計が速いときは、内枠の短縮馬、同距離馬。さらに同距離ローテで前走不利を受けていた先行馬。

★時計がかかるときは、短縮馬、馬場替わり馬。

不利な馬・ローテ

★時計が速いときは、外枠の短縮ローテの差し馬。

★時計がかかるときは先行馬。

枠順のポイント

★最内は、ややスタート不利(好位から競馬できる馬には問題なし)。

枠とローテ

枠	ローテ	1着	2着	3着	3着内数	総数	勝率	連対率	複勝率	単回率	複回率
内枠	同距離	51	42	47	140	676	7.5%	13.8%	20.7%	101%	83%
	延長	4	0	1	5	40	10.0%	10.0%	12.5%	320%	95%
	短縮	20	25	18	63	349	5.7%	12.9%	18.1%	53%	63%
外枠	同距離	53	54	61	168	869	6.1%	12.3%	19.3%	57%	80%
	延長	2	2	2	6	41	4.9%	9.8%	14.6%	77%	68%
	短縮	15	21	17	53	421	3.6%	8.6%	12.6%	36%	45%

枠とローテ(前走不利馬の場合)

枠	ローテ	1着	2着	3着	3着内数	総数	勝率	連対率	複勝率	単回率	複回率
内枠	同距離	3	2	2	7	70	4.3%	7.1%	10.0%	52%	41%
	延長	0	0	0	0	6	0.0%	0.0%	0.0%	0%	0%
	短縮	4	5	4	13	53	7.5%	17.0%	24.5%	108%	115%
外枠	同距離	9	9	11	29	109	8.3%	16.5%	26.6%	154%	146%
	延長	0	0	1	1	3	0.0%	0.0%	33.3%	0%	120%
	短縮	2	5	1	8	65	3.1%	10.8%	12.3%	11%	34%

コース: # 小倉芝1800m

決着率と破壊力ランキング

展開	決着確率	馬券破壊力
前残り決着	C	B
差し決着	C	B

枠	決着確率	馬券破壊力
内枠決着	B	A
外枠決着	C	C

展開の内訳

展開	R発生割合	レース数	単回率	複回率
前残り決着	18%	19	75%	82%
差し決着	16%	13	92%	71%

枠の内訳

枠	R発生割合	レース数	単回率	複回率
内枠決着	23%	22	108%	85%
外枠決着	15%	13	58%	69%

コースのポイント

★4コーナーまでに先頭集団に取りつけるスピードが要求されるため、延長馬の成績が良い。

★雪崩れ込みが可能なため、切れ味は必要ないコース。

★開催前半は内枠決着も多く、馬券破壊力も高い。

★ただし、2015年夏からの時計のかかる馬場では、短縮馬の好走も目立つようになった。

有利な馬・ローテ

★基本的には延長馬。

★やや時計がかかるような馬場では、短縮馬も狙える。

不利な馬・ローテ

特になし。

枠順のポイント

スタート時の有利不利は特になし。

枠とローテ

枠	ローテ	1着	2着	3着	3着内数	総数	勝率	連対率	複勝率	単回率	複回率
内枠	同距離	19	11	17	47	177	10.7%	16.9%	26.6%	78%	65%
	延長	14	10	12	36	210	6.7%	11.4%	17.1%	82%	61%
	短縮	12	13	9	34	160	7.5%	15.6%	21.3%	43%	68%
外枠	同距離	13	17	9	39	200	6.5%	15.0%	19.5%	53%	71%
	延長	12	20	18	50	241	5.0%	13.3%	20.7%	78%	95%
	短縮	10	9	14	33	170	5.9%	11.2%	19.4%	66%	59%

枠とローテ(前走不利馬の場合)

枠	ローテ	1着	2着	3着	3着内数	総数	勝率	連対率	複勝率	単回率	複回率
内枠	同距離	2	0	2	4	28	7.1%	7.1%	14.3%	62%	42%
	延長	1	3	3	7	34	2.9%	11.8%	20.6%	7%	79%
	短縮	3	2	1	6	23	13.0%	21.7%	26.1%	58%	76%
外枠	同距離	2	3	1	6	32	6.3%	15.6%	18.8%	70%	89%
	延長	4	4	3	11	31	12.9%	25.8%	35.5%	205%	139%
	短縮	0	2	2	4	19	0.0%	10.5%	21.1%	0%	51%

東京
中山
京都
阪神
中京
小倉
福島
新潟
札幌
函館

コース: 小倉芝2000m

決着率と破壊力ランキング

展開	決着確率	馬券破壊力
前残り決着	B	C
差し決着	C	C

枠	決着確率	馬券破壊力
内枠決着	B	B
外枠決着	C	C

展開の内訳

展開	R発生割合	レース数	単回率	複回率
前残り決着	28%	20	76%	69%
差し決着	14%	13	59%	52%

枠の内訳

枠	R発生割合	レース数	単回率	複回率
内枠決着	26%	18	72%	73%
外枠決着	17%	13	50%	58%

コースのポイント

★1800mよりも人気馬が走りやすくなり、馬券破壊力は低下する。
★基本的な狙い方は1800mと同じ。
★延長馬や内枠の馬を狙うのが良い。
★ただし、2015年夏からの時計のかかる馬場では、短縮馬の好走も目立つようになった。

有利な馬・ローテ

★基本的には延長馬、内枠の馬(特に前走で不利を受けている馬)。
★やや時計がかかる馬場では、短縮馬の好走も期待できる。

不利な馬・ローテ

特になし。

枠順のポイント

スタート時の有利不利は特になし。

枠とローテ

枠	ローテ	1着	2着	3着	3着内数	総数	勝率	連対率	複勝率	単回率	複回率
内枠	同距離	17	21	14	52	183	9.3%	20.8%	28.4%	64%	92%
	延長	14	9	13	36	193	7.3%	11.9%	18.7%	68%	62%
	短縮	3	8	3	14	53	5.7%	20.8%	26.4%	11%	55%
外枠	同距離	16	15	23	54	239	6.7%	13.0%	22.6%	46%	61%
	延長	10	13	13	36	247	4.0%	9.3%	14.6%	60%	87%
	短縮	9	3	3	15	82	11.0%	14.6%	18.3%	131%	45%

枠とローテ(前走不利馬の場合)

枠	ローテ	1着	2着	3着	3着内数	総数	勝率	連対率	複勝率	単回率	複回率
内枠	同距離	1	4	1	6	18	5.6%	27.8%	33.3%	18%	97%
	延長	3	1	4	8	30	10.0%	13.3%	26.7%	76%	67%
	短縮	1	4	1	6	7	14.3%	71.4%	85.7%	25%	200%
外枠	同距離	4	1	3	8	32	12.5%	15.6%	25.0%	55%	55%
	延長	1	3	2	6	22	4.5%	18.2%	27.3%	18%	177%
	短縮	1	0	0	1	10	10.0%	10.0%	10.0%	49%	18%

コース: # 小倉芝2600m

決着率と破壊力ランキング

展開	決着確率	馬券破壊力
前残り決着	B	B
差し決着	C	A

枠	決着確率	馬券破壊力
内枠決着	A	A
外枠決着	C	B

展開の内訳

展開	R発生割合	レース数	単回率	複回率
前残り決着	21%	4	39%	74%
差し決着	11%	2	106%	87%

枠の内訳

枠	R発生割合	レース数	単回率	複回率
内枠決着	37%	7	122%	86%
外枠決着	5%	1	21%	77%

コースのポイント

★内枠決着の決着確率、馬券破壊力ともに高い。

★内枠の馬、特に延長馬の成績が良い。

有利な馬・ローテ

★内枠の馬(特に延長馬)。

不利な馬・ローテ

★外枠の馬。

枠順のポイント

スタート時の有利不利は特になし。

枠とローテ

枠	ローテ	1着	2着	3着	3着内数	総数	勝率	連対率	複勝率	単回率	複回率
内枠	同距離	4	4	1	9	25	16.0%	32.0%	36.0%	128%	87%
	延長	5	8	11	24	88	5.7%	14.8%	27.3%	98%	105%
	短縮	0	0	0	0	1	0.0%	0.0%	0.0%	0%	0%
外枠	同距離	2	0	3	5	31	6.5%	6.5%	16.1%	35%	48%
	延長	8	7	4	19	107	7.5%	14.0%	17.8%	45%	58%
	短縮	–	–	–	–	–	–	–	–	–	–

枠とローテ(前走不利馬の場合)

枠	ローテ	1着	2着	3着	3着内数	総数	勝率	連対率	複勝率	単回率	複回率
内枠	同距離	0	1	0	1	3	0.0%	33.3%	33.3%	0%	53%
	延長	0	1	0	1	9	0.0%	11.1%	11.1%	0%	43%
	短縮	–	–	–	–	–	–	–	–	–	–
外枠	同距離	0	0	1	1	2	0.0%	0.0%	50.0%	0%	80%
	延長	2	2	3	7	18	11.1%	22.2%	38.9%	91%	148%
	短縮	–	–	–	–	–	–	–	–	–	–

※ – は期間内に該当データなし

的中例解説｜小倉ダート1700m重～稍重

短縮＋前走不利の6番人気馬が5馬身差の快勝!

16	桃8 15	14	橙7 13	12	緑6 11
ネオユニヴァース(中) ホッコーエイコウ ウイングドキャット(中) 鹿毛	フジキセキ(マ) ヒャクマンバリキ クリサンテーム(短) 鹿毛	ホワイトマズル(中長) アグネスユニコーン アグネスモリガン(短) 黒鹿	メイショウサムソン(中長) カレンクリスティー ジュピターズジャズ(マ) 鹿毛	マンハッタンカフェ(長) チュウワアピール ブロードアピール(マ) 青鹿	パイロ(マ) センティグレード ヴィミーリッジ(マ) 青鹿
56 牡3	53 牡3	56 牡3	54 牝3	54 牝3	56 牡3
幸	▲松若	高倉	替鮫島	替武幸	松山
栗飯田祐	栗山内	栗村山	栗平田	栗大久保龍	栗池添兼
○ 0	○ 0	○ 0	○ 0	○ 0	○ 0
316	430	300	0	46	436
矢部道晃	伊東政清	渡辺孝男	鈴木隆司	中西忍	シェイク・モハメド
浦 高昭牧場	ひ 伊藤敏明	千 社台F	安 ノーザンF	安 ノーザンF	日 ダーレージャパンF
○	△	△	…	…	△
○	△	▲	…	…	…
○	…	△	△	…	…
○	△	注	…	…	△
○	…	◎	…	△	△
◎	○	△	…	…	△
小ダ 1458 ❷	小ダ 1470 6 阪ダ 1536 2	小ダ 1468 2 京ダ 1599 ⑮	中ダ 1582 13	小ダ 1472 ⑩ 京ダ 1272 ⑤	小ダ 1469 4 京ダ 1255 5
辛 34.9 ④	三 36.2 11	大 35.3 ⑩	辛 38.8 14	京ダ 38.5 ⑤	京ダ 37.1 5
0 1 0 0	0 0 0 2	0 0 0 0	0 0 0 0	0 0 0 1	0 0 0 2
ストームキャット	コマンダーインチーフ	グラスワンダー	サンデーサイレンス	ブロードブラッシュ	インディアンリッジ
天毛芙短 0 0 0 0 0 1 0 0 0 0 0 0 0 0 0 0	天毛芙短 0 0 0 0 1 0 0 0 0 0 0 0 9 2 0 5	天毛芙短 0 0 0 0 0 1 0 0 0 0 0 1 3 0 1 2	天毛芙短 0 0 0 0 0 0 0 0 0 0 0 0 1 0 0 0	天毛芙短 0 0 0 0 0 0 0 0 0 0 0 0 0 1 0 3	天毛芙短 0 0 0 0 0 0 0 0 0 0 0 1 0 1 1 6
3中京 7月26日 ⑦ 手11 未勝13ゲ18頭 辛 2078 56 池添 S ⑰⑯⑮ 508 人気4 396 外 370 ヤマニンボワラ 2064 1.4	3阪 6月28日 7 手2 未勝8ゲ16頭 大ダ 1536 53 松若 M ②②① 496 人気10 367 中 383 ディアブルーダ 1536 0.0	3京 5月24日 ⑨ 手15 未勝9ゲ16頭 大ダ 1599 56 藤岡康 M ⑥⑥⑦ 480 人気15 369 中 429 ヴォルケンクラ 1541 5.8	1阪 3月2日 ② 手8 新馬2ゲ9頭 辛内 2082 54 浜中 S ②④7 512 人気3 385 内 394 サトノフラクタ 2033 4.9	2京 2月23日 ⑧ 手9 牝未勝13ゲ16頭 京ダ 1283 53 菱田 M ⑫⑩⑪ 480 人気6 371 中 389 ワディ 1257 2.6	3中京 7月6日 2 手5 未勝16ゲ16頭 京ダ 1255 56 松山 S ③②② 530 人気4 358 中 371 コスモフラッグ 1245 1.0
2小 8月16日 5 手5 未勝1ゲ18頭 辛 2018 56 幸 H ③④④ 496 人気6 好位一息 6¾ 350 中 370 シホウ 2007 1.1	3中京 7月12日 ③ 手7 未勝3ゲ13頭 大ダ 1561 53 松若 H ②①① 498 人気4 息入らず 5½ 366 内 415 アラートミノル 1551 1.0	3中京 7月27日 ⑧ 手3 未勝4ゲ16頭 京ダ 1256 56 高倉 M ⑤⑥⑤ 490 人気15 好位伸 4¼ 363 中 370 クインズパール 1249 0.7	3中京 7月13日 4 手13 牝未勝14ゲ16頭 大ダ 1582 54 浜中 S ⑬⑬⑬ 522 人気6 後方まま 大差 399 中 394 サンタエヴィー 1541 4.1	3中京 7月12日 ③ 手5 牝未勝4ゲ16頭 京ダ 1272 54 幸 M ③③③ 492 人気8 好位一息 6½ 364 内 385 テイエムゴージ 1262 1.0	3中京 7月26日 ⑦ 手15 未勝10ゲ16頭 天 1408 56 松山 M ⑦⑦⑦ 532 人気7 中位バテ 大差 365 中 397 クリープラット 1369 3.9
2小 8月23日 ❼ 手2 未勝15ゲ16頭 毛ダ 1458 56 幸 M ⑤④② 496 人気3 好位伸 クビ 367 外 377 ダンツトゥルー 1458 0.0	2小 8月3日 2 手6 未勝1ゲ16頭 毛ダ 1470 53 松若 M ①①① 502 人気3 息入らず 5¼ 363 内 397 ニチドウリュン 1462 0.8	2小 8月24日 8 手2 未勝14ゲ16頭 毛ダ 1468 56 高倉 M ②②① 500 人気6 先行粘る 2½ 364 中 388 シゲルエッチュ 1464 0.4	2小 8月10日 4 手14 未勝10ゲ18頭 辛 2048 54 藤岡佑 M ⑧⑨⑫ 524 人気13 中位一杯 大差 364 外 388 ピエールドリュ 2013 3.5	2小 8月9日 ❸ 手10 牝未勝5ゲ16頭 毛ダ 1472 54 幸 H ⑩⑨⑪ 492B 人気7 中位まま 12¼ 371 中 398 バーンアウル 1452 2.0	2小 8月24日 8 手4 未勝12ゲ16頭 毛ダ 1469 56 松山 M ⑨④④ 522 人気4 好位粘る 3¼ 373 中 387 シゲルエッチュ 1464 0.5

小倉ダートは2015年夏、従来の平均タイムよりも1秒以上時計が出るようになった。

また、良馬場で時計が出る一方、重馬場になっても良馬場時とそれほどタイムが変わらない傾向も出るように。

タイムが速くなったことで、良馬場の短縮馬の成績も上昇。ダートは、時計の速い軽い馬場では差し馬が走りやすいため、良馬場でも短縮ローテの馬が走りやすくなった。この傾向を生かして、双馬も馬券を買っている。

ここで取り上げるのは2014年9月6日の小倉6R（ダート1700m重、3歳未勝利）。時計が速くなる1年前の小倉の夏競馬だが、やはり「短縮馬」が狙いだった。

このレースで、有利な短縮ローテに該当したのは、②ウイニングフェイス（11番人気）、⑧ハッピーエム（6番人気）、⑩ブレイズゴールド（14番人気）、⑬カレンクリスティー（15番人気）の4頭のみ。

この中で、双馬が本命に選んだのは「前走不利」（ホームページでも公開）の「短縮馬」ハッピーエム。同馬はダート向きにもかかわらず、前走は芝のレースに出走していたため凡走し人気を下げていた。

レースは中団前目につけていたハッピーエムが差し込んで、2着に5馬身差の圧勝。その2着には、対抗に選んだ①シゲルハリマ（4番人気）。シゲル、3着の③メイショウマツシマ（5番人気）とも差しての入線であり、逃

【小倉ダート1700m重～稍重】的中例
2014年9月6日 小倉6R（3歳未勝利）

小倉 6R 発馬 12.55 サラ系 三歳 混 未勝利

	1	2	3	4	5	6	7	8	9	10
枠	白1	白1	黒2	黒2	赤3	赤3	青4	青4	黄5	黄5
父・距離	プリサイスエンド㋮	マンハッタンカフェ㊥	シンボリクリスエス(中長)	メイショウサムソン(中長)	キングヘイロー(短中)	デュランダル㋮	アドマイヤボス(中長)	プリサイスエンド㋮	ワイルドラッシュ㋮	ステイゴールド(中長)
馬名	シゲルハリマ	ウイニングフェイス	メイショウマツシマ	ミッキーサムソン	エスケイオスカー	シゲルエチゴ	ダイショウバディ	ハッピーエム	タマモホルン	ブレイズゴールド
母・距離	ライジングフラッグ㋲	チアフル㊥	ルナースフィア㋮	グランオマージュ㊥	ゴールデンアリー㊥	ロイヤルライン㊥	アオイランバー㋮	ナナヨーハッピー㊈	ハイジ㋮	ラヴァーズチェイス㋮
毛色	栗毛	黒鹿	青鹿	鹿毛	鹿毛	芦毛	青鹿	鹿毛	鹿毛	鹿毛
斤量	56 牡3	56 牡3	54 牝3	56 牡3	53 牡3	56 牡3	56 牡3	54 牝3	53 牡3	56 牡3
騎手	替川田	圏和田	替武豊	川須	▲岩崎	太宰	圏藤懸	小坂	▲義	圏酒井
厩舎	栗中村	栗松永幹	栗武田	栗高橋康	栗本田	栗川村	栗大根田	栗境直	栗藤沢則	栗梅田智
賞金	○ 0	○ 0	○ 0	○ 0	○ 0	○ 0	○ 0	○ 0	○ 0	○ 0
総賞金	335	90	166	46	309	415	0	69	800	0
馬主名	森中蕃	寺田寿男	松本好雄	野田みづき	廣嶋誠二	ブルアンドベア	馬場祥晃	三宅勝俊	タマモ(株)	キャロットF
牧場名	ひ 三石川上牧場	安 ノーザンF	新 新冠橋本牧場	白 白老F	ひ 服部牧場	日 新井昭二	日 加藤牧場	日 原田牧場	ひ 曾我博	安 ノーザンF
持木			注	△	△			◎	▲	
那谷	△		◎	△		△		△	注	
加茂	▲			△	△	注			◎	
須藤	▲	△			△	◎		△		
中邑	△	△			△			▲	注	
本紙田崎	注				△	△		△	▲	B
ダ1700	小ダ1463❹		小ダ1462❺	小ダ1470⑤	小ダ1468③	小ダ1462❸	三ダ1152⑫	函ダ1256⑥	小ダ1456❺	
ダ1800	中ダ1556③	京ダ1558⑩	阪ダ1568⑨	阪ダ1562⑨	中ダ1551⑥	新ダ1547⑤			京ダ1540②	京ダ1586⑬
上り最高	三ダ37.4❺	大ダ37.8④	二三36.5⑯	大35.9⑬	大35.5⑪	三36.4⑩	三ダ37.3⑫	大36.5④	大ダ37.7②	大34.9⑭
ダート重	0 0 0 5	0 0 0 0	0 0 0 2	0 0 0 0	0 0 0 0	0 0 1 1	0 0 0 0	0 0 0 0	0 0 0 2	0 0 0 0
母の父	ラムタラ	カーリアン	ジェイドロバリー	サンデーサイレンス	ラムタラ	クロフネ	アジュディケーティ	マーベラスサンデー	ダンスインザダーク	ピークスアンドヴァ
距離別勝利度数（大・毛・天・短） 千八のみ	0 0 0 0	0 0 0 0	0 0 0 0	0 0 0 0	0 0 0 0	0 0 0 0	0 0 0 0	0 0 0 0	0 0 0 0	0 0 0 0
千七のみ	0 0 0 0	0 0 0 0	0 0 0 0	0 0 0 0	0 0 0 0	0 0 0 0	0 0 0 0	0 0 0 0	2 0 0 0	0 0 0 0
千六のみ	1 0 0 0	0 0 0 0	0 1 0 0	0 0 0 0	1 1 0 0	0 1 0 0	0 0 0 0	0 0 0 0	1 0 0 0	0 0 0 0
千五まで	3 3 0 7	2 0 0 0	3 1 0 4	3 1 0 0	5 1 0 0	7 0 0 4	0 0 0 1	1 0 0 1	4 1 0 1	2 0 0 0
前走(3走前)	3中京 7月12日 ③芽3 未勝11ダ13頭 天ダ1556 56 国分恭 H ⑨⑦⑦ 490 人気7 381 中 404 アラートミノル 1551 0.5	1京 1月6日 ②芽4 新馬9ダ14頭 天ダ1563 56 武豊 S ⑬⑩⑩ 504 人気8 398 外 378 ゴットロプロイ 1560 0.3	3中京 7月12日 ③芽8 牝未勝8ダ16頭 函ダ1273 54 鮫島 M ⑪⑬⑫ 444 人気13 371 内 377 テイエムゴージ 1262 1.1	2阪 4月13日 ⑥芽9 未勝1ダ16頭 天ダ1562 56 和田 S ⑩⑩⑪ 492 人気9 386 中 385 アドマイヤカロ 1551 1.1	3中京 7月12日 ③芽4 未勝9ダ14頭 天ダ2028 53 岩崎 M ⑫⑪⑩ 486 人気8 395 中 388 スカイライン 2024 0.4	3中京 7月6日 2芽7 未勝3ダ15頭 天ダ1559 56 国分恭 S ⑭⑬⑬ 440 人気7 393 内 373 サンジェナーロ 1553 0.6	兄弟 ダイキンボシ（公） ナイスランバー（公）	近親 ナナヨーヒマワリ ナナヨーストーム	3阪 6月22日 6芽2 未勝6ダ16頭 天ダ1545 53 義 S ⑦⑦⑥ 482 人気2 384 外 377 インテグラード 1544 0.1	1中京 1月18日 ①芽12 未勝17ダ18頭 三 2182 56 藤岡佑 S ⑫⑬⑫ 498 人気9 379 外 358 レイズアスピリ 2165 1.7
前走(2走前)	2小 8月3日 2芽5 未勝2ダ16頭 モダ1469 56 国分恭 M ⑩⑨⑧ 496 人気6 中位差詰 4 3/4 372 中 386 ニチドウリュン 1462 0.7	1京 1月25日 ⑧芽10 未勝12ダ14頭 天ダ1558 56 武豊 M ⑬⑬⑬ 498 人気4 出遅る 11 3/4 390 外 389 ゴーザトップ 1539 1.9	2小 8月9日 ❸芽5 未勝11ダ15頭 モダ1462 54 鮫島 M ⑦⑧⑪ 438 人気13 直線差詰 7身 369 内 382 メイショウシシ 1451 1.1	3阪 6月28日 ⑦芽13 未勝6ダ18頭 天外1506 56 小牧 S ⑩⑩⑫ 496 人気11 中位一杯 11 3/4 383 中 359 ウィズアミッシ 1487 1.9	3中京 7月27日 ⑧芽6 未勝3ダ16頭 天ダ1551 53 岩崎 M ⑨⑪⑪ 488 人気6 直線差詰 6 1/2 386 中 384 ハナリュウセイ 1540 1.1	3中京 7月19日 ⑤芽6 未勝2ダ13頭 天ダ1556 56 国分恭 S ⑥⑤⑤ 438 人気9 中位まま 9身 396 中 376 シュテルングラ 1541 1.5	レース診断 上昇度△ 太目残りで走る気にも欠けた。使いながら。	3中京 7月26日 ⑦芽6 牝未勝2ダ16頭 函ダ1256 54 小坂 M ⑪⑪⑩ 440 人気12 出遅る 9 1/2 363 外 369 アンナミルト 1241 1.5	3中京 7月19日 ⑤芽4 未勝9ダ13頭 天ダ1547 53 義 S ②③③ 476 人気1 先行一息 3 1/2 382 中 392 タイガークラウ 1541 0.6	3京 5月11日 ⑥芽14 未勝4ダ18頭 天外1515 56 国分恭 M ⑰⑯⑯ 498 人気10 後方まま 大差 379 中 349 ドラゴンストリ 1484 3.1
前走	2小 8月23日 ❼芽4 未勝12ダ16頭 モダ1463 56 国分恭 M ⑪⑪⑧ 492 人気7 後方追上 3身 374 外 377 ダンツトゥルー 1458 0.5	7ヵ月余 ヒザ骨折放牧 乗込み4週間 仕上り○ 理想体重 500キロ 3ヵ月以上休 ①②③外 0 0 0 1	2小 8月30日 9芽3 牝未勝8ダ16頭 モダ1469 54 幸 M ⑪⑧⑥ 454 人気9 中位伸 3 1/4 375 外 388 カオール 1464 0.5	2小 8月24日 8芽5 未勝11ダ16頭 モダ1470 56 川須 M ⑪⑨⑥ 506 人気13 徐々差詰 4身 379 中 386 シゲルエッチュ 1464 0.6	2小 8月24日 8芽3 未勝3ダ16頭 モダ1468 53 岩崎 M ⑬⑫⑫ 488 人気8 後方伸 2 3/4 381 外 381 シゲルエッチュ 1464 0.4	2小 8月23日 ❼芽3 未勝16ダ16頭 モダ1462 56 太宰 M ⑧⑦⑥ 440 人気12 中位伸 2 3/4 368 外 378 ダンツトゥルー 1458 0.4	3阪 6月28日 7芽12 未勝10ダ16頭 三ダ1152 56 太宰 S ⑭⑮⑮ 506 人気9 後方まま 18身 379 内 373 エイシンローリ 1122 3.0	2小 8月24日 ⑧芽4 未勝16ダ16頭 天 1484 54 小坂 M ③②② 446 人気11 先行粘る 3 3/4 361 中 365 メイショウラバ 1478 0.6	2小 8月17日 ❻芽5 未勝8ダ16頭 モダ1456 53 義 M 1①① 484 人気1 逃一息 3 1/2 359 内 388 メイショウヒコ 1451 0.5	2小 8月3日 ❷芽13 未勝13ダ17頭 二千 2035 53 岩崎 S ⑪⑨⑫ 502 B 人気11 中位一杯 13 1/2 366 中 382 マルクナッテ 2013 2.2

ダート1700メートル 右回り 直線291メートル

賞金	レコード
460万	1.41.8
180	18年8月
120	サンライズキング
69	
46	56 和田

小倉6R 枠番連勝

1-1	☆	3-7	25.8
1-2	61.1	3-8	10.9
1-3	45.4		
1-4	38.2	4-4	☆
1-5	31.5	4-5	25.6
1-6	85.3	4-6	69.4
1-7	26.8	4-7	21.8
1-8	11.3	4-8	9.2
2-2	☆	5-5	☆
2-3	58.9	5-6	57.3
2-4	49.7	5-7	17.9
2-5	41.0	5-8	7.5
2-6	☆		
2-7	34.8	6-6	☆

げ先行勢は圏外に。双馬のコースメモにある「馬場が渋ることでハイペースになりやすく、差し決着の発生割合が増加する」を地で行ったレースとなった。

結果、3連単24万6900円を1200円的中。「短縮馬」の中でも「前走不利馬」に厚く張ることで、290万円以上を払い戻すことができた。

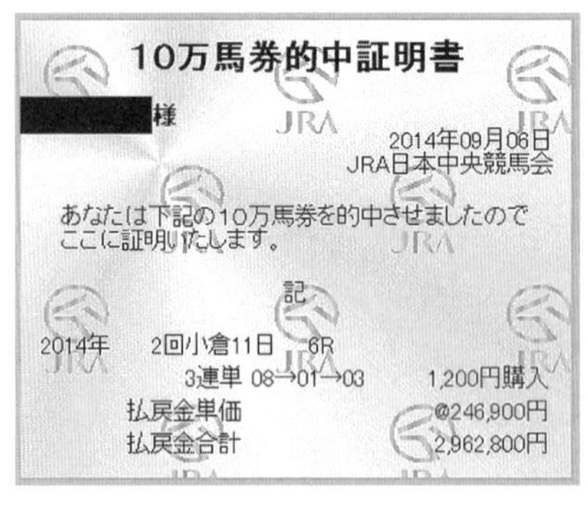

10万馬券的中証明書

様

2014年09月06日
JRA日本中央競馬会

あなたは下記の10万馬券を的中させましたのでここに証明いたします。

記

2014年　2回小倉11日　6R
3連単 08→01→03　1,200円購入
払戻金単価　@246,900円
払戻金合計　2,962,800円

2014年9月6日小倉6R
(ダート1700m重、3歳未勝利)

1着⑧ハッピーエム　(6番人気)
2着①シゲルハリマ　(4番人気)
3着③メイショウマツシマ(5番人気)

3連単⑧→①→③246900円×1200円的中
=296万2800円

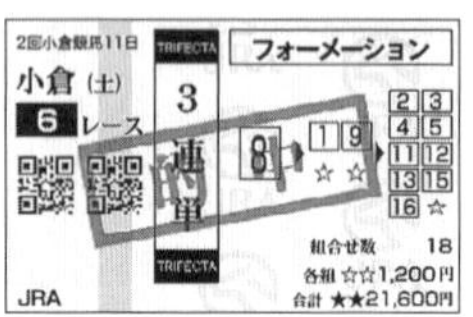

的中例解説｜小倉芝1200m①

短縮+前走不利(馬場替わり)の6番人気馬が5馬身差の快勝!

以前の小倉芝は開幕週の時計が早く、徐々に馬場が荒れて時計がかかる馬場だった。しかしダートと同様、最近（2015年夏）の小倉芝も傾向が変わってきている。

ＪＲＡがクッション性を重視した馬場をつくるようになったため、開幕週から以前の開催中盤のような馬場になった。

よって、従来は開催中盤～後半の芝で好走していた「短縮馬」や「前走ダート出走馬」が、最近は開幕週から走る。

一方、「最近の馬場」は馬場が踏み固められる「開催後半ほど」時計が速くなる傾向もある。開催後半は逆に短縮が決まらなくなることもあるので注意したい。

つまり「今の小倉芝」は「開幕週、開催前半こそ」「短縮馬」が走るクセが出やすい。開幕週から勝負するコースとなった。

ここで取り上げるのは14年8月30日のレースなので、まだ小倉開催後半で短縮が決まる傾向にあった。特に、この週の馬場は、短縮ローテが決まりやすいタフな傾向になっていた。

そのレースは12Ｒ（芝1200m、3歳上500万下）。

「短縮馬」に該当したのは、③オトコギマサムネ（6番人気）、⑥スズカチャンプ（13番人気）、⑫ハドソンシチー（11番人気）、⑮ナムラユキヒメ（17番人気）、⑱アメージングムーン（7番人気）の5頭。

この中では、スズカチャンプとナムラユキヒメは1800m以上にしか実績がなかった。このような馬は基本的には狙いを下げる。残ったのは、オトコギマサムネ、ハドソンシチー、アメージングムーンの3頭。

この中から双馬が本命に選んだのは、オトコギマサムネ。

前走の中京芝1400m戦では、かかりながら追走していたからだ。短縮ローテーションの馬を狙う際には、かかり気味に追走していた馬のほうが、より好走確率が上がる。

レースは双馬の見立て通り、1200mに短縮したことでスムーズに追走できたオトコギマサムネが直線で抜け出し、2着に1馬身2分の1差の快勝。

3着には同じく短縮馬で追い込んだハドソンシチーが届き、3連単は37万1040円。これを500円的中し、払い戻しは185万円を越えた。

ところで、2着の⑦セシリア（8番人気）は短縮ローテではなかったが、公開した予想では対抗に選んだ。

セシリアは前々走に芝1800mを使っていた馬。前走は初めての芝1200mに対応できずに凡走したが、今回は2走目の1200mで慣れが見込める。前走は突然の1200mが「不利」だったために能力を発揮できなかった。だから、2回目は確実に前進する。「双馬の方式」を理解できれば上位評価が妥当な馬だ。

またセシリアのように「前走ローテーション不利」で敗れた馬は、前述したように、双馬のホームページで無料公開されている。「双馬の方式」への理解を深めるためにも参考にしたい。

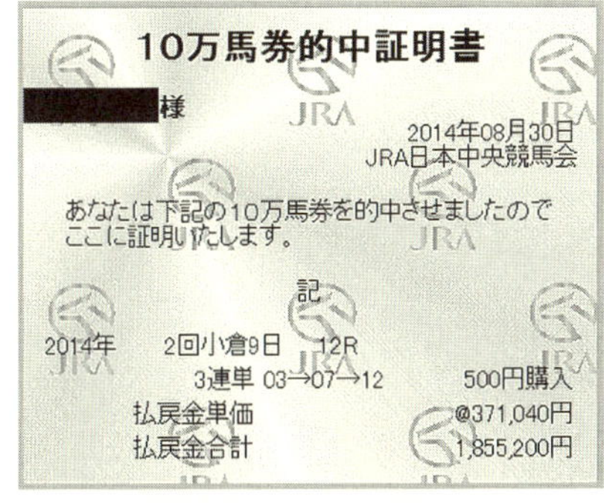

10万馬券的中証明書

■■■■様

2014年08月30日
JRA日本中央競馬会

あなたは下記の10万馬券を的中させましたのでここに証明いたします。

記

2014年　2回小倉9日　12R
3連単 03→07→12　500円購入
払戻金単価　@371,040円
払戻金合計　1,855,200円

2014年8月30日小倉12R
（芝1200m良、3歳上500万下）

1着③オトコギマサムネ　（6番人気）
2着⑦セシリア　（8番人気）
3着⑫ハドソンシチー　（11番人気）

3連単③→⑦→⑫371040円×500円的中
=185万5200円

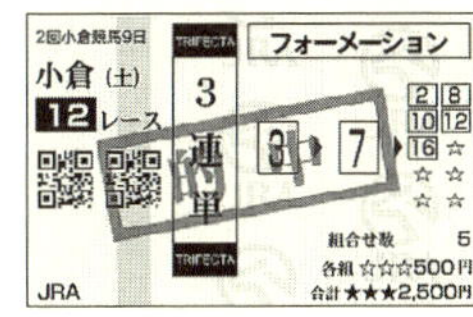

【小倉芝1200m】的中例 2014年8月30日 小倉12R（3歳上500万下）

	18 桃8	17 桃8	16	15 橙7	14 橙7	13	12 緑6	11	10 黄5	9	8 青
父	アドマイヤムーン㊥	タイキシャトル(マ)	ステイゴールド(輸)	ヨハネスブルグ(マ)	アドマイヤジャパン(帆)	アグネスデジタル(7中)	マンハッタンカフェ(長)	メイショウオウドウ(マ)	デュランダル(マ)	グラスワンダー(万)	マイネルラヴ(短)
馬名	アメージングムーン	キネオリュウセイ	(地)デンコウタフネス	ナムラユキヒメ	マジカルビアンカ	アグネスフィズ	ハドソンシチー	オリエンタルサン	ジェネクラージュ	インヴォーク	(地)アスターローズ
母	ビッグテンビー(短)	エグゼリーナ㊥	リボンストロベリー㊥	ナムラウタヒメ(短)	マルターズビアンカ㊥	アグネスマジカル(短)	イソノフォーティ(短)	レアシルウィア(マ)	ヴァルールーズ㊥	チアフルスマイル㊥	シンコウローズ㊥
毛色	鹿毛	黒鹿	鹿毛	栗毛	芦毛	鹿毛	黒鹿	鹿毛	栗毛	栗毛	鹿毛
斤量 性齢	55 牝4	57 牡4	57 牡5	52 牝3	55 牝4	55 牝4	54 牡4	57 牡4	57 牡4	49 牝3	55 牝8
騎手	替鮫島	替川田	替川島	替太宰	替国分恭	小牧	替▲岩崎	藤懸	替酒井	替▲松若	替高倉
調教師	昆	清水久	梅内	目野	本田	河内	佐々木晶	高橋忠	中竹	村山	加藤敬
賞金	○ 200	○ 450	○ 30	○ 400	○ 200	○ 200	○ 200	○ 200	○ 200	○ 400	○ 275
総賞金	1480	2058	213	930	1220	645	895	1452	1280	780	1686
馬主	ローレルR	吉田千津	田中康弘	奈村信重	村上憲政	渡辺孝男	友駿HC	下井道博	加藤誠	アカデミー	加藤久枝
生産者	新 村田牧場	ひ 下河辺TC	浦 日進牧場	ひ 漆原哲雄	新 村上雅規	千 社台F	ひ 幌村牧場	浦 東栄牧場	ひ 三木田牧場	ひ フジワラF	シンコーF
印	△ △ ▲ △ … △	△ … … ◎ △ ○	… △ … △ ○ …	… … … … … …	… △ △ ▲ … …	… … … △ … …	… △ … … … …	注 ○ ○ ○ △ ◎	… … △ △ … ▲	△ … △ … △ △	… … … … … …
持ち時計	札1095① 京1215③	小1085❸ 芸1228⑰	小1086④ 京1346⑫	小1097④ 京1240⑧ 大1501⑧	大1495⑨ 小1090⑧ 京1225③ 阪1359②	京1089⑭ 京1383❺	京1227⑨ 亍2002⑩	小1085④ 芸1228⑭	小1085❹ 阪1220⑥ 京1347⑨	小1091[7] 京1211②	毛1404⑥ 小1081⑨ 阪1216⑧ 阪1347⑨
上がり	芝34.9⑨	芝33.0⑥	芝33.8⑫ ダ36.4⑩	芝34.5⑧ ダ36.6[10]	芝34.1⑧ ダ37.0⑧	芝34.8④ ダ37.4⑬	芝34.4⑤ ダ35.8④	芝34.3④ ダ35.9⑥	芝33.9❹ ダ39.3⑬	芝34.7②	芝33.8⑨
ダート時計			ダ1260⑩ 京ダ1136⑩	ダ1260⑥ ダ1471⓬	札ダ1015⑧ ダ1150⑫	ダ1140⑬	1096④ ダ1256[7]	ダ1253[6] 阪ダ1126①	ダ1552⑬		ダ1285[2]
成績	0000	0012	0000	0001	0000	0001	0000	0000	0002	1001	0003
母の父	テンビー	フジキセキ	デインヒル	フォーティナイナー	ディキシープラス	アグネスタキオン	フォーティナイナー	ティンバーカントリ	ナシュワン	サンデーサイレンス	ブライアンズタイム
兄弟	ローレルゲレイロ	ハツコイ	キングスベリー	ナムラアトランテス	ソングフライト	アグネスハビット	アベニールシチー	初仔	サンライズマルス	チアフルアイズ	バリカラノテガミ
天函芝千	0010 0010 0100 0220	0020 0000 0030 01100	0000 0000 0000 2440	0000 0000 0000 0450	1000 1000 0110 02101	0010 0000 0000 1060	0100 0000 0000 0700	0010 0020 0000 06100	0010 0010 0000 3390	0100 0100 0000 0430	0010 0020 0010 23130
前走3	3函 13年8月 ⑥三才上8 500万 5ト16頭 芝1114 52 四位 M⑬⑫⑩ 448 人気4 出遅る 5身 352内362 タイヨウパフュ 1106 0.8	3中京 7月20日 ⑥マカオJ 6 500万 9ト18頭 芝1108 57 中井 M⑯⑯⑯ 470 人気12 後方追上 1½ 359内349 ホープタウン 1105 0.3	3中京 7月5日 [1]三才上13 500万 9ト18頭 芝1105 57 鮫島 M⑯⑯⑱ 438 人気16 後方直丈 7¾ 360外345 フルールシチー 1093 1.2	2阪 3月29日 ①孳8 牝500 10ト10頭 芝外1501 54 国分優 S⑨⑨⑨ 414 人気9 後方まま 8身 367内353 ブランネージュ 1488 1.3	3阪 6月22日 [6]三才上15 500万 5ト16頭 芝内1116 55 太宰 M⑥[8]⑩ 448 人気13 3角躓く 12¾ 354中362 フギン 1095 2.1	4京 10月13日 ④三才上14 500万 13ト18頭 芝内1089 53 武豊 S②②② 474 人気9 先行一杯 11身 336中353 レディオブオペ 1071 1.8	1福 4月20日 ④四才上4 500万 7ト14頭 芝1096 57 水口 M⑭⑭⑭ 442B 人気7 後方追込 1¾ 371外358 キタサンウンリ 1093 0.3	3中京 7月5日 [1]三才上2 500万 5ト18頭 芝1098 57 藤懸 M⑬⑬⑫ 454 人気15 後方伸 3身 353中345 フルールシチー 1093 0.5	1小 3月2日 ⑧四才上15 500万 15ト18頭 芝1111 57 藤岡康 M⑧⑧[8] 448 人気4 前塞る 7身 350中361 アルベルトバロ 1100 1.1	3京 5月25日 ⑩孝16 500万 3ト16頭 芝内1103 54 小坂 M①①① 414 人気13 逃一杯 12¾ 339内364 カシノタロン 1083 2.0	2小 13年8月 [4]驀13 500万 11ト18頭 芝1088 55 国分恭 M⑬⑬⑫ 446 人気18 後方まま 5¼ 344中344 アンバルブライ 1079 0.9
前走2	1新 5月25日 ⑧四才上11 牝500 8ト16頭 芝内1224 55 松田 M[11]⑪⑫ 454 人気12 後方まま 2¾ 345中359 カフェブリリア 1219 0.5	2小 8月2日 ①三才上8 500万 17ト18頭 芝1087 57 松山 H⑩⑪⑪ 474 人気9 中位まま 2身 337外350 ライブリシュネ 1084 0.3	2小 8月2日 ①男4 500万 15ト15頭 芝1086 57 岩崎 H⑭⑭⑭ 452 人気15 後方追上 3¼ 344中342 シンジュボシ 1081 0.5	1福 4月20日 ④雪うさぎ13 500万 12ト16頭 芝1111 54 宮崎 M④②④ 408 人気15 先行一杯 4½ 351中360 テイエムチュラ 1104 0.7	3中京 7月20日 ⑥マカオJ 9 500万 4ト18頭 芝1112 55 太宰 M⑥⑨⑪ 448 人気16 中位まま 4½ 356中356 ホープタウン 1105 0.7	2中京 3月22日 ④四才上13 牝500 11ト16頭 芝ダ1140 55 中舘 M[15]⑬⑭ 486 人気9 太目残 13身 366外374 サイズミックレ 1119 2.1	3京 5月10日 ⑤四才上9 500万 15ト16頭 ダ1258 57 水口 M⑬⑬⑫ 446B 人気10 後方差詰 11¾ 363外377 サトノデプロマ 1238 2.0	3中京 7月20日 ⑥マカオJ 4 500万 8ト18頭 芝1106 57 藤懸 M⑪⑪⑧ 454 人気9 中位伸も ¾身 353中353 ホープタウン 1105 0.1	1福 4月20日 ④四才上9 500万 4ト16頭 芝1107 57 中舘 M⑩⑩⑨ 446 人気7 内々回る 4¾ 351内356 キーパップ 1100 0.7	3中京 7月19日 [5]タイラン11 牝500 14ト18頭 芝1239 52 下原理 M④②② 424 人気16 先行一杯 3½ 347中371 マイネノンノ 1233 0.6	2小 13年8月 ⑦小郡9 500万 7ト18頭 芝1081 55 武幸 M⑭⑮⑯ 448 人気17 後方差詰 5身 341中340 ラヴァーズボイ 1073 0.8
前走	3ヵ月余 放牧 乗込み4週間 仕上り◎ 連対体重 438〜444 3ヵ月以上休 ①②③外 0112	2小 8月17日 ⑥三才上3 500万 1ト13頭 芝1085 57 松山 M⑨④④ 474 人気8 内つき伸 1¼ 338内347 ダノンマッキン 1083 0.2	2小 8月17日 ⑥三才上8 500万 10ト13頭 芝1088 54 義 M⑫⑫⑫ 442 人気7 後方差詰 3身 347中341 ダノンマッキン 1083 0.5	2小 8月10日 ❹三才上12 牝500 6ト15頭 ダ1471 52 高倉 M[12]⑪⑪ 414 人気14 後方まま 17¼ 370外395 キャニオンバレ 1441 3.0	2小 8月16日 ⑤三才上8 牝500 10ト18頭 芝1090 55 酒井 M⑮⑬⑮ 448 人気14 後方差詰 1¾ 346中344 フェブノヘア 1087 0.3	3京 6月1日 ⑫四才上8 500万 6ト16頭 芝内1090 52 岩崎 M①①① 472 人気7 逃一杯 5¾ 336内354 フギン 1081 0.9	3ヵ月半 放牧 乗込み3週間 仕上り○ 連対体重 442キロ 3ヵ月以上休 ①②③外 1002	2小 8月17日 ⑥三才上4 500万 2ト13頭 芝1085 57 藤懸 M⑩⑨⑧ 466 人気5 脚余す 1½ 342内343 ダノンマッキン 1083 0.2	2小 8月17日 ⑥三才上13 500万 5ト13頭 芝1095 57 川島 M⑩⑨⑪ 450 人気12 後方まま 7¾ 342外353 ダノンマッキン 1083 1.2	2小 8月9日 [3]驀7 500万 4ト15頭 芝1091 52 和田 M④⑤⑦ 420 人気5 もまれる 2¾ 338内353 キタサンエピソ 1086 0.5	2小 8月2日 ①三才上13 500万 11ト18頭 芝1090 55 国分恭 H⑮⑯⑰ 458 人気18 後方直丈 3¼ 341中349 ライブリシュネ 1084 0.6

小倉 12

発馬 4.15

サラ三歳以上

500万下・定量

芝1200米

	1	2	3	4	5	6	7
枠	白1	白1	黒2	黒2	赤3	赤3	4
馬名	テイエムシングン	ヤマニンカヴァリエ	オトコギマサムネ	アグネスキング	ヴァッフシュテルケ	スズカチャンプ	セシリア
父	サクラバクシンオー(短)	ヤマニンセラフィム(中)	ジャングルポケット(中長)	スタチューオブリバティ(マ)	ダイワメジャー(マ)	ディープインパクト(中長)	アグネスタキオン(中)
母	スズカブルーム(中)	ヤマニンフェリーヌ(短)	レッドベリル(短)	アグネスルビー(短)	イサミサクラ(短)	スプリングマンボ(中)	マシュール(中)
毛色	鹿毛	鹿毛	鹿毛	黒鹿	青鹿	鹿毛	栗毛
斤量・性齢	57 牡4	57 牡5	54 牡3	54 牡3	54 牡3	54 牡5	55 牝5
騎手	松山	武幸	替 北村友	川須	替 幸	替 ▲義	替 藤岡佑
厩舎	栗 鈴木孝	栗 千田	栗 吉村	栗 長浜	栗 岩元	栗 橋田	栗 矢作
賞金	○ 200	○ 450	○ 400	○ 400	○ 400	○ 450	○ 450
総賞金	930	2455	700	1045	1990	1367	2310
馬主	竹園正繼	土井肇	塩澤正樹	渡辺孝男	宮内牧場	永井啓弍	田所英子
生産	ひ グランド牧場	新 錦岡牧場	安 ノーザンF	浦 富田牧場	浦 宮内牧場	ひ グランド牧場	日 天羽牧場
持木秀康	◎	▲	△		○		
那谷明弘		▲		△	◎		注
加茂聡		◎	△	△	注		
須藤大和		注	△				
中邑茂		▲	◎		注	△	
本紙田崎	B	△	△	注	△	B	
芝1000/1200/1400/1600	小1085 ① 外1487 [11] 京1366 ⑭	外1478 ⑦ 小1078 ① 1227 ⑥ 阪1373 ②	外1472 ⑧ 2024 ⑦ 1235 ① 京1348 ⑨	2032 ⑤ 小1094 [10] 1253 [14] 京1359 ③	京1089 ④ 阪1248 [13]	外1467 ① 1594 ⑥ 2184 ⑫ 新1346 ⑩	外1471 ② 小1092 ⑭ 阪1242 ② 京1352 ⑧
芝上り/ダート上り	34.9 ⑰ ダ 36.3 [12]	34.1 [4] ダ 38.3 ③	34.2 ①	34.0 ③	34.5 ③ ダ 38.2 [5]	34.0 ⑭ ダ 37.1 ⑧	外 34.3 ⑫
ダ1000/ダ1200	ダ 1275 ⑨ 阪ダ 1134 [12]	ダ 1527 ❻			阪ダ 1141 [5]	ダ 1517 ❼	
芝重実績	0 0 0 0	0 0 0 0	0 0 0 0	0 0 0 0	0 0 0 0	0 0 0 2	0 0 0 1
母の父	スキャターザゴール	タニノギムレット	スペシャルウィーク	タニノギムレット	アイネスフウジン	キングマンボ	ジャイアンツコーズ
兄弟馬	テイエムシシオー	初仔	キネオチェリー	アグネスサクシード	ボストンエンペラー	スズカマンボ	ナリタムーンライト
千六のみ	0 0 1 0	0 0 2 0	0 1 0 0	1 0 0 0	0 0 1 0	0 0 0 0	0 0 0 0
千四のみ	0 0 0 0	1 0 0 0	0 0 0 0	0 0 0 0	0 0 2 0	0 0 0 0	1 1 0 0
千二のみ	0 0 0 0	0 0 1 0	0 0 0 0	1 0 0 0	0 0 2 0	0 0 0 0	0 0 0 0
千のみ	1 1 9 0	0 3 8 0	3 1 0 0	0 1 1 0	0 1 9 0	4 0 0 0	4 0 1 0
前々走	4阪 13年9月 [2] 三才上 11 500万 11ゲ14頭 外 1487 53 菱田 M ①③② 482 人気12 先行一杯 10 3/4 353 中 371 デウスウルト 1469 1.8	1新 5月4日 ② 濃 3 500万 13ゲ15頭 内 1096 57 柴山雄 M ③③③ 504 人気5 好位粘る 1 3/4 346 中 350 モンマックス 1093 0.3	3京 5月3日 ③ あやめ賞 8 500万 1ゲ9頭 外 1472 56 北村友 M [8]⑤⑤ 464 人気8 中位一杯 4 3/4 361 外 349 セセリ 1465 0.7	1京 1月18日 ⑥ 福 3 500万 3ゲ13頭 内 1359 56 四位 S ④④③ 512 人気10 好位粘る 3 3/4 372 中 340 エイシンブルズ 1353 0.6	3中京 7月5日 [1] 三才上 14 500万 2ゲ18頭 1106 54 和田 M ⑥[9]⑨ 438 人気10 3角不利 8身 351 内 355 フルールシチー 1093 1.3	3新 10月20日 [4] 三才上 9 500万 5ゲ14頭 外 2034 56 嶋田 S ⑦⑦⑦ 478 B 金6 中位一杯 6身 387 中 344 ブランクヴァー 2024 1.0	1阪 3月22日 ⑦ 四才上 6 500万 2ゲ14頭 外 1479 55 幸 M ①①① 444 人気5 逃一杯 3身 358 内 357 ハッピーモーメ 1474 0.5
前走	1阪 3月8日 [3] 四才上 12 500万 6ゲ16頭 ダ 1134 57 松山 M [14]⑭⑭ 500 人気14 出遅る 6 1/4 371 中 363 オーネットサク 1123 1.1	1新 5月17日 ⑤ 四才上 6 500万 11ゲ16頭 内 1098 57 柴山雄 M ⑬⑬⑬ 502 人気4 後方差詰 2 1/4 354 中 344 プリンセスムー 1095 0.3	3京 5月31日 ⑪ 7 500万 3ゲ9頭 内 2024 56 浜中 S ⑥②② 466 人気7 引掛る 6 1/4 394 中 349 グッドスピリッ 2014 1.0	3中京 7月13日 [4] 14 500万 15ゲ18頭 1253 54 川須 S ①①① 500 人気7 逃一杯 11 1/4 357 中 375 アドマイヤイナ 1235 1.8	3中京 7月20日 ⑥ フィリピ 2 1000万 6ゲ12頭 1110 54 北村友 S ⑨⑧⑧ 438 人気11 内つき伸 1 3/4 363 内 347 バクシンテイオ 1107 0.3	2函 7月6日 ② 三才上 9 500万 1ゲ12頭 1502 57 松田 S ⑨⑪⑪ 492 B 金7 後方差詰 4身 372 中 358 シベリアンタイ 1495 0.7	1新 5月17日 ⑤ 14 牝500 4ゲ16頭 外 1487 55 菱田 M ①①① 440 人気6 逃一杯 12身 353 内 373 アースザスリー 1468 1.9
最近走	5ヵ月半 放牧 乗込み3週間 仕上り○ 連対体重 476キロ 3ヵ月以上休 ①②③外 0 0 0 4	2小 8月9日 [3] 3 500万 8ゲ15頭 1090 57 武幸 M ⑮⑮⑭ 500 人気6 後方追上 2 1/2 349 外 341 キタサンエピソ 1086 0.4	3中京 7月27日 [8] 三才上 12 500万 18ゲ17頭 1253 54 北村宏 M [6]④⑤ 468 人気8 中位一杯 3 3/4 359 外 374 メイケイペガム 1246 0.7	2小 8月9日 [3] 10 500万 13ゲ15頭 1094 54 川須 M ⑨⑧⑦ 508 人気7 外々回る 5身 341 外 353 キタサンエピソ 1086 0.8	2小 8月9日 [3] 3 500万 10ゲ15頭 1090 54 北村友 M ⑥⑤③ 434 人気4 好位伸 2 1/4 338 中 352 キタサンエピソ 1086 0.4	2函 7月12日 ③ 三才上 9 500万 3ゲ9頭 2041 57 松田 H ①①⑧ 486 B 金8 逃一杯 大差 349 内 395 エーシングルー 2007 3.4	2小 8月2日 ① 三才上 14 500万 15ゲ18頭 1092 55 川須 H ④③③ 434 人気6 先行一杯 4 1/2 330 中 362 ライブリシュネ 1084 0.8

賞金 730万 290 180 110 73

レコード 1.06.5 11年7月 アグネスワールド 57 武豊

小倉12R

組	倍率
1-1	65.7
1-2	22.8
1-3	16.3
1-4	43.8
1-5	22.4
1-6	9.1
1-7	31.2
1-8	10.9
2-2	☆
2-3	30.2
2-4	80.7
2-5	41.3
2-6	16.9
2-7	57.6
2-8	20.1
3-3	☆
3-4	57.9

的中例解説｜小倉芝1200m②

こちらも短縮の馬場替わり馬が好走!

2014年9月6日小倉5R（芝1200m良、3歳未勝利戦）。

この日は小雨が降り、良馬場発表でも、やや時計のかかる馬場状態だった。

時計がかかり気味の小倉芝1200mで狙い目となるのが「短縮馬」や「馬場替わり馬」になる。

双馬の本命⑪アサカファルコン（3番人気）は、前走にダート1700m戦を使っており、短縮の馬場替わりローテに該当。買いのポイントをすべて満たす馬だったため本命に推した。

レースでは、そのアサカファルコンが2着。1着の⑤メイショウブイダン（7番人気）は前々走に2000m、前走に1200mを使っている同距離馬。

前走は大幅な距離短縮に対応し切れずに負けていたが、今回は二度目の1200m戦。慣れを見込める今回は、前走以上の結果が期待できると判断して対抗に選んだ（前項のセシリアと同じパターン）。

スタミナが要求される馬場では、メイショウブイダンのように前走の短縮ローテに対応できなかった同距離馬も、好走確率が上がるため注意が必要となる。

2014年9月6日小倉5R
（芝1200m良、3歳未勝利）

1着⑤メイショウブイダン（7番人気）
2着⑪アサカファルコン（3番人気）
3着⑱グッドウェーヴ（6番人気）

3連単⑤→⑪→⑱73280円×3000円的中
=219万8400円

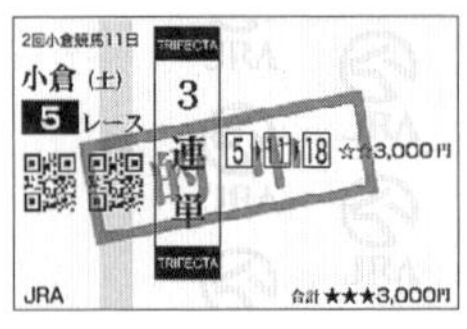

双馬のコースメモ

福島競馬場

FUKUSHIMA RACE COURSE

- ・ダート1150m 良
- ・ダート1150m 重～稍重
- ・ダート1700m 良
- ・ダート1700m 重～稍重
- ・芝1200m
- ・芝1800m
- ・芝2000m
- ・芝2600m

東京
中山
京都
阪神
中京
小倉
福島
新潟
札幌
函館

コース: 福島ダート1150m

馬場状態: 良

決着率と破壊力ランキング

展開	決着確率	馬券破壊力
前残り決着	B	C
差し決着	C	C

枠	決着確率	馬券破壊力
内枠決着	B	B
外枠決着	C	C

展開の内訳

展開	R発生割合	レース数	単回率	複回率
前残り決着	21%	17	51%	57%
差し決着	7%	5	30%	48%

枠の内訳

枠	R発生割合	レース数	単回率	複回率
内枠決着	25%	18	136%	83%
外枠決着	15%	11	63%	66%

コースのポイント

★内枠決着の確率、馬券破壊力ともに高い。

★先行馬と内枠の差し馬で決まるレースが多い。

★短縮馬の成績が良く、
特に前走で1300m以上のレースを使っていた馬の成績が優秀。

★上級条件になるほど、差しが決まる傾向もある。

有利な馬・ローテ

★短縮馬。
特に1300m以上を使っている馬。

★内枠の場合は好位〜中団で競馬できる馬。外枠の場合は先行できる短縮馬が良い。

不利な馬・ローテ

★外枠の延長ローテの差し馬。

枠順のポイント

★1枠の先行馬はスタートでかなり不利となる。

枠とローテ

枠	ローテ	1着	2着	3着	3着内数	総数	勝率	連対率	複勝率	単回率	複回率
内枠	同距離	5	9	10	24	73	6.8%	19.2%	32.9%	26%	85%
	延長	3	4	3	10	46	6.5%	15.2%	21.7%	82%	77%
	短縮	21	26	24	71	397	5.3%	11.8%	17.9%	131%	81%
外枠	同距離	6	1	5	12	79	7.6%	8.9%	15.2%	24%	25%
	延長	1	7	3	11	60	1.7%	13.3%	18.3%	6%	152%
	短縮	34	25	25	84	418	8.1%	14.1%	20.1%	67%	75%

枠とローテ(前走不利馬の場合)

枠	ローテ	1着	2着	3着	3着内数	総数	勝率	連対率	複勝率	単回率	複回率
内枠	同距離	1	4	1	6	14	7.1%	35.7%	42.9%	39%	106%
	延長	0	0	1	1	11	0.0%	0.0%	9.1%	0%	11%
	短縮	4	2	4	10	61	6.6%	9.8%	16.4%	80%	48%
外枠	同距離	3	0	2	5	15	20.0%	20.0%	33.3%	90%	65%
	延長	1	1	0	2	11	9.1%	18.2%	18.2%	33%	46%
	短縮	7	8	7	22	75	9.3%	20.0%	29.3%	89%	126%

コース: # 福島ダート1150m

馬場状態: **重〜稍重**

決着率と破壊力ランキング

展開	決着確率	馬券破壊力
前残り決着	B	C
差し決着	C	C

枠	決着確率	馬券破壊力
内枠決着	C	C
外枠決着	B	C

展開の内訳

展開	R発生割合	レース数	単回率	複回率
前残り決着	28%	6	78%	41%
差し決着	11%	2	47%	56%

枠の内訳

枠	R発生割合	レース数	単回率	複回率
内枠決着	6%	2	25%	41%
外枠決着	28%	5	80%	66%

コースのポイント

★馬場が渋ると、外枠決着の確率が高くなる。

★ローテ関係なく、外枠から先行できる馬を狙うのが良い。

有利な馬・ローテ

★外枠の先行馬。特に前走に不利を受けている短縮馬。

不利な馬・ローテ

特になし。

枠順のポイント

★1枠の先行馬はスタートでかなり不利となる。

枠とローテ

枠	ローテ	1着	2着	3着	3着内数	総数	勝率	連対率	複勝率	単回率	複回率
内枠	同距離	0	0	0	0	11	0.0%	0.0%	0.0%	0%	0%
	延長	1	0	0	1	6	16.7%	16.7%	16.7%	101%	36%
	短縮	9	7	5	21	115	7.8%	13.9%	18.3%	68%	54%
外枠	同距離	1	1	2	4	11	9.1%	18.2%	36.4%	40%	236%
	延長	0	2	1	3	7	0.0%	28.6%	42.9%	0%	72%
	短縮	6	8	10	24	114	5.3%	12.3%	21.1%	47%	79%

枠とローテ（前走不利馬の場合）

枠	ローテ	1着	2着	3着	3着内数	総数	勝率	連対率	複勝率	単回率	複回率
内枠	同距離	0	0	0	0	1	0.0%	0.0%	0.0%	0%	0%
	延長	0	0	0	0	2	0.0%	0.0%	0.0%	0%	0%
	短縮	2	1	2	5	24	8.3%	12.5%	20.8%	135%	68%
外枠	同距離	0	0	1	1	3	0.0%	0.0%	33.3%	0%	76%
	延長	0	1	0	1	2	0.0%	50.0%	50.0%	0%	100%
	短縮	1	2	4	7	20	5.0%	15.0%	35.0%	11%	252%

東京
中山
京都
阪神
中京
小倉
福島
新潟
札幌
函館

コース:福島ダート1700m

馬場状態:**良**

決着率と破壊力ランキング

展開	決着確率	馬券破壊力
前残り決着	A	B
差し決着	C	C

枠	決着確率	馬券破壊力
内枠決着	C	B
外枠決着	B	C

展開の内訳

展開	R発生割合	レース数	単回率	複回率
前残り決着	34%	37	70%	71%
差し決着	12%	12	67%	52%

枠の内訳

枠	R発生割合	レース数	単回率	複回率
内枠決着	17%	18	48%	82%
外枠決着	21%	23	46%	68%

コースのポイント

★良馬場の場合、前残り決着の確率、馬券破壊力ともに高い。

★外枠の短縮馬の成績が優秀。
特に、前残り決着の割合が高いので、中団より前で競馬ができそうな馬、もしくはマクる競馬ができる短縮馬を狙うのが良い。

有利な馬・ローテ

★外枠の短縮馬。特に中団より前で競馬ができる馬。マクれる馬。

不利な馬・ローテ

特になし。

枠順のポイント

スタート時の有利不利は特になし。

枠とローテ

枠	ローテ	1着	2着	3着	3着内数	総数	勝率	連対率	複勝率	単回率	複回率
内枠	同距離	13	7	8	28	153	8.5%	13.1%	18.3%	46%	45%
	延長	10	10	11	31	225	4.4%	8.9%	13.8%	31%	62%
	短縮	21	17	29	67	307	6.8%	12.4%	21.8%	45%	66%
外枠	同距離	18	22	16	56	188	9.6%	21.3%	29.8%	66%	84%
	延長	17	17	8	42	277	6.1%	12.3%	15.2%	75%	56%
	短縮	29	32	35	96	365	7.9%	16.7%	26.3%	77%	89%

枠とローテ(前走不利馬の場合)

枠	ローテ	1着	2着	3着	3着内数	総数	勝率	連対率	複勝率	単回率	複回率
内枠	同距離	3	1	2	6	22	13.6%	18.2%	27.3%	92%	71%
	延長	1	3	2	6	35	2.9%	11.4%	17.1%	25%	47%
	短縮	2	1	4	7	40	5.0%	7.5%	17.5%	29%	51%
外枠	同距離	3	4	4	11	33	9.1%	21.2%	33.3%	65%	128%
	延長	1	3	1	5	28	3.6%	14.3%	17.9%	56%	62%
	短縮	7	5	6	18	58	12.1%	20.7%	31.0%	247%	97%

コース: # 福島ダート1700m

馬場状態: **重〜稍重**

決着率と破壊力ランキング

展開	決着確率	馬券破壊力	枠	決着確率	馬券破壊力
前残り決着	B	B	内枠決着	A	B
差し決着	C	C	外枠決着	C	A

展開の内訳

展開	R発生割合	レース数	単回率	複回率
前残り決着	28%	11	59%	74%
差し決着	8%	3	42%	56%

枠の内訳

枠	R発生割合	レース数	単回率	複回率
内枠決着	33%	13	84%	83%
外枠決着	10%	4	38%	112%

コースのポイント

★馬場が渋ると、内枠決着の確率が高くなる。
素直に内枠の馬や先行馬を中心に馬券を組み立てるのが良い。

有利な馬・ローテ

★内枠の馬。
特に前走で不利を受けていた馬。

★先行馬。
特に外枠から先行できる短縮馬。

不利な馬・ローテ

★外枠の差し馬。

枠順のポイント

スタート時の有利不利は特になし。

枠とローテ

枠	ローテ	1着	2着	3着	3着内数	総数	勝率	連対率	複勝率	単回率	複回率
内枠	同距離	2	4	3	9	28	7.1%	21.4%	32.1%	22%	257%
	延長	15	5	10	30	138	10.9%	14.5%	21.7%	135%	90%
	短縮	3	8	6	17	79	3.8%	13.9%	21.5%	99%	92%
外枠	同距離	2	1	1	4	27	7.4%	11.1%	14.8%	38%	25%
	延長	11	13	10	34	179	6.1%	13.4%	19.0%	30%	68%
	短縮	5	7	9	21	89	5.6%	13.5%	23.6%	46%	64%

枠とローテ(前走不利馬の場合)

枠	ローテ	1着	2着	3着	3着内数	総数	勝率	連対率	複勝率	単回率	複回率
内枠	同距離	1	0	1	2	6	16.7%	16.7%	33.3%	40%	101%
	延長	2	1	1	4	18	11.1%	16.7%	22.2%	22%	33%
	短縮	0	0	1	1	13	0.0%	0.0%	7.7%	0%	66%
外枠	同距離	0	0	0	0	3	0.0%	0.0%	0.0%	0%	0%
	延長	2	2	2	6	25	8.0%	16.0%	24.0%	82%	58%
	短縮	3	3	3	9	23	13.0%	26.1%	39.1%	102%	97%

コース: # 福島芝1200m

決着率と破壊力ランキング

展開	決着確率	馬券破壊力
前残り決着	B	B
差し決着	C	A

枠	決着確率	馬券破壊力
内枠決着	A	A
外枠決着	C	B

展開の内訳

展開	R発生割合	レース数	単回率	複回率
前残り決着	25%	41	133%	73%
差し決着	9%	12	96%	95%

枠の内訳

枠	R発生割合	レース数	単回率	複回率
内枠決着	35%	51	120%	92%
外枠決着	11%	19	85%	73%

コースのポイント

**★基本的には、開催前半から前残り決着、内枠決着の馬場が続くことが多い。
この場合は、内枠の同距離馬や短縮馬、外枠の先行できる短縮馬を狙うのが良い。**

**★ただし、稀に開催中盤から後半にかけて、短縮馬や差し馬が好走しやすい馬場のクセが出るので、その場合は外枠の短縮ローテの差し馬。
特に前走で不利を受けていた馬を狙うのが良い。**

有利な馬・ローテ

★内枠、先行馬に有利な馬場のクセが出ているときは、内枠の短縮馬、同距離馬。外枠の先行できる短縮馬。

★外枠の差し馬に有利な馬場のクセが出ているときは、外枠の短縮ローテの差し馬。

不利な馬・ローテ

★馬場のクセと真逆のローテ、脚質、枠順の馬。

枠順のポイント

スタート時の有利不利は特になし。

枠とローテ

枠	ローテ	1着	2着	3着	3着内数	総数	勝率	連対率	複勝率	単回率	複回率
内枠	同距離	48	56	45	149	611	7.9%	17.0%	24.4%	97%	111%
	延長	0	7	1	8	66	0.0%	10.6%	12.1%	0%	57%
	短縮	26	24	20	70	352	7.4%	14.2%	19.9%	91%	66%
外枠	同距離	40	28	49	117	601	6.7%	11.3%	19.5%	111%	74%
	延長	3	4	2	9	66	4.5%	10.6%	13.6%	99%	85%
	短縮	21	20	22	63	394	5.3%	10.4%	16.0%	205%	101%

枠とローテ(前走不利馬の場合)

枠	ローテ	1着	2着	3着	3着内数	総数	勝率	連対率	複勝率	単回率	複回率
内枠	同距離	7	9	9	25	91	7.7%	17.6%	27.5%	114%	119%
	延長	0	0	0	0	16	0.0%	0.0%	0.0%	0%	0%
	短縮	8	6	5	19	60	13.3%	23.3%	31.7%	175%	112%
外枠	同距離	8	4	5	17	103	7.8%	11.7%	16.5%	59%	60%
	延長	0	1	1	2	8	0.0%	12.5%	25.0%	0%	57%
	短縮	2	10	6	18	79	2.5%	15.2%	22.8%	10%	120%

コース: # 福島芝1800m

決着率と破壊力ランキング

展開	決着確率	馬券破壊力
前残り決着	C	B
差し決着	C	B

枠	決着確率	馬券破壊力
内枠決着	B	A
外枠決着	C	B

展開の内訳

展開	R発生割合	レース数	単回率	複回率
前残り決着	17%	17	57%	70%
差し決着	19%	13	81%	75%

枠の内訳

枠	R発生割合	レース数	単回率	複回率
内枠決着	23%	17	124%	113%
外枠決着	14%	14	83%	84%

コースのポイント

★内枠決着の確率、馬券破壊力が非常に高いコース。

★内枠の同距離馬、延長馬。特に前走で不利を受けていた馬を狙うだけで良い。

有利な馬・ローテ

**★内枠の同距離馬、延長馬。
特に前走で不利を受けていた馬。**

不利な馬・ローテ

★外枠の差し馬。

枠順のポイント

スタート時の有利不利は特になし。

枠とローテ

枠	ローテ	1着	2着	3着	3着内数	総数	勝率	連対率	複勝率	単回率	複回率
内枠	同距離	20	15	10	45	173	11.6%	20.2%	26.0%	88%	112%
	延長	14	14	18	46	212	6.6%	13.2%	21.7%	130%	92%
	短縮	4	5	10	19	94	4.3%	9.6%	20.2%	25%	65%
外枠	同距離	13	9	15	37	197	6.6%	11.2%	18.8%	148%	87%
	延長	13	14	9	36	209	6.2%	12.9%	17.2%	77%	61%
	短縮	6	11	6	23	125	4.8%	13.6%	18.4%	79%	90%

枠とローテ（前走不利馬の場合）

枠	ローテ	1着	2着	3着	3着内数	総数	勝率	連対率	複勝率	単回率	複回率
内枠	同距離	7	3	0	10	34	20.6%	29.4%	29.4%	265%	101%
	延長	2	4	3	9	34	5.9%	17.6%	26.5%	474%	172%
	短縮	2	0	1	3	23	8.7%	8.7%	13.0%	36%	26%
外枠	同距離	2	2	4	8	36	5.6%	11.1%	22.2%	81%	73%
	延長	2	2	1	5	24	8.3%	16.7%	20.8%	222%	78%
	短縮	3	2	1	6	25	12.0%	20.0%	24.0%	114%	117%

東京
中山
京都
阪神
中京
小倉
福島
新潟
札幌
函館

コース:福島芝2000m

決着率と破壊力ランキング

展開	決着確率	馬券破壊力
前残り決着	B	B
差し決着	C	A

枠	決着確率	馬券破壊力
内枠決着	B	B
外枠決着	C	B

展開の内訳

展開	R発生割合	レース数	単回率	複回率
前残り決着	24%	16	48%	79%
差し決着	15%	11	80%	92%

枠の内訳

枠	R発生割合	レース数	単回率	複回率
内枠決着	25%	17	55%	74%
外枠決着	13%	9	88%	70%

コースのポイント

★内枠決着の確率、馬券破壊力ともに1800mよりもやや落ちるが、
狙い方は同じで良い。

★内枠の同距離馬、延長馬。特に前走で不利を受けていた馬を狙う方法が有効。

有利な馬・ローテ

★内枠の同距離馬、延長馬。
特に前走で不利を受けていた馬。

不利な馬・ローテ

★外枠の差し馬。

枠順のポイント

スタート時の有利不利は特になし。

枠とローテ

枠	ローテ	1着	2着	3着	3着内数	総数	勝率	連対率	複勝率	単回率	複回率
内枠	同距離	17	15	19	51	176	9.7%	18.2%	29.0%	76%	91%
	延長	10	11	21	42	208	4.8%	10.1%	20.2%	43%	95%
	短縮	5	5	1	11	57	8.8%	17.5%	19.3%	72%	49%
外枠	同距離	17	14	6	37	183	9.3%	16.9%	20.2%	104%	63%
	延長	16	15	17	48	253	6.3%	12.3%	19.0%	85%	69%
	短縮	1	7	4	12	66	1.5%	12.1%	18.2%	22%	108%

枠とローテ(前走不利馬の場合)

枠	ローテ	1着	2着	3着	3着内数	総数	勝率	連対率	複勝率	単回率	複回率
内枠	同距離	4	2	3	9	22	18.2%	27.3%	40.9%	243%	168%
	延長	3	0	1	4	32	9.4%	9.4%	12.5%	179%	65%
	短縮	0	0	0	0	11	0.0%	0.0%	0.0%	0%	0%
外枠	同距離	0	1	1	2	23	0.0%	4.3%	8.7%	0%	13%
	延長	3	5	3	11	49	6.1%	16.3%	22.4%	181%	102%
	短縮	0	2	0	2	12	0.0%	16.7%	16.7%	0%	134%

コース: # 福島芝2600m

決着率と破壊力ランキング

展開	決着確率	馬券破壊力
前残り決着	C	C
差し決着	C	C

枠	決着確率	馬券破壊力
内枠決着	A	C
外枠決着	C	B

展開の内訳

展開	R発生割合	レース数	単回率	複回率
前残り決着	14%	4	67%	53%
差し決着	10%	3	90%	59%

枠の内訳

枠	R発生割合	レース数	単回率	複回率
内枠決着	31%	9	41%	68%
外枠決着	10%	3	85%	80%

コースのポイント

★内枠決着の確率は高いが、馬券破壊力は低い。
★人気馬が走りやすいコースで、勝負レースには向いていない。
★内枠の同距離馬、延長馬。特に前走で不利を受けた馬を狙うのが良い。

有利な馬・ローテ

★内枠の同距離馬、延長馬。
特に前走で不利を受けていた馬。

不利な馬・ローテ

★外枠の差し馬。

枠順のポイント

スタート時の有利不利は特になし。

枠とローテ

枠	ローテ	1着	2着	3着	3着内数	総数	勝率	連対率	複勝率	単回率	複回率
内枠	同距離	3	4	6	13	40	7.5%	17.5%	32.5%	42%	74%
	延長	14	13	8	35	137	10.2%	19.7%	25.5%	88%	81%
	短縮	–	–	–	–	–	–	–	–	–	–
外枠	同距離	2	3	3	8	37	5.4%	13.5%	21.6%	31%	51%
	延長	10	9	12	31	188	5.3%	10.1%	16.5%	64%	50%
	短縮	–	–	–	–	–	–	–	–	–	–

枠とローテ(前走不利馬の場合)

枠	ローテ	1着	2着	3着	3着内数	総数	勝率	連対率	複勝率	単回率	複回率
内枠	同距離	0	1	0	1	5	0.0%	20.0%	20.0%	0%	48%
	延長	1	3	1	5	16	6.3%	25.0%	31.3%	26%	60%
	短縮	–	–	–	–	–	–	–	–	–	–
外枠	同距離	0	0	1	1	4	0.0%	0.0%	25.0%	0%	120%
	延長	3	2	3	8	38	7.9%	13.2%	21.1%	44%	47%
	短縮	–	–	–	–	–	–	–	–	–	–

※ – は期間内に該当データなし

的中例解説｜福島ダート1150m重〜稍重

外枠先行＋短縮で不動の◎から267万円

コースメモに書かれているように、福島ダート1150mは馬場が渋ると、外枠の先行馬の好走確率が高くなりやすいコース。

2015年7月25日 福島7R（ダート1150m稍重、3歳未勝利）。

このレースで、双馬が本命に選んだのは⑪グリーングリーン（5番人気）。コースメモ通り、有利な外枠の先行馬だったから。さらに同馬は前走1400m→今回1150mの短縮ローテでの出走。短縮が得意な馬で、有利な外枠。不動の本命に推奨しての勝負となった。

対抗は⑭ナミノリゴリラ（3番人気）。これもやはり外枠の先行馬。4番手にも先行馬⑥タケショウビクター（7番人気）をピックアップ。タケショウはここ3戦、後方からの競馬だったのだが、その前は逃げ先行のレースをしていた。

レースは4コーナー通過時点で、ナミノリゴリラがほぼ先頭に並び、3、4番手にタケショウビクター、グリーングリーンの展開。直線の攻防は、グリーンが順当に勝利（単勝930円）。以下ナミノリ→タケショウの順で決した。

3連単5万8100円を◎○△と、ほぼ本線で的中。単勝と含め、払い戻しは267万円を超えた。

16 桃8	15 桃8	14 橙7	13 橙7	12 緑
ジャングルポケット(輸) サクセスクイーン ゴルトクローネ(マ) 栗毛	スウェプトオーヴァーボード(マ) アンジェロビアンコ ラブフォーエバー(中) 芦毛	スウェプトオーヴァーボード(マ) ナミノリゴリラ アドマイヤバレー(地) 黒鹿	ネオユニヴァース(中) レイニングバイオ セクシーディナー(輸) 鹿毛	ファルブラヴ(中) サンコールドウェル ゲーリックダンス(マ) 鹿毛
54 牝3	56 牡3	51 牝3	56 牡3	56 牡3
田中勝	替横山和	替▲木幡初	田辺	的場
㊌新開	㊍鈴木伸	㊌高橋祥	㊍牧	㊌的場
0	0	0	0	0
0	0	330	310	50
小林章	吉田照哉	小田切光	バイオ(株)	加藤信之
ひ西村和夫	千社台F	日大江牧場	新川島牧場	日シンボリ牧場
… … … △ △ …	… … … … … …	▲ △ ◎ △ △ ▲	△ △ △ … ◎ B△	… … … … … …
福1120 13	福1126 ⑧	新1105 ② 新1250 ⑧	天1364 ⑫ 天1491 ⑪	
三37.6 13 千五二ダ38.4 ⑬	三36.5 ⑧ 三ダ38.2 8	三35.7 ② 三ダ37.8 ⑩	天33.8 ③	千ダ36.8 12
福ダ1115 ⑬ 三ダ1214 ⑧	新ダ1132 8 天ダ1421 14	中ダ1125 7 三ダ1196 ⑩		小ダ1004 12 福ダ1108 ⑦ 中ダ1137 ⑤ 東ダ1286 ⑬
○0000	○0002	○0002	○0000	○0004
ラムタラ	サンデーサイレンス	サンデーサイレンス	キンググローリアス	キングカメハメハ
ジューンヴィエナ	ロールオブザダイス	ティアップブレーヴ	リヴァーレ	アエノダイキチ
函 三 巖 千 0 0 0 0 0 0 0 0 0 0 0 0 0 1 1 0	函 三 巖 千 0 0 0 0 0 0 0 0 0 0 0 0 0 3 0 0	函 三 巖 千 0 0 0 0 0 1 0 0 0 1 0 0 1 2 0 0	函 三 巖 千 0 0 0 0 0 0 0 0 0 0 0 0 0 0 0 0	函 三 巖 千 0 0 0 0 0 0 0 0 0 0 0 0 2 4 2 1
1福 4月12日 2 稍13 未勝16ゲート16頭 三1120 54 丸山 M⑥③③ 404 人気7 好位一杯 11 1/2 344外376 シェーネフラウ 1101 1.9	2新 14年8月 5 稍10 未勝1ゲート15頭 三ダ1140 54 横山典 M⑨⑨⑧ 404 人気5 出遅る 10 1/2 357中383 トロピカルガー 1123 1.7	4中 12月21日 6 稍7 牝2歳未勝3ゲート16頭 三ダ1125 54 田中勝 H①①① 456 人気1 息入らず 3 1/4 342内383 オージーアイド 1120 0.5	2東 5月2日 ③ 稍11 未勝16ゲート18頭 天1491 56 戸崎圭 S⑤⑨⑨ 450 人気6 中位一杯 8 1/4 369外356 ジュンツバサ 1478 1.3	1新 5月17日 ❻ 稍8 未勝12ゲート12頭 天ダ1560 56 的場 M⑤⑧⑧ 492 人気11 中位まま 7身 373中399 コンクエストシ 1549 1.1
2東 5月31日 ⑫ 稍8 未勝2ゲート15頭 三ダ1214 54 田中勝 M②②② 408 人気9 先行一息 6身 363中388 ラミアカーサ 1204 1.0	1新 5月16日 5 稍8 未勝6ゲート15頭 三ダ1132 56 原田和 H 11⑧⑧ 416 人気10 出遅る 11身 350中382 ラスパジャサー 1114 1.8	3東 6月27日 ❼ 稍10 未勝9ゲート15頭 三ダ1196 54 蛯名 M③③② 460 人気4 先行一杯 3 1/2 359中378 ドリームメモリ 1190 0.6	2東 5月16日 ⑦ 稍12 未勝9ゲート18頭 天1364 56 江田照 S⑰⑯⑭ 450 人気13 後方直大 6 3/4 372中352 カスクストレン 1353 1.1	2福 7月5日 ② 稍12 未勝6ゲート15頭 三ダ1508 56 的場 S⑫⑬⑮ 492 人気14 後方まま 16身 395中395 トミケンシェル 1481 2.7
2福 7月11日 ③ 稍13 牝2歳未勝14ゲート16頭 千五二ダ1115 54 田中勝 M 13⑬13 406 人気9 4角不利 10 1/2 362中384 フローラルダン 1098 1.7	3東 6月21日 6 稍14 未勝13ゲート16頭 天ダ1421 53 石川 S①③③ 420 人気10 好位一杯 16 3/4 363中393 ミッキージョイ 1393 2.8	2福 7月11日 ③ 稍8 未勝11ゲート16頭 三1106 54 蛯名 M④④④ 460 人気4 好位一杯 4 3/4 348中358 サクラベルカン 1099 0.7	2福 7月18日 ⑤ 稍9 未勝8ゲート16頭 天1491 56 田辺 H⑦⑪⑨ 460 B 人気8 中位差詰 5 3/4 354内361 コスモアルヘナ 1482 0.9	2福 7月12日 ④ 稍7 未勝15ゲート16頭 千五二ダ1108 56 的場 M 13⑬⑫ 488 人気15 後方差詰 7 1/2 368外369 ピュアリーソリ 1095 1.3

【福島ダート1150m重～稍重】的中例
2015年7月25日 福島7R（3歳未勝利）

福島 7R 発馬 1.35　サラ 混 未勝利 三歳

項目	1（白1）	2（白1）	3（黒2）	4（黒2）	5（赤3）	6（赤3）	7（青4）	8（青4）	9（黄5）	10（黄5）	11（6）
馬名	コンコルダンス	プルミエプリ	デルフト	ヒカリピオニー	ハーモニーノヴェル	タケショウビクター	アスカアンジュ	ケイジースワロー	アイガットリズム	ポンテアンジェロ	グリーングリーン
父・馬距離	クロフネ(神)	アサクサデンエン(マ)	スウェプトオーヴァーボード(マ)	ファルブラヴ(中)	フォーティナイナーズサン(中)	スタチューオブリバティ(マ)	グラスワンダー(万)	トウカイワイルド(長)	ロージズインメイ(中)	サウスヴィグラス(短)	スニッツェル(短)
母・距離	コンコルディア(短)	マサカーネ(短)	ミルルーテウス(短)	ヒカリブラッシア(短)	ヴァルネリーナ(マ)	ビーウインド(マ)	テンザンアモーレ(短)	シーキングハーフォーチュン(中)	スーパーシンガー(マ)	ヒロアンジェロ(中)	クリノオンディーヌ(短)
毛色	芦毛	栗毛	鹿毛	栗毛	芦毛	黒鹿	青鹿	黒鹿	黒鹿	栗毛	鹿毛
斤量	54 牝3	56 牡3	54 牝3	56 牡3	56 牡3	56 牡3	54 牝3	56 牡3	53 牝3	51 牝3	56 牡3
騎手	蛯名	西田	大野	(替)戸崎圭	内田博	石橋脩	吉田豊	岩部	(園)▲伴	▲石川	江田照
厩舎	(南)中川	(南)松永康	(北)新開	(南)池上弘	(北)土田	(南)相沢	(北)本間	(南)萱野	(南)中舘	(北)伊藤大	(南)大江原
賞金	0	0	0	0	0	0	0	0	0	0	0
総賞金	75	150	0	550	319	405	0	46	0	455	260
馬主名	サンデーR	石田牧場	吉川朋宏	ヒカリクラブ	日下部勝徳	ナイト商事	上野武	鹿倉勝爾	佐藤範夫	冨沢敦子	北所直人
牧場名	(安)ノーザンF	(新)石田牧場	(千)社台F	(日)前川義則	(ひ)畠山牧場	(勝)山口幸雄	(ひ)藤原牧場	(青)ワールドF	(日)下河辺牧場	(ひ)見上牧場	(日)宝寄山忠則
佐藤直	…	…	…	◎	△	注	△	…	…	○	△
小野智	△	…	…	○	◎	△	…	△	…	▲	注
久光	注	…	…	▲	△	△	△	…	…	○	△
西田	注	…	…	○	△	△	△	…	…	◎	▲
上田	…	△	…	▲	△	…	…	注	…	○	△
本紙武井	△	…	…	◎	△	△	B△	…	…	○	注
芝1200・1400						福 1098⑤ 東 1264⑮	福 1122⑯ 1349⑨	福 1094⑤ 天 1517⑬	天 1569⑬		天 1530⑫
芝上り・ダート上り	函ダ 37.6④	三ダ 37.6⑬	函ダ 37.5❾	三ダ 37.3❹	函ダ 37.0❹	三 34.7⑤ 三ダ 37.2④	三 36.3⑯ ダ 38.1⑥	三 35.1⑤ 三ダ 39.7⑩	天 38.1⑬	ダ 37.4②	天 36.0⑧ 三ダ 38.1③
ダ1000・1150・1200・1400	中ダ 1143⑥ 東ダ 1271④	中ダ 1140❸ 三ダ 1249⑭	三ダ 1223⑭ 東ダ 1281❾	福ダ 1095② 中ダ 1118❹	三ダ 1225⑩ 福ダ 1105⑥ 中ダ 1135⑦ 東ダ 1265❹	中ダ 1132④ 三ダ 1209⑨	三ダ 1211⑩ 福ダ 1103⑥ 天ダ 1421⑨ 東ダ 1276⑨	中ダ 1145⑩ 天ダ 1588❿		福ダ 1093② 中ダ 1157⑫ 東ダ 1281④	中ダ 1129③ 東ダ 1279⑧
ダート重①②③外	○0000	○0010	○0003	○0002	○0002	○0000	○0000	○0001	○0000	○0000	○0000
母の父	フジキセキ	トワイニング	アグネスタキオン	ヒカリパオー	カーリアン	スピニングワールド	タイキシャトル	クラフティプロスペ	アフリート	グラスワンダー	マンハッタンカフェ
兄弟馬	コンフィアンサ	初仔		ヒカリブランデー	デュークビスティー	ステラウインド	アギャント	ケイジーウィンザー	ディアーハート	初仔	クリノローガン
距離別勝利度数 千のみ	0000	0000	0000	0000	0000	0000	0000	0000	0000	0000	0000
千～千二	0000	0000	0000	0110	1000	0100	0000	0000	0000	1010	0000
福島千二	0000	0000	0000	0000	0000	0000	0000	0000	0000	0000	0000
千二のみ	0000	0100	0000	0000	0000	0000	0000	0000	0000	0000	0200
千四のみ	2100	0100	2000	0300	2210	1400	1110	0200	0000	2110	1000
前走3	2中 3月15日 ⑥手6 牝馬未勝 15ト16頭 三ダ1143 54 柴山雄 M⑨⑨⑩ 492 人気5 中位差詰 13身 357 中 386 メランコリア 1121 2.2	1中 1月25日 ❾手3 新馬 14ト16頭 三ダ1140 56 後藤 H④④④ 452 人気9 好位伸 5身 350 中 390 ニットウスバル 1131 0.9	1東 2月1日 ❷手9 新馬 16ト16頭 函ダ1281 54 北村宏 S⑨⑨⑤ 392 人気6 中位一杯 6 3/4 375 外 375 ナンゴクロマン 1270 1.1	3中 4月12日 ❻手4 未勝 13ト16頭 三ダ1118 56 三浦 M③③② 492 人気2 伸一息 1身 345 中 373 シゲルハダカマ 1116 0.2	2東 5月30日 ⑪手5 未勝 3ト15頭 函ダ1273 56 柴田大 M③③④ 510 人気3 先行一息 3 1/4 367 内 378 パルプランシュ 1268 0.5	3中 4月5日 ④手4 未勝 2ト16頭 三ダ1132 56 石橋脩 H⑩⑯⑮ 490 人気7 後方追上 3 3/4 360 外 372 ハーランズロマ 1126 0.6	2東 5月2日 ③手9 牝馬未勝 10ト16頭 天ダ1421 54 吉田豊 M①①① 470B 人気7 逃一杯 13 3/4 357 内 403 クリッパールー 1398 2.3	2中 3月14日 ⑤手13 未勝 16ト16頭 天内 1517 56 岩部 M⑨⑧⑥ 436 人気12 出遅る 13 3/4 371 中 377 レッドライジェ 1494 2.3	兄弟 シャイニーネーム（公） ココロノトピラ（未勝）	1中 1月18日 ⑦手12 牝馬未勝 4ト16頭 三ダ1157 54 柴田大 H②①① 470 人気5 逃一杯 13 1/2 345 内 412 ジュエルアラモ 1135 2.2	2中 3月22日 ⑧手3 未勝 3ト15頭 三ダ1131 56 川島 H⑧⑦⑤ 510 人気7 中位伸 4 1/4 350 内 381 スズダリア 1124 0.7
前走2	2東 4月25日 ①手4 牝馬未勝 6ト16頭 函ダ1271 54 蛯名 M⑬⑨⑧ 486 人気3 出遅る 3 1/4 372 外 376 ゼンザイ 1265 0.6	1新 5月3日 ②手13 未勝 8ト15頭 三ダ1145 56 西田 M⑬⑪⑪ 452 人気7 後方まま 17身 369 内 376 ドリームドルチ 1117 2.8	3東 6月6日 ❶手12 牝馬未勝 11ト16頭 函ダ1285 54 大野 H⑭⑮⑮ 396 人気11 後方まま 15 3/4 367 中 394 レディゴーラウ 1259 2.6	1福 4月25日 ⑤手2 未勝 13ト16頭 千ダ1095 53 木幡初 H⑧⑦⑧ 496 人気2 中位伸 1 1/2 355 外 374 キースカーフ 1093 0.2	3東 6月20日 ❺手4 未勝 5ト16頭 函ダ1265 56 吉田豊 S③④⑥ 508 人気3 発馬躓く 2 1/2 365 内 370 ハイアーヴォル 1261 0.4	1福 4月26日 ⑥手5 未勝 11ト16頭 三 1098 56 津村 M⑨⑧⑧ 482 人気5 中位伸も 3 1/4 351 中 347 イワヌガハナ 1093 0.5	2東 5月17日 ⑧手10 未勝 16ト15頭 三ダ1211 54 吉田豊 S④①① 476B 人気13 逃一杯 8 1/2 363 内 386 ヴァッハウ 1196 1.5	1福 4月18日 ③手13 未勝 1ト16頭 2039 53 伴 H④⑨⑥ 434 人気13 好位バテ 8 1/4 348 中 378 シグナルアロー 2026 1.3	1札 14年8月 ⑤手13 新馬 3ト13頭 天 1569 54 津村 S⑬⑬⑬ 458 人気13 後方まま 大差 407 中 381 フローレスダン 1522 4.7	2東 5月9日 ⑤手15 牝馬未勝 1ト16頭 函ダ1288 54 北村宏 M③②③ 474 人気3 外枠発走 16身 362 外 401 テイア 1261 2.7	3中 4月19日 ⑧手3 未勝 7ト16頭 三ダ1129 56 江田照 H⑤④③ 504 人気2 好位粘る 3 1/2 344 中 385 アイリーグレイ 1123 0.6
前走	2東 5月24日 ⑩手6 牝馬未勝 14ト16頭 函ダ1275 54 蛯名 M⑩⑦⑦ 488 人気1 出遅る 4身 370 外 377 バンブルムース 1268 0.7	2東 5月31日 ⑫手14 未勝 16ト15頭 三ダ1249 56 西田 M⑦⑥⑧ 452 人気6 中位一杯 大差 369 中 416 ラミアカーサ 1204 4.5	3東 6月27日 ❼手14 未勝 2ト15頭 三ダ1223 54 大野 M⑦③⑤ 390 人気13 好位バテ 大差 359 内 402 ドリームメモリ 1190 3.3	1新 5月23日 ⑦手4 未勝 14ト15頭 三ダ1130 53 木幡初 H②②② 500 人気1 息入らず 1 1/4 342 中 388 トウショウデュ 1128 0.2	2福 7月12日 ④手6 未勝 4ト16頭 千ダ1105 56 内田博 M⑧⑨⑪ 506 人気2 中位差詰 5 3/4 361 中 374 ピュアリーソリ 1095 1.0	2東 5月17日 ⑧手9 未勝 13ト15頭 三ダ1209 56 石橋脩 S⑩⑧⑦ 486 人気6 中位まま 7 1/2 371 外 376 ヴァッハウ 1196 1.3	2福 7月4日 ①手6 未勝 1ト16頭 千ダ1103 54 吉田豊 M③⑤③ 458B 人気6 先行一杯 6 3/4 353 内 381 アンミ 1092 1.1	2福 7月5日 ②手5 未勝 8ト16頭 三 1094 56 岩部 M③④③ 438 人気11 好位一息 3 3/4 343 内 351 アースエンジェ 1088 0.6	11ヵ月半 転厩放牧 乗込み3週間 仕上り○ 理想体重 460キロ 3ヵ月以上休 ①②③外 0001	2福 7月4日 ①手2 未勝 6ト16頭 千ダ1093 51 石川 M①①① 472 人気3 逃粘る 1/2身 349 内 374 アンミ 1092 0.1	2東 5月16日 ⑦手8 未勝 11ト16頭 函ダ1279 56 江田照 M③⑤④ 506 人気3 好位一杯 9 3/4 364 中 388 シルバージェニ 1263 1.6

ダート 1150m　右回り　芝スタート・直線296m

賞金	レコード
460万	1.06.9
180	18年6月
120	チアズ
69	ヒカリ
46	55吉田隼

福島7R 枠番連勝

組番	オッズ
1-1	☆
1-2	21.2
1-3	34.4
1-4	☆
1-5	20.4
1-6	44.2
1-7	27.3
1-8	☆
2-2	☆
2-3	11.7
2-4	39.1
2-5	7.0
2-6	15.1
2-7	9.3
2-8	35.8
3-3	47.1
3-4	63.5
3-5	11.3

2015年7月25日福島7R
（ダート1150m稍重、3歳未勝利）

1着⑪グリーングリーン　（5番人気）
2着⑭ナミノリゴリラ　　（3番人気）
3着⑥タケショウビクター（7番人気）

単勝⑪930円×10万円的中＝93万円
3連単⑪→⑭→⑥58100円×3000円的中
＝174万3000円
総払い戻し
267万3000円

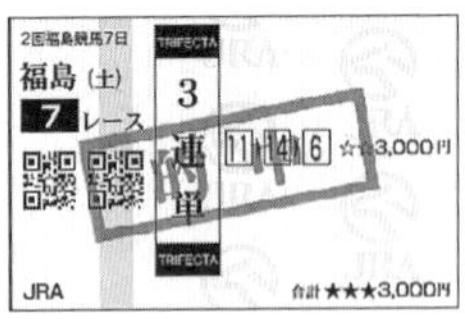

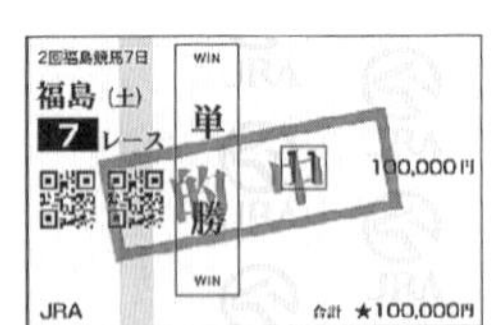

的中例解説｜福島芝1800m

ダート→芝の馬場替わり組のワンツーで123万馬券！

冒頭の手順解説でも取り上げたように、福島芝1800mは内枠決着の確率、馬券破壊力が極めて高いコース。特に「前走不利」を受けている馬が、同距離、延長ローテで出てくれば、大きく馬券を買いたい。

2015年4月25日福島7Ｒの3歳未勝利戦（芝1800m良）も「前走不利馬」「内枠の同距離馬、延長馬」を狙うだけで的中したレースだった。

このレース「前走不利馬」（ホームページで掲載）で、有利な内枠の同距離馬、延長馬に該当したのは、①オーラクィーン（15番人気）、④オフビート（7番人気）、⑦ハーベストソング（9番人気）の3頭のみ。

双馬は中でも④オフビートを本命に選んだ。同馬は前走、ダートのレースで凡走。それまで福島芝1800ｍ戦では新馬2着、2戦目の未勝利3着と実績は十分。芝と、このコースが得意なのは明らかなのに、人気落ちしていた馬だった。

3番手評価にはブービー人気の①オーラクィーン。こちらも前走はダート組。芝では着順こそ冴えないが、2戦目の未勝利では上がり2位タイの脚を見せるなど変わり身が期待できる。

レースは、1コーナーから先団直後の5、6番手につけたオーラクィーンとオフビートがペアのように進む。直線でその2頭が抜け出し、ハナ差でオーラが1着となった。

単勝万馬券（136.7倍）のブービー馬の激勝で、3連単は123万4160円の大台配当に。これを400円的中した双馬は、493万円超えの払い戻しを手にした。

なお、3着の⑨イレイションは初出走ながらも4番人気に推されている素質馬。こうした馬をしっかりと押さえるのは、馬券師としては当然である（本書ではわざわざ細かくは解説しないが）。

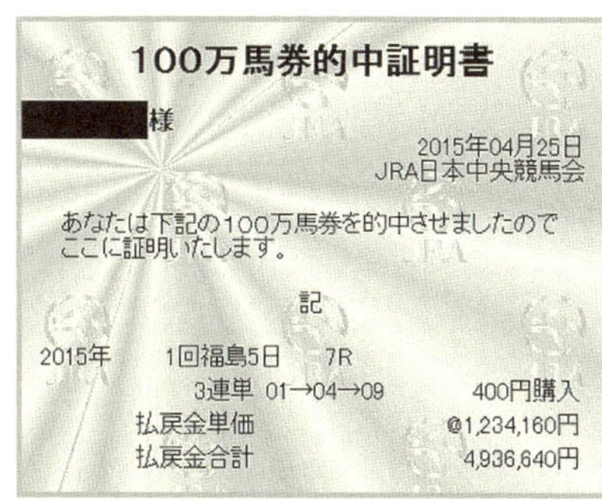

100万馬券的中証明書

様

2015年04月25日
JRA日本中央競馬会

あなたは下記の100万馬券を的中させましたので
ここに証明いたします。

記

2015年　1回福島5日　7R
3連単 01→04→09　400円購入
払戻金単価　@1,234,160円
払戻金合計　4,936,640円

2015年4月25日福島7R
（芝1800m良、3歳未勝利）

1着①オーラクィーン（15番人気）
2着④オフビート（7番人気）
3着⑨イレイション（4番人気）

3連単①→④→⑨1234160円×400円的中
=493万6640円

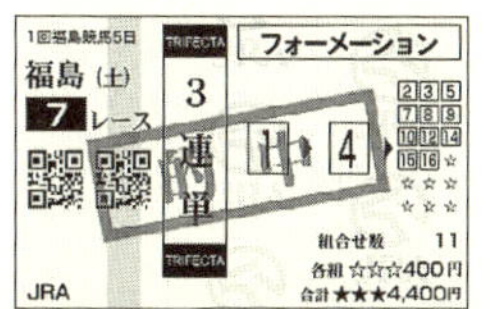

【福島芝1800m】的中例 2015年4月25日 福島7R（3歳未勝利）

16 桃8	15	14 橙7	13	12 緑6	11	10 黄5	9	8 青4	7	6 赤
マンハッタンカフェ(長) **デトロイトカフェ** キャメロンガール(短) 黒鹿	ハービンジャー(中長) **マウントミッチェル** ブルーリッジリバー(マ) 鹿毛	サクラプレジデント(中) **サクラデスティーノ** サクラヒーロー(中) 黒鹿	ハーツクライ(中長) **ニシノリコルディ** ニシノブルームーン(中) 鹿毛	キングカメハメハ(短中) **マサノミストレス** モエレオープンヒメ(中) 鹿毛	ステイゴールド(中長) **マイネルラヴィーン** キャニオンドリーム(中) 栗毛	ホワイトマズル(中長) **ジャンゴ** ナショナルフラワー(マ) 黒鹿	ディープスカイ(中) **イレイション** フェリシタス(マ) 栗毛	ステイゴールド(中長) **ノミネーション** パーンダンス(中) 黒鹿	マツリダゴッホ(長) **ハーベストソング** マイネメリアン(マ) 青鹿	マツリダゴッホ(長) **マイネルプロンプト** コスモクラッペ(短) 黒鹿
54 牝3	56 牡3	56 牡3	53 牝3	51 牝3	56 牡3	56 牡3	56 牡3	56 牡3	54 牝3	56 牡3
[替]丸山	(替)柴田善	横山典	(替)☆松若	[替]▲木幡初	[替]黛	[替]津村	松田	[替]藤岡康	丹内	[替]柴田大
(南)斎藤誠	(南)久保田	(南)菊沢	(南)鈴木伸	(南)小島茂	(北)鹿戸雄	(南)牧	[栗]中内田	[栗]矢作	(南)菅野	(南)田島俊
○ 0	○ 0		○ 0	○ 0	○ 0	○ 0		○ 0	○ 0	○ 0
255	380		0	0	0	0		485	310	690
Him Rock R	阿部雅英	さくらC	西山茂行	中村時子	ラフィアン	ノルマンディーTR	シェイク・モハメド	石川達絵	ラフィアン	ラフィアン
[浦]小島牧場	[ひ]岡田S	[ひ]西村和夫	[ひ]本桐牧場	[浦]笠松牧場	[新]ビッグレッドF	[ひ]岡田S	[日]ダーレージャパンF	[ひ]タイヘイ牧場	[新]ビッグレッドF	[新]コスモヴューF
△ ▲ 注 ▲ ○ ○	注 △ △ ◎ △ △	… △ … … ◎ △	… … △ … △ △	… … … … … …	… … … … … …	… … … … … …	○ ◎ ◎ 注 △ 注 西	△ ○ ○ ○ ▲ △ 西	… △ … … … …	◎ 注 △ △ 注 ◎
東 1242 ⑮ 中 1359 [3] 新 1495 ⑧	三 2170 ⑦ 東 1509 [9] 東 2029 ③		東 1361 ⑪	中 1388 ⑦	東 1522 ⑧ 東 2031 ⑦	東 2043 ⑩		阪 1367 [3] 京 1508 ⑭	東 1242 ⑧ 壬 1105 ③ 小 2022 ⑦	中 1482 ③
天 34.3 ⑤	天 34.5 [9] 天ダ 41.5 ❾		芺 35.1 ⑪ 天ダ 39.7 [12]	芺 35.2 ⑦	天 34.8 [10] 天ダ 39.9 [12]	宇 35.7 ⑩ 天ダ 41.9 ⓭		芺 35.7 [4]	壬 35.5 ⑪	天 35.1 ③ 天ダ 40.9 ❹
	中ダ 1587 ❾		東ダ 1422 [12]		京ダ 2009 [12]	中ダ 1596 ⓭				中ダ 1567 ❹
0 0 0 0	0 0 0 0	0 0 0 0	0 0 0 0	0 0 0 0	0 0 0 0	0 0 0 0	0 0 0 0	0 0 0 0	0 0 0 0	0 0 0 0
ウィズアプルーヴァ	フジキセキ	サクラユタカオー	タニノギムレット	サンデーサイレンス	ブラックタイアフェ	アグネスタキオン	キングズベスト	マルゼンスキー	パントレセレブル	マイネルラヴ
アルマエルナト	ブレイヴリー	サクラローズマリー	初仔	モエレプレジデント	ローレンエンジェル	初仔	ハピネス	デンシャミチ	マイネルギブソン	初仔
宇天芺短 0 0 0 0 0 0 0 0 0 0 1 0 0 4 2 1	宇天芺短 0 0 0 0 1 0 0 0 1 0 0 0 0 2 0 0	宇天芺短 0 0 0 0 0 0 0 0 0 0 0 0 0 0 0 0	宇天芺短 0 0 0 0 0 0 0 0 0 0 0 0 0 0 2 0	宇天芺短 0 0 0 0 0 0 0 0 0 0 0 0 0 0 1 0	宇天芺短 0 0 0 0 0 0 0 0 0 0 0 0 2 3 0 0	宇天芺短 0 0 0 0 0 0 0 0 0 0 0 0 2 1 0 0	宇天芺短 0 0 0 0 0 0 0 0 0 0 0 0 0 0 0 0	宇天芺短 0 0 0 0 0 0 1 0 0 0 1 0 0 1 2 0	宇天芺短 0 0 0 0 0 0 0 0 0 0 0 2 1 0 0 3	宇天芺短 0 0 0 0 0 1 0 0 0 2 0 0 0 3 0 0
4中 12月20日 ⑤芽6 牝未勝 7ト16頭 天内 1514 54 丸山 S ⑦⑦⑪ 452 人気6 中位差詰 3身 379 中 359 エヴァンジル 1509 0.5	1中 1月10日 ③芽7 未勝 4ト16頭 三外 2170 56 伊藤工 S ④④⑤ 460 人気5 好位一杯 3 3/4 373 内 364 プレイヤーハウ 2164 0.6	兄弟 サクラネクスト（2勝） サクラライジング（1勝）	近親 ニシノエルハーブ	近親 ネオマエストロ ワンダーボーイ	4中 12月21日 [6]芽14 未勝 17ト18頭 宇内 2056 55 ブノワ H [13]⑧⑧ 450 人気12 出遅る 10 1/2 381 中 379 デバイスドライ 2038 1.8	4東 10月25日 ⑥芽8 未勝 6ト8頭 宇 2043 55 江田照 S ②②② 470 人気7 先行バテ 15身 365 中 378 カカドゥ 2017 2.6	近親 キングズアポッスル スノーキトゥン	1京 1月24日 ⑧芽14 未勝 10ト16頭 天外 1508 56 藤岡佑 M ①①① 448 人気10 逃一杯 14 1/2 352 内 383 レーヴミストラ 1485 2.3	5東 11月23日 ⑥芽8 牝未勝 13ト18頭 壬 1242 54 松岡 S ①①① 416 人気9 逃一杯 6 1/2 354 内 362 メイショウサワ 1232 1.0	2中 3月7日 ❸芽4 未勝 15ト15頭 天ダ 1567 56 柴田大 M ③②① 460 人気1 先行一息 7身 379 中 409 ワイドリーザワ 1555 1.2
2中 3月21日 ⑦芽4 牝未勝 9ト16頭 天内 1507 54 戸崎圭 S ③③③ 464 人気6 好位伸 1身 376 中 360 エバーシャルマ 1505 0.2	2中 2月28日 ❶芽9 未勝 3ト16頭 天ダ 1587 56 伊藤工 S ⑧⑧⑨ 446 人気12 中位一杯 18身 393 内 415 ラブオーディー 1557 3.0	父＝静内産・鹿毛 やや詰めが甘く、スローの決め手勝負は不得手	4東 10月25日 ⑥芽11 牝新馬 16ト18頭 芺 1361 54 北村宏 M ⑪⑩⑪ 422 人気5 中位まま 2 3/4 366 中 351 マラケシュ 1356 0.5	1中 1月18日 ⑦芽7 新馬 6ト16頭 天外 1388 54 吉田豊 S [14]⑬⑫ 394 人気11 出遅る 4 1/2 381 中 352 ウィズレヴェラ 1381 0.7	1中京 1月18日 [2]芽12 未勝 15ト16頭 天ダ 2009 53 木幡初 S ⑥⑧⑪ 450 人気6 中位一杯 15身 398 中 399 ウイングアクテ 1584 2.5	1中 1月25日 ❾芽13 未勝 10ト16頭 天ダ 1596 56 木幡広 M ⑭⑮⑮ 480 人気10 後方まま 大差 391 内 419 トゥルーウイン 1561 3.5	父＝浦河産・栗毛 自身は初勝利に時間を要したが本質は仕上り早	1阪 3月21日 [7]芽3 未勝 11ト16頭 天外 1367 56 国分優 S ①①① 458 人気12 逃粘る 3 1/4 362 内 359 ブルローネ 1362 0.5	1小 2月8日 ②芽11 未勝 14ト18頭 壬 1106 54 丹内 S ④④⑤ 422 人気6 好位一杯 6 3/4 351 中 355 ショウナンマキ 1095 1.1	3中 3月28日 ①芽3 未勝 1ト16頭 天内 1482 56 柴田大 S ①①① 460 人気2 逃粘る 1/2身 362 内 354 シリーシンフォ 1481 0.1
3中 4月11日 [5]芽3 未勝 2ト16頭 天外 1359 54 戸崎圭 M ⑨⑨⑨ 464 人気2 中位伸 1 3/4 362 中 356 ニーマルキング 1357 0.2	3中 4月12日 ⑥芽2 未勝 10ト18頭 宇内 2036 56 秋山 S ⑥⑤⑤ 444 人気5 好位伸 ハナ 376 中 356 ダークネブラス 2036 0.0	初戦○ 時計平凡も動きは実にパワフル馬体も良く警戒 —— 490キロ	1東 2月8日 [4]芽12 牝未勝 11ト16頭 天ダ 1422 54 大野 M ⑫⑩⑩ 418 人気11 後方まま 13 1/2 369 中 397 カズノネネヒメ 1398 2.4	3ヵ月余 放牧 乗込み4週間 仕上り○ 理想体重 390キロ 3ヵ月以上休 ①②③外 0 0 0 1	3ヵ月余 放牧 乗込み2週間 仕上り○ 理想体重 460キロ 3ヵ月以上休 ①②③外 0 0 0 1	3ヵ月休 放牧 乗込み3週間 仕上り○ 理想体重 470キロ 3ヵ月以上休 ①②③外 0 0 0 2	初戦○ 2週続けて格上と併せて上々の動き。能力ある —— 480キロ	2阪 4月12日 [6]芽4 未勝 14ト18頭 天外 1370 56 岩田康 S ①①① 458 人気7 逃一息 1 3/4 360 内 357 アレスバローズ 1367 0.3	1小 2月21日 ⑤芽7 牝未勝 7ト18頭 宇 2022 54 丹内 S ④③③ 424 人気12 内々回る 8身 363 内 366 カゼルタ 2009 1.3	1福 4月12日 ②芽4 未勝 5ト16頭 天 1506 56 丹内 S ⑤⑥⑥ 462 人気1 好位伸 1 1/4 375 中 353 ウインマハロ 1504 0.2

福島 7 発馬 1.15 サラ三歳 未勝利 芝1800米

賞金 500万 200 130 75 50

レコード 1.45.3 10年6月 アンプラスモア 56松永幹

項目	[1]	[2]	[3]	[4]	[5]
枠	白1	白1	黒2	黒2	3
父	アドマイヤオーラ㊥	ファンタスティックライト㊥	ブラックタイド㊥	ブライアンズタイム㊍	ディープインパクト㊥
馬名	オーラクィーン	メモリーユニオン	フォルサ	オフビート	マザーアース
母	サンレイクイン㊥	メモリーキセキ㊥	スイートリヴァー㊐	ビューティクエスト㋮	ブルーオアシス㊥
毛色	芦毛	栗毛	黒鹿	鹿毛	鹿毛
斤量 性齢	51 牝3	56 牡3	56 牡3	56 牡3	54 牝3
騎手	替▲井上	荻野琢	中谷	勝浦	替西村
厩舎	(南)小島茂	(国)大久保龍	(南)堀井	(北)藤原辰	(北)高柳
賞金	○ 0 0		○ 0 790	○ 0 410	○ 0 0
馬主	福島祐子	シンザンC	桐谷茂	松尾正	ローレルR
生産者	(ひ)岡野牧場	(浦)成隆牧場	(ひ)落合一巳	(新)松尾豊	(日)天羽牧場
小桧山辰弥	………	…△…	…▲…	…△…	………
広田晶彦	………	………	…△…	………	………
目黒和外	………	…▲…	…△…	………	………
板子洋一	…△…	………	…△…	…△…	………
打越達司	………	………	…△…	………	………
本紙中田	………	……西	…▲…	…△…	………
芝 1400 1600 1800 2000	三1124⑮ 新1361⑨		東1376⑤ 中1500④ 小2020③	福1495③	
芝上り ダート上り	天34.1⑨ 天ダ38.6⑧		天34.0⑤ 天ダ38.3④	天34.9② 天ダ39.2⑩	三ダ40.3⑯
ダ1600 ダ1800	東ダ1413⑧ 中ダ1598⑫		京ダ1543④	中ダ1585⑩	三ダ1191⑯
芝重実績	0 0 0 0	0 0 0 0	0 0 1 0	0 0 0 0	0 0 0 0
母の父	コジーン	フジキセキ	パラダイスクリーク	クエストフォベスト	サドラーズウェルズ
兄弟馬	サンレイジャスパー	メモリーファイター	スイートガーデン	カイカマヒネ	ターゲットゾーン
三 天 天 短 (二千のみ 千七含む 千六のみ 千五まで)	0 0 0 0 0 0 0 0 0 0 0 0 0 1 2 2	0 0 0 0 0 0 0 0 0 0 0 0 0 0 0 0	0 0 0 0 0 0 0 0 2 2 0 0 2 3 1 0	0 0 0 0 0 1 0 0 0 1 0 0 0 2 0 0	0 0 0 0 0 0 0 0 0 0 0 0 0 0 0 1
前走	4東 11月2日 [9] 三 8 牛七未勝 6ダ/ト16頭 天ダ 1413 54 横山典 H ⑯⑯⑯ 434 人気6 出遅る 15身 387 中 386 スカーボロフェ 1388 2.5	兄弟 メモリーフェスタ (未勝)	1小 2月22日 ❻ 三 3 未勝16ダ/ト18頭 三 2046 56 中谷 M ①①① 496 人気❸ 逃粘る 5 1/2 363 内 381 レッドソロモン 2037 0.9	5東 11月30日 [9] 三 13 未勝 9ダ/ト18頭 天 1511 55 西田 S ④③③ 444 人気7 好位一杯 5 3/4 379 中 353 ブラックパゴ 1502 0.9	兄弟 ケビンパローズ (未勝)
2走前	4中 12月13日 [3] 三 12 牛七未勝 8ダ/ト15頭 天ダ 1598 54 横山典 M ⑤④④ 440 人気5 好位一杯 大差 374 内 428 トーセンマリオ 1557 4.1	父＝米国産・鹿毛 瞬発力勝負は苦手。逃げ・先行が大半を占める	2中 3月14日 ⑤ 三 4 未勝 2ダ/ト16頭 天内 1500 56 吉田豊 M ①①① 498 人気4 逃一息 4身 360 内 366 レッドライジェ 1494 0.6	1中 1月4日 ① 三 10 未勝 4ダ/ト16頭 天ダ 1585 56 勝浦 S ⑩⑪⑪ 454 人気❸ 後方差詰 7身 399 中 392 トーセンアーネ 1573 1.2	レース診断 上昇度△ 出遅れ後方で追い通しまだ走る気に欠けた。
3走前	1東 2月22日 ⑧ 三 11 牛七未勝 3ダ/ト16頭 三ダ 1291 54 横山典 M ⑪⑫⑩ 446 人気9 出遅る 12 1/2 378 内 388 ロックキャンデ 1271 2.0	初戦○ 追ってシッカリと伸びる。調教量も十分で要注 —— 460キロ	1福 4月12日 ② 三 3 未勝11ダ/ト16頭 天 1505 56 中谷 S ①②② 500 人気❸ 逃粘る 1/2身 370 中 357 ウインマハロ 1504 0.1	3ヵ月半 笹針放牧 乗込み5週間 仕上り○ 連対体重 446キロ 3ヵ月以上休 ①②③外 0 1 0 0	2中 3月1日 [2] 三 16 新馬12ダ/ト16頭 三ダ 1191 54 上野 H ⑯⑯⑯ 430 人気15 殿りまま 大差 388 内 403 キングアンドク 1154 3.7

福島 7R

1-1 ☆
1-2 50.0
1-3 42.1
1-4 56.9
1-5 47.7
1-6 ☆
1-7 ☆
1-8 28.8

2-2 61.0
2-3 14.2
2-4 19.3
2-5 16.1
2-6 66.8
2-7 34.1
2-8 9.7

3-3 ☆
3-4 16.2

その他の的中例

2014年10月18日福島3R
（ダート1700m良、3歳上500万下）

1着⑨ニーレンベルギア　（7番人気）
2着⑧ノースファイヤー　（1番人気）
3着⑭ラフェットデメール（8番人気）

3連単⑨→⑧→⑭95930円×1000円的中
=95万9300円

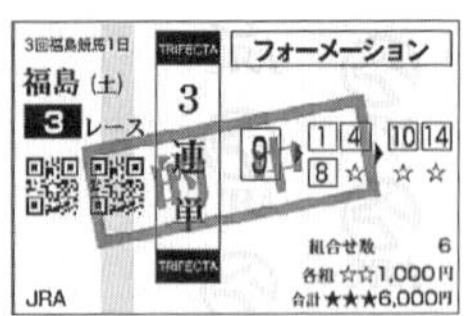

良馬場の福島ダート1700mでは短縮馬の成績が優秀。特に先行できる短縮馬、もしくはマクる競馬ができる短縮馬の成績が良くなっている。ニーレンベルギアは短縮ローテで、先行もマクる競馬もできる馬。これ以上ないほど好走条件を満たしていた。

2014年11月1日福島6R
（芝2000m、3歳上500万下）

1着⑦アンジュデュバン　（11番人気）
2着③イメージガール　（5番人気）
3着⑬ヤマニンアリエッタ（7番人気）

3連単⑦→③→⑬639320円×100円的中
=63万9320円

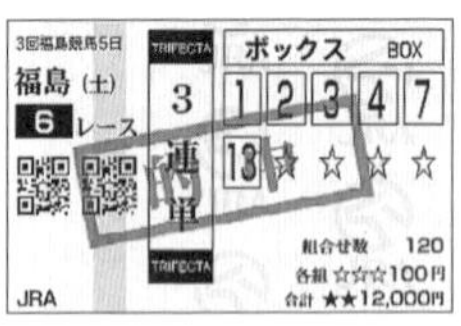

福島芝2000mも福島芝1800mと同じで「前走に不利を受けている内枠の延長馬、同距離馬」が狙い目。11番人気で勝ったアンジュデュバンは延長ローテ、5番人気2着のイメージガールは同距離ローテで、ともに前走不利を受けていた。

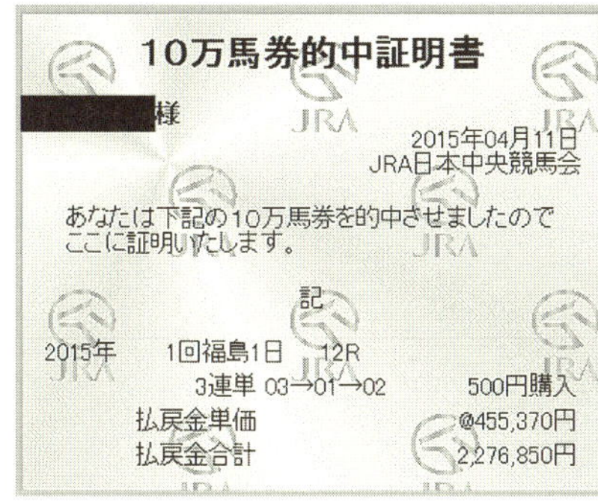

10万馬券的中証明書

様

2015年04月11日
JRA日本中央競馬会

あなたは下記の10万馬券を的中させましたので
ここに証明いたします。

記

2015年　1回福島1日　12R
3連単 03→01→02　500円購入
払戻金単価　@455,370円
払戻金合計　2,276,850円

2015年4月11日福島12R
飯盛山特別（芝1800m、4歳上500万下）

1着③サトノスティング（9番人気）
2着①ダイワブレイディ（2番人気）
3着②シンボリネルソン（15番人気）

3連単③→①→②455370円×500円的中
=227万6850円

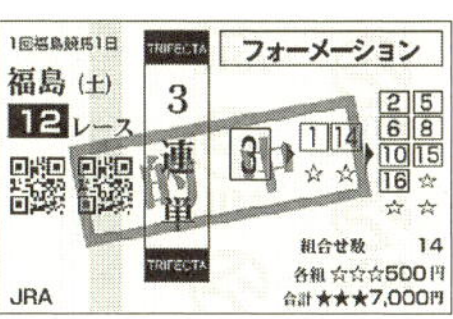

手順解説でも的中例として取り上げたレース。詳細はP14 ～を参照してほしいが、福島芝1800mが「内枠決着の確率、馬券破壊力が極めて高いコース」であることから、有利な内枠の中から、「前走不利」で「同距離」もしくは「延長ローテ」だった①ダイワブレイディ、③サトノスティング、⑥ダークファンタジー（5番人気）の3頭を抜擢。中でも、サトノスティングを本命に選んだのは芝向きの馬にもかかわらず、前走は不向きなダートで大敗していたため、配当的な妙味も高かったから。

2015年7月26日福島6R
（芝1200m、3歳未勝利）

1着⑬リミットブレイク　（5番人気）
2着④シゲルカゼノボン（2番人気）
3着⑯フクノグローリア（1番人気）

単勝⑬1020円×10万円的中=102万円
3連単⑬→④→⑯29430円×3000円的中
=88万2900円
総払い戻し
190万2900円

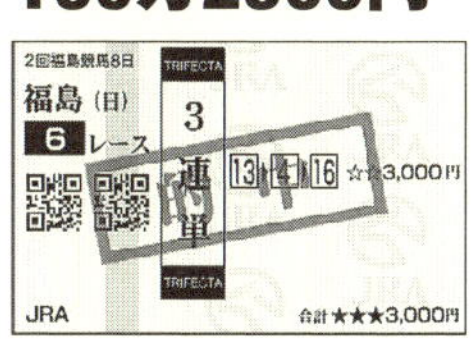

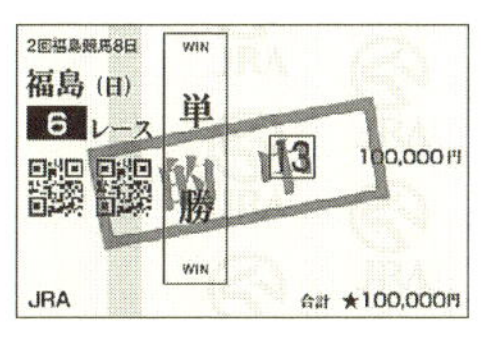

前残り決着、内枠決着になりやすい福島芝1200mでは、内枠の馬だけでなく、外枠から先行できる短縮馬の好走も期待できる。リミットブレイクも外枠だったがダート1200m戦で先行した経験もあり、その条件を満たしていたため本命にした。

20

新潟競馬場

NIIGATA RACE COURSE

- ・ダート1200m 良
- ・ダート1200m 重～稍重
- ・ダート1800m 良
- ・ダート1800m 重～稍重
- ・芝直線1000m
- ・芝1200m
- ・芝1400m
- ・芝1600m
- ・芝1800m
- ・芝2000m内回り
- ・芝2000m外回り
- ・芝2200m
- ・芝2400m

東京 中山 京都 阪神 中京 小倉 福島 新潟 札幌 函館

コース: 新潟ダート1200m

馬場状態: 良

決着率と破壊力ランキング

展開	決着確率	馬券破壊力
前残り決着	A	C
差し決着	C	A

枠	決着確率	馬券破壊力
内枠決着	B	B
外枠決着	C	C

展開の内訳

展開	R発生割合	レース数	単回率	複回率
前残り決着	37%	26	77%	61%
差し決着	6%	4	44%	105%

枠の内訳

枠	R発生割合	レース数	単回率	複回率
内枠決着	27%	19	107%	75%
外枠決着	19%	13	56%	56%

コースのポイント

★前残り決着の確率が高く、内枠決着も多い。

★スタートで馬番8番から外枠の馬が有利となるため、外目の枠の先行馬。特に同距離馬の成績が良い。

※外枠の馬でも、3コーナー2番手までの馬なら、コースの内側を通るため内枠決着にカウント。

有利な馬・ローテ

★外目の枠の先行馬(特に前走で不利を受けている同距離馬)。

不利な馬・ローテ

★外枠で短縮ローテの差し馬。

枠順のポイント

★内枠のスタートは遅れる不利。

★真ん中〜外目の枠のスタートが速い。

枠とローテ

枠	ローテ	1着	2着	3着	3着内数	総数	勝率	連対率	複勝率	単回率	複回率
内枠	同距離	24	22	17	63	230	10.4%	20.0%	27.4%	46%	82%
	延長	7	3	9	19	91	7.7%	11.0%	20.9%	135%	70%
	短縮	8	5	7	20	146	5.5%	8.9%	13.7%	115%	75%
外枠	同距離	19	24	19	62	271	7.0%	15.9%	22.9%	60%	74%
	延長	6	9	9	24	108	5.6%	13.9%	22.2%	64%	62%
	短縮	6	7	9	22	154	3.9%	8.4%	14.3%	27%	52%

枠とローテ(前走不利馬の場合)

枠	ローテ	1着	2着	3着	3着内数	総数	勝率	連対率	複勝率	単回率	複回率
内枠	同距離	1	1	6	8	42	2.4%	4.8%	19.0%	5%	68%
	延長	0	0	2	2	9	0.0%	0.0%	22.2%	0%	120%
	短縮	2	0	1	3	41	4.9%	4.9%	7.3%	68%	33%
外枠	同距離	3	5	5	13	47	6.4%	17.0%	27.7%	22%	96%
	延長	0	2	2	4	18	0.0%	11.1%	22.2%	0%	56%
	短縮	4	4	1	9	38	10.5%	21.1%	23.7%	69%	47%

コース: **新潟ダート1200m** 馬場状態: **重〜稍重**

決着率と破壊力ランキング

展開	決着確率	馬券破壊力
前残り決着	B	A
差し決着	C	C

枠	決着確率	馬券破壊力
内枠決着	C	B
外枠決着	B	B

展開の内訳

展開	R発生割合	レース数	単回率	複回率
前残り決着	24%	15	93%	99%
差し決着	4%	2	151%	67%

枠の内訳

枠	R発生割合	レース数	単回率	複回率
内枠決着	16%	8	65%	72%
外枠決着	20%	11	55%	80%

コースのポイント

★良馬場時よりも前残り決着の確率は下がるものの、馬券破壊力はアップする。

★基本的な狙い方は、良馬場時と大きくは変わらないが、外枠決着が増える点に注意。先行できる馬なら、外枠の馬でも好走可能な条件になる。

有利な馬・ローテ

★外目の枠の先行馬(特に前走で不利を受けている同距離馬、短縮馬)。

不利な馬・ローテ

★延長馬(特に差し馬)。

枠順のポイント

★内枠のスタートは遅れる不利。

★真ん中〜外目の枠のスタートが速い。

枠とローテ

枠	ローテ	1着	2着	3着	3着内数	総数	勝率	連対率	複勝率	単回率	複回率
内枠	同距離	12	15	8	35	163	7.4%	16.6%	21.5%	44%	70%
	延長	4	1	3	8	65	6.2%	7.7%	12.3%	55%	48%
	短縮	3	5	6	14	118	2.5%	6.8%	11.9%	11%	59%
外枠	同距離	16	16	18	50	190	8.4%	16.8%	26.3%	88%	103%
	延長	8	6	1	15	69	11.6%	20.3%	21.7%	44%	47%
	短縮	8	8	15	31	141	5.7%	11.3%	22.0%	97%	78%

枠とローテ(前走不利馬の場合)

枠	ローテ	1着	2着	3着	3着内数	総数	勝率	連対率	複勝率	単回率	複回率
内枠	同距離	2	0	2	4	27	7.4%	7.4%	14.8%	49%	40%
	延長	0	0	1	1	8	0.0%	0.0%	12.5%	0%	21%
	短縮	0	2	1	3	20	0.0%	10.0%	15.0%	0%	115%
外枠	同距離	3	3	3	9	25	12.0%	24.0%	36.0%	246%	185%
	延長	0	0	0	0	5	0.0%	0.0%	0.0%	0%	0%
	短縮	1	4	3	8	28	3.6%	17.9%	28.6%	87%	122%

コース: # 新潟ダート1800m

馬場状態: **良**

決着率と破壊力ランキング

展開	決着確率	馬券破壊力	枠	決着確率	馬券破壊力
前残り決着	A	A	内枠決着	C	A
差し決着	C	C	外枠決着	C	A

展開の内訳

展開	R発生割合	レース数	単回率	複回率
前残り決着	38%	35	100%	104%
差し決着	4%	4	82%	58%

枠の内訳

枠	R発生割合	レース数	単回率	複回率
内枠決着	18%	16	143%	100%
外枠決着	16%	15	83%	92%

コースのポイント

**★前残り決着の割合が高く、馬券破壊力も高い。
ただ、先行馬を狙うのではなく、前走で先行できなかった馬で、
今回先行できる可能性がある馬を狙うのがポイント。**

有利な馬・ローテ

★前走で先行できなかった先行馬。

不利な馬・ローテ

特になし。

枠順のポイント

スタート時の有利不利は特になし。

枠とローテ

枠	ローテ	1着	2着	3着	3着内数	総数	勝率	連対率	複勝率	単回率	複回率
内枠	同距離	17	21	27	65	267	6.4%	14.2%	24.3%	103%	80%
	延長	14	14	11	39	236	5.9%	11.9%	16.5%	76%	69%
	短縮	2	1	6	9	57	3.5%	5.3%	15.8%	160%	76%
外枠	同距離	30	31	27	88	307	9.8%	19.9%	28.7%	97%	96%
	延長	25	15	18	58	312	8.0%	12.8%	18.6%	104%	74%
	短縮	4	8	2	14	77	5.2%	15.6%	18.2%	33%	41%

枠とローテ(前走不利馬の場合)

枠	ローテ	1着	2着	3着	3着内数	総数	勝率	連対率	複勝率	単回率	複回率
内枠	同距離	3	4	6	13	50	6.0%	14.0%	26.0%	31%	83%
	延長	3	4	3	10	55	5.5%	12.7%	18.2%	28%	52%
	短縮	1	0	2	3	15	6.7%	6.7%	20.0%	26%	76%
外枠	同距離	8	5	7	20	70	11.4%	18.6%	28.6%	107%	77%
	延長	3	2	4	9	57	5.3%	8.8%	15.8%	46%	56%
	短縮	1	2	0	3	17	5.9%	17.6%	17.6%	27%	38%

コース: # 新潟ダート1800m

馬場状態: **重～稍重**

決着率と破壊力ランキング

展開	決着確率	馬券破壊力
前残り決着	A	A
差し決着	C	C

枠	決着確率	馬券破壊力
内枠決着	C	A
外枠決着	C	B

展開の内訳

展開	R発生割合	レース数	単回率	複回率
前残り決着	40%	19	47%	91%
差し決着	10%	5	49%	62%

枠の内訳

枠	R発生割合	レース数	単回率	複回率
内枠決着	10%	6	46%	138%
外枠決着	19%	9	34%	81%

コースのポイント

★馬場が渋っても、前残り決着の多さは変わらず。

★良馬場と同じで、前走で先行できなかった先行馬が狙いとなる。

有利な馬・ローテ

★前走で先行できなかった先行馬。

不利な馬・ローテ

特になし。

枠順のポイント

スタート時の有利不利は特になし。

枠とローテ

枠	ローテ	1着	2着	3着	3着内数	総数	勝率	連対率	複勝率	単回率	複回率
内枠	同距離	14	10	8	32	141	9.9%	17.0%	22.7%	78%	50%
	延長	5	11	10	26	118	4.2%	13.6%	22.0%	205%	152%
	短縮	3	1	1	5	41	7.3%	9.8%	12.2%	47%	31%
外枠	同距離	11	13	14	38	144	7.6%	16.7%	26.4%	32%	96%
	延長	12	10	13	35	177	6.8%	12.4%	19.8%	72%	81%
	短縮	3	3	2	8	46	6.5%	13.0%	17.4%	91%	76%

枠とローテ（前走不利馬の場合）

枠	ローテ	1着	2着	3着	3着内数	総数	勝率	連対率	複勝率	単回率	複回率
内枠	同距離	1	1	1	3	17	5.9%	11.8%	17.6%	42%	41%
	延長	1	1	4	6	22	4.5%	9.1%	27.3%	19%	120%
	短縮	0	0	0	0	6	0.0%	0.0%	0.0%	0%	0%
外枠	同距離	1	2	3	6	20	5.0%	15.0%	30.0%	54%	118%
	延長	3	1	1	5	29	10.3%	13.8%	17.2%	61%	35%
	短縮	0	0	0	0	6	0.0%	0.0%	0.0%	0%	0%

東京 中山 京都 阪神 中京 小倉 福島 新潟 札幌 函館

コース:新潟芝直線1000m

決着率と破壊力ランキング

展開	決着確率	馬券破壊力
前残り決着	-	-
差し決着	-	-

枠	決着確率	馬券破壊力
内枠決着	A	C
外枠決着	A	C

展開の内訳 ※コーナーの位置取りのデータがない

展開	R発生割合	レース数	単回率	複回率
前残り決着	-	-	-	-
差し決着	-	-	-	-

枠の内訳

枠	R発生割合	レース数	単回率	複回率
内枠決着	43%	24	80%	59%
外枠決着	36%	20	50%	60%

コースのポイント

★基本的には外枠の短縮馬を狙うと良いコース。
ただ、外枠の短縮馬は人気になることが多く、期待値は低い。

★穴馬を狙うなら、過去に強烈な末脚を使った経験のある短縮馬。

有利な馬・ローテ

★外枠の短縮馬。

★過去に強烈な末脚を使ったことのある差し馬。

不利な馬・ローテ

★内枠の馬。

枠順のポイント

★外枠スタートが有利。

枠とローテ

枠	ローテ	1着	2着	3着	3着内数	総数	勝率	連対率	複勝率	単回率	複回率
内枠	同距離	4	5	4	13	99	4.0%	9.1%	13.1%	32%	29%
	延長	-	-	-	-	-	-	-	-	-	-
	短縮	12	10	14	36	326	3.7%	6.7%	11.0%	67%	42%
外枠	同距離	10	6	8	24	106	9.4%	15.1%	22.6%	33%	56%
	延長	-	-	-	-	-	-	-	-	-	-
	短縮	30	34	30	94	384	7.8%	16.7%	24.5%	67%	84%

枠とローテ(前走不利馬の場合)

枠	ローテ	1着	2着	3着	3着内数	総数	勝率	連対率	複勝率	単回率	複回率
内枠	同距離	1	0	0	1	8	12.5%	12.5%	12.5%	217%	67%
	延長	-	-	-	-	-	-	-	-	-	-
	短縮	2	3	1	6	59	3.4%	8.5%	10.2%	166%	61%
外枠	同距離	0	0	1	1	9	0.0%	0.0%	11.1%	0%	15%
	延長	-	-	-	-	-	-	-	-	-	-
	短縮	8	8	8	24	79	10.1%	20.3%	30.4%	70%	82%

※-は期間内に該当データなし

コース: # 新潟芝1200m

決着率と破壊力ランキング

展開	決着確率	馬券破壊力
前残り決着	C	C
差し決着	B	A

枠	決着確率	馬券破壊力
内枠決着	B	B
外枠決着	B	B

展開の内訳

展開	R発生割合	レース数	単回率	複回率
前残り決着	16%	9	48%	68%
差し決着	24%	9	77%	95%

枠の内訳

枠	R発生割合	レース数	単回率	複回率
内枠決着	24%	10	43%	81%
外枠決着	26%	10	75%	72%

コースのポイント

★内枠決着と外枠決着の決着確率がほぼ同じ。
★内枠決着と外枠決着になるときの馬場のクセがハッキリと分かれるコース。
★差し決着の確率は高く、馬券破壊力も高い。
★外枠の差し馬が走りやすい馬場になったときが一番の稼ぎ時。
★開催前半のほうが、差しが決まりやすい場合が多いので注意が必要。

有利な馬・ローテ

★内枠決着のときは、内枠の短縮馬や前走で不利を受けている同距離馬。
★外枠決着のときは、外枠の短縮馬や前走で不利を受けている同距離馬(特に差し馬)。

不利な馬・ローテ

特になし。

枠順のポイント

スタート時の有利不利は特になし。

枠とローテ

枠	ローテ	1着	2着	3着	3着内数	総数	勝率	連対率	複勝率	単回率	複回率
内枠	同距離	14	11	15	40	183	7.7%	13.7%	21.9%	80%	67%
	延長	0	0	1	1	24	0.0%	0.0%	4.2%	0%	8%
	短縮	2	7	3	12	80	2.5%	11.3%	15.0%	6%	87%
外枠	同距離	16	14	16	46	213	7.5%	14.1%	21.6%	79%	86%
	延長	2	0	0	2	24	8.3%	8.3%	8.3%	75%	24%
	短縮	4	6	3	13	87	4.6%	11.5%	14.9%	37%	102%

枠とローテ(前走不利馬の場合)

枠	ローテ	1着	2着	3着	3着内数	総数	勝率	連対率	複勝率	単回率	複回率
内枠	同距離	2	1	4	7	32	6.3%	9.4%	21.9%	123%	77%
	延長	0	0	0	0	2	0.0%	0.0%	0.0%	0%	0%
	短縮	1	0	0	1	23	4.3%	4.3%	4.3%	10%	6%
外枠	同距離	3	2	3	8	29	10.3%	17.2%	27.6%	130%	125%
	延長	0	0	0	0	2	0.0%	0.0%	0.0%	0%	0%
	短縮	0	2	1	3	22	0.0%	9.1%	13.6%	0%	158%

東京 中山 京都 阪神 中京 小倉 福島 新潟 札幌 函館

コース:新潟芝1400m

決着率と破壊力ランキング

展開	決着確率	馬券破壊力
前残り決着	C	B
差し決着	A	B

枠	決着確率	馬券破壊力
内枠決着	C	B
外枠決着	B	C

展開の内訳

展開	R発生割合	レース数	単回率	複回率
前残り決着	18%	11	80%	81%
差し決着	35%	12	73%	73%

枠の内訳

枠	R発生割合	レース数	単回率	複回率
内枠決着	12%	7	48%	72%
外枠決着	24%	8	82%	59%

コースのポイント

★差し決着の確率が高いコース。
★内枠が有利な馬場のクセが出ているときは、内枠の同距離馬。
★外枠が有利なときは、外枠の短縮馬や同距離ローテの差し馬を狙うのが良い。
★開催前半のほうが、より差しが決まる可能性が高いので注意が必要。

有利な馬・ローテ

★内が有利な馬場のクセが出ているときは、内枠の同距離馬。
★外が有利な馬場のクセが出ているときは、外枠の短縮馬、外枠の同距離ローテの差し馬。

不利な馬・ローテ

特になし。

枠順のポイント

★最内はスタートが遅くなる不利あり(逃げ馬ではなく先行馬なら問題なし)。

枠とローテ

枠	ローテ	1着	2着	3着	3着内数	総数	勝率	連対率	複勝率	単回率	複回率
内枠	同距離	11	9	4	24	78	14.1%	25.6%	30.8%	114%	93%
	延長	5	4	4	13	92	5.4%	9.8%	14.1%	75%	46%
	短縮	1	6	5	12	73	1.4%	9.6%	16.4%	6%	61%
外枠	同距離	5	3	4	12	71	7.0%	11.3%	16.9%	83%	60%
	延長	7	2	8	17	123	5.7%	7.3%	13.8%	82%	81%
	短縮	5	10	8	23	104	4.8%	14.4%	22.1%	23%	119%

枠とローテ(前走不利馬の場合)

枠	ローテ	1着	2着	3着	3着内数	総数	勝率	連対率	複勝率	単回率	複回率
内枠	同距離	1	2	1	4	9	11.1%	33.3%	44.4%	27%	103%
	延長	1	1	0	2	9	11.1%	22.2%	22.2%	43%	48%
	短縮	0	2	1	3	12	0.0%	16.7%	25.0%	0%	85%
外枠	同距離	0	1	1	2	5	0.0%	20.0%	40.0%	0%	146%
	延長	0	0	1	1	20	0.0%	0.0%	5.0%	0%	52%
	短縮	1	1	3	5	20	5.0%	10.0%	25.0%	23%	111%

コース: 新潟芝1600m

決着率と破壊力ランキング

展開	決着確率	馬券破壊力
前残り決着	C	C
差し決着	A	B

枠	決着確率	馬券破壊力
内枠決着	C	B
外枠決着	A	C

展開の内訳

展開	R発生割合	レース数	単回率	複回率
前残り決着	11%	10	64%	60%
差し決着	33%	23	123%	74%

枠の内訳

枠	R発生割合	レース数	単回率	複回率
内枠決着	13%	10	99%	77%
外枠決着	31%	20	44%	48%

コースのポイント

★人気馬が能力を発揮しやすく、馬券破壊力の低いコース。
★差し決着、外枠決着の確率が高い。
★馬券で勝負するには、あまり向いていないコース。

有利な馬・ローテ

★外枠の馬。

不利な馬・ローテ

特になし。

枠順のポイント

スタート時の有利不利は特になし。

枠とローテ

枠	ローテ	1着	2着	3着	3着内数	総数	勝率	連対率	複勝率	単回率	複回率
内枠	同距離	10	10	7	27	137	7.3%	14.6%	19.7%	43%	61%
	延長	7	7	8	22	156	4.5%	9.0%	14.1%	33%	45%
	短縮	8	8	5	21	153	5.2%	10.5%	13.7%	55%	56%
外枠	同距離	16	16	15	47	182	8.8%	17.6%	25.8%	68%	75%
	延長	9	8	10	27	171	5.3%	9.9%	15.8%	196%	79%
	短縮	9	11	16	36	176	5.1%	11.4%	20.5%	96%	83%

枠とローテ(前走不利馬の場合)

枠	ローテ	1着	2着	3着	3着内数	総数	勝率	連対率	複勝率	単回率	複回率
内枠	同距離	3	3	2	8	25	12.0%	24.0%	32.0%	121%	120%
	延長	0	2	1	3	16	0.0%	12.5%	18.8%	0%	65%
	短縮	1	1	2	4	26	3.8%	7.7%	15.4%	89%	42%
外枠	同距離	2	2	0	4	17	11.8%	23.5%	23.5%	141%	65%
	延長	1	1	2	4	24	4.2%	8.3%	16.7%	9%	32%
	短縮	4	2	2	8	39	10.3%	15.4%	20.5%	225%	81%

東京
中山
京都
阪神
中京
小倉
福島
新潟
札幌
函館

コース: 新潟芝1800m

決着率と破壊力ランキング

展開	決着確率	馬券破壊力
前残り決着	C	B
差し決着	B	B

枠	決着確率	馬券破壊力
内枠決着	C	C
外枠決着	B	B

展開の内訳

展開	R発生割合	レース数	単回率	複回率
前残り決着	9%	5	89%	82%
差し決着	29%	18	85%	82%

枠の内訳

枠	R発生割合	レース数	単回率	複回率
内枠決着	15%	9	48%	50%
外枠決着	24%	14	80%	73%

コースのポイント

★差し決着が圧倒的に多い。
特に外枠の差し決着を狙うのが良い。
その中でも、前走で不利を受けていた外枠の同距離馬の成績が優秀。

有利な馬・ローテ

★外枠の同距離馬(特に前走で不利を受けていた馬)。

不利な馬・ローテ

特になし。

枠順のポイント

★最内は、ややスタート不利。

枠とローテ

枠	ローテ	1着	2着	3着	3着内数	総数	勝率	連対率	複勝率	単回率	複回率
内枠	同距離	12	12	12	36	146	8.2%	16.4%	24.7%	104%	94%
	延長	3	6	9	18	118	2.5%	7.6%	15.3%	35%	45%
	短縮	7	4	9	20	118	5.9%	9.3%	16.9%	54%	50%
外枠	同距離	16	15	12	43	195	8.2%	15.9%	22.1%	93%	99%
	延長	10	8	5	23	155	6.5%	11.6%	14.8%	75%	52%
	短縮	7	9	7	23	114	6.1%	14.0%	20.2%	49%	53%

枠とローテ(前走不利馬の場合)

枠	ローテ	1着	2着	3着	3着内数	総数	勝率	連対率	複勝率	単回率	複回率
内枠	同距離	3	1	1	5	26	11.5%	15.4%	19.2%	106%	46%
	延長	0	1	0	1	18	0.0%	5.6%	5.6%	0%	14%
	短縮	1	0	0	1	22	4.5%	4.5%	4.5%	19%	8%
外枠	同距離	6	4	2	12	35	17.1%	28.6%	34.3%	191%	112%
	延長	1	1	1	3	18	5.6%	11.1%	16.7%	110%	51%
	短縮	0	2	0	2	22	0.0%	9.1%	9.1%	0%	20%

コース: # 新潟芝2000m内回り

決着率と破壊力ランキング

展開	決着確率	馬券破壊力
前残り決着	C	C
差し決着	B	C

枠	決着確率	馬券破壊力
内枠決着	B	B
外枠決着	B	C

展開の内訳

展開	R発生割合	レース数	単回率	複回率
前残り決着	15%	3	23%	47%
差し決着	20%	4	68%	63%

枠の内訳

枠	R発生割合	レース数	単回率	複回率
内枠決着	20%	5	43%	75%
外枠決着	20%	5	64%	57%

コースのポイント

★内枠の差し決着の確率が高いが、馬券破壊力は低いコース。
★内枠の前走で不利を受けていた延長馬を狙うのが良い。
★開催前半のほうが、差しが決まる傾向があるので注意が必要。

有利な馬・ローテ

★内枠の前走で不利を受けていた延長馬。

不利な馬・ローテ

★外枠の短縮馬。

枠順のポイント

★大外枠はスタートで不利。

枠とローテ

枠	ローテ	1着	2着	3着	3着内数	総数	勝率	連対率	複勝率	単回率	複回率
内枠	同距離	4	2	5	11	45	8.9%	13.3%	24.4%	106%	66%
	延長	4	7	5	16	78	5.1%	14.1%	20.5%	30%	61%
	短縮	1	0	1	2	14	7.1%	7.1%	14.3%	12%	17%
外枠	同距離	4	7	5	16	66	6.1%	16.7%	24.2%	40%	65%
	延長	7	3	4	14	93	7.5%	10.8%	15.1%	46%	47%
	短縮	0	1	0	1	14	0.0%	7.1%	7.1%	0%	18%

枠とローテ（前走不利馬の場合）

枠	ローテ	1着	2着	3着	3着内数	総数	勝率	連対率	複勝率	単回率	複回率
内枠	同距離	1	0	0	1	10	10.0%	10.0%	10.0%	112%	27%
	延長	1	2	2	5	12	8.3%	25.0%	41.7%	121%	186%
	短縮	0	0	0	0	2	0.0%	0.0%	0.0%	0%	0%
外枠	同距離	1	2	1	4	9	11.1%	33.3%	44.4%	33%	101%
	延長	2	1	1	4	14	14.3%	21.4%	28.6%	157%	126%
	短縮	0	0	0	0	3	0.0%	0.0%	0.0%	0%	0%

東京 中山 京都 阪神 中京 小倉 福島 新潟 札幌 函館

コース: 新潟芝2000m外回り

決着率と破壊力ランキング

展開	決着確率	馬券破壊力
前残り決着	C	A
差し決着	A	A

枠	決着確率	馬券破壊力
内枠決着	C	A
外枠決着	B	B

展開の内訳

展開	R発生割合	レース数	単回率	複回率
前残り決着	9%	4	286%	102%
差し決着	34%	12	167%	85%

枠の内訳

枠	R発生割合	レース数	単回率	複回率
内枠決着	17%	7	188%	88%
外枠決着	23%	8	165%	77%

コースのポイント

★差し決着の確率が高いコース。

★内枠、外枠は互角で、有利、不利はない。

★内枠の延長馬、短縮馬。
さらに外枠の延長馬の中から、前走で不利を受けていた馬を狙うのが良い。

有利な馬・ローテ

★内枠の短縮馬、延長馬(特に前走で不利を受けていた差し馬)。

★外枠の延長馬(特に前走で不利を受けていた差し馬)。

不利な馬・ローテ

特になし。

枠順のポイント

★外枠はスタート不利。

枠とローテ

枠	ローテ	1着	2着	3着	3着内数	総数	勝率	連対率	複勝率	単回率	複回率
内枠	同距離	6	5	4	15	76	7.9%	14.5%	19.7%	45%	42%
	延長	9	6	5	20	92	9.8%	16.3%	21.7%	140%	91%
	短縮	3	4	4	11	35	8.6%	20.0%	31.4%	435%	145%
外枠	同距離	6	6	12	24	109	5.5%	11.0%	22.0%	29%	61%
	延長	7	8	7	22	109	6.4%	13.8%	20.2%	245%	93%
	短縮	4	6	3	13	52	7.7%	19.2%	25.0%	42%	54%

枠とローテ(前走不利馬の場合)

枠	ローテ	1着	2着	3着	3着内数	総数	勝率	連対率	複勝率	単回率	複回率
内枠	同距離	0	0	0	0	5	0.0%	0.0%	0.0%	0%	0%
	延長	1	2	0	3	19	5.3%	15.8%	15.8%	56%	98%
	短縮	0	0	0	0	6	0.0%	0.0%	0.0%	0%	0%
外枠	同距離	0	0	2	2	11	0.0%	0.0%	18.2%	0%	17%
	延長	3	1	2	6	22	13.6%	18.2%	27.3%	780%	225%
	短縮	1	4	0	5	11	9.1%	45.5%	45.5%	50%	94%

コース: # 新潟芝2200m

決着率と破壊力ランキング

展開	決着確率	馬券破壊力
前残り決着	C	B
差し決着	B	C

枠	決着確率	馬券破壊力
内枠決着	B	A
外枠決着	B	B

展開の内訳

展開	R発生割合	レース数	単回率	複回率
前残り決着	10%	2	45%	72%
差し決着	24%	5	64%	63%

枠の内訳

枠	R発生割合	レース数	単回率	複回率
内枠決着	24%	5	274%	104%
外枠決着	24%	5	58%	81%

コースのポイント

★内枠、外枠決着の確率は互角も、馬券破壊力では内枠決着が優る。

★単純に内枠の前走不利馬を狙うだけで良い。

有利な馬・ローテ

★内枠馬（特に前走で不利を受けていた馬）。

不利な馬・ローテ

特になし。

枠順のポイント

★大外枠はスタート不利が大きい。

枠とローテ

枠	ローテ	1着	2着	3着	3着内数	総数	勝率	連対率	複勝率	単回率	複回率
内枠	同距離	3	1	1	5	8	37.5%	50.0%	62.5%	2262%	363%
	延長	5	5	5	15	83	6.0%	12.0%	18.1%	78%	69%
	短縮	3	3	3	9	35	8.6%	17.1%	25.7%	56%	124%
外枠	同距離	0	0	2	2	18	0.0%	0.0%	11.1%	0%	25%
	延長	7	6	5	18	101	6.9%	12.9%	17.8%	39%	53%
	短縮	3	6	5	14	49	6.1%	18.4%	28.6%	28%	83%

枠とローテ（前走不利馬の場合）

枠	ローテ	1着	2着	3着	3着内数	総数	勝率	連対率	複勝率	単回率	複回率
内枠	同距離	–	–	–	–	–	–	–	–	–	–
	延長	1	2	2	5	15	6.7%	20.0%	33.3%	213%	204%
	短縮	1	1	2	4	8	12.5%	25.0%	50.0%	17%	292%
外枠	同距離	0	0	0	0	2	0.0%	0.0%	0.0%	0%	0%
	延長	2	0	2	4	14	14.3%	14.3%	28.6%	59%	53%
	短縮	0	1	1	2	8	0.0%	12.5%	25.0%	0%	67%

※ – は期間内に該当データなし

東京 中山 京都 阪神 中京 小倉 福島 新潟 札幌 函館

コース: 新潟芝2400m

決着率と破壊力ランキング

展開	決着確率	馬券破壊力
前残り決着	C	C
差し決着	B	C

枠	決着確率	馬券破壊力
内枠決着	C	A
外枠決着	B	C

展開の内訳

展開	R発生割合	レース数	単回率	複回率
前残り決着	11%	2	115%	66%
差し決着	21%	4	33%	58%

枠の内訳

枠	R発生割合	レース数	単回率	複回率
内枠決着	11%	2	90%	105%
外枠決着	21%	4	30%	43%

コースのポイント

★決着確率では外枠が高いが、馬券破壊力では内枠決着が圧倒。

★内枠の同距離馬、延長馬で前走、不利を受けていた馬を狙うのが良い。

有利な馬・ローテ

★内枠の同距離馬、延長馬。
特に前走で不利を受けていた馬。

不利な馬・ローテ

特になし。

枠順のポイント

スタート時の有利不利は特になし。

枠とローテ

枠	ローテ	1着	2着	3着	3着内数	総数	勝率	連対率	複勝率	単回率	複回率
内枠	同距離	1	3	4	8	20	5.0%	20.0%	40.0%	14%	173%
	延長	6	6	2	14	76	7.9%	15.8%	18.4%	111%	72%
	短縮	2	0	1	3	26	7.7%	7.7%	11.5%	57%	29%
外枠	同距離	2	0	3	5	21	9.5%	9.5%	23.8%	50%	53%
	延長	6	8	6	20	112	5.4%	12.5%	17.9%	79%	55%
	短縮	2	2	3	7	24	8.3%	16.7%	29.2%	22%	46%

枠とローテ(前走不利馬の場合)

枠	ローテ	1着	2着	3着	3着内数	総数	勝率	連対率	複勝率	単回率	複回率
内枠	同距離	0	1	0	1	1	0.0%	100.0%	100.0%	0%	180%
	延長	3	1	2	6	18	16.7%	22.2%	33.3%	352%	152%
	短縮	0	0	0	0	8	0.0%	0.0%	0.0%	0%	0%
外枠	同距離	0	0	0	0	4	0.0%	0.0%	0.0%	0%	0%
	延長	1	2	0	3	19	5.3%	15.8%	15.8%	155%	53%
	短縮	1	0	2	3	6	16.7%	16.7%	50.0%	55%	71%

的中例解説｜新潟ダート1200m重～稍重

「有利に逃げられる馬探し」が、最重要ポイント

新潟ダート1200mは枠順による有利、不利が顕著に出やすい。特に先行馬は、枠によってスタートの不利を受けやすい。芝スタートの影響もあり、真ん中から外寄りの枠のスタートが早くなりやすい。

また、前残り決着が多いのも重要な特徴。よって、圧倒的に有利なのは外から先行できる馬となる。

差し馬に人気が集中しているレース、そして不利な内枠に人気の先行馬が入ったレースは、人気馬が飛んで馬券破壊力は極めて高くなる。

2013年7月28日新潟3Rの未勝利戦（ダート1200m稍重）。

このレースで人気になっていたのは⑨ハントヴェルガー（1番人気）、⑩タイセイスペシャル（3番人気）、⑮レオアクシス（2番人気）の3頭。このうち、タイセイプレシャスとレオアクシスは、当コースで不利な差し馬。

また、このレースは有利な真ん中から外枠の先行馬（特に逃げ馬）が少なかった。ということは、人気馬が揃って消える可能性も高いうえに、人気薄で走れそうな馬も絞れる、馬券破壊力満点のレースだ。

双馬が本命に選んだのは9番人気の⑧レディーピンク。

この馬は、芝1200mでも逃げた経験がある馬。芝スタートなのだから、外目の枠から芝でも逃げられるスピードのある馬は圧倒的に有利だ。また、ハイペースの東京ダート1600m戦でも健闘しているうえ、短縮ローテも向いている。

レースは、予想通りに有利な枠から楽に逃げられたレディーピンク（9番人気）が5馬身差の圧勝。2着に2番手につけたハントヴェルカー。

そして3着には、内枠だったもののスローペースだったため、楽に先行できた④ニキーヤダイヤ（7番人気）が入り、単勝3950円、3連単37万2220円が的中。払い戻しは767万円を超えた。

2013年7月28日新潟3R
（ダート1200m稍重、3歳未勝利）

1着⑧レディーピンク　（9番人気）
2着⑨ハントヴェルカー（1番人気）
3着④ニキーヤダイヤ　（7番人気）

単勝⑧3950円×10万円的中
=395万円
3連単⑧→⑨→④
372220円×1000円的中
=372万2200円
総払い戻し
767万2200円

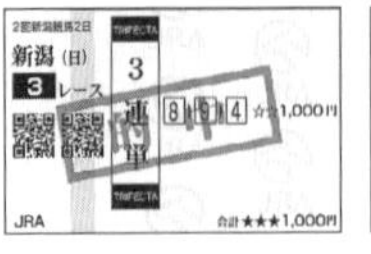
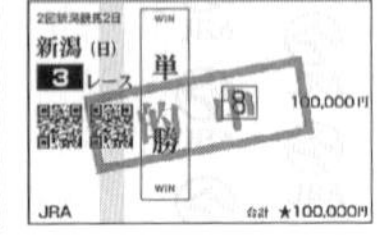

15	桃8 14	13	橙7 12	11	緑6 10
プリサイスエンド(マ) レオアクシス ステラクィーン(マ) 青鹿	チチカステナンゴ(中) バーソロミューピサ ピサノアリュメール(中) 栗毛	ケイムホーム(マ) マザーズアイ ニューサイエダッティ(マ) 栗毛	アドマイヤコジーン(マ) ブランドハヤテ アサガオ(中) 芦毛	ダイワメジャー(マ中) マグネイト ムヒバー(マ) 栗毛	クロフネ(マ中) タイセイスペシャル スプリングシティ(マ) 芦毛
56 騸3	54 牡3	54 牝3	53 牡3	56 牡3	54 牝3
横山典	替△杉原	替江田照	替▲山崎	蛯名	田中勝
南萱野	北鹿戸雄	北高木	北嶋田潤	北上原	北新開
○ 0	○ 0	○ 0	○ 0	○ 0	○ 0
(株)レオ	市川義美	西山茂行	榎本富三	ヒダカBU	田中成奉
浦 中村雅明	千 社台F	浦 高昭牧場	日 門別牧場	ひ キヨタケ牧場	新 アラキF
注 ○ ▲ ◎ ○ ◎		‥ △ ‥ △ ‥ ‥	▲ ‥ ‥ ‥ ‥ B	‥ △ ◎ △ ‥ B△	◎ △ 注 注 注 注
東ダ 1384 3 東ダ 1271 ④	中ダ 1161 ⑨	中ダ 1143 ⑦ 東ダ 1270 ⑤	中ダ 1145 6 東ダ 1251 5	東ダ 1582 2 東ダ 1262 11	千直ダ 1097 3 東ダ 1258 ③
ダンスインザダーク	サンデーサイレンス	シャディード	マルゼンスキー	デイジュール	シーキングザゴールド
2東 5月26日 ⑫ 3歳 4 未勝 10ト15頭 壬ダ 1273 56 岩部 S ⑬⑧⑧ 494 人気4 377 外 367 メテオーラピア 1270 0.3	サンデーサイレンス シャイニンレーサー 兄弟 エターナルラブ 2・20生	2東 5月4日 ⑤ 3歳 5 未勝 1ト16頭 壬ダ 1270 54 柴田大 S ④③③ 454 人気12 366 内 375 ワンダフル 1261 0.9	2東 5月19日 ⑩ 3歳 6 未勝 9ト16頭 壬ダ 1212 56 田中勝 M ⑦⑥⑥ 468 人気10 368 中 386 スワンポート 1200 1.2	2東 4月28日 ④ 3歳 6 未勝 15ト16頭 壬ダ 1279 56 川須 M 6⑤⑤ 476 B 6 363 中 388 インストアイベ 1263 1.6	シーキングザゴールド シアトルスペシャル 兄弟 ザハヤテオー 4・20生
3東 6月16日 6 3歳 3 未勝 10ト16頭 壬ダ 1384 56 横山典 M ⑥⑥⑤ 496 人気2 365 中 364 ダイワマークス 1384 0.0	1中 1月12日 ③ 3歳 9 新馬 3ト16頭 壬ダ 1161 56 三浦 M ⑫⑩⑨ 420 人気7 368 中 393 ジョーハット 1148 1.3	2東 5月19日 ⑩ 3歳 3 牝未勝 11ト16頭 壬ダ 1270 54 田辺 S ⑨⑧⑥ 452 人気7 380 外 364 エバーダンシン 1265 0.5	3東 6月16日 6 3歳 5 未勝 2ト16頭 壬ダ 1251 56 田中勝 M ④⑥⑥ 468 人気6 359 内 369 ポークチョップ 1246 0.5	3東 6月1日 ① 3歳 4 未勝 8ト16頭 壬ダ 1273 56 田辺 M ④②② 466 B 9 360 中 388 トゥールモンド 1263 1.0	3東 6月15日 ⑤ 3歳 3 牝未勝 14ト16頭 壬ダ 1258 54 武士沢 M ⑦④④ 480 人気11 358 外 380 ニシノオドリコ 1257 0.1
2福 7月7日 4 3歳 2 未勝 14ト15頭 壬ダ 1491 56 横山典 H ⑥②② 496 人気1 一旦先頭 1身 370 中 405 トウショウアミ 1489 0.2	6ヵ月半 骨折放牧 乗込み3週間 仕上り△ 理想体重 420キロ 休み明け ①②③外 0 0 0 1	3東 6月8日 ③ 3歳 12 牝未勝 13ト16頭 壬ダ 1286 54 田辺 H ⑦⑥⑤ 454 人気3 好位一杯 11身 359 外 401 デンコウアロー 1267 1.9	2福 6月29日 1 3歳 8 未勝 6ト15頭 壬ダ 1501 56 田中勝 H ⑪⑧⑨ 468 人気2 中位一杯 16 1/4 380 中 406 ケツァルコアト 1474 2.7	3東 6月16日 6 3歳 11 未勝 4ト16頭 壬ダ 1262 56 蛯名 M ②①① 468 B 3 息入らず 10身 350 内 393 ポークチョップ 1246 1.6	2福 7月7日 4 3歳 3 牝未勝 12ト16頭 千直ダ 1097 54 田中勝 M ⑫⑨⑧ 484 人気2 中位伸 4 1/2 357 外 370 フレックスハー 1090 0.7
左ダ 芝 右ダ 新ダ 0 0 0 0 0 0 1 0 1 0 1 0 3 0 1 0	左ダ 芝 右ダ 新ダ 0 0 0 0 0 0 0 0 0 0 0 0 0 0 1 0	左ダ 芝 右ダ 新ダ 0 0 0 0 0 0 0 0 1 0 0 0 4 0 2 0	左ダ 芝 右ダ 新ダ 0 0 0 0 0 0 0 0 0 0 0 0 6 1 3 0	左ダ 芝 右ダ 新ダ 0 0 0 0 0 0 1 0 0 0 0 0 5 2 1 0	左ダ 芝 右ダ 新ダ 0 0 0 0 0 0 0 0 1 0 1 0 0 0 0 0

【新潟ダート1200m重～稍重】的中例
2013年7月28日 新潟3R（3歳未勝利）

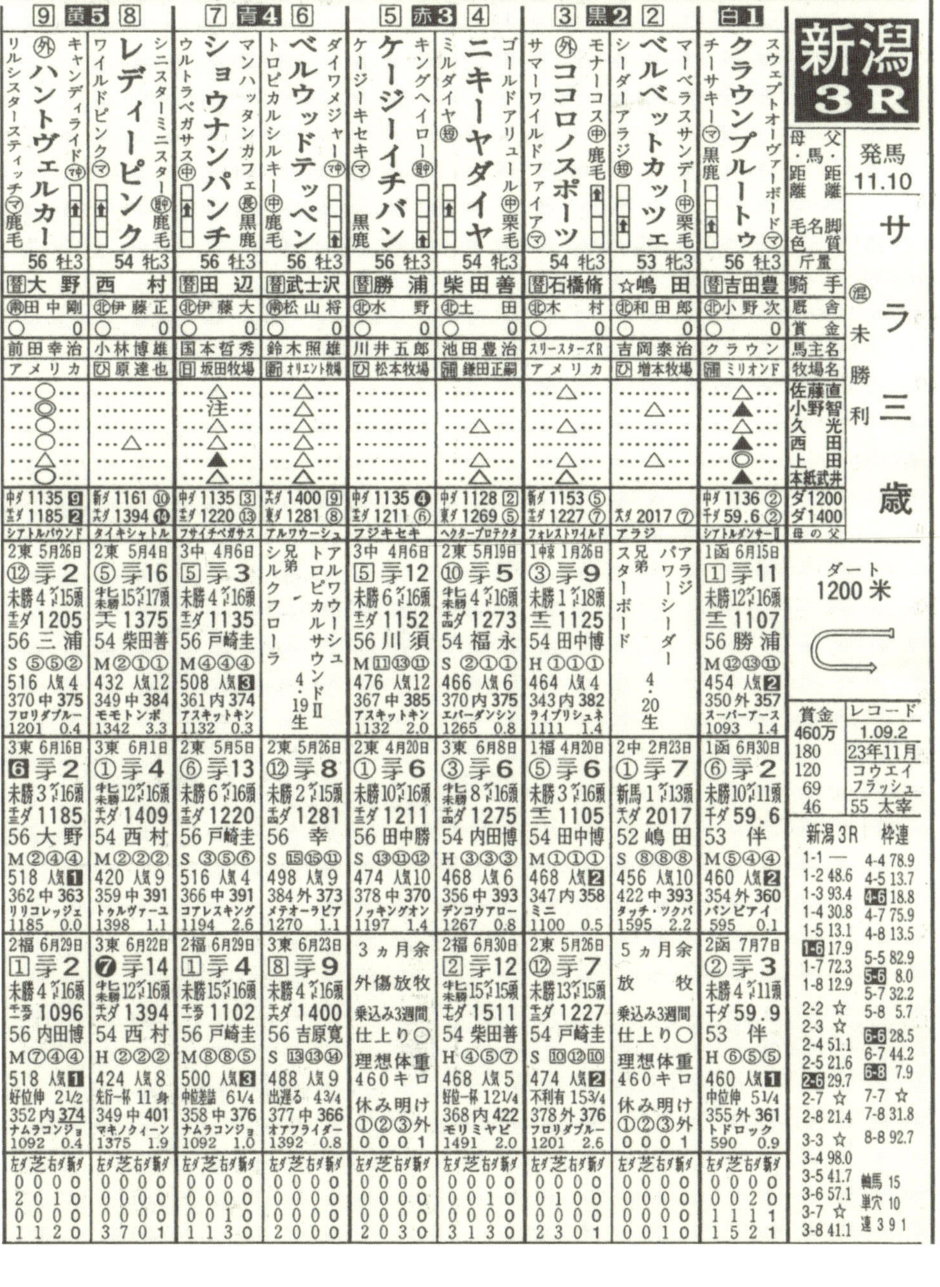

新潟 3R　発馬 11.10　サラ三歳　㊋未勝利　ダート 1200米

項目	9	8	7	6	5	4	3	2	1
枠	黄5	黄5	青4	青4	赤3	赤3	黒2	黒2	白1
父・距離	キャンディライド(マ中)	シニスターミニスター(駒)	マンハッタンカフェ(長)	ダイワメジャー(マ中)	キングヘイロー(駒)	ゴールドアリュール(中)	モナーコス(中)	マーベラスサンデー(中)	スウェプトオーヴァーボード(マ)
馬名	(外)ハントヴェルカー	レディーピンク	ショウナンパンチ	ベルウッドテッペン	ケージーイチバン	ニキーヤダイヤ	(外)ココロノスポーツ	ベルベットカッツェ	クラウンプルートゥ
母・距離	リルシスタースティッチ(マ)	ワイルドピンク(マ)	ウルトラペガサス(中)	トロピカルシルキー(中)	ケージーキセキ(マ)	ミルダイヤ(短)	サマーワイルドファイア(マ)	シーダーアラジ(短)	チーサキー(マ)
毛色	鹿毛	鹿毛	黒鹿	鹿毛	黒鹿	栗毛	鹿毛	栗毛	黒鹿
斤量	56 牡3	54 牝3	56 牡3	56 牡3	56 牡3	54 牝3	54 牝3	53 牝3	56 牡3
騎手	替大野	西村	替田辺	替武士沢	替勝浦	柴田善	替石橋脩	☆嶋田	替吉田豊
厩舎	南田中剛	北伊藤正	北伊藤大	南松山将	北水野	北土田	北木村	北和田郎	北小野次
賞金	○ 0	○ 0	○ 0	○ 0	○ 0	○ 0	○ 0	○ 0	○ 0
馬主名	前田幸治	小林博雄	国本哲秀	鈴木照雄	川井五郎	池田豊治	スリースターズR	吉岡泰治	クラウン
牧場名	アメリカ	日 原達也	日 坂田牧場	新 オリエント牧場	日 松本牧場	浦 鎌田正嗣	アメリカ	日 増本牧場	浦 ミリオンF
佐藤直	○		△	△			△		△
小野智	◎		注	△				△	▲
久光	○		△	△		△	△		△
西田	○	△	△	△					▲
上田	△		▲	△		△	△	△	◎
本紙武井	○		△	△		△	△		▲
ダ1200	中ダ1135 9	新ダ1161 ⑩	中ダ1135 3	天ダ1400 9	中ダ1135 ❹	中ダ1128 2	新ダ1153 ⑤		中ダ1136 ②
ダ1400	三ダ1185 2	天ダ1394 ⑭	三ダ1220 ⑬	東ダ1281 ⑧	三ダ1211 ⑥	東ダ1269 ⑤	三ダ1227 ⑦	天ダ2017 ⑦	千ダ59.6 ②
母の父	シアトルバウンド	タイキシャトル	フサイチペガサス	アルワウーシュ	フジキセキ	ヘクタープロテクタ	フォレストワイルド	アラジ	シアトルダンサーII

前走	9	8	7	6	5	4	3	2	1
3走前	2東 5月26日 ⑫手2 未勝4ゲ15頭 三ダ1205 56 三浦 S⑤⑤② 516 人気4 370中375 フロリダブルー 1201 0.4	2東 5月4日 ⑤手16 牝未勝15ゲ17頭 天1375 54 柴田善 M②①① 432 人気12 349中384 モモトンボ 1342 3.3	3中 4月6日 5手3 未勝4ゲ16頭 三ダ1135 56 戸崎圭 M④④④ 508 人気3 361内374 アスキットキン 1132 0.3	アルワウーシュ トロピカルサウンドII 兄弟 シルクフローラ 4・19生	3中 4月6日 5手12 未勝6ゲ16頭 三ダ1152 56 川須 M⑪⑬⑪ 476 人気12 367中385 アスキットキン 1132 2.0	2東 5月19日 ⑩手5 牝未勝4ゲ16頭 四ダ1273 54 福永 S②①① 466 人気6 370内375 エバーダンシン 1265 0.8	1中京 1月26日 ③手9 未勝1ゲ18頭 三1125 54 田中博 H①①① 464 人気4 343内382 ライブリシュネ 1111 1.4	アラジ パワーシーダー 兄弟 スターボード 4・20生	1函 6月15日 1手11 未勝12ゲ16頭 三1107 56 勝浦 M⑫⑬⑪ 454 人気2 350外357 スーパーアース 1093 1.4
2走前	3東 6月16日 6手2 未勝3ゲ16頭 三ダ1185 56 大野 M②④④ 518 人気1 362中363 リリコレッジェ 1185 0.0	3東 6月1日 ①手4 牝未勝12ゲ16頭 天ダ1409 54 西村 M②②② 420 人気9 359中391 トゥルヴァーユ 1398 1.1	2東 5月5日 ⑥手13 未勝6ゲ16頭 三ダ1220 56 戸崎圭 S③⑤⑥ 516 人気4 366中391 コアレスキング 1194 2.6	2東 5月26日 ⑫手8 未勝2ゲ15頭 四ダ1281 56 幸 S⑮⑮⑪ 498 人気9 384外373 メテオーラビア 1270 1.1	2東 4月20日 ①手6 未勝10ゲ16頭 三ダ1211 56 田中勝 S⑬⑪⑫ 474 人気10 378中370 ノッキングオン 1197 1.4	3東 6月8日 ③手6 牝未勝8ゲ16頭 四ダ1275 54 内田博 H③③③ 468 人気6 356中393 デンコウアロー 1267 0.8	1福 4月20日 ⑤手6 未勝3ゲ16頭 三1105 54 田中博 M①①① 468 人気2 347内358 ミニ 1100 0.5	2中 2月23日 ①手7 新馬1ゲ13頭 天ダ2017 52 嶋田 S⑧⑧⑧ 456 人気10 422中393 タッチ・ツクバ 1595 2.2	1函 6月30日 ⑥手2 未勝10ゲ11頭 千ダ59.6 53 伴 M⑤④④ 460 人気2 354外360 バンビアイ 595 0.1
前走	2福 6月29日 1手2 未勝4ゲ16頭 三芝1096 56 内田博 M⑦④④ 518 人気1 好位伸 2 1/2 352内374 ナムラコンジョ 1092 0.4	3東 6月22日 ❼手14 牝未勝12ゲ16頭 天ダ1394 54 西村 H②②② 424 人気8 先行一杯 11身 349中401 マキノクィーン 1375 1.9	2福 6月29日 1手4 未勝15ゲ16頭 三芝1102 56 戸崎圭 M⑧⑧⑤ 500 人気3 中位差詰 6 1/4 358中376 ナムラコンジョ 1092 1.0	3東 6月23日 8手9 未勝4ゲ16頭 天ダ1400 56 吉原寛 S⑬⑬⑭ 488 人気9 出遅る 4 3/4 377中366 オアフライダー 1392 0.8	3ヵ月余 外傷放牧 乗込み3週間 仕上り○ 理想体重 460キロ 休み明け ①②③外 0 0 0 1	2福 6月30日 2手12 牝未勝15ゲ15頭 モダ1511 54 柴田善 H④⑤⑦ 468 人気5 好位一杯 12 1/4 368内422 モリミヤビ 1491 2.0	2東 5月26日 ⑫手7 未勝13ゲ15頭 三ダ1227 54 戸崎圭 S⑩⑫⑩ 474 人気2 不利有 15 3/4 378外376 フロリダブルー 1201 2.6	5ヵ月余 放牧 乗込み3週間 仕上り○ 理想体重 460キロ 休み明け ①②③外 0 0 0 1	2函 7月7日 ②手3 未勝4ゲ11頭 千ダ59.9 53 伴 H⑥⑤⑤ 460 人気1 中位伸 5 1/4 355外361 トドロック 590 0.9
左ダ	0 0 0 0	0 0 0 0	0 0 0 0	0 0 0 0	0 0 0 0	0 0 0 0	0 0 0 0	0 0 0 0	0 0 0 0
芝	2 0 1 0	0 0 0 0	0 0 0 0	0 0 0 0	0 0 0 0	0 0 1 0	0 1 0 0	0 0 0 0	0 0 2 0
右ダ	0 0 0 0	0 0 0 0	0 0 1 0	0 0 0 0	0 0 0 0	0 0 0 0	0 0 0 0	0 0 0 0	1 1 1 1
新ダ	1 1 2 0	3 7 0 1	1 1 3 0	2 0 0 0	2 0 3 0	3 1 3 0	2 3 0 1	0 0 1 0	1 5 2 1

賞金	レコード
460万	1.09.2
180	23年11月
120	コウエイフラッシュ
69	
46	55 太宰

新潟3R 枠連

組	オッズ	組	オッズ
1-1	—	4-4	78.9
1-2	48.6	4-5	13.7
1-3	93.4	4-6	18.8
1-4	30.8	4-7	75.9
1-5	13.1	4-8	13.5
1-6	17.9	5-5	82.9
1-7	72.3	5-6	8.0
1-8	12.9	5-7	32.2
2-2	☆	5-8	5.7
2-3	☆	6-6	28.5
2-4	51.1	6-7	44.2
2-5	21.6	6-8	7.9
2-6	29.7	7-7	☆
2-7	☆	7-8	31.8
2-8	21.4	8-8	92.7
3-3	☆		
3-4	98.0		
3-5	41.7	軸馬	15
3-6	57.1	単穴	10
3-7	☆	連	3 9 1
3-8	41.1		

東京
中山
京都
阪神
中京
小倉
福島
新潟
札幌
函館

的中例解説　新潟ダート1800m重〜稍重

前走で先行できなかった不利を見逃すな！

コースメモにもあるように、新潟ダート1800mは「前残り決着の馬券破壊力が高い」コース。

特に前走、先行できなかったことで凡走した馬は、人気も落とすので馬券的妙味も十分。

2014年8月10日、新潟11Rレパード S（ダート1800m稍重、GⅢ）。

このレースで、前走で先行できなかった先行馬は⑬アジアエクスプレス（1番人気）、⑨クライスマイル（7番人気）。結果は、クライスマイルの逃げをアジアエクスプレスが先行3番手から捕え、この2頭のワンツー決着。

そして3着にも、前走までは中団より前で競馬をしていた④ランウェイワルツ（9番人気）が入った。

1番人気がアタマだったが、2、3着が人気薄のため、3連単は13万4570円という配当に。双馬はこれを本線（3000円）で的中し、払い戻しは400万円を超えた。

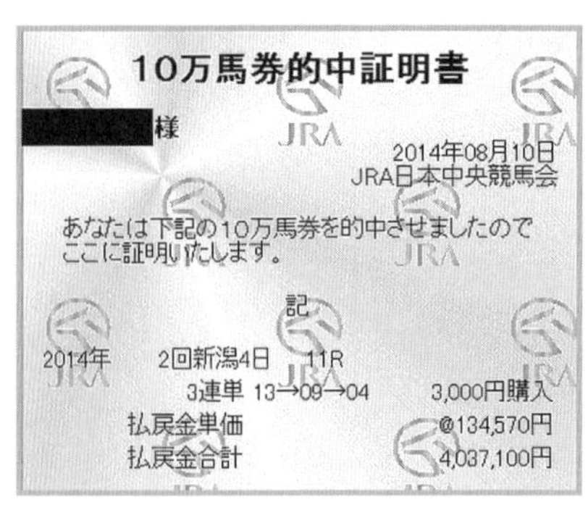
10万馬券的中証明書

様

2014年08月10日
JRA日本中央競馬会

あなたは下記の10万馬券を的中させましたので
ここに証明いたします。

記

2014年　2回新潟4日　11R
3連単　13→09→04　3,000円購入
払戻金単価　@134,570円
払戻金合計　4,037,100円

2014年8月10日新潟11R
（ダート1800m稍重、3歳GⅢ）

1着⑬アジアエクスプレス（1番人気）
2着⑨クライスマイル　（7番人気）
3着④ランウェイワルツ　（9番人気）

3連単⑬→⑨→④134570円×3000円的中
=403万7100円

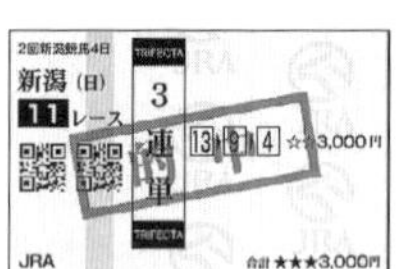

的中例解説　新潟芝直線1000m

内枠でも「短縮」で上がりの速い馬なら買い！

競馬は、誰もが知っているような特徴を利用しても大儲けすることはできる。

事実、双馬は直線競馬の新潟芝1000mでは、誰もが有利とわかっている外枠の馬は必ず押さえる。

ただし、双馬がこのコースで大金を稼ぐために工夫していることがある。過去に強烈な「末脚」を使った経験のある「短縮馬」を狙うことだ。

新潟芝1000mはスピード勝負。多くの人はテンのスピードに注目する。だが、直線コースなので、どこで仕掛けようとも同じといえば同じなのだ。上がりに強烈な「末脚」を使うことができるスピード馬も十分、能力を発揮できるコースといっていい。

2014年9月6日新潟10R驀進特別（芝直線1000m良、3歳上1000万下）

このレースで、双馬が本命に選んだのは、11番人気の③カフヴァール。同馬の前々走（吾妻小富士賞）は短縮ローテで出走し、上がり最速の末脚を使っていた。今回も前走1200mからの距離短縮となる。

前述したように新潟芝1000mは、確かに外枠が走りやすい。ただし末脚のスピードが強烈な馬は枠順による不利を受けにくい。「内枠」で強烈な「末脚」を持った馬は、新潟1000mでは能力を発揮しやすいのだ。

しかし多くの人は「内枠は不利」というだけの理由で軽視する。そこをあえて狙うのが「双馬の方式」だ。事実、カフヴァールは二ケタ人気と妙味十分だった。

だが馬券を獲るためには、基本も押さえる。双馬も相手には直線競馬の基本傾向通り、有利な外枠の馬を選んだ。大外枠の⑱ヒーラ（6番人気）である。

レースは、そのヒーラが突き抜けて1着。追い込んだカフヴァールが接戦の2着争いを制し、やはり外枠の⑫ウエスタンユーノー（5番人気）がアタマ差の3着。

2着カフヴァールが二ケタ人気だったので、3連単は79万8480円という高配当に。双馬はこれを500円的中し、払い戻し399万2400円を手にした。

2014年9月6日新潟10R
驀進特別（芝直線1000m良、3歳上1000万下）

1着⑱ヒーラ　（6番人気）
2着③カフヴァール　（11番人気）
3着⑫ウエスタンユーノー（5番人気）

3連単⑱→③→⑫798480円×500円的中
=399万2400円

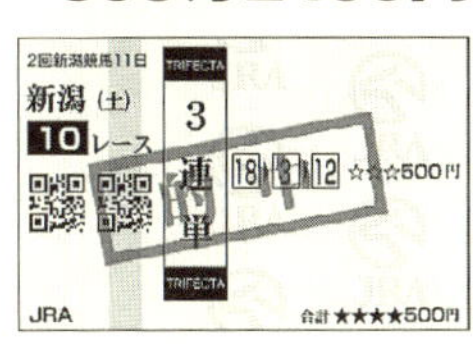

【新潟芝直線1000m】的中例 2014年9月6日 新潟10R 驀進特別（3歳上1000

18 桃8	17 桃8	16	15 橙7	14 橙7	13	12 緑6	11	10 黄5	9	8 青
ディープインパクト(帳)	オレハマッテルゼ(マ)	ゼンノロブロイ(帳)	アドマイヤコジーン(マ)	トーセンダンス(中)	サクラバクシンオー(短)	アドマイヤコジーン(マ)	ゴールドアリュール(中)	タイキシャトル(マ)	アグネスデジタル(マ中)	メイショウボーラー(マ)
ヒーラ	ミラクルアイドル	タニセンヴォイス	クリノタカラチャン	トーセンシルエット	サイズミックレディ	ウエスタンユーノー	ルベーゼドランジェ	シャトルアップ	キンショーユウジャ	ヤサカオディール
セントフロンティア(中)	エクスエトワール(短)	ヴォイスフロムヘヴン(帳)	バンビーナピノ(短)	トーセンピレッタ(短)	スイートテイスト(マ)	ウエスタンルージュ(短)	シンコウエンジェル(短)	タカトモアップ(マ)	フジノササメユキ(マ)	ヴァドヴィーツェ(中)
鹿毛	黒鹿	栗毛	黒鹿	芦毛	鹿毛	芦毛	鹿毛	栗毛	栗毛	黒鹿
55 牝5	53 牝3	55 牝5	55 牝4	53 牝3	55 牝6	53 牝3	55 牝4	57 騸6	57 牡6	55 牝5
替田中勝	柴田善	替石橋脩	替嘉藤	替エスポジート	替柴田未	替横山典	替岩田康	替戸崎圭	武士沢	的場
森	北菊川	南堀井	北天間	南菅原	田所秀	南菊沢	小崎	南黒岩	南根本	北水野
○ 700	○ 900	○ 700	○ 950	○ 900	○ 700	○ 900	○ 950	○ 950	○ 950	○ 700
3068	1500	4324	4411	2677	3875	1470	2410	2514	5017	1722
平井裕	玉腰勇吉	染谷幸雄	栗本博晴	島川隆哉	細谷典幸	西川賢	キャロットF	広尾レース	礒野日出夫	志邑宣彦
日 白井牧場	浦 三嶋牧場	浦 梅田牧場	浦 バンブー牧場	日 エスティF	日 下河辺牧場	ひ ウエスタンF	安 ノーザンF	様 清水S	ひ 藤本牧場	新 八木常郎
◎	…	…	△	…	…	…	○	注	△	△
…	△	…	△	…	…	△	○	◎	…	▲
…	△	△	○	▲	…	…	注	△	…	…
…	◎	△	△	…	…	▲	△	○	…	△
△	△	注	▲	…	…	◎	○	△	…	…
… 西	注	B△	△	…	… 西	▲	◎ 西	B○	…	△
大1479⑩ 小1080⑤ 京1224⑪ 京1351⑧	新55.1① 京1104⑪ 東1366⑨	新55.5[1] 大1494⑧ 東1360③	新55.8① 福1079④ 東1231⑦	大2041[8] 中1093① 東1232⑧ 阪1359⑮	阪1100④	新56.2① 福1098⑪		新55.4④ 中1426[16]	新1102❻ 東1218⑪	亐2047[14] 福1088① 新1217⑤ 東1335⑨
壬33.3⑤ 西ダ42.4[12]	千33.2① 壬ダ39.2⑥	千32.7[1] 西ダ37.0❻	千33.5①	西33.8⑤	壬34.1[12] 千ダ35.4❷	千33.2① 壬ダ39.0⑭	千ダ34.3❶	千33.1④ 千ダ35.8❾	壬34.3❻ 千ダ35.0②	西33.6⑩ 天ダ38.4⑥
西ダ1334[12]	中ダ1138⑥	西ダ1242❻ 天ダ1379[2]			小ダ58.0❷ 京ダ1119[6]	中ダ1133⑭	小ダ56.9❶ 京ダ1106❶	小ダ59.7❾ 中ダ1119①	札ダ58.6② 新ダ1108❹	天ダ1387⑥ 中ダ1138⑦
1 1 0 1	0 0 0 0	0 0 0 1	0 0 1 0	0 0 0 2	0 0 0 0	0 0 0 0	0 0 0 0	0 0 0 0	0 0 0 1	0 0 0 3
デインヒル	ホークアタック	アファームド	マンハッタンカフェ	スウェプトオーヴァ	ソルトレイク	アフリート	オジジアン	テューナラップ	ロドリゴデトリアー	エリシオ
ナッティットール	メイショウオリヅル	サンワードピラー	初仔	トーセンツリー	ナイキマドリード	クレバーウエスタン	ダノンカモン	チイエムコウノトリ	コーリュウ	クラウンバシリカ
天 西 壬 千 0 0 1 0 0 0 1 0 0 0 1 0 2 4 11 0	天 西 壬 千 0 0 0 2 0 0 0 0 0 0 0 0 1 0 3 1	天 西 壬 千 0 1 0 1 5 2 0 0 3 0 0 0 6 4 0 0	天 西 壬 千 0 0 2 1 0 0 3 0 0 0 1 1 0 1 13 2	天 西 壬 千 0 1 1 0 0 0 0 0 0 0 1 0 2 2 2 0	天 西 壬 千 0 0 2 0 0 3 1 1 0 0 0 1 0 6 16 5	天 西 壬 千 0 0 1 1 0 0 0 0 0 0 0 0 0 0 2 0	天 西 壬 千 0 0 1 2 1 0 1 0 0 0 0 0 0 2 1 0	天 西 壬 千 0 0 2 1 0 0 1 0 0 0 0 0 1 1 7 3	天 西 壬 千 0 0 2 1 0 0 1 4 0 2 2 1 0 4 20 2	天 西 壬 千 0 1 1 0 0 0 0 0 0 0 1 0 4 6 7 0
1新 5月24日 ⑦ 杏 4 1000万 4ゲ16頭 壬内 1095 55 中井 S ①②② 416 人気11 先行粘る 2 1/2 348 中 347 フレイムヘイロ 1091 0.4	1新 5月4日 ② 三才 1 未勝 5ゲ16頭 千直 56.4 54 勝浦 H ①① 458 人気7 逃切る 3/4身 224—340 クラウンアイリ 565 0.1	2中 3月2日 [2] 四才上 16 500万 4ゲ16頭 大ダ 2000 55 武豊 S ④⑩⑯ 470 人気7 中位一杯 大差 384 中 436 キープインタッ 1545 5.5	1函 6月14日 [1] 養 1 500万 7ゲ16頭 壬 1091 55 横山和 M ①①① 410 人気8 逃切る クビ 336 内 355 ピアンコカンド 1091 0.0	3中 3月29日 ① 三才 1 500万 7ゲ16頭 壬外 1093 54 柴田善 M ⑭⑫⑦ 444 人気6 漸進抜 1 1/2 348 外 345 ウインネオルー 1095 0.2	2中京 3月22日 ④ 四才上 1 牝馬500 4ゲ16頭 壬ダ 1119 52 岩崎 M ①①① 502 B 人気4 逃切る 3 1/2 346 内 373 メイショウツレ 1125 0.6	3中 4月5日 ❸ 三才 14 500万 9ゲ16頭 壬ダ 1133 54 木幡広 H ①①① 468 人気11 逃一杯 7 1/4 343 内 390 セトアロー 1120 1.3	3京 5月31日 ⑪ 四才上 2 1000万 8ゲ16頭 壬ダ 1115 55 岩田康 S ②③② 478 人気[3] 先行伸 3身 353 中 362 メイショウツレ 1110 0.5	1新 5月11日 ④ 飛竜 4 500万 4ゲ16頭 千直 55.4 57 小崎 H ①③ 508 B 人気13 先行粘る 3/4身 223—331 アンウォンド 553 0.1	2東 5月24日 ⑨ 四才上 11 1000万 2ゲ18頭 西 1218 57 柴田未 S ⑥⑥④ 500 人気16 追上一杯 6 1/4 357 内 345 ジョーオリオン 1208 1.0	3東 6月7日 [1] 署 9 500万 18ゲ18頭 西 1280 55 的場 S [8]⑤⑤ 440 人気18 出遅る 9 1/4 373 中 380 マンボネフュー 1265 1.5
3阪 6月29日 ⑧ 堇 12 1000万 7ゲ16頭 壬内 1103 52 中井 M [14]⑯⑯ 432 人気5 後方直大 2 1/4 359 中 344 レムミラス 1099 0.4	1新 5月18日 ⑥ はやぶさ 14 500万 12ゲ16頭 千直 57.5 54 勝浦 H ①① 458 人気[3] 焦込む 8身 223—352 ウエスタンユー 562 1.3	3東 6月28日 ❼ 三才上 6 牝馬500 13ゲ15頭 西ダ 1242 52 原田和 S ②②② 480 人気9 先行一杯 7 1/4 354 中 370 ムードティアラ 1230 1.2	1函 6月28日 ⑤ STV杯 14 1000万 13ゲ14頭 壬 1102 55 横山和 H ①②② 414 人気5 先争退く 6 1/4 332 中 370 エイシンオルド 1091 1.1	2福 7月26日 ⑦ 鳥 11 1000万 11ゲ15頭 壬 1100 51 江田照 M ⑨⑨⑪ 450 人気6 中位一杯 4 1/4 352 中 348 シーブリーズラ 1092 0.8	2阪 4月6日 ④ 四才上 11 1000万 15ゲ16頭 壬ダ 1128 52 岩崎 M ⑤③③ 502 B 人気6 好位一杯 9 1/2 346 外 382 メイショウロフ 1113 1.5	1新 5月18日 ⑥ はやぶさ 1 500万 10ゲ16頭 千直 56.2 54 横山和 H [6]⑥ 478 人気8 中位抜出 1 3/4 230—332 ファンファーレ 565 0.3	3阪 6月14日 ③ 三才上 8 500万 1ゲ16頭 壬ダ 1127 55 武豊 M ③④⑤ 480 人気[1] もまれる 1 1/2 356 中 371 ミラクルルーマ 1124 0.3	1新 5月24日 ⑦ 四才上 1 500万 4ゲ16頭 千直 56.5 54 小崎 H ⑤① 492 B 人気[2] 好位抜出 3 1/2 231—334 ナンプー 571 0.6	2福 7月20日 ❻ [illegible] 9 1000万 1ゲ16頭 壬芝 1085 57 武士沢 H ⑤⑧⑤ 494 人気15 好位一息 4身 344 中 371 ラピダメンテ 1079 0.6	2福 7月12日 ③ 三才上 1 500万 2ゲ16頭 壬 1088 55 的場 M ⑧⑦⑨ 438 人気13 中位差切 クビ 344 内 344 カシノワルツ 1088 0.0
2福 7月13日 ④ ツインターボ 4 1000万 7ゲ11頭 壬 1094 55 横山典 M ②②② 432 人気5 先行粘る 3/4身 341 中 353 レモンチャン 1093 0.1	2新 8月2日 ① [illegible] 1 500万 8ゲ18頭 千直 55.1 52 柴田善 H ①① 460 人気8 逃切る 1 1/4 219—332 アカノジュウロ 553 0.2	2新 8月17日 [6] 三才上 1 牝馬500 14ゲ18頭 千直 55.5 55 戸崎圭 H ⑩③ 478 B 人気6 好位差切 クビ 228—327 タカラジェニフ 555 0.0	1札 8月3日 ④ HBC賞 5 1000万 2ゲ15頭 壬 1091 55 古川 M ②①① 412 人気4 逃一息 3 1/2 340 内 351 コンサートレデ 1086 0.5	2新 8月17日 ❻ 盤 5 1000万 4ゲ8頭 壬内 1101 52 柴田善 S ④③③ 446 人気4 伸一息 4 1/4 357 内 344 フギン 1094 0.7	3中京 7月12日 ③ [illegible] 16 1000万 12ゲ16頭 壬ダ 1128 55 武豊 M ②②② 500 B 人気8 先行バテ 12 1/2 340 中 388 クリノエリザベ 1108 2.0	2福 7月13日 ④ ツインターボ 11 1000万 2ゲ11頭 壬 1098 52 田中勝 M [4]⑤⑤ 486 人気[2] 中位一杯 3 1/2 344 中 354 レモンチャン 1093 0.5	2小 8月9日 ❸ 三才上 1 500万 1ゲ10頭 千ダ 56.9 52 義 H ①①① 478 人気[1] 逃楽勝 5身 340 内 343 アサケゴマ 578 0.9	3ヵ月余 放牧 乗込み3週間 仕上り○ 連対体重 492〜516 3ヵ月以上休 ①②③外 1 0 0 3	2新 8月17日 ❻ 盤 6 1000万 6ゲ8頭 壬内 1102 57 武士沢 S ⑤⑤⑤ 500 人気7 中位まま 4 3/4 359 中 343 フギン 1094 0.8	2福 7月26日 ⑦ 鳥 4 1000万 9ゲ15頭 壬 1093 52 的場 M ⑥⑤⑤ 432 人気12 G前鈍い 1/4身 349 中 344 シーブリーズラ 1092 0.1

新潟 **10** 発馬 3.10

驀進特別

指混 三才上 1000万下・定量

芝1000米(直線)

	1	2	3	4	5	6	7
枠	白1	白1	黒2	黒2	赤3	赤3	4
父	アドマイヤジャパン㊥㊤	フジキセキ㊥	デュランダル㋮	スニッツェル㊅	チーフベアハート㊥㊤	スターリングローズ㋮	ハーツクライ㊥㊤
馬名	ヤサカシャイニー	ベストブルーム	カフヴァール	エキナシア	バルスピュール	㊞ヨユウノヨッチャン	ネオザミスティック
母	ウィーレジスタンス㊥	タヤスブルーム㊥	スペシャルアラート㋮	ニシノマリア㊅	サウダージ㊅	アマツカゼ㋮	ルヴァーガール㊅
毛色	栗毛	鹿毛	鹿毛	鹿毛	黒鹿	鹿毛	黒鹿
斤量・性齢	55 牝6	57 牡7	55 牝5	55 牝6	55 牝5	55 牝6	55 牝6
騎手	替江田照	替丹内	替大野	替嶋田	替西田	替杉原	木幡初
厩舎	㊝根本	㊗岩戸	㊝矢野英	㊗手塚	㊗菊川	㊗天間	㊝黒岩
賞金	○ 750	○ 700	○ 700	○ 950	○ 750	○ 795	○ 700
総賞金	4935	3742	1560	4406	3714	1298	2044
馬主	志邑宣彦	横瀬兼二	キャロットF	ミルF	ディアレスト	グリーンS	小林仁幸
生産者	新 オリエント牧場	社台F	ノーザンF	西山牧場	共栄牧場	畠山牧場	社台F
佐藤直文	▲		△				△
小野智美	注				△		
久光匡治	◎		△		△		
西田美佐子	△		注				
上田一幸	△						△
本紙武井	△	B	B△		△		
芝 1000/1200/1400/1600	新54.9① 中1084④ 新1221①	新56.6⑨ 福1079③ 阪1230④ 中1355⑮	福1079① 東1213④ 中1341⑯	新56.5② 小1088⑬	新54.9② 福1095⑪ 東1224⑫ 中1371⑬	札1097⑮ 丟1327⑬	新55.6① 小1090② 阪1215⑩ 京1365③
芝上り / ダート上り	千32.4① 三ダ38.6⑭	三33.7⑥ 千ダ35.7③	西33.6③ 西ダ40.1⑯	千33.5⑨ 千ダ34.9❶	千32.1① 西ダ36.7③	三34.6⑮ 千ダ36.4⑪	千32.9① 三ダ37.6⑮
ダ1000 / ダ1200	門ダ1154⑭	小ダ59.5③ 京ダ1138⑫	西ダ1286⑯	小ダ57.8❶ 中ダ1106❷	西ダ1259❶ 天ダ1390⑨	函ダ1000⑪ 船ダ1141❶	新ダ1133⑮
芝重実績	0 0 1 3	0 0 0 1	0 0 0 0	0 0 0 1	0 0 0 1	0 0 0 0	0 0 0 1
母の父	ジェイドロバリー	カーリアン	ガルチ	テイクミーアウト	サクラバクシンオー	コマンダーインチーフ	アルザオ
兄弟馬	ラインジェシカ	ニジブルーム	リザーブユアハート		スプリングチップ	アスカシンノウ	エバーシャイニング
天 西 三 千 (千六のみ・千四のみ・千二のみ・千のみ)	0 1 1 1 0 0 0 2 0 0 3 1 0 2 15 5	0 0 1 0 0 0 1 0 0 0 4 1 1 3 24 2	0 1 1 0 0 0 0 0 0 1 0 0 2 4 3 0	0 0 1 2 0 0 4 2 0 0 1 0 0 0 15 3	0 1 0 2 0 0 0 1 0 1 0 0 2 6 3 5	0 0 0 0 0 0 0 0 0 0 0 0 0 0 1 1	0 0 1 1 0 0 1 0 1 0 0 0 2 1 16 1
前3走	1新 5月10日 ③ 邁進 6 1000万 15ト16頭 千直 56.6 55 津村 H ⑭⑤ 462 人気9 出遅る 2 1/4 235—331 エイシンテキサ 563 0.3	2函 7月13日 ④ 道新スポ 8 1000万 3ト11頭 三 1111 57 菱田 S ⑥⑥⑧ 460 B 人気10 中位一杯 5身 364 中 347 エポワス 1103 0.8	1東 2月10日 ③ 四才上 11 牝1000 15ト16頭 西 1221 55 ペリー S ⑭⑭⑮ 466 B 人気6 後方まま 3 1/4 365 外 341 ジーニマジック 1215 0.6	1中 1月12日 ④ 四才上 14 1000万 6ト16頭 三外 1101 55 津村 M ⑥④④ 494 人気12 好位一杯 5 1/2 345 内 356 キングオブブロー 1092 0.9	1新 5月10日 ③ 邁進 5 1000万 16ト16頭 千直 56.6 55 宮崎 H ⑭⑥ 462 人気5 後方追上 2 1/4 234—332 エイシンテキサ 563 0.3	2函 7月6日 ② 噴火湾 11 1000万 5ト12頭 千ダ 1000 55 横山和 H ⑤⑧⑩ 462 人気12 中位一杯 13 3/4 353 内 364 ピナスイート 577 2.3	1函 6月21日 ③ 三才上 4 牝500 7ト16頭 三 1095 52 小崎 M ⑧⑧⑦ 462 人気15 中位差詰 1 3/4 343 内 352 モーニングコー 1092 0.3
前2走	3東 6月8日 ❷ 昆 7 1000万 13ト13頭 西 1259 52 津村 S ⑦②③ 468 人気12 折合欠 6 1/4 365 外 372 モグモグパクパ 1249 1.0	2函 7月20日 ⑥ 潮騒 10 1000万 5ト16頭 三 1102 53 吉田隼 M ⑪⑮⑮ 460 B 人気15 後方直丈 2 3/4 356 中 346 ラヴェルソナタ 1097 0.5	1福 4月12日 ① 喜多小富 6 1000万 6ト16頭 三 1098 52 吉田隼 M ⑬⑬⑬ 468 B 人気4 後方追上 2身 354 中 344 カハラビスティ 1095 0.3	1小 2月23日 ⑥ 帆柱 13 1000万 7ト16頭 三 1088 55 田中博 H ⑤⑨⑨ 482 人気15 中位一杯 6身 335 内 353 ニコールバロー 1078 1.0	2東 5月24日 ⑨ 四才上 1000万 11ト18頭 西 中止 52 長岡 S ⑱⑱⑱ 470 人気17 直線にて ジョーオリオン 1208	1札 7月27日 ② [illegible] 13 1000万 13ト13頭 丟 1327 55 村田 M ③③⑥ 464 人気13 好位一杯 15 1/4 357 中 391 マイネルメリエ 1303 2.4	2函 7月5日 ① 三才上 5 牝500 2ト13頭 三 1098 55 藤岡康 H ⑥⑤⑤ 466 人気9 好位一息 2 1/4 339 内 359 カレンスティシ 1094 0.4
前走	1函 6月21日 ③ 函館日刊 15 1000万 13ト15頭 三 1109 52 柴田善 M ⑦⑨⑨ 456 人気11 中位一杯 12 3/4 346 中 363 モズハツコイ 1088 2.1	2札 8月24日 ② おおぞら 1000万 13ト14頭 三 除外 57 柴山雄 456 右肩跛行のため コナブリュワー 1096	1函 6月21日 ③ 函館日刊 14 1000万 12ト15頭 三 1103 52 三浦 M ③③③ 464 B 人気5 好位一杯 9 1/4 343 中 360 モズハツコイ 1088 1.5	6ヵ月余 放牧 乗込み2週間 仕上り△ 連対体重 480～504 3ヵ月以上休 ①②③外 0 2 0 2	3ヵ月余 放牧 乗込み3週間 仕上り○ 連対体重 450～464 3ヵ月以上休 ①②③外 0 0 0 2	1札 8月3日 ④ HBC賞 15 1000万 5ト15頭 三 1097 55 丸山 M ⑩⑩⑩ 464 人気15 後方まま 6 1/2 351 内 346 コンサートレディ 1086 1.1	2新 8月24日 ⑧ 三才上 1 500万 18ト18頭 千直 55.6 52 木幡初 H ⑦① 460 人気6 中位差切 1/2身 227—329 カシノワルツ 557 0.1

賞金 1470万 590 370 220 147

レコード 53.7 14年8月 カルストンライトオ 56 大西

新潟10R

1-1 ☆
1-2 83.0
1-3 74.0
1-4 61.4
1-5 20.3
1-6 11.4
1-7 27.6
1-8 19.0
2-2 ☆
2-3 ☆
2-4 ☆
2-5 51.1
2-6 28.9
2-7 69.5
2-8 47.9
3-3 ☆

その他の的中例

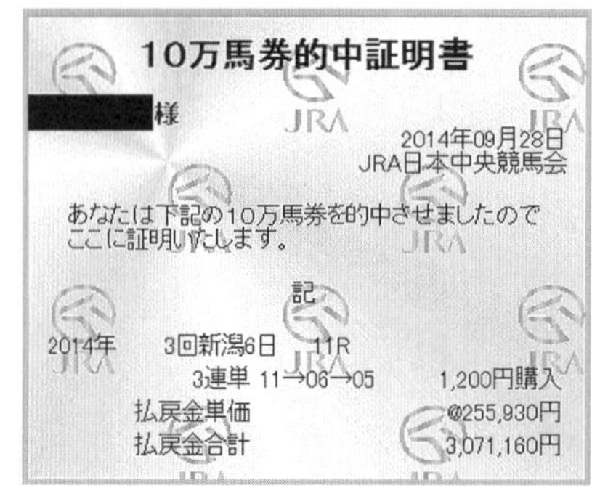
10万馬券的中証明書

様

2014年09月28日
JRA日本中央競馬会

あなたは下記の10万馬券を的中させましたので
ここに証明いたします。

記

2014年　3回新潟6日　11R
3連単 11→06→05　1,200円購入
払戻金単価　@255,930円
払戻金合計　3,071,160円

2014年9月28日新潟11R
オールカマー(芝2200m良、GⅡ)

1着⑪マイネルラクリマ(2番人気)
2着⑥ラキシス(7番人気)
3着⑤クリールカイザー(12番人気)

3連単⑪→⑥→⑤255930円×1200円的中
=307万1160円

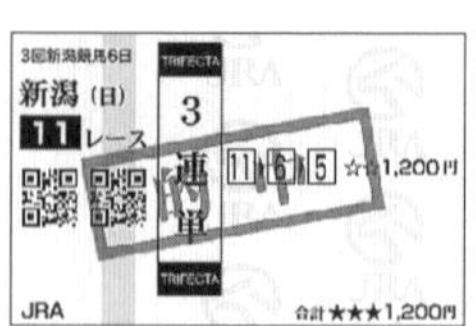

新潟芝2200mは「前走不利馬」で内枠に入った馬の馬券期待値が高い。2014年のオールカマー（中山競馬場のスタンド改修により新潟施行）。ホームページにも掲載した「前走不利馬」で､内枠に入った⑤クリールカイザー（12番人気3着）を本命､⑥ラキシス（7番人気2着）を4番手評価に選び、3連単25万5930円を▲△◎と、ほぼ本線で的中。

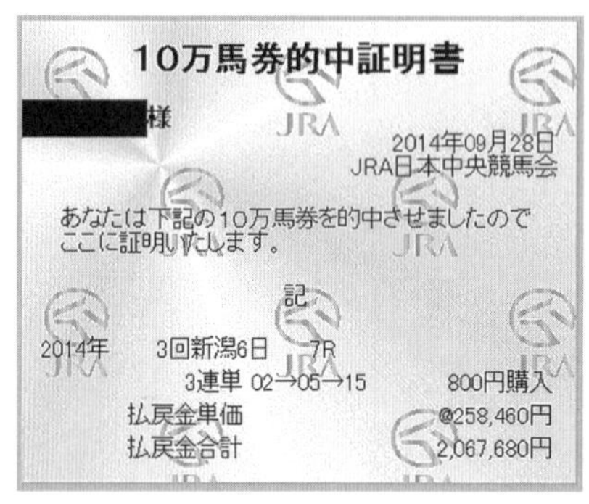
10万馬券的中証明書

様

2014年09月28日
JRA日本中央競馬会

あなたは下記の10万馬券を的中させましたので
ここに証明いたします。

記

2014年　3回新潟6日　7R
3連単 02→05→15　800円購入
払戻金単価　@258,460円
払戻金合計　2,067,680円

2014年9月28日新潟7R
(芝2400m良、3歳上500万下)

1着②イルミナティ(9番人気)
2着⑤レイズアスピリット(8番人気)
3着⑮エルヴィスバローズ(1番人気)

3連単②→⑤→⑮258460円×800円的中
=206万7680円

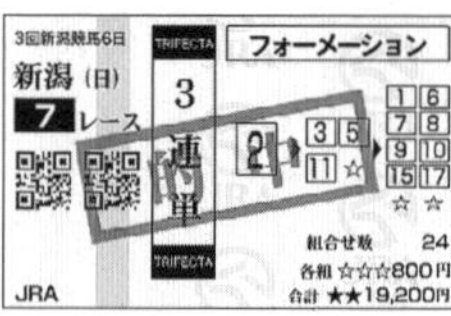

芝2200mと同じく、新潟2400mも「前走不利馬」で内枠の馬を買えば儲かるコース。オールカマーと同日の2014年9月28日新潟7R。「前走不利馬」で「内枠」の②イルミナティを本命、⑤レイズアスピリットを対抗。3連単25万8460円を本線で的中。

双馬のコースメモ

札幌競馬場

SAPPORO RACE COURSE

- ダート1000m 良
- ダート1000m 重～稍重
- ダート1700m 良
- ダート1700m 重～稍重

- 芝1200m
- 芝1500m
- 芝1800m
- 芝2000m
- 芝2600m

東京 中山 京都 阪神 中京 小倉 福島 新潟 札幌 函館

コース: 札幌ダート1000m

馬場状態: 良

決着率と破壊力ランキング

展開	決着確率	馬券破壊力
前残り決着	B	B
差し決着	-	-

枠	決着確率	馬券破壊力
内枠決着	B	A
外枠決着	A	C

展開の内訳

展開	R発生割合	レース数	単回率	複回率
前残り決着	29%	4	81%	78%
差し決着	–	–	–	–

枠の内訳

枠	R発生割合	レース数	単回率	複回率
内枠決着	29%	4	43%	120%
外枠決着	57%	8	108%	66%

コースのポイント

★もちろん前残り決着が多く、差し決着はほぼない。
★外枠決着が多いが、人気馬が多く、馬券破壊力では内枠決着が優勢。
★前走、不利を受けていた内枠の同距離馬を狙いたい。

有利な馬・ローテ

★内枠で前走、不利を受けていた同距離馬。

不利な馬・ローテ

特になし。

枠順のポイント

★最内、大外ともに、逃げ馬にやや不利(先行馬ならば問題ない)。

枠とローテ

枠	ローテ	1着	2着	3着	3着内数	総数	勝率	連対率	複勝率	単回率	複回率
内枠	同距離	2	6	3	11	31	6.5%	25.8%	35.5%	21%	122%
	延長	–	–	–	–	–	–	–	–	–	–
	短縮	1	1	2	4	25	4.0%	8.0%	16.0%	31%	81%
外枠	同距離	7	3	6	16	57	12.3%	17.5%	28.1%	86%	58%
	延長	–	–	–	–	–	–	–	–	–	–
	短縮	4	4	3	11	53	7.5%	15.1%	20.8%	124%	71%

枠とローテ(前走不利馬の場合)

枠	ローテ	1着	2着	3着	3着内数	総数	勝率	連対率	複勝率	単回率	複回率
内枠	同距離	0	1	2	3	9	0.0%	11.1%	33.3%	0%	284%
	延長	–	–	–	–	–	–	–	–	–	–
	短縮	1	1	1	3	13	7.7%	15.4%	23.1%	60%	56%
外枠	同距離	1	1	2	4	13	7.7%	15.4%	30.8%	77%	83%
	延長	–	–	–	–	–	–	–	–	–	–
	短縮	1	3	1	5	16	6.3%	25.0%	31.3%	223%	112%

※ – は期間内に該当データなし

コース: # 札幌ダート1000m

馬場状態: 重〜稍重

決着率と破壊力ランキング

展開	決着確率	馬券破壊力
前残り決着	A	A
差し決着	-	-

枠	決着確率	馬券破壊力
内枠決着	B	A
外枠決着	A	B

展開の内訳

展開	R発生割合	レース数	単回率	複回率
前残り決着	60%	3	161%	90%
差し決着	–	–	–	–

枠の内訳

枠	R発生割合	レース数	単回率	複回率
内枠決着	20%	1	208%	123%
外枠決着	60%	3	99%	72%

コースのポイント

★良馬場時よりも前残り決着の割合が増えるものの、傾向は良馬場時とさほど変わらず。

★内枠の前走不利馬を狙うのが良い。

有利な馬・ローテ

★内枠で前走、不利を受けていた馬

不利な馬・ローテ

特になし。

枠順のポイント

★最内、大外ともに、逃げ馬にやや不利(先行馬ならば問題ない)。

枠とローテ

枠	ローテ	1着	2着	3着	3着内数	総数	勝率	連対率	複勝率	単回率	複回率
内枠	同距離	1	0	1	2	12	8.3%	8.3%	16.7%	208%	114%
	延長	–	–	–	–	–	–	–	–	–	–
	短縮	1	0	1	2	8	12.5%	12.5%	25.0%	420%	77%
外枠	同距離	3	5	3	11	30	10.0%	26.7%	36.7%	119%	93%
	延長	–	–	–	–	–	–	–	–	–	–
	短縮	0	0	0	0	10	0.0%	0.0%	0.0%	0%	0%

枠とローテ(前走不利馬の場合)

枠	ローテ	1着	2着	3着	3着内数	総数	勝率	連対率	複勝率	単回率	複回率
内枠	同距離	1	0	0	1	3	33.3%	33.3%	33.3%	833%	163%
	延長	–	–	–	–	–	–	–	–	–	–
	短縮	1	0	1	2	3	33.3%	33.3%	66.7%	1120%	206%
外枠	同距離	0	1	2	3	7	0.0%	14.3%	42.9%	0%	132%
	延長	–	–	–	–	–	–	–	–	–	–
	短縮	0	0	0	0	3	0.0%	0.0%	0.0%	0%	0%

※ – は期間内に該当データなし

コース: # 札幌ダート1700m

馬場状態: **良**

決着率と破壊力ランキング

展開	決着確率	馬券破壊力	枠	決着確率	馬券破壊力
前残り決着	B	C	内枠決着	B	C
差し決着	C	B	外枠決着	B	C

展開の内訳

展開	R発生割合	レース数	単回率	複回率
前残り決着	24%	8	107%	53%
差し決着	3%	2	72%	72%

枠の内訳

枠	R発生割合	レース数	単回率	複回率
内枠決着	26%	9	122%	65%
外枠決着	24%	8	41%	53%

コースのポイント

★コース自体の馬券破壊力が低く、荒れにくいコース。
★頭数もそれほど揃わないため、人気馬が走りやすい。

有利な馬・ローテ

特になし。

不利な馬・ローテ

特になし。

枠順のポイント

★大外の逃げ馬はスタートの不利が大きい。

枠とローテ

枠	ローテ	1着	2着	3着	3着内数	総数	勝率	連対率	複勝率	単回率	複回率
内枠	同距離	9	10	13	32	100	9.0%	19.0%	32.0%	77%	80%
	延長	1	3	6	10	38	2.6%	10.5%	26.3%	116%	79%
	短縮	2	1	0	3	25	8.0%	12.0%	12.0%	329%	86%
外枠	同距離	19	14	13	46	159	11.9%	20.8%	28.9%	104%	66%
	延長	2	3	1	6	49	4.1%	10.2%	12.2%	20%	32%
	短縮	1	2	2	5	53	1.9%	5.7%	9.4%	2%	25%

枠とローテ(前走不利馬の場合)

枠	ローテ	1着	2着	3着	3着内数	総数	勝率	連対率	複勝率	単回率	複回率
内枠	同距離	1	1	3	5	27	3.7%	7.4%	18.5%	9%	36%
	延長	0	0	2	2	13	0.0%	0.0%	15.4%	0%	50%
	短縮	0	0	0	0	10	0.0%	0.0%	0.0%	0%	0%
外枠	同距離	4	1	6	11	46	8.7%	10.9%	23.9%	114%	65%
	延長	0	0	1	1	18	0.0%	0.0%	5.6%	0%	15%
	短縮	1	1	0	2	21	4.8%	9.5%	9.5%	7%	12%

コース: # 札幌ダート1700m

馬場状態: 重〜稍重

決着率と破壊力ランキング

展開	決着確率	馬券破壊力	枠	決着確率	馬券破壊力
前残り決着	A	A	内枠決着	A	A
差し決着	-	-	外枠決着	C	C

展開の内訳

展開	R発生割合	レース数	単回率	複回率
前残り決着	40%	6	62%	106%
差し決着	−	−	−	−

枠の内訳

枠	R発生割合	レース数	単回率	複回率
内枠決着	47%	7	78%	110%
外枠決着	7%	1	23%	45%

コースのポイント

★馬場が渋ったときは前残り決着、内枠決着の発生割合が一気に高まり、馬券破壊力も高くなる。

★内枠の前走不利馬。その中でも先行馬を狙うのが良い。

★外枠の馬では先行馬のみ狙える。

有利な馬・ローテ

★内枠の前走不利馬。

★先行馬。

不利な馬・ローテ

特になし。

★大外の逃げ馬はスタートの不利が大きい。

枠とローテ

枠	ローテ	1着	2着	3着	3着内数	総数	勝率	連対率	複勝率	単回率	複回率
内枠	同距離	3	5	9	17	39	7.7%	20.5%	43.6%	83%	202%
	延長	1	4	0	5	21	4.8%	23.8%	23.8%	57%	71%
	短縮	0	1	1	2	9	0.0%	11.1%	22.2%	0%	168%
外枠	同距離	8	2	3	13	63	12.7%	15.9%	20.6%	80%	89%
	延長	1	0	3	4	23	4.3%	4.3%	17.4%	12%	30%
	短縮	2	2	0	4	26	7.7%	15.4%	15.4%	86%	47%

枠とローテ(前走不利馬の場合)

枠	ローテ	1着	2着	3着	3着内数	総数	勝率	連対率	複勝率	単回率	複回率
内枠	同距離	2	4	2	8	18	11.1%	33.3%	44.4%	171%	238%
	延長	1	1	0	2	6	16.7%	33.3%	33.3%	201%	116%
	短縮	0	1	1	2	5	0.0%	20.0%	40.0%	0%	304%
外枠	同距離	4	1	0	5	26	15.4%	19.2%	19.2%	140%	56%
	延長	0	0	2	2	10	0.0%	0.0%	20.0%	0%	35%
	短縮	0	0	0	0	6	0.0%	0.0%	0.0%	0%	0%

コース: 札幌芝1200m

決着率と破壊力ランキング

展開	決着確率	馬券破壊力
前残り決着	B	C
差し決着	C	C

枠	決着確率	馬券破壊力
内枠決着	A	A
外枠決着	B	B

展開の内訳

展開	R発生割合	レース数	単回率	複回率
前残り決着	29%	7	53%	57%
差し決着	5%	1	15%	39%

枠の内訳

枠	R発生割合	レース数	単回率	複回率
内枠決着	33%	7	59%	86%
外枠決着	24%	5	136%	81%

コースのポイント

★内枠決着の発生割合が高く、馬券破壊力も優秀。
★差し決着になることは少ない。
★内枠の短縮馬や同距離馬で前走、不利を受けている馬を狙うのが良い。

有利な馬・ローテ

★内枠の短縮馬。同距離馬で前走、不利を受けていた馬。

不利な馬・ローテ

特になし。

枠順のポイント

★大外はスタートでの不利が大きい。

枠とローテ

枠	ローテ	1着	2着	3着	3着内数	総数	勝率	連対率	複勝率	単回率	複回率
内枠	同距離	11	8	7	26	107	10.3%	17.8%	24.3%	97%	63%
	延長	1	0	0	1	10	10.0%	10.0%	10.0%	82%	24%
	短縮	0	3	3	6	36	0.0%	8.3%	16.7%	0%	120%
外枠	同距離	6	9	10	25	119	5.0%	12.6%	21.0%	30%	71%
	延長	0	1	0	1	13	0.0%	7.7%	7.7%	0%	30%
	短縮	3	0	1	4	33	9.1%	9.1%	12.1%	244%	58%

枠とローテ(前走不利馬の場合)

枠	ローテ	1着	2着	3着	3着内数	総数	勝率	連対率	複勝率	単回率	複回率
内枠	同距離	3	3	2	8	27	11.1%	22.2%	29.6%	127%	89%
	延長	–	–	–	–	–	–	–	–	–	–
	短縮	0	2	2	4	16	0.0%	12.5%	25.0%	0%	63%
外枠	同距離	0	3	2	5	33	0.0%	9.1%	15.2%	0%	36%
	延長	0	0	0	0	3	0.0%	0.0%	0.0%	0%	0%
	短縮	1	0	1	2	19	5.3%	5.3%	10.5%	16%	23%

※ – は期間内に該当データなし

コース: # 札幌芝1500m

決着率と破壊力ランキング

展開	決着確率	馬券破壊力
前残り決着	C	A
差し決着	C	A

枠	決着確率	馬券破壊力
内枠決着	B	B
外枠決着	C	A

展開の内訳

展開	R発生割合	レース数	単回率	複回率
前残り決着	19%	5	76%	109%
差し決着	13%	2	104%	185%

枠の内訳

枠	R発生割合	レース数	単回率	複回率
内枠決着	25%	6	209%	82%
外枠決着	19%	3	49%	104%

コースのポイント

★馬場のクセが出やすいコースといえる。
★内枠が有利なときは、先行馬や内枠の短縮馬。
★外枠が有利なときは、前走で不利を受けている差し馬を中心に狙うのが良い。

有利な馬・ローテ

★内枠決着の場合は、先行馬や内枠の短縮馬。
★外枠決着の場合は、前走で不利を受けている差し馬。

不利な馬・ローテ

★馬場のクセと真逆の枠順、ローテの馬。

枠順のポイント

★大外の逃げ馬には不利は大きい(先行馬なら問題ない)。

枠とローテ

枠	ローテ	1着	2着	3着	3着内数	総数	勝率	連対率	複勝率	単回率	複回率
内枠	同距離	2	2	4	8	19	10.5%	21.1%	42.1%	33%	86%
	延長	2	2	2	6	36	5.6%	11.1%	16.7%	51%	61%
	短縮	5	2	2	9	32	15.6%	21.9%	28.1%	532%	173%
外枠	同距離	1	3	1	5	26	3.8%	15.4%	19.2%	60%	61%
	延長	4	5	5	14	58	6.9%	15.5%	24.1%	47%	104%
	短縮	2	2	2	6	38	5.3%	10.5%	15.8%	57%	41%

枠とローテ(前走不利馬の場合)

枠	ローテ	1着	2着	3着	3着内数	総数	勝率	連対率	複勝率	単回率	複回率
内枠	同距離	0	1	1	2	6	0.0%	16.7%	33.3%	0%	105%
	延長	1	1	1	3	6	16.7%	33.3%	50.0%	251%	278%
	短縮	2	0	1	3	10	20.0%	20.0%	30.0%	102%	72%
外枠	同距離	0	2	0	2	10	0.0%	20.0%	20.0%	0%	32%
	延長	1	1	3	5	21	4.8%	9.5%	23.8%	52%	155%
	短縮	1	1	0	2	15	6.7%	13.3%	13.3%	98%	52%

コース: 札幌芝1800m

決着率と破壊力ランキング

展開	決着確率	馬券破壊力
前残り決着	B	B
差し決着	C	C

枠	決着確率	馬券破壊力
内枠決着	B	B
外枠決着	C	C

展開の内訳

展開	R発生割合	レース数	単回率	複回率
前残り決着	28%	6	44%	72%
差し決着	6%	1	14%	45%

枠の内訳

枠	R発生割合	レース数	単回率	複回率
内枠決着	28%	4	64%	79%
外枠決着	6%	2	51%	35%

コースのポイント

★前残り、内枠決着の発生割合が高いが、馬券爆発力の期待値は低い。

★内枠の同距離馬を狙うのが良い。

有利な馬・ローテ

★内枠の同距離馬。

不利な馬・ローテ

特になし。

枠順のポイント

★大外枠のスタートは、やや不利。

枠とローテ

枠	ローテ	1着	2着	3着	3着内数	総数	勝率	連対率	複勝率	単回率	複回率
内枠	同距離	6	7	2	15	38	15.8%	34.2%	39.5%	90%	170%
	延長	4	1	4	9	31	12.9%	16.1%	29.0%	65%	67%
	短縮	2	2	0	4	14	14.3%	28.6%	28.6%	33%	77%
外枠	同距離	3	4	8	15	63	4.8%	11.1%	23.8%	24%	72%
	延長	1	2	1	4	34	2.9%	8.8%	11.8%	53%	65%
	短縮	2	0	2	4	22	9.1%	9.1%	18.2%	31%	30%

枠とローテ（前走不利馬の場合）

枠	ローテ	1着	2着	3着	3着内数	総数	勝率	連対率	複勝率	単回率	複回率
内枠	同距離	1	0	0	1	4	25.0%	25.0%	25.0%	172%	107%
	延長	0	0	2	2	8	0.0%	0.0%	25.0%	0%	51%
	短縮	1	2	0	3	7	14.3%	42.9%	42.9%	20%	135%
外枠	同距離	0	0	2	2	10	0.0%	0.0%	20.0%	0%	51%
	延長	0	0	1	1	9	0.0%	0.0%	11.1%	0%	84%
	短縮	0	0	0	0	8	0.0%	0.0%	0.0%	0%	0%

コース: # 札幌芝2000m

決着率と破壊力ランキング

展開	決着確率	馬券破壊力
前残り決着	C	C
差し決着	C	C

枠	決着確率	馬券破壊力
内枠決着	C	C
外枠決着	C	B

展開の内訳

展開	R発生割合	レース数	単回率	複回率
前残り決着	11%	2	48%	57%
差し決着	17%	3	38%	58%

枠の内訳

枠	R発生割合	レース数	単回率	複回率
内枠決着	6%	1	17%	35%
外枠決着	17%	3	52%	84%

コースのポイント

★人気馬の好走確率が高く、馬券破壊力が低いコース。

有利な馬・ローテ

特になし。

不利な馬・ローテ

特になし。

枠順のポイント

スタート時の有利不利は特になし。

枠とローテ

枠	ローテ	1着	2着	3着	3着内数	総数	勝率	連対率	複勝率	単回率	複回率
内枠	同距離	1	6	4	11	55	1.8%	12.7%	20.0%	3%	40%
	延長	4	1	3	8	52	7.7%	9.6%	15.4%	138%	56%
	短縮	2	2	2	6	17	11.8%	23.5%	35.3%	41%	66%
外枠	同距離	5	8	5	18	70	7.1%	18.6%	25.7%	98%	73%
	延長	3	0	4	7	53	5.7%	5.7%	13.2%	35%	49%
	短縮	3	1	1	5	18	16.7%	22.2%	27.8%	173%	117%

枠とローテ（前走不利馬の場合）

枠	ローテ	1着	2着	3着	3着内数	総数	勝率	連対率	複勝率	単回率	複回率
内枠	同距離	0	3	2	5	18	0.0%	16.7%	27.8%	0%	65%
	延長	0	1	2	3	22	0.0%	4.5%	13.6%	0%	30%
	短縮	1	0	1	2	5	20.0%	20.0%	40.0%	56%	62%
外枠	同距離	0	2	2	4	25	0.0%	8.0%	16.0%	0%	60%
	延長	1	0	0	1	16	6.3%	6.3%	6.3%	18%	8%
	短縮	1	0	0	1	8	12.5%	12.5%	12.5%	247%	63%

東京
中山
京都
阪神
中京
小倉
福島
新潟
札幌
函館

コース: 札幌芝2600m

決着率と破壊力ランキング

展開	決着確率	馬券破壊力	枠	決着確率	馬券破壊力
前残り決着	C	C	内枠決着	C	C
差し決着	C	C	外枠決着	B	C

展開の内訳

展開	R発生割合	レース数	単回率	複回率
前残り決着	13%	1	12%	50%
差し決着	13%	1	28%	40%

枠の内訳

枠	R発生割合	レース数	単回率	複回率
内枠決着	13%	1	12%	50%
外枠決着	25%	2	22%	58%

コースのポイント

★馬券破壊力が低いコース。
★前走で不利を受けた馬を単純に狙いたい。

有利な馬・ローテ

★前走不利馬。

不利な馬・ローテ

特になし。

枠順のポイント

★逃げ馬の大外スタートは不利。

枠とローテ

枠	ローテ	1着	2着	3着	3着内数	総数	勝率	連対率	複勝率	単回率	複回率
内枠	同距離	2	1	1	4	19	10.5%	15.8%	21.1%	91%	51%
	延長	2	1	1	4	21	9.5%	14.3%	19.0%	20%	55%
	短縮	–	–	–	–	–	–	–	–	–	–
外枠	同距離	2	6	2	10	25	8.0%	32.0%	40.0%	20%	99%
	延長	2	0	4	6	31	6.5%	6.5%	19.4%	17%	68%
	短縮	0	0	0	0	1	0.0%	0.0%	0.0%	0%	0%

枠とローテ(前走不利馬の場合)

枠	ローテ	1着	2着	3着	3着内数	総数	勝率	連対率	複勝率	単回率	複回率
内枠	同距離	0	1	1	2	2	0.0%	50.0%	100.0%	0%	180%
	延長	2	0	0	2	6	33.3%	33.3%	33.3%	71%	48%
	短縮	–	–	–	–	–	–	–	–	–	–
外枠	同距離	0	1	2	3	4	0.0%	25.0%	75.0%	0%	162%
	延長	2	0	3	5	11	18.2%	18.2%	45.5%	50%	166%
	短縮	0	0	0	0	1	0.0%	0.0%	0.0%	0%	0%

※ – は期間内に該当データなし

的中例解説｜札幌ダート1700m重～稍重

これで何度目？ 本書入稿間際の1000万円超え

札幌ダート1700mは雨が降り、馬場が渋ると馬券破壊力が急激に上がる。馬券勝負は雨が降った後の馬場となる。

重～稍重の馬場で割合が高まるのは、前残り決着と内枠決着。だから狙うべきは、内枠の前走不利馬や先行馬（枠順関係なし）だ。

2015年9月5日、札幌9R（ダート1700m重、3歳上500万下）。

このレースで、先行馬に該当するのは、④アクアマリンブレス（3番人気）、⑤ジュガンティーヤ（6番人気）、⑨トミケンシャルゴー（8番人気）、⑫ランディングバース（7番人気）の計4頭。

続いて、「前走不利馬」に該当していた内枠の馬は、アクアマリンブレス、⑥エグランティーナ（4番人気）の2頭のみ。

ただし、アクアマリンブレスは今回の有利データ、前走不利データと2つの買い材料が揃ってはいるものの、同馬が前走に受けた不利は、芝向きの馬なのにダートを使っていた不利。今回もダート戦なのだから、当然評価はできない。

双馬が本命に選んだのは、先行馬の中からトミケンシャルゴー。同馬はダート1800◎→ダート1800×→今走ダート1700と短縮ローテに該当。

前走は揉まれたため、能力を発揮できずに負けたが、前々走は逃げて5馬身差の圧勝だった馬。そのときの勝ちタイムも優秀で、能力さえ出し切れば500万下でも能力上位なのは明らか。

そして、今回は揉まれる可能性が低い、外目の枠からの短縮ローテ。行きたがる気性もあり、100mでも距離短縮は能力を発揮しやすいローテーションといえる。今回の条件はベストだと判断して本命に選んだ。

相手にも、その他の先行該当馬、エグランティーナ、ジュガンティーヤ、ランディングバースなどを上位評価している。

レースは、トミケンシャルゴーがジワッと2番手につけ、4角で並びかけ直線で先頭に立つや、そのまま押し切った。道営から参戦の地方馬⑬タイムビヨンド（11番人気）が猛追し2着。3着には上位評価としたエグランティーナが粘った。

結果、単勝2230円、3連単56万2090円を◎×△と本線で的中。ご覧の通りの馬券で、総払い戻しは1066万1350円、2015年で二度目の1000万超えとなった。

なお、エグランティーナは5枠。この本で機械的に当てはめれば外枠となってしまうが、13頭立ての6番ゲートであり、内枠扱いとしている。何度も書いているように、本書は儲けるためのガイド。臨機応変に活用したい。

繰り返しになるが、本書は、馬券で勝負する傾向を効率的に出すためのメモである。確かに重要なデータではあるが、それを機械的に買い続けて儲かるほど競馬は甘くない。

最後に、11番人気で2着に好走し配当をハネ上げたタイムビヨンドについても触れておこう。双馬は公開している予想では、門別から参戦している同馬を5番手評価とした。

渋った馬場がマイナスとなる馬が多い中、タイムビヨンドに重馬場のマイナス要素は見当たらず、むしろ短縮ローテによるプラス要素があったためである。

雨が降るなどの特殊な状況下では、多くの馬が通常とはコンディションが変わるため、マイナス要素を持ちやすい。だからこそ、積極的に穴を狙えば1000万円だって獲得できる。それは双馬の馬券が立証している。

13 桃8	12	11
タイムパラドックス㊥栗毛 地 タイムビヨンド ブルーダイナ㋮	オネストマン㋮ 外 ランディングバース メドウランディング㋮鹿毛	キングカメハメハ ショウナンガッチャ アナバシュドチャーム㊥栗毛
52 牝3	54 牡3	57 牡4
五十嵐冬	菱田	丸山
(北海) 堂山芳	㊗加藤征	北出
390	400	200
645	700	1940
木谷ツヤ	(有)シルクR	国本哲秀
日 船越牧場	アメリカ	日 森永牧場
…△ 地方	○ △ △ △ B注	注 西
		小 1484 12
	ダ 37.1 6	35.4 12 ダ 35.9 3
ダ 1126 ❶ 門ダ 1431 ❸ 門ダ 1488 ❶ 大ダ 1567 ❻	東ダ 1248 6	阪ダ 1278 ⑧ 東ダ 1405 ❹ 札ダ 1457 ⑦ 阪ダ 1506 3
○2013	○0000	○1007
カコイーシーズ	メドウレイク	シルヴァーデピュテ
リコーボヤッキー		アンドリエッテ
0 1 0 2 1 0 0 0 0 0 2 0 1 0 1 1	0 0 0 1 0 0 0 0 0 0 0 0 1 0 0 2	0 1 0 0 1 1 0 0 1 1 0 0 12 6 2 1
門別 5月20日 ❸ 1 条件 8 ダ 10頭 ダ 1488 54 松井伸 M ⑧①① 448 人気 1 4角先頭 1 1/2 外 385 フィニッシュブ 1491 0.3	1京 1月12日 ⑤ 10 500万 4 ダ 12頭 ダ 1271 56 菱田 M 5④④ 544 人気 4 好位一杯 11 1/4 357 中 391 プレシャスルー 1253 1.8	3中京 7月5日 ❷ 三才上 11 500万 9 ダ 16頭 ダ 2003 57 中谷 M 15⑨⑧ 480 人気 13 追上一杯 6身 385 中 388 トゥヴァビエン 1593 1.0
門別 6月2日 ④ 北海優駿 2 重賞 6 ダ 9頭 ダ 2120 54 松井伸 S ⑦⑥④ 448 人気 4 内つき伸 3/4身 内 383 フジノサムライ 2119 0.1	2中 3月21日 7 500万 7 ダ 13頭 ダ 中止 56 戸崎圭 S ②③⑧ 532 人気 6 直線にて タマノブリュネ 1538	1札 8月8日 ③ 三才上 7 500万 7 ダ 13頭 ダ 1457 54 加藤 M ⑥⑧⑨ 482 人気 9 中位まま 7 1/4 371 外 377 メイショウナゴ 1446 1.1
門別 7月30日 ③ 2 重賞 10 ダ 10頭 ダ 1588 54 五十嵐冬 H ⑦④③ 456 人気 3 漸進伸 3身 内 417 オヤコダカ 1582 0.6	3東 6月7日 2 三才上 6 500万 8 ダ 16頭 ダ 1248 54 柴山雄 M ①①① 532 B 公 9 逃一息 2身 356 内 371 ノースヒーロー 1245 0.3	2札 8月22日 ① 5 500万 5 ダ 13頭 ダ 1458 57 丸山 M ⑥⑦⑤ 484 人気 9 中位差詰 7身 366 中 383 ミツバ 1447 1.1

2015年9月5日札幌9R
(ダート1700m重、3歳上500万下)

1着⑨トミケンシャルゴー (8番人気)
2着⑬タイムビヨンド (11番人気)
3着⑥エグランティーナ (4番人気)

単勝⑨2230円×10万円的中=223万円
3連単⑨→⑬→⑥562090円×1500円的中=843万1350円
総払い戻し
1066万1350円

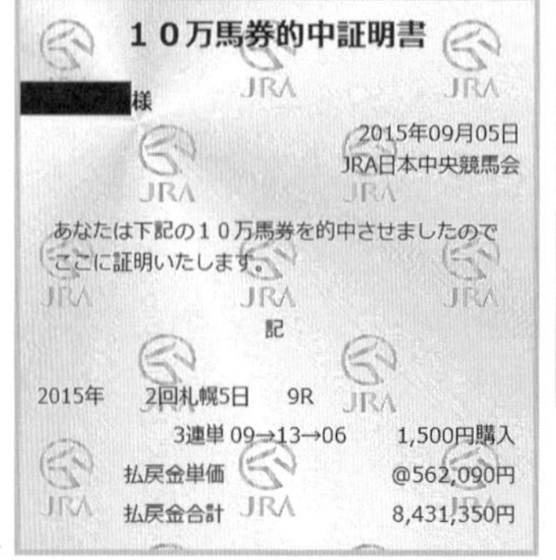
10万馬券的中証明書

様

2015年09月05日
JRA日本中央競馬会

あなたは下記の10万馬券を的中させましたのでここに証明いたします。

記

2015年 2回札幌5日 9R
3連単 09→13→06 1,500円購入
払戻金単価 @562,090円
払戻金合計 8,431,350円

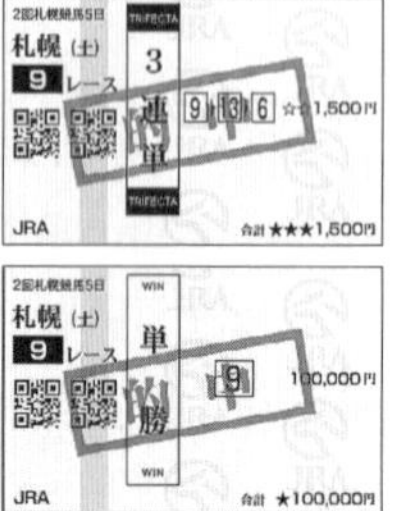

【札幌ダート1700m重～稍重】的中例
2015年9月5日札幌9R（3歳上500万下）

札幌 9R 発馬 2.15 サラ三歳以上 (指)(混) 500万下・定量

項目	白1 1	黒2 2	赤3 3	青4 4	青4 5
馬名	マウントハレアカラ	ゴールドシエンロン	サトノコスミック	アクアマリンブレス	ジュガンティーヤ
父	カネヒキリ(中)	スクリーンヒーロー(長)	ゼンノロブロイ(帳)	キングカメハメハ(中)	サウスヴィグラス(短)
母	リラックススマイル(マ)	チーフバレリーナ(マ)	オールビュール(帳)	アメジストリング(長)	プライムウィッシュ(マ)
毛色	鹿毛	栗毛	黒鹿	黒鹿	青毛
斤量	54 牡3	57 牡4	54 牡3	57 牡4	57 牡4
騎手	替四位	替岩田康	古川	三浦	横山和
厩舎	栗角居	北清水英	北的場	国浅見	北杉浦
賞金	400	450	400	200	200
総賞金	882	2540	579	3130	1949
馬主名	金子真人HD	田頭勇貴	里見治	サンデーR	日進牧場
牧場名	日 日高大洋牧場	ひ 小倉光博	安 追分F	安 ノーザンF	浦 日進牧場
小桧山	……	◎	……	……	△
広田	……	○	……	▲	注
目黒	△	注	……	◎	……
板子	△	◎	……	△	注
打越	△	○	……	▲	◎
本紙中田	◎ 西	○	B	B △ 西	B △
芝1600/1800		亍2004⑤ 新1496⑭	東1372⑬ 盂1112⑬	阪1370⑥ 京1479④	
芝上り/ダート上り	天ダ36.2④	亍35.9⑦ 天ダ35.4❷	天33.4⑥ 盂ダ37.8④	天33.6⑥ 天ダ36.9②	盂ダ36.6❾
ダ1400/1600/1700/1800	函ダ1468⑦ 阪ダ1540⑪	盂ダ1246③ 東ダ1368① 札ダ1449① 新ダ1535⑫	盂ダ1199④ 東ダ1416⑨ 函ダ1478① 京ダ1556⑤	天ダ2004⑩ 三ダ2129③ 小ダ1451❻ 京ダ1540③	東ダ1273③ 東ダ1394⑨ 札ダ1452③ 新ダ1544④
ダート重①②③外	○1000	○0100	○0001	○0212	○0013
母の父	ドバイデスティネイ	チーフベアハート	タッチゴールド	フジキセキ	シンボリクリスエス
兄弟馬	マローブルー	ジェニュインエース	ウインアンブロシア	初仔	初仔
距離別勝利度数 天 毛 丟 短	1000 0000 0000 3100	0110 1010 1002 6001	0100 0000 0000 2042	0100 4000 3000 4310	0100 0100 1301 5412
前走3	1阪 3月21日 ⑦手11 500万 4ゲト16頭 天ダ1540 56 浜中 M ⑮⑯⑯ 460 人気8 後方まま 15½ 389 中 384 シンゼンガンプ 1515 2.5	1東 2月15日 ⑥[illegible]6 1000万 7ゲト16頭 盂ダ1250 55 大野 M ⑫⑪⑨ 460 人気5 脚余す 1¾ 360 中 371 ノウレッジ 1247 0.3	3東 6月21日 ⑥手4 未勝 11ゲト16頭 盂ダ1199 56 石橋脩 H ③⑥⑥ 454 B 人気9 好位伸 3身 359 中 378 カゼニモマケズ 1194 0.5	1函 7月5日 ⑥三才上3 500万 10ゲト10頭 云2448 57 菱田 S ②②② 506 人気6 先行粘る 1½ 383 中 356 トゥインクル 2446 0.2	1新 5月10日 ④四才上4 500万 5ゲト13頭 天ダ1544 54 井上 M ⑨⑨⑨ 530 B 人気❶ 出遅る 3身 378 外 380 チャオ 1539 0.5
前走2	3京 5月30日 ⑪手5 500万 15ゲト16頭 天ダ1542 56 和田 S ⑧③③ 456 人気11 好位一息 6身 374 中 374 ヒデノインペリ 1532 1.0	2東 5月10日 ⑥[illegible]3 1000万 7ゲト16頭 盂ダ1250 57 幸 S ⑤⑥⑤ 466 人気5 好位伸 ¼身 365 中 364 コアレスキング 1250 0.0	1函 7月5日 ⑥手13 未勝 7ゲト16頭 盂1112 56 丹内 M ⑯⑮⑭ 456 B 人気7 出遅る 8½ 357 中 355 ミンナノプリン 1098 1.4	2函 7月25日 ❺横津9 500万 7ゲト13頭 云2457 57 菱田 S ①①① 502 人気5 逃一杯 5¾ 384 内 378 リターントゥジ 2448 0.9	1札 8月2日 ②三才上10 500万 5ゲト13頭 毛ダ1474 57 横山典 S ⑦⑥⑦ 528 B 人気❸ 中位一杯 13¼ 381 中 394 サージェントバ 1453 2.1
前走	1函 6月20日 ①三才上7 500万 12ゲト13頭 毛ダ1468 54 岩田康 M ⑧⑨⑨ 456 人気8 後方直丈 11身 375 中 386 キャンパス 1448 2.0	4ヵ月休 放牧 乗込み1週間 仕上り△ 連対体重 440～444 3ヵ月以上休 ①②③外 0101	2函 7月11日 ①手1 未勝 6ゲト13頭 毛ダ1478 56 古川 M ③⑤③ 454 B 人気7 好位差切 クビ 372 内 388 クロイツェル 1478 0.0	2札 8月22日 ①三才上5 500万 9ゲト12頭 云ダ2352 57 三浦 M ①①① 506 人気8 逃一杯 6¾ 383 内 404 ヘルツフロイン 2341 1.1	2札 8月22日 ①[illegible]3 500万 7ゲト13頭 毛ダ1452 57 横山和 M ④③④ 520 B 人気6 好位伸 3¼ 365 内 380 ミツバ 1447 0.5

項目	黄5 6	黄5 7	緑6 8	緑6 9	7 10
馬名	エグランティーナ	レッドアライヴ	チャオ	トミケンシャルゴー	レインボーソング
父	シンボリクリスエス(帳)	マンハッタンカフェ(長)	クロフネ(中)	グラスワンダー(万)	ゼンノロブロイ(帳)
母	ステラマリス(中)	マチカネハヤテ(短)	ツルマルハロー(短)	ホウヨウターゲット(短)	レーゲンボーゲン(中)
毛色	黒鹿	鹿毛	芦毛	鹿毛	鹿毛
斤量	52 牝3	57 牡4	57 牡4	54 牡3	52 牝3
騎手	替横山典	藤田	西村	替勝浦	替福永
厩舎	北鹿戸雄	国松永幹	南古賀慎	北和田郎	国中内田
賞金	400	200	450	400	400
総賞金	1249	1635	1477	650	1080
馬主名	村野康司	東京HR	ヒダカBU	冨樫賢二	吉田和美
牧場名	千 社台F	千 社台F	日 下河辺牧場	日 豊洋牧場	安 ノーザンF
小桧山	△	▲	△	……	△
広田	△	◎	……	△	△
目黒	△	▲	……	△	○
板子	○	▲	△	……	△
打越	△	△	……	……	注
本紙中田	▲	△ 西	B	△	△ 西
芝1600/1800	東1368⑦ 中1507⑬	京1358⑥			京1361⑪ 亍2024⑨
芝上り/ダート上り	天35.4⑦ 天ダ35.7⑤	天34.6⑥ 天ダ36.9❸	天ダ37.9①	天ダ37.6⑬	天35.0② 天ダ37.3❶
ダ1400/1600/1700/1800	東ダ1369⑤ 函ダ1464④ 中ダ1542⑤	天ダ1586❹ 札ダ1459④ 阪ダ1534⑤	天ダ2034⑦ 札ダ1465④ 新ダ1539①	東ダ1278④ 東ダ1425⑬ 中ダ1546⑩	札ダ1461② 京ダ1532⑦
ダート重①②③外	○0000	○1021	○0004	○1000	○1000
母の父	サンデーサイレンス	サクラバクシンオー	アグネスデジタル	ジョリーズヘイロー	フレンチデピュティ
兄弟馬	セイリオス	初仔	初仔	トップグラス	アニメイトバイオ
距離別勝利度数 天 毛 丟 短	1000 0000 1010 4140	0100 1000 3100 2210	2000 0000 0000 6400	1000 0000 0000 3011	1000 0110 0000 2010
前走3	2東 5月9日 ⑤手4 500万 9ゲト13頭 天ダ1375 54 三浦 H ⑪⑪⑩ 496 人気7 後方追上 2¾ 362 中 372 ベルセヴェラン 1371 0.4	2京 2月8日 ④四才上4 500万 10ゲト12頭 天ダ1543 56 藤田 S ③③② 456 人気5 好位一息 8½ 370 外 379 ラローザブル 1529 1.4	1新 5月10日 ④四才上1 500万 7ゲト13頭 天ダ1539 57 杉原 M ⑥④⑤ 472 B 人気8 直線競勝 クビ 373 中 379 プレスアテンシ 1539 0.0	2中京 3月21日 ❸手1 未勝 2ゲト16頭 天ダ1547 56 勝浦 S ①①① 502 人気5 逃楽勝 5身 377 内 377 ケルンダッシュ 1555 0.8	3京 4月25日 ①手10 500万 8ゲト13頭 天ダ1548 54 川田 S ⑪⑫⑫ 466 人気8 後方まま 16½ 395 内 375 モズライジン 1520 2.8
前走2	3東 6月7日 ②三才上5 牝500 10ゲト16頭 天ダ1369 52 田中勝 S ⑩⑨⑨ 506 人気❷ 中位差詰 1½ 365 中 357 ポージェスト 1367 0.2	2阪 4月18日 ⑦四才上5 500万 7ゲト12頭 天ダ1534 57 藤田 M ⑩⑨⑦ 458 人気5 後方差詰 8¾ 389 外 378 タガノハヤテ 1519 1.5	2福 7月18日 ⑤三才上9 500万 5ゲト15頭 毛ダ1474 57 丸山 M ⑦⑦⑩ 470 B 人気9 3角鈍る 10¼ 368 中 393 サクセスラディ 1457 1.7	3中 4月19日 ⑧手10 500万 10ゲト16頭 天ダ1546 56 菱田 M ④⑦⑦ 506 人気7 好位一杯 5¼ 370 中 397 アポロケンタッ 1537 0.9	3京 5月17日 ⑧手7 500万 3ゲト9頭 天ダ1532 54 藤岡佑 S ⑥⑦⑦ 466 人気8 中位一杯 7¾ 368 内 378 トップディーヴァ 1519 1.3
前走	1函 6月21日 ②三才上4 牝500 9ゲト13頭 毛ダ1464 52 四位 M ⑬⑬⑦ 496 人気❸ 後方追上 8¼ 380 外 379 カンデラ 1450 1.4	1札 8月16日 ⑥三才上4 500万 6ゲト13頭 毛ダ1459 57 藤田 S ⑩⑧④ 466 人気8 中位伸 1身 387 外 370 ワイルドコット 1458 0.1	2札 8月23日 ②三才上4 500万 11ゲト13頭 毛ダ1465 57 西村 M ⑦⑧⑦ 472 B 人気10 中位伸も 5身 381 中 385 シーリーヴェー 1457 0.8	4ヵ月半 放牧 乗込み2週間 仕上り○ 連対体重 502キロ 3ヵ月以上休 ①②③外 0002	2札 8月23日 ②三才上2 500万 4ゲト13頭 毛ダ1461 52 菱田 M ⑤②② 494 人気12 好位粘る 2½ 376 中 392 シーリーヴェー 1457 0.4

ダート 1700メートル 右回り 直線264メートル

賞金	レコード
750万	1.41.7
300	21年7月
190	マチカネニホンバレ
110	
75	55安藤勝

札幌 9R 枠番連勝

組	配当
1-1	―
1-2	17.5
1-3	☆
1-4	25.2
1-5	20.9
1-6	85.4
1-7	40.1
1-8	44.1
2-2	―
2-3	71.9
2-4	7.6
2-5	6.3
2-6	26.0
2-7	12.2
2-8	13.4
3-3	―
3-4	☆
3-5	86.0

SAPPORO

双馬のコースメモ

函館競馬場

HAKODATE RACE COURSE

- ダート1000m 良
- ダート1000m 重～稍重
- ダート1700m 良
- ダート1700m 重～稍重
- 芝1200m
- 芝1800m
- 芝2000m
- 芝2600m

東京
中山
京都
阪神
中京
小倉
福島
新潟
札幌
函館

コース: # 函館ダート1000m

馬場状態: **良**

決着率と破壊力ランキング

展開	決着確率	馬券破壊力
前残り決着	A	A
差し決着	C	B

枠	決着確率	馬券破壊力
内枠決着	C	A
外枠決着	B	A

展開の内訳

展開	R発生割合	レース数	単回率	複回率
前残り決着	48%	20	71%	117%
差し決着	3%	1	50%	75%

枠の内訳

枠	R発生割合	レース数	単回率	複回率
内枠決着	15%	6	71%	119%
外枠決着	23%	10	42%	112%

コースのポイント

★前残り決着の割合が48%と驚異的。

★それまで1000mで先行できるほどのスピードを制御できていなかった短縮馬を狙うのが良い。

有利な馬・ローテ

★短縮馬。特に1000mで先行できるスピードのある馬。

不利な馬・ローテ

特になし。

枠順のポイント

★最内の逃げ馬はスタート不利(好位で競馬できる馬なら問題はない)。

枠とローテ

枠	ローテ	1着	2着	3着	3着内数	総数	勝率	連対率	複勝率	単回率	複回率
内枠	同距離	8	9	9	26	67	11.9%	25.4%	38.8%	92%	87%
	延長	–	–	–	–	–	–	–	–	–	–
	短縮	9	4	7	20	87	10.3%	14.9%	23.0%	90%	80%
外枠	同距離	13	12	8	33	106	12.3%	23.6%	31.1%	66%	90%
	延長	0	0	0	0	1	0.0%	0.0%	0.0%	0%	0%
	短縮	10	13	15	38	189	5.3%	12.2%	20.1%	46%	99%

枠とローテ(前走不利馬の場合)

枠	ローテ	1着	2着	3着	3着内数	総数	勝率	連対率	複勝率	単回率	複回率
内枠	同距離	0	1	0	1	4	0.0%	25.0%	25.0%	0%	45%
	延長	–	–	–	–	–	–	–	–	–	–
	短縮	4	1	1	6	16	25.0%	31.3%	37.5%	113%	88%
外枠	同距離	1	0	0	1	9	11.1%	11.1%	11.1%	44%	18%
	延長	–	–	–	–	–	–	–	–	–	–
	短縮	3	2	5	10	31	9.7%	16.1%	32.3%	129%	201%

※ – は期間内に該当データなし

コース: # 函館ダート1000m

馬場状態: **重〜稍重**

決着率と破壊力ランキング

展開	決着確率	馬券破壊力
前残り決着	A	C
差し決着	-	-

枠	決着確率	馬券破壊力
内枠決着	C	C
外枠決着	A	C

展開の内訳

展開	R発生割合	レース数	単回率	複回率
前残り決着	57%	13	70%	61%
差し決着	–	–	–	–

枠の内訳

枠	R発生割合	レース数	単回率	複回率
内枠決着	19%	4	57%	49%
外枠決着	33%	8	90%	62%

コースのポイント

★渋ると時計が速くなり、発生割合は57%と、さらに前残りの傾向が強まる。
ただし、人気馬が好走しやすくなるため、馬券破壊力は下がる。

★人気薄で狙うなら、ハイペースになり過ぎたときに好走する内枠の短縮馬。
特に好位から中団で競馬ができるタイプの馬が良い。

有利な馬・ローテ

★内枠の短縮馬。
特に好位〜中団で差せる馬。

不利な馬・ローテ

特になし。

枠順のポイント

★最内の逃げ馬はスタート不利（好位で競馬できる馬なら問題はない）。

枠とローテ

枠	ローテ	1着	2着	3着	3着内数	総数	勝率	連対率	複勝率	単回率	複回率
内枠	同距離	4	5	3	12	33	12.1%	27.3%	36.4%	60%	55%
	延長	–	–	–	–	–	–	–	–	–	–
	短縮	1	4	3	8	50	2.0%	10.0%	16.0%	12%	94%
外枠	同距離	7	4	7	18	62	11.3%	17.7%	29.0%	115%	76%
	延長	–	–	–	–	–	–	–	–	–	–
	短縮	9	8	8	25	95	9.5%	17.9%	26.3%	48%	69%

枠とローテ（前走不利馬の場合）

枠	ローテ	1着	2着	3着	3着内数	総数	勝率	連対率	複勝率	単回率	複回率
内枠	同距離	–	–	–	–	–	–	–	–	–	–
	延長	–	–	–	–	–	–	–	–	–	–
	短縮	1	1	1	3	5	20.0%	40.0%	60.0%	126%	200%
外枠	同距離	1	0	0	1	2	50.0%	50.0%	50.0%	1555%	245%
	延長	–	–	–	–	–	–	–	–	–	–
	短縮	0	0	2	2	8	0.0%	0.0%	25.0%	0%	45%

※ –は期間内に該当データなし

東京
中山
京都
阪神
中京
小倉
福島
新潟
札幌
函館

コース: 函館ダート1700m

馬場状態: 良

決着率と破壊力ランキング

展開	決着確率	馬券破壊力
前残り決着	A	B
差し決着	C	A

枠	決着確率	馬券破壊力
内枠決着	C	A
外枠決着	B	C

展開の内訳

展開	R発生割合	レース数	単回率	複回率
前残り決着	42%	36	123%	79%
差し決着	5%	4	108%	94%

枠の内訳

枠	R発生割合	レース数	単回率	複回率
内枠決着	13%	11	193%	95%
外枠決着	25%	22	66%	67%

コースのポイント

★短縮ローテの成績が良い条件といえる。

★前残り決着の割合が高いので、
中団から前で競馬ができそうな短縮馬を狙うだけで良い。

有利な馬・ローテ

★短縮馬。
特に中団から前で競馬ができる馬。

不利な馬・ローテ

★延長馬。

枠順のポイント

スタート時の有利不利は特になし。

枠とローテ

枠	ローテ	1着	2着	3着	3着内数	総数	勝率	連対率	複勝率	単回率	複回率
内枠	同距離	11	14	17	42	153	7.2%	16.3%	27.5%	35%	67%
	延長	6	4	11	21	103	5.8%	9.7%	20.4%	38%	57%
	短縮	15	9	8	32	125	12.0%	19.2%	25.6%	154%	93%
外枠	同距離	23	32	27	82	260	8.8%	21.2%	31.5%	99%	79%
	延長	8	6	5	19	171	4.7%	8.2%	11.1%	54%	43%
	短縮	21	19	14	54	187	11.2%	21.4%	28.9%	124%	99%

枠とローテ(前走不利馬の場合)

枠	ローテ	1着	2着	3着	3着内数	総数	勝率	連対率	複勝率	単回率	複回率
内枠	同距離	2	1	2	5	19	10.5%	15.8%	26.3%	142%	122%
	延長	0	1	3	4	16	0.0%	6.3%	25.0%	0%	74%
	短縮	3	3	2	8	25	12.0%	24.0%	32.0%	120%	94%
外枠	同距離	0	5	4	9	31	0.0%	16.1%	29.0%	0%	63%
	延長	2	0	2	4	24	8.3%	8.3%	16.7%	86%	54%
	短縮	1	3	5	9	29	3.4%	13.8%	31.0%	8%	79%

コース: **函館ダート1700m** 馬場状態: **重〜稍重**

決着率と破壊力ランキング

展開	決着確率	馬券破壊力
前残り決着	A	B
差し決着	C	C

枠	決着確率	馬券破壊力
内枠決着	C	C
外枠決着	B	A

展開の内訳

展開	R発生割合	レース数	単回率	複回率
前残り決着	48%	26	41%	82%
差し決着	2%	1	53%	62%

枠の内訳

枠	R発生割合	レース数	単回率	複回率
内枠決着	15%	8	36%	60%
外枠決着	21%	12	43%	93%

コースのポイント

★馬場が渋ると、前残りの傾向はさらに強くなる。

★良馬場時よりも外枠決着の馬券破壊力がアップ。
外枠の短縮馬で、好位から前で競馬できそうな馬を狙うのが良い。

有利な馬・ローテ

★外枠の短縮馬。特に好位から前で競馬ができそうな馬。

不利な馬・ローテ

★延長馬。特に内枠の馬。

枠順のポイント

スタート時の有利不利は特になし。

枠とローテ

枠	ローテ	1着	2着	3着	3着内数	総数	勝率	連対率	複勝率	単回率	複回率
内枠	同距離	12	14	16	42	121	9.9%	21.5%	34.7%	39%	83%
	延長	3	2	2	7	53	5.7%	9.4%	13.2%	252%	60%
	短縮	7	5	3	15	60	11.7%	20.0%	25.0%	32%	46%
外枠	同距離	18	13	14	45	162	11.1%	19.1%	27.8%	50%	68%
	延長	1	9	7	17	90	1.1%	11.1%	18.9%	2%	62%
	短縮	11	9	10	30	122	9.0%	16.4%	24.6%	74%	117%

枠とローテ(前走不利馬の場合)

枠	ローテ	1着	2着	3着	3着内数	総数	勝率	連対率	複勝率	単回率	複回率
内枠	同距離	0	3	0	3	9	0.0%	33.3%	33.3%	0%	103%
	延長	0	0	0	0	5	0.0%	0.0%	0.0%	0%	0%
	短縮	1	0	1	2	11	9.1%	9.1%	18.2%	28%	31%
外枠	同距離	0	0	2	2	5	0.0%	0.0%	40.0%	0%	110%
	延長	0	1	2	3	8	0.0%	12.5%	37.5%	0%	60%
	短縮	4	1	1	6	13	30.8%	38.5%	46.2%	169%	89%

コース: # 函館芝1200m

決着率と破壊力ランキング

展開	決着確率	馬券破壊力
前残り決着	A	C
差し決着	C	A

枠	決着確率	馬券破壊力
内枠決着	A	B
外枠決着	C	A

展開の内訳

展開	R発生割合	レース数	単回率	複回率
前残り決着	31%	43	65%	67%
差し決着	7%	7	124%	144%

枠の内訳

枠	R発生割合	レース数	単回率	複回率
内枠決着	34%	41	59%	72%
外枠決着	10%	11	78%	93%

コースのポイント

★馬場のクセが極端に出やすいコース。

★開催前半から前残り決着、内枠決着の馬場が続くことが多い。
この場合は、内枠の同距離馬や短縮馬を狙うのが良い。

★開催中盤から後半にかけて、短縮馬や差し馬が好走しやすい馬場のクセが出る。
その場合は外枠の同距離馬や短縮馬で前走、不利を受けていた馬を狙うのが良い。

★下級条件よりも上級条件のほうが、差しが決まりやすい点にも注意したい。

有利な馬・ローテ

★内枠、先行馬に有利な馬場のクセが出ているときは、内枠の短縮馬、同距離馬。

★外枠の差し馬に有利な馬場のクセが出ているときは、外枠の短縮馬や同距離馬。特に前走で不利を受けていた馬。

不利な馬・ローテ

★馬場のクセと真逆のローテ、脚質の馬。

枠順のポイント

スタート時の有利不利は特になし。

枠とローテ

枠	ローテ	1着	2着	3着	3着内数	総数	勝率	連対率	複勝率	単回率	複回率
内枠	同距離	37	42	39	118	415	8.9%	19.0%	28.4%	98%	106%
	延長	6	0	4	10	62	9.7%	9.7%	16.1%	89%	48%
	短縮	15	14	16	45	191	7.9%	15.2%	23.6%	125%	87%
外枠	同距離	36	36	34	106	485	7.4%	14.8%	21.9%	57%	61%
	延長	1	2	2	5	66	1.5%	4.5%	7.6%	62%	58%
	短縮	8	9	7	24	199	4.0%	8.5%	12.1%	69%	59%

枠とローテ（前走不利馬の場合）

枠	ローテ	1着	2着	3着	3着内数	総数	勝率	連対率	複勝率	単回率	複回率
内枠	同距離	3	6	2	11	60	5.0%	15.0%	18.3%	55%	70%
	延長	0	0	0	0	8	0.0%	0.0%	0.0%	0%	0%
	短縮	4	2	4	10	41	9.8%	14.6%	24.4%	62%	61%
外枠	同距離	3	4	5	12	57	5.3%	12.3%	21.1%	115%	84%
	延長	1	1	0	2	13	7.7%	15.4%	15.4%	317%	146%
	短縮	4	4	4	12	55	7.3%	14.5%	21.8%	72%	102%

コース: # 函館芝1800m

決着率と破壊力ランキング

展開	決着確率	馬券破壊力
前残り決着	A	C
差し決着	C	C

枠	決着確率	馬券破壊力
内枠決着	B	B
外枠決着	C	C

展開の内訳

展開	R発生割合	レース数	単回率	複回率
前残り決着	34%	22	82%	64%
差し決着	12%	6	55%	59%

枠の内訳

枠	R発生割合	レース数	単回率	複回率
内枠決着	28%	17	77%	70%
外枠決着	14%	7	47%	53%

コースのポイント

★内枠決着の確率が高いコース。

★少頭数のレースが多いため、外枠のデータも悪くはないが、外枠で成績が良いのも馬番10番から内の馬のみ。11番から外は極端に成績が落ちる。
基本は10番から内の馬で前走、不利を受けている馬を狙うのが良い。

有利な馬・ローテ

★馬番10番から内の馬。
特に前走で不利を受けている馬。

不利な馬・ローテ

★馬番11番から外の差し馬。

枠順のポイント

スタート時の有利不利は特になし。

枠とローテ

枠	ローテ	1着	2着	3着	3着内数	総数	勝率	連対率	複勝率	単回率	複回率
内枠	同距離	9	14	9	32	118	7.6%	19.5%	27.1%	50%	65%
	延長	5	6	4	15	83	6.0%	13.3%	18.1%	37%	54%
	短縮	7	8	8	23	71	9.9%	21.1%	32.4%	33%	91%
外枠	同距離	16	11	16	43	163	9.8%	16.6%	26.4%	91%	73%
	延長	5	6	5	16	98	5.1%	11.2%	16.3%	93%	67%
	短縮	8	5	9	22	99	8.1%	13.1%	22.2%	36%	51%

枠とローテ(前走不利馬の場合)

枠	ローテ	1着	2着	3着	3着内数	総数	勝率	連対率	複勝率	単回率	複回率
内枠	同距離	1	3	1	5	16	6.3%	25.0%	31.3%	27%	55%
	延長	3	0	1	4	11	27.3%	27.3%	36.4%	205%	94%
	短縮	2	0	1	3	12	16.7%	16.7%	25.0%	57%	93%
外枠	同距離	1	1	4	6	24	4.2%	8.3%	25.0%	25%	104%
	延長	2	1	3	6	17	11.8%	17.6%	35.3%	130%	116%
	短縮	1	2	1	4	16	6.3%	18.8%	25.0%	18%	65%

コース: 函館芝2000m

決着率と破壊力ランキング

展開	決着確率	馬券破壊力
前残り決着	C	A
差し決着	C	B

枠	決着確率	馬券破壊力
内枠決着	B	A
外枠決着	C	B

展開の内訳

展開	R発生割合	レース数	単回率	複回率
前残り決着	14%	6	108%	114%
差し決着	12%	5	120%	75%

枠の内訳

枠	R発生割合	レース数	単回率	複回率
内枠決着	21%	9	98%	107%
外枠決着	19%	8	108%	70%

コースのポイント

★内枠決着、前残り決着の馬券破壊力が高い。

★内枠の馬を素直に狙うのが良い。

★特に前走で不利を受けている同距離馬の成績が優秀。

有利な馬・ローテ

★内枠の馬。特に前走で不利を受けている同距離馬。

不利な馬・ローテ

特になし。

枠順のポイント

スタート時の有利不利は特になし。

枠とローテ

枠	ローテ	1着	2着	3着	3着内数	総数	勝率	連対率	複勝率	単回率	複回率
内枠	同距離	10	10	10	30	103	9.7%	19.4%	29.1%	130%	97%
	延長	10	11	7	28	127	7.9%	16.5%	22.0%	132%	85%
	短縮	3	0	5	8	33	9.1%	9.1%	24.2%	57%	77%
外枠	同距離	11	13	6	30	125	8.8%	19.2%	24.0%	91%	75%
	延長	6	8	10	24	147	4.1%	9.5%	16.3%	109%	80%
	短縮	3	2	4	9	41	7.3%	12.2%	22.0%	51%	80%

枠とローテ(前走不利馬の場合)

枠	ローテ	1着	2着	3着	3着内数	総数	勝率	連対率	複勝率	単回率	複回率
内枠	同距離	1	2	3	6	16	6.3%	18.8%	37.5%	72%	138%
	延長	2	1	0	3	15	13.3%	20.0%	20.0%	51%	38%
	短縮	1	0	0	1	6	16.7%	16.7%	16.7%	148%	48%
外枠	同距離	0	2	0	2	12	0.0%	16.7%	16.7%	0%	26%
	延長	3	1	2	6	22	13.6%	18.2%	27.3%	278%	124%
	短縮	1	1	1	3	8	12.5%	25.0%	37.5%	61%	75%

コース: **函館芝2600m**

決着率と破壊力ランキング

展開	決着確率	馬券破壊力
前残り決着	B	A
差し決着	C	A

枠	決着確率	馬券破壊力
内枠決着	A	A
外枠決着	-	-

展開の内訳

展開	R発生割合	レース数	単回率	複回率
前残り決着	25%	5	84%	152%
差し決着	15%	3	216%	125%

枠の内訳

枠	R発生割合	レース数	単回率	複回率
内枠決着	40%	8	84%	93%
外枠決着	-	-	-	-

コースのポイント

★内枠決着の決着確率、馬券破壊力ともに高い。
★内枠の馬、特に馬番6番から内の馬を狙うのが良い。

有利な馬・ローテ

★内枠の馬。特に馬番6番から内の馬。

不利な馬・ローテ

特になし。

枠順のポイント

スタート時の有利不利は特になし。

枠とローテ

枠	ローテ	1着	2着	3着	3着内数	総数	勝率	連対率	複勝率	単回率	複回率
内枠	同距離	5	1	7	13	30	16.7%	20.0%	43.3%	167%	171%
	延長	8	7	7	22	71	11.3%	21.1%	31.0%	153%	166%
	短縮	–	–	–	–	–	–	–	–	–	–
外枠	同距離	1	4	1	6	44	2.3%	11.4%	13.6%	24%	45%
	延長	5	8	5	18	104	4.8%	12.5%	17.3%	120%	70%
	短縮	1	0	0	1	1	100.0%	100.0%	100.0%	470%	200%

枠とローテ(前走不利馬の場合)

枠	ローテ	1着	2着	3着	3着内数	総数	勝率	連対率	複勝率	単回率	複回率
内枠	同距離	0	1	1	2	2	0.0%	50.0%	100.0%	0%	965%
	延長	1	1	1	3	11	9.1%	18.2%	27.3%	38%	117%
	短縮	–	–	–	–	–	–	–	–	–	–
外枠	同距離	0	1	0	1	2	0.0%	50.0%	50.0%	0%	225%
	延長	1	0	1	2	20	5.0%	5.0%	10.0%	39%	18%
	短縮	–	–	–	–	–	–	–	–	–	–

※ – は期間内に該当データなし

的中例解説｜函館ダート1000m良

前走1200m以上でスピードを抑えていた先行馬が狙い

ダート1000mは前残り決着の確率が高い。当然、先行馬を狙うわけだが、双馬が狙う先行馬はひと味ちがう。

前走までは、1200m以上の距離を使っていたために、距離をもたせるために抑えながら競馬をしていたスピード馬を狙う。

つまり、1000mならば先行させても能力を出せるが、1200m以上では抑え気味に走らせなければならなかった短縮馬を狙うのだ。

「論理的だが、誰しもが思いつく正攻法ではない」――この方法論こそが、1000万円以上の払い戻しを繰り返し獲得する秘訣でもある。

2015年7月12日の函館3R、3歳未勝利のダート1000m（良）戦。

このレースで、双馬が本命に選んだのは④ティーエスカクタス（6番人気）。

ティーエスカクタスは3走前の新馬戦、前々走は1200mに出走して逃げる競馬をしていたスピード馬。ただし、その前々走はスピードがありすぎたために1200mでもオーバーペースになって大惨敗。そして前走の1150mでは抑える競馬を試みたものの、持ち味を出せずにやはり惨敗。

このような馬こそ、函館ダート1000mで逃げれば変わる。

レースは目論見通り、ティーエスカクタスが1000mでスピード能力を存分に見せつけ快勝。2、3着には人気サイドの馬が入ったが、それでも単勝1430円を10万円、3連単3万950円を1500円的中。およそ190万円を払い戻したのである。

12	桃8 11
シニスターミニスター ヴェルトフリーデン リーチトゥピース㊕ ㊥鹿毛	フレンチデピュティ デピュートアゲン エキサイトアゲン㊕ ㋮鹿毛
56 牡3	56 牡3
圏長岡	圏藤岡康
㊗柄崎	㊗岩戸
0	0
70	0
ヒダカBU	浅川皓司
浦辻牧場	ひ三木田明仁
………	……… B……
ダ1516⑤ 中ダ1148⑩	ダ1275⓬ 天ダ1589⓫
天ダ39.5❾	ダ38.2⓬
○0001	○0002
マッドルート	リアファン
天 函 三 千 0 0 0 0 0 0 0 0 0 0 0 0 0 0 1 0	天 函 三 千 0 0 0 0 0 0 0 0 0 0 0 0 0 3 0 0
4中 12月6日 1 手13 未勝10ト16頭 天ダ1594 55 熊沢 M②②② 518 人気11 先行一杯 13身 376 中 419 パイオンディッ 1572 2.2	2中 3月7日 ❸ 手11 未勝9ト15頭 天ダ1589 56 嘉藤 M②②② 484 B 人気11 先行バテ 大差 376 中 431 ワイドリーザワ 1555 3.4
1中 1月11日 ④ 手11 未勝14ト15頭 天ダ1595 53 長岡 M④④⑧ 520 B 人気10 好位一杯 12 1/4 384 外 419 ココスタイル 1575 2.0	3中 4月4日 ③ 手9 未勝15ト14頭 天ダ1596 56 嘉藤 S ④⑤⑥ 482 B 人気8 好位一杯 17 1/4 402 中 405 ショウナンアイ 1568 2.8
2中 3月15日 ⑥ 手10 未勝2ト16頭 三ダ1148 56 藤岡佑 H①①① 520 B 人気7 逃一杯 12 1/4 346 内 402 ビックアンドボ 1128 2.0	2東 5月30日 ⑪ 手14 未勝16ト15頭 ダ1296 56 嘉藤 M⑦⑤⑤ 492 B 人気10 中位一杯 17身 369 中 398 パルブランシュ 1268 2.8
4ヵ月休 転厩放牧 乗込み3週間 仕上り○ 理想体重 520キロ 3ヵ月以上休 ①②③外 0 0 0 1	3東 6月20日 ❺ 手12 未勝9ト16頭 ダ1275 56 嘉藤 S ③④② 492 人気15 好位一杯 8 1/2 365 中 382 ハイアーヴォル 1261 1.4

【函館ダート1000m良】的中例
2015年7月12日 函館3R（3歳未勝利）

	白1 ①	黒2 ②	赤3 ③	青4 ④	黄5 ⑤	黄5 ⑥	緑6 ⑦	緑6 ⑧	橙7 ⑨	橙7 ⑩
馬名	トウショウチャート	セイウンアワード	トリルビー	ティーエスカクタス	アグネスエピソード	プリンセスケイ	スパツィオ	フクノセヴラン	ラッキーダン	トリアンドルス
父・距離	タイムパラドックス(中長)	キングヘイロー(短中)	デュランダル(マ)	フレンチデピュティ(マ)	アグネスデジタル(マ中)	タニノギムレット(マ中)	アルデバランII(マ)	ヨハネスブルグ(マ)	ストラヴィンスキー(短)	マツリダゴッホ(長)
母・距離	スカイトウショウ(短)	ハッスルメール(短)	エイプリルドラマ(中)	クールネージュ(短)	アグネスクイーン(中)	プリティプリンセス(中)	エスジーボナンザ(マ)	シアトルビューティ(短)	サウスサプライズ(短)	デヴェロッペ(中)
毛色	栗毛	鹿毛	鹿毛	栗毛	黒鹿	黒鹿	黒鹿	鹿毛	黒鹿	栗毛
斤量	53 牡3	56 牡3	54 牡3	56 牡3	54 牡3	54 牡3	56 牡3	53 牡3	56 牡3	54 牡3
騎手	替▲城戸	岩田康	替吉田隼	松田	勝浦	丸山	替丸田	▲井上	丹内	替菱田
厩舎	北土田	北杉浦	南牧	栗鈴木孝	栗西浦	南古賀慎	北上原	北小野次	北谷原	南松山将
賞金	0	0	0	0	0	0	0		0	0
総賞金	380	495	145	110	69	720	180		984	801
馬主名	トウショウ産業	西山茂行	高樽さゆり	田畑利彦	渡辺公美子	井手慶祐	辻牧場	福島祐子	田島榮二郎	ディアレスト
牧場名	ひ 鳥谷勝彦	日 厚賀古川牧場	新 武田修一	浦 浦河日成牧場	ひ 三石川上牧場	千 社台F	浦 辻牧場	浦 オーベラPS	日 木村牧場	浦 小島牧場
小桧山		▲	△	注	△	○	△		◎	△
広田	△	◎	△	△	注	▲			○	△
目黒		▲	△	○	◎	注	△		△	△
板子	△	○		◎	△	▲			注	△
打越	△	◎		△	▲	注		△	○	△
本紙中田	△	▲	△	B△西	注西	◎	△		B○	B△
最高1000	三ダ1222⑩	函ダ59.6③	天1361⑩	芝1114⑫	函ダ1002⑥	函ダ1000③	札ダ1023⑦		小ダ58.3❷	札ダ1003②
最高1200	新ダ1133②	新ダ1125❺	中ダ1180⑯	阪ダ1137④	阪ダ1131❻	新ダ1120②	中ダ1140⑧		新ダ1130⑦	中ダ1122❹
上り最高	三ダ37.4③	千ダ35.6③	三ダ43.2⑯	三ダ37.5④	千ダ36.7⑥	千ダ36.7③	千ダ37.9⑦		千ダ35.7❷	千ダ36.5②
ダート重	○0000	○0002	○0000	○0000	○0002	○0001	○0001	○0000	○0101	○0002
母の父	ハウスバスター	ヴィクトリースピー	サクラユタカオー	フォーティナイナー	アグネスフライト	サンデーサイレンス	ブライアンズタイム	タイキブリザード	サウスヴィグラス	ボストンハーバー
距離別勝利度数 天孟三千	0000 0010 0010 0010 0130	0000 0010 0010 0001 1330	0000 0000 0000 0000 2010	0000 0000 0000 0000 0020	0000 0000 0000 0000 0142	0000 0021 0000 0001 0140	0000 0000 0000 0010 0021	0000 0000 0000 0000 0000	0000 0002 0001 0001 0062	0000 0011 0010 0010 1033
前4走	1東 2月15日 ⑥手10 未勝1ゲト16頭 三ダ1222 56柴田大 S④④⑤ 438 人気14 好位一杯 8¼ 372内385 スレッジハンマ 1208 1.4	3中 4月4日 ③手4 未勝5ゲト16頭 三ダ1136 56田辺 H①①① 510 人気5 逃一息 7½ 342中394 ジェットコルサ 1124 1.2	2新 8月23日 ⑦手14 未勝10ゲト18頭 天外1497 54木幡広 H④③⑥ 434 人気6 先行一杯 12¼ 351中376 マイネルリード 1478 1.9	5阪 12月20日 ⑤手4 新馬12ゲト12頭 三ダ1137 55和田 S①①① 466 人気5 逃一杯 7¼ 362内375 アンクルダイチ 1125 1.2	2阪 4月5日 ❹手6 牝未勝13ゲト16頭 三ダ1131 54国分優 S⑪⑨⑦ 466 人気8 中位まま 7½ 361中370 ウォーターメア 1119 1.2	2中 3月22日 ⑧手9 未勝8ゲト15頭 三ダ1143 54北村宏 H③③③ 450 人気12 先行一杯 11¾ 347中396 スズダリア 1124 1.9	4中京 12月6日 ①手14 未勝14ゲト18頭 三 1109 55ムーア H⑰⑯⑮ 472 人気7 出遅る 8¼ 362中347 タイセイボニー 1096R1.3	タイキブリザード 12・3・9生 タイキビューティー	1福 4月19日 ④手4 未勝3ゲト15頭 三芝1103 56丹内 M⑦⑤④ 466B 人気1 S後続る 6身 352中382 プリンディス 1093 1.0	1中 1月25日 ❾手5 牝未勝3ゲト16頭 三ダ1138 54内田博 H②②② 452 人気1 先行一息 7½ 344中394 バイナワレア 1126 1.2
前3走	3中 4月4日 ③手10 未勝14ゲト16頭 三ダ1142 56柴田大 H⑧⑪⑪ 432 人気6 中位まま 10¼ 348中394 ジェットコルサ 1124 1.8	3中 4月18日 ⑦手2 未勝11ゲト15頭 三ダ1145 56田辺 M⑤②② 512 人気1 好位伸 3身 361中384 マインドブロウ 1140 0.5	5東 11月16日 ④手10 未勝3ゲト17頭 天1361 54木幡広 S⑤⑦⑦ 452 人気5 中位一杯 7身 363中358 アサクサリーダ 1349 1.2	1京 1月11日 ④手16 未勝16ゲト16頭 三ダ1160 54松若 M①①③ 468 人気6 逃バテ 大差 351中409 ヨウライフク 1129 3.1	3京 5月3日 ④手13 未勝15ゲト18頭 三内1104 54秋山 S②②② 466B 人気11 先行一杯 9¾ 344中360 ポップオーヴァ 1088 1.6	1新 5月9日 ③手2 牝未勝10ゲト15頭 三ダ1126 54丸山 M②②② 444 人気12 先行粘る 1¼ 352中374 スマイルハッピ 1124 0.2	1中 1月25日 ❾手15 未勝1ゲト16頭 大ダ2015 53石川 M①⑥⑫ 464 人気12 逃バテ 大差 372内451 トゥルーウイン 1561 5.4	兄弟 ハヤブサユウサン（1勝） シゲルノコギリザメ（現）	1新 5月3日 ②手12 未勝4ゲト15頭 三ダ1139 56丹内 M⑨⑨⑨ 460B 人気3 出遅る 13½ 366中373 ドリームドルチ 1117 2.2	1小 2月14日 ③手8 未勝5ゲト14頭 千ダ1005 54勝浦 H⑤③③ 454 人気3 好位一息 4½ 355内373 オルフィーク 597 0.8
前2走	3中 4月19日 ⑧手10 未勝12ゲト16頭 三ダ1141 56柴田大 H⑪⑩⑨ 430B 人気10 中位一杯 10¼ 351中390 アイリーグレイ 1123 1.8	1新 5月16日 ❺手5 未勝9ゲト15頭 三ダ1125 55松若 H⑩⑧⑧ 512 人気1 中位差詰 6¾ 350外375 ラスパジャサー 1114 1.1	1中 1月18日 ⑦手16 牝未勝2ゲト16頭 三ダ1180 54田辺 H④④⑧ 456 人気6 鼻出血 大差 348内432 ジュエルアラモ 1135 4.5	1福 4月12日 ②手12 未勝14ゲト15頭 三芝1114 56松田 H③③⑤ 484 人気6 好位一杯 7¾ 353中392 ジャイアントア 1100 1.4	1函 6月20日 ①手6 未勝7ゲト12頭 千ダ1002 51加藤 H⑤④④ 460B 人気9 中位まま 6¾ 350中367 ウエスタンラム 591 1.1	1新 5月24日 ⑧手2 未勝6ゲト15頭 三ダ1120 54丸山 H①①① 452 人気3 逃粘る 1¼ 343内377 マルカメテオ 1118 0.2	3中 3月28日 ①手8 未勝8ゲト16頭 三ダ1140 56田辺 H⑨⑨⑨ 466 人気9 出遅る 6¼ 357内383 ワタシダイナマ 1130 1.0	父＝米国産・鹿毛 ストームC系で仕上り 早。ベストは平坦短距離	1函 6月20日 ①手2 未勝1ゲト12頭 千ダ59.4 56丹内 H⑤⑥③ 468B 人気6 内つき伸 2身 350内358 ウエスタンラム 591 0.3	1函 6月20日 ①手9 未勝12ゲト12頭 千ダ1004 54勝浦 H①②② 452 人気8 先行一杯 8身 352中373 ウエスタンラム 591 1.3
前走	1新 5月23日 ⑦手7 未勝12ゲト15頭 三ダ1135 56松田 H⑩⑨⑨ 424 人気11 中位差詰 4¼ 354中381 トウショウデュ 1128 0.7	1函 6月20日 ①手3 未勝3ゲト12頭 千ダ59.6 56岩田康 H⑦⑦⑦ 512 人気7 中位伸 3½ 355中356 ウエスタンラム 591 0.5	6ヵ月休 鼻出血放牧 乗込み2週間 仕上り○ 理想体重 440キロ 3ヵ月以上休 ①②③外 0001	3ヵ月休 放牧 乗込み4週間 仕上り○ 理想体重 470キロ 3ヵ月以上休 ①②③外 0002	1函 6月27日 ③手4 未勝8ゲト12頭 千ダ1004 54勝浦 M④④③ 464B 人気8 好位一息 6¾ 355中368 テーオーヘリオ 593 1.1	1函 6月21日 ②手3 未勝6ゲト12頭 千ダ1000 54丸山 H②②② 448 人気1 先行粘る 3身 349中367 コパノチャール 595 0.5	3ヵ月半 放牧 乗込み1週間 仕上り○ 理想体重 460キロ 3ヵ月以上休 ①②③外 0011	初戦△ 中々力強い動きを見せているが再仕上げで太い オータム1歳 577万円 450キロ	1函 7月4日 ⑤手4 未勝5ゲト11頭 千ダ1003 56丹内 M④④④ 468B 人気1 出遅る 7½ 356外368 クリノリーソク 591 1.2	1函 6月27日 ③手5 未勝4ゲト12頭 千ダ1005 54吉田隼 M②③③ 454 人気6 好位一息 7¼ 355内370 テーオーヘリオ 593 1.2

函館 3R

発馬 10.50

サラ三歳 （混）未勝利

ダート1000メートル　右回り　直線260メートル

賞金	レコード
460万	57.7
180	12年7月
120	エピグラフ
69	
46	54松永幹

函館3R 枠番連勝

組	配当	組	配当
1-1	—	3-7	52.7
1-2	49.5	3-8	☆
1-3	☆		
1-4	☆	4-4	—
1-5	34.4	4-5	10.1
1-6	☆	4-6	71.9
1-7	49.0	4-7	14.3
1-8	☆	4-8	75.3
2-2	—	5-5	9.7
2-3	53.3	5-6	24.7
2-4	14.5	5-7	4.9
2-5	4.9	5-8	25.9
2-6	35.6		
2-7	7.0	6-6	☆
2-8	37.2	6-7	35.2
		6-8	☆
3-3	—		
3-4	☆	7-7	22.8
3-5	37.1	7-8	36.8
3-6	☆	8-8	☆

軸馬 6
単穴 5
連 3 9 2

2015年7月12日函館3R
（ダート1000m良、3歳未勝利）

1着④ティーエスカクタス（6番人気）
2着②セイウンアワード（2番人気）
3着⑨ラッキーダン（3番人気）

単勝④1430円×10万円的中
=143万円
3連単④→②→⑨30950円×1500円的中
=46万4250円
総払い戻し
189万4250円

2回函館競馬2日
函館（日）
3 レース
TRIFECTA
3連単
TRIFECTA
フォーメーション
4 → 2 6 → 1 5 9
☆ ☆ ☆
組合せ数 6
各組 ☆☆1,500円
合計 ★★★9,000円
JRA
的中

2回函館競馬2日
函館（日）
3 レース
WIN
単勝
WIN
4 100,000円
合計 ★100,000円
JRA
的中

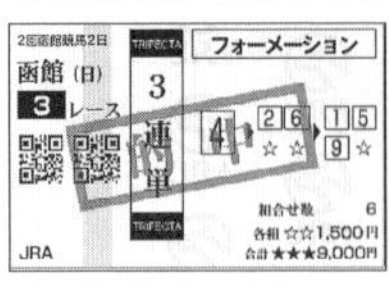

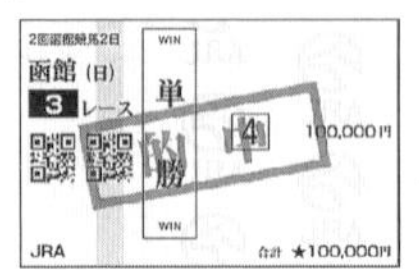

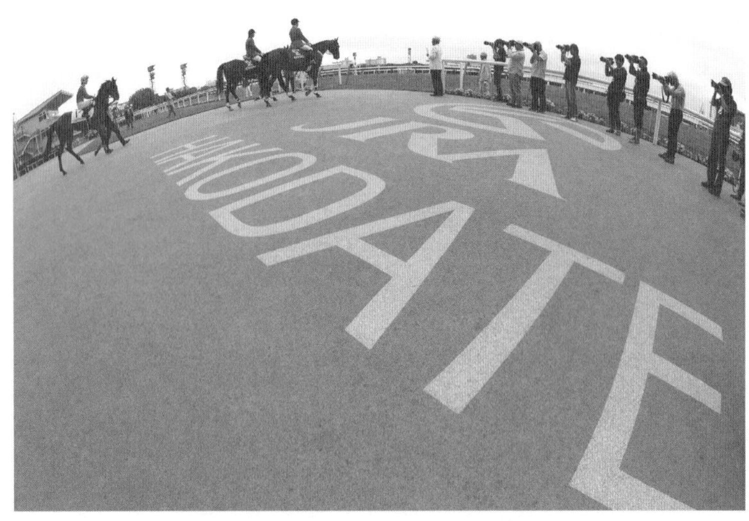

双馬 毅（そうま つよし）

●1981年、岩手県出身。月刊誌「競馬最強の法則」2007年9月号の「××馬で未勝利戦を金にする男」でデビュー。当時はアルバイトで食いつないでいたが、08年から馬券生活をスタート。少額投資で高額配当を得るスタイルから「100円玉の錬金術師」のニックネームも。現在は単勝、3連単への大量投資で大台超えの払い戻しが中心。12年には双馬の払い戻しを学んだ友人が1000万円以上のプラスを達成し、馬券指南役としても注目を受ける。著者は『双馬の方式完全版』『5万円を1906万円にした双馬式』『100万円の払い戻しを1年で24回受ける方式』『2万円を競馬で1千万円にできる人・できない人』（いずれも弊社刊）。

双馬の情報はこちらにアクセス
http://batubatu.com

本当に1億円的中した!
双馬式【馬場・コース】ガイド

2015年11月5日　初版第一刷発行

著　者　双馬 毅

発行者　栗原武夫
発行所　KKベストセラーズ
〒170-8457　東京都豊島区南大塚2丁目29番7号
電話　03-5976-9121(代表)

印刷　錦明印刷
製本　ナショナル製本

ISBN978-4-584-13678-2　C0075